科学出版社“十三五”普通高等教育本科规划教材

高等医药院校药学类系列教材

药学概论

主　编　胡昌华　周春阳

副主编　邓　赟　周旭美　段小群　翁稚颖

编　委　（按姓氏拼音排序）

陈章宝（西南大学）

邓　赟（成都中医药大学）

段小群（桂林医学院）

何芋岐（遵义医学院）

胡昌华（西南大学）

李　楠（成都中医药大学）

刘　沙（成都医学院）

刘　毅（徐州医科大学）

热娜·卡斯木（新疆医科大学）

唐　渊（第三军医大学）

翁稚颖（昆明医科大学）

张邦乐（第四军医大学）

周春阳（川北医学院）

周旭美（遵义医学院）

科学出版社

北京

内 容 简 介

药学概论是药学类专业学生学习药学相关专业课程的一门新生引导性课程，又是非药学专业学生了解药学相关专业课程与知识的一门概要性课程。全书从药物的来源、剂型发展、有效性和安全性评价、质量控制特点和流通使用与合理用药等药物开发和使用的流程顺序编排，同时全书统一几个经典案例贯穿在每一个章节，让学生对药学各学科、各环节的学习有一个系统的认识和思考。每一章增加了相关学科和职业发展，对学生学习相关课程的关系以及学生未来就业提供指导。全书加入知识链接以扩充相关知识或帮助理解，编写有学习目标、树状结构的小结、复习思考题和参考书目等，便于学生学习和掌握全章的主要内容。

本书可作为大学药学类专业一年级新生和其他非药学类专业学生学习药学课程的教材，也可供对药学类专业教育感兴趣的读者阅读。

图书在版编目（CIP）数据

药学概论 / 胡昌华，周春阳主编. —北京：科学出版社，2016.8

ISBN 978-7-03-048923-4

Ⅰ. ①药… Ⅱ. ①胡… ②周… Ⅲ. ①药物学-医学院校-教材 Ⅳ. ①R9

中国版本图书馆 CIP 数据核字（2016）第 137804 号

责任编辑：王 颖 / 责任校对：张怡君
责任印制：李 彤 / 封面设计：陈 敬

科 学 出 版 社 出版
北京东黄城根北街 16 号
邮政编码：100717
http://www.sciencep.com
北京凌奇印刷有限责任公司 印刷
科学出版社发行 各地新华书店经销
*
2016 年 8 月第 一 版 开本：787×1092 1/16
2023 年 3 月第四次印刷 印张：14
字数：333 000
定价：56.00 元
（如有印装质量问题，我社负责调换）

科学出版社“十三五”普通高等教育本科规划教材

高等医药院校药学类系列教材

专家委员会

前　言

生物医药产业是国家战略新兴产业，与产业对接的药学类人才需求不断增加。全国每年招生药学类专业的院校达到300余所，招生人数达到近3万余人，如何让刚入校的新生快速了解药学专业及其课程，很多学校开设了《药学概论》或者《药学导论》课程。《药学概论》既是药学类专业学生学习药学相关专业课程的一门引导性课程，又是非药学专业学生了解药学相关专业课程与知识的一门概要性课程。为适应各地区药学教育需要，2015年科学出版社成立了以四川大学药学院张志荣为主任委员的编委会，启动了包括《药学概论》在内的教材的编写工作。

本教材在编写过程中力求贯彻“三基”（基本理论、基本知识、基本技能）、“五性”（思想性、科学性、先进性、启发性、适用性）原则，注重以不具备药学相关基础的药学类专业大一新生或其他想常识性地了解药学基本知识的非药学专业学生为主要对象，对学生起到培养专业兴趣和引导后续相关课程学习或者概括性了解药学知识的目的。与其他教材不同的是，全书编排的顺序上采用药物产业与服务链的递进关系，从药物的合成或者提取，到剂型发展、有效性安全性评价、质量控制特点和流通使用与合理用药，使学生对于药物开发和使用的流程有全面的了解；另外全书统一选择案例贯穿在每一个章节，目的是让学生对药学各学科各环节的学习有一个系统的认识和思考，这是本书的特点。同时加入知识链接、案例或实例等以扩充相关知识或帮助理解，在每章的开头部分有学习目标，最后编写有树状结构的小结，还有复习思考题和参考书目等，便于学生学习和掌握全章的主要内容。每一章节增加了相关学科和职业发展，对学生学习相关课程的关系，以及学生未来就业提供指导。

参加本教材编写的编委主要来自综合性大学和医药院校的在药学相关课程方面具有一线教学与管理丰富经验的专家教授，在一定程度上本教材也展示了编委们对药学类专业建设和课程建设的认识与理解。参加各章编写的人员依次为：第一章：周春阳（川北医学院）、胡昌华（西南大学）；第二章：刘沙（成都医学院）；　第三章：热娜·卡斯木（新疆医科大学）；第四章：刘毅（徐州医科大学）；第五章：何芋岐（遵义医学院）；第六章：段小群（桂林医学院）；第七章：唐渊（第三军医大学）；第八章：周旭美（遵义医学院）；第九章：邓赟（成都中医药大学）；第十章：李楠（成都中医药大学）；第十一章：翁稚颖（昆明医科大学）；第十二章：张邦乐（第四军医大学）；第十三章：陈章宝（西南大学）、胡昌华（西南大学）。

本书的编写得到了科学出版社和各参编单位的大力支持和帮助。

教材内容上虽力求最新，但限于编者水平有限，药学及相关学科的发展迅速，部分内容受国家相关政策的调整等影响，本教材难免有疏漏之处，尤其在各章之间的内在联系与前后呼应以及案例取舍等方面尚有许多有待完善，诚恳希望广大师生和同行予以批评指正。

编　者

2016年5月

目　录

第一章 绪　论

学习目标

●掌握：药学专业定位、课程体系。
●熟悉：药学定义、学科组成与任务。
●了解：药物的起源与发展，药学与相关学科的关系。

第一节　药学的概念及学科概况

一、药物的基本概念及分类

（一）药物与药品的含义

在人们的日常生活中常常会接触到诸如处方药、非处方药、中药、西药、感冒药、抗菌药等涉及药物或药品的相关概念，也可能会使用到阿司匹林、青霉素等具体药物。国家食品药品监督管理总局（China Food and Drug Administration，CFDA）对药品的定义是指用于预防、治疗、诊断人的疾病，有目的地调节人的生理功能并规定有适应证或者功能主治、用法和用量的物质，包括中药材、中药饮片、中成药、化学原料药及其制剂、抗生素、生化药品、放射性药品、血清、疫苗、血液制品和诊断药品等。药品需经国家正式批准，有批准文号，能上市销售；药物比药品包含的范围更广，在上市前处于研究状态，未获得国家正式批准的只能称为药物而不能称为药品。英文常用 drug 及 medicine 表示药物的含义，前者源于希腊文字，具有干草的含义，表明药物的原始来源，现在特别是其复数形式也具有"毒品"的含义；后者具有医学的含义，表明"医"与"药"具有同源性，难以分割。

药品应具有安全性、有效性及质量可控性等三个基本属性。安全性即药品在规定的适应证或者功能主治、用法用量使用的情况下，对用药者生命安全的影响程度，也是药品质量的首要属性。在研发与使用过程中都必须高度重视药物的安全性。有效性即合格药品在正常用法用量情况下能满足预防、治疗、诊断疾病并有目的地调节人的生理功能的性能。质量可控性即药品在规定的有效期、规定的运输、保管、储藏条件下，药品的各项质量检查指标仍能保持在合格范围内的性质。

知识链接 1-1

药品、食品与毒品

食品，指各种供人食用或者饮用的成品和原料以及按照传统既是食品又是中药材的物品，但是不包括以治疗为目的的物品。医疗用毒性药品（以下简称毒性药品），系指毒性剧烈、治疗剂量与中毒剂量相近，使用不当会致人中毒或死亡的药品。毒品在我国则是法律术语形式的概念，专指非法使用的精神活性物质，主要指鸦片、海洛因、甲基苯丙胺（冰毒)、吗啡、大麻、可卡因以及国家规定管制的其他能够使人形成瘾癖的麻醉药品和精神药品。对于在临床上使用的具有依赖性的药品，如吗啡，必须由国家认可的企业生产，在国家有关规定范围内流通，在医疗规范范围内凭借医师处方使用，若以不正当和非法途径获得与使用就是毒品。

唐朝时期的《黄帝内经太素》一书中写道："空腹食之为食物，患者食之为药物"，反映出"药食同源"的思想。山药、山楂、茴香、红枣等在生活中作为食品食用，也可作为药品用于治疗疾病，同时也是保健食品开发的重要原料。保健食品，是指具有特定保健功能或者以补充维生素、矿物质为目的的食品。即适宜于特定人群食用，具有调节机体功能，不以治疗疾病为目的，并且对人体不产生任何急性、亚急性或者慢性危害的食品。保健食品是食品的一个特殊种类，介于其他食品和药品之间。

使用目的、动机、方式及生产流通方式不同，毒品、药品、食品的区分也不同。

（二）药物的分类

根据 CFDA 的注册管理规定，从药物的来源可将药物分为以下几类：中药与天然药物、化学药物及生物药物。

1. 中药、天然药物 中药是指在我国传统医药理论指导下使用的药用物质及其制剂。天然药物是指在现代医药理论指导下使用的天然药用物质及其制剂。中药及天然药物是指来源于植物、动物、微生物、海洋生物、矿物的药物，植物药是天然药物的主要组成成分。中国医药是当今世界最为发展、规模较大的天然药物体系。天然药物在治疗疑难病症上具有很大前景，各国相继投入大量资金到天然药物的研制上。例如：抗癌药物紫杉醇及其衍生物；抗疟药青蒿素；心脑血管药物银杏素内酯等。抗艾滋病的天然药物虽有很多报道，但还无药可进入临床。

2. 化学药物 从天然矿物、动植物中提取有效成分，以及经过化学合成或生物合成获得的具有明确元素组成和化学结构的化合物。一般分为无机药物、有机合成药物、天然有机药物，一般也将抗生素列入化学药物范畴，是临床治疗疾病的主流药物。19 世纪开始，无机化学和有机化学都得到了迅猛发展，石油工业中副产品催生了有机合成，出现了大量的人工合成化学物质，尿素的人工合成则打破了无机化学与有机化学的界限。1859 年，德国化学家赫尔曼科尔贝（Herman Kolbe）通过苯酚成功地合成了水杨酸；1897 年，德国拜尔公司的费利克斯霍夫曼（Felix Hoffman）通过化学合成的方法合成了乙酰水杨酸，并将其开发为药物即阿司匹林。在此时期还合成了硝酸甘油、对乙酰氨基酚等药物，使化学合成包括全合成和半合成药物逐渐成为药物的主要来源。进入 20 世纪，化学合成药物得到迅猛发展。许多现在广泛使用的心血管系统药物、抗菌药物、内分泌系统药物、消化系统药物、抗肿瘤药物、神经系统药物等都在这个时期发展起来。

近年来，手性药物合成、靶向药物分子设计、计算机辅助药物设计及高通量筛选等新技术的发展与运用，将促进化学合成药物的发展。

3. 生物制品类药物 生物制品是指应用传统技术或以基因工程、细胞工程、蛋白质工程、发酵工程等现代生物技术获得的微生物、细胞及各种动物和人源的组织和液体等生物材料制备的，用于人类疾病预防、治疗和诊断的药品。用于预防用的生物制品主要是各种预防疫苗，如消灭传染病的疫苗、保护群体的疫苗、全球性及局部流行或地区性传染病用疫苗、保护个体的疫苗、控制先天性疾病的疫苗等。用于治疗的生物制品包括各种血液制剂和免疫制剂如干扰素。用于诊断的生物制品大都用于检测相应抗原、抗体或机体免疫状态。人用生物制品包括：细菌类疫苗（含类毒素）、病毒类疫苗、抗毒素及抗血清、血液制品、细胞、生长因子、多肽类、核酸类、酶等。

二、药学及其学科概况

（一）药学的概念

药学（pharmaceutical science）是研究药物的来源、成分、性状、作用及机制、用途、分析鉴定、加工生产、经营、使用以及管理的一门科学。主要研究对象是药物。

一般而言，药学与医学类专业所研究或使用的药物应符合人类医疗卫生健康需求的目的，其他如用于科学研究、工农业生产、畜牧业等不属于该范畴。《药学概论》即是介绍药学专业所涉及的主要专业课程及相关内容的简介，目的是通过对《药学概论》的学习，增强对药学专业的认识，更好地指导后续各基础课程及专业课程的学习。

药学是由相关的学科相互交叉、相互渗透构成的一门庞大的科学体系。随着药学基础研究的迅速发展，一些新兴学科也加入到药学的基础研究中。药学科学基础研究注重对生命现象本质的认识和对疾病现象的探讨。在对生理、病理机制充分认识的基础上，药物的研究更加理性。药学科学应用于人类疾病的预防、诊断、治疗及新药开发的各个过程和各个环节。药学科学的发展与各学科发展息息相关。数理化基础，如数学（药物统计学等）、物理学、化学（无机化学、有机化学、物理化学、分析化学等）；生命科学基础，如生物学、分子生物学、遗传学等；医学基础，如医学形态学科（人体解剖学、组织胚胎学、病理解剖学等）、病原生物学科（微生物学、寄生虫学等）、功能学科（生理学、生物化学、免疫学、病理生理学）、临床医学学科（诊断学、临床医学概论、内科学等）；专业基础，如药物化学、生药学、药理学等；专业应用，如药剂学、药物分析学等；人文交叉学科，如医学文献学、医药伦理学等与药学科学的发展密不可分。

（二）药学学科

学科是相对独立的知识体系。在我国，目前教育部《学位授予和人才培养学科目录》将全部学科共分为 13 个学科门类，包括：哲学、经济学、法学、教育学、文学、历史学、理学、工学、农学、医学、军事学、管理学、艺术学，每个学科门类下包含若干个一级学科。医学门类包含基础医学、临床医学、口腔医学、公共卫生与预防医学、中医学、中西医结合、药学、中药学、特种医学、医学技术、护理学共 11 个一级学科；每一个一级学科又进一步分为若干二级学科甚至三级学科等。

药学一级学科包括以下二级学科：药物化学、微生物与生化药学、生药学、药剂学、药物分析学、药理学。前面三个学科是化学药、生物药、中药的药物来源学科，后面三个学科是三类药物的共性学科，分别研究药物制剂、质量控制和有效性与安全评价的学科，从而保障药物的合理应用和安全性。

（三）药学学科的任务

1. 研究与开发新药 在整个人类与疾病做斗争的过程中，新药研发在重大疾病的防治上取得了突破性进展，包括恶性肿瘤、心脑血管疾病、病毒性肝炎、艾滋病、阿尔茨海默症等疾病。为使患者摆脱各种疾病的困扰，提高人类的生活质量，药品不可或缺。新药的研究与开发是药学专业的学科任务之一，极大地推动着整个医药行业的发展。研制新药，必须按照国务院药品监督管理部门的规定如实报送研制方法、质量指标、药理及毒理试验结果等有关资料和样品，经国务院药品监督管理部门批准后，方可进行临床试验。完成临床试验并通过审批的新药，由国务院药品监督管理部门批准，发给新药证书后方可投入生产。迄今为止，仍有许多疾病缺乏疗效确切的药物用于临床，新药的研究与开发迫在眉睫。

2. 制备安全有效的药物 持有《药品生产许可证》并具备生产条件的企业方可进行药品的

生产。药品的制备应根据药物的理化性质及临床治疗需要等因素将药物制成一定剂型的制剂，如片剂、胶囊剂、注射剂、栓剂、缓控释制剂等。药品的整个生产环节应符合《药品生产质量管理规范》的要求。

3. 合理用药与药学服务 近年来，随着药品监管力度的加大，药品不良反应报告和监测制度的不断完善，公众安全意识不断增强，对安全用药、合理用药的需求上升到新的高度。合理用药是指根据疾病种类、患者状况和临床药理学理论选择最佳的药物及其制剂，制定或调整给药方案，以期有效、安全、经济地防治疾病。所有与药品相关的药学服务都是为了能更好地使用药物，临床合理用药不仅是现代药学教育中一个非常重要的组成部分，也是整个药学学科的重要任务。

4. 药品质量控制与监督管理 药品与人类生活息息相关，药品的质量对人类的健康和生命至关重要。药品监督管理部门有权按照法律、行政法规的规定对报经其审批的药品研制和药品的生产、经营以及医疗机构使用药品的事项进行监督检查。药品质量监督管理的内容包括：制定和执行药品标准、实施药品质量监督检查与检验、实行药品质量的审批与许可、对违法行为实施行政处罚。

（四）药学与相关学科关系

1. 药学与中学各科目知识的联系 中学所学的绝大部分课程与药学知识的学习具有非常直接的联系。药学的大量专业知识是建立在化学知识的基础之上，简单的化学结构的改变就可以完全改变药物的作用甚至发现新药。例如，阿司匹林（Aspirin）的化学名称为乙酰水杨酸，是由水杨酸和乙酸通过简单的化学合成方法合成的，但是水杨酸因为刺激性强、毒性大目前主要用于局部外用治疗手癣、脚癣等真菌感染。而阿司匹林则可通过口服等途径全身广泛用于解热、镇痛、抗炎、抗风湿等。而就生物学而言，一方面通过生物技术方法可以产生包括疫苗在内的新药，另一方面，药物的使用主要是在人体，药物进入人体后如何发挥治疗疾病的作用以及药物本身在体内发生了怎样的变化都与生物学密切相关；其他如在药学相关学科如药物制剂相关原理、药物在体内的变化过程等都涉及大量的数学模型的建立，在药物的实验室及临床研究等方面都会涉及大量的数据处理与分析等，都与物理学及数学等基础学科密不可分。当然，语文知识与英文能力对于理解药学的相关知识、查阅国外的药学文献等方面都是基础，特别是现代药学知识与大量研究都源于美国、英国等欧美国家，多以英文的形式呈现。

2. 药学与中药学的关系 药学和中药学同属于医学门类下的两个独立的一级学科。中药学和药学一样都是全国高等教育药学类专业规定设置的主要专业。两者都是全国职业药师考试和全国卫生专业技术考试的专业，但两者的考试内容是完全不同的。中药学是研究中药的基本理论和临床应用的学科，是中医药各专业的基础学科之一。中药药性理论研究主要包括四气、五味、归经、升降沉浮和毒性等，是中医发展的理论基础和不可或缺的重要部分。中药学的研究内容包括中药的起源和发展、中药的产地与采集、性能、功效、道地药材、中药炮制、中药治病的机制、中药配伍、煎服方法以及临床应用等。相对“中药”而言，药学研究的是化学药和生物药，是某一有着确定化学成分的物质。主要研究药物的作用机制、药理作用、毒副反应以及配伍禁忌等。

3. 药学与化学的关系 研究药学要以化学为基础，药物通过维持或干预机体内化学反应对疾病进行治疗。现代化学有五个二级学科：无机化学、有机化学、物理化学、分析化学与高分子化学。无机化学是化学学科中发展最早的一个分支学科，也是药学专业学生入校后学习的第一门专业的化学课程。无机化学是研究无机化合物的结构、性质及其应用的一门化学分支学科，既是其他化学学科的基础，又是药学学科的基础。有机化学是研究物质的组成、结构、性质及其相关作用的学科，对药物化学、天然药物化学的学习，起着非常重要的作用。在所有的药物中，不管是西药还是中药，主要成分都是有机化合物。故有机化学的发展会促进中西药的发展，而中西药发展的每次突破也会带动有机化学的突破。分析化学是研究物质的组成、含量、结构和形态等化学信息的分析方法。分析化学的主要任务是鉴定物质的化学组成（元素、离子、官能团或化合物)、测定物质的有关成分的含量、确定物质的结构(化学结构、晶体结构、空间分布)和存在形态(价态、配位态、结晶态)及其与物质性质之间的关系。物理化学是在物理和化学两大学科基础上发展起来的，它应用物理学的理论与实验技术，探索、归纳和研究化学的基本规律和理论，构成化学科学的理论基础。高分子化学是研究高分子化合物的合成、化学反应、物理化学、物理、加工成型、应用等方面的一门新兴的综合性学科。

4. 药学与生物科学的关系　药学与生物科学密不可分。一方面药物的使用对象主要是包括人体在内的生物体，尤其是药物在体内如何发挥作用以及药物的体内过程等；另一方面，随着生物技术向传统医药各个领域的渗透，基因工程、细胞工程、酶工程、转基因动物制药等使医药产业正发生着战略性的变革。生命科学的发展对药学学科也产生了深刻的影响，分子生物学及生物技术的不断发展开拓了新药研制的新思路、新途径。许多药物可以通过现代生物学技术而获得，各种疫苗、细胞因子及多种抗生素等都是通过生物技术而获得的。基因工程是发展十分迅速的一类技术，通过基因工程而获得的药物具有特异性高、生产成本低、周期短、纯度高等诸多优点。第一个基因工程药物是 1972 年美国科学家研制出的治疗肢端肥大症等的生长激素释放抑制素，随后通过基因工程技术分别获得了人胰岛素、生长激素、干扰素、促红细胞生成素、人白细胞介素等广泛应用于临床治疗各类疾病的药物，这一领域也成为现代新药研究开发的重要内容。例如，治疗糖尿病的重要药物胰岛素，在没有采用基因工程技术之前主要是从牛、猪等动物胰腺提取，不仅产量低，而且与人胰岛素还存在结构上的差异，使用过程中变态反应发生率高，通过基因工程技术，在大肠杆菌等工程菌中表达，生物发酵等方法就可以获得产量及纯度都高的人胰岛素。现代药学教育应重视生物学科基础教育，协调化学学科和生物学科的比例，加强生物技术和相关能力的培养。

5. 药学与临床医学的关系　人类历史是医学史和药物史共同发展的历史。研究药物应以医学为指导，医学的发展也离不开药学的发展。两者相辅相成，其中临床医学的主要价值在于研究人类疾病的预防、诊断和治疗，在上述过程中药物的使用是非常重要的方面。药学与临床医学都是医学门类下独立的一级学科，也是两个重要的本科专业，两者有着十分密切的联系，其中药理学既是药学专业的必修课程，也是临床医学专业重要的主干课程，药理学在药学与临床医学两者之间起着桥梁和纽带作用。无论是对药学专业还是临床医学专业的学生而言，通过药理学的学习，都要求掌握药物的作用机制及药理作用、临床应用、不良反应、配伍禁忌等。

第二节　药物的起源与发展

一、药物的起源——从神话、巫术及经验医药到理性医药(rational medicine)的发展

人类历史就是人类与自然界斗争的历史，在这个过程中必然伴随着与疾病的斗争，从这个意义上讲，人类历史本身就是一部医药的发展史。在人类历史的早期，人们对于自然界的认识还相当局限，因而统治者出于统治的需要，将许多人类难以解释的现象都归结为是神的力量，于是就有许多神话或传说，其中广为流传的是希腊神话，有些故事至今仍然在我们的医药领域产生影响。例如，希腊神话中的埃克雷庇斯(Asclepius)以其精湛的医术被奉为医神。他一手执杖，杖上缠蛇的形象一直流传，成为现代医药行业的标志，在世界卫生组织(World Health Organization，WHO)等的图标上仍然可见(图 1-1)。然而，人类最开始是怎么知道使用药物，药物究竟是怎样产生的，这里并没有一个确切的答案。经历了神话、巫医启蒙，伴随自然哲学的发展，人类逐步从药物萌芽过渡到理性医药阶段。西方学者一般认为是古希腊学者

图 1-1　世界卫生组织图标

希波克拉底（Hippocrates，公元前 460～370 年）将医药学与哲学、巫术及神学分离开来，《希波克拉底全集》（Hippocrates Corpus）被认为是理性医药学建立的标志。

二、古代药物发展

（一）古代两河流域与古埃及药物

古代两河流域[即幼发拉底河和底格里斯河（现在伊拉克一代）]的医药是集驱除妖魔、巫术和医药治疗三方面的混合体。从亚述国王 Assubanipal（约公元前 7 世纪）图书馆中发掘出来的几百块黏土板中，可以辨认的药物包括 250 余种植物药、180 种动物药和 120 种矿物药，以及在当时作为医学上使用的酒精饮料、脂肪和油等。古巴比伦（公元前 2100 年）的《汉谟拉比法典》（The Code of Hammurabi）是人类历史上第一部完备的法典，其中涉及有关医药的条文约 40 款。

古埃及的文字大多记载于纸草书上，抄写于公元前 1552 年的《埃伯斯纸草书》被认为是目前世界上最早的药物治疗手册之一。其中载有 700 余种药物和 800 多个处方，许多药物在今天也仍是常用的。

（二）古希腊与古罗马药物

古希腊的地理位置独特，受早期古埃及、古巴比伦等文明古国的有益影响，逐渐摆脱巫术和僧侣教条主义从而建立古希腊医药文明。希波克拉底是这一时期的代表人物，被称为医学之父（Father of Medicine），其著作《希波克拉底全集》中记载了近 400 种草药。他提出的人体四体液学说以及他的医学经验、医德思想等在西方影响较大。

古罗马药学是在继承古希腊药学的基础上不断发展起来的，起到了承前启后的作用。古罗马第一个药物学家戴俄斯科利提斯（Dioceorides，公元 40～90 年），编著的《药物学》（Materia Medica）描述了古罗马时期的药物及其功效，且将药物系统地排列归类。古罗马著名医药学家盖伦（Claudius Galen，公元 129～200 年）创立了系统的病理学和治疗学知识体系，主张医药并重，发明了浸出方法制备植物药制剂，被称为“盖伦制剂”（Galenic formulation），又称格林制剂，一直沿用至今。

（三）古印度与古阿拉伯药物

印度是世界古老的医药学体系之一，对中西方医药学事业的发展有着不可替代的作用。在医药学方面，《阿育尔吠陀》（Ayurveda）中记载了许多古印度药物的信息，载有 77 种病症，并载有相应病症的药方。

世界上的第一个正规药房（公元 10 世纪）产生于阿拉伯。阿维森纳（Avicenna，公元 980～1037）的《医典》（Canon of Medicine）被视为当时阿拉伯医学成就的顶峰，被译成多种欧洲文字，影响欧洲医学界达数百年之久。全书记载药物 800 种，对药物的功效、组成、适应证、用法、剂量及毒性都有详细记载。

（四）中国古代药学发展

中国古代药学源远流长，其从萌芽、奠基、发展到成熟经过了 5000 多年的历程。周朝至春秋期间的《诗经》记载了药物 100 多种，如苍耳、车前草、菟丝子等。“采采卷耳，不盈顷筐”即是《诗经》中关于采药（苍耳）的写照。《山海经》记载药物 124 种，动物药较多，其中记载了药物的形状、特点、效用、使用方法及产地等。随后发现的《五十二病方》(图 1-2)，是我国现存最早的方剂学著作，填补了中国先秦时期的医药空白，是我国古老的药方书，反映了先秦时期的用药水平。

秦汉时期是我国古代医药学的奠基时期，在此期间出现了许多著名的医药学家和药学著作。《神农本草经》是我国现存最早的一部药物文献。全书分三卷，载药 365 种（植物药 252 种，动物药 67 种，矿物药 46 种），分上、中、下三品。书中对每一味药的产地、性质、采集时间、入药部位和主治病症都有详细记载。对各种药物怎样相互配合应用，以及简单的制剂，都做了概述。《黄帝内经》是第一部冠以中华民族先祖“黄帝”之名的巨著，是我国传统医学四大经典著作之一，是中医现存成书最早的一部医学典籍，是研究人的生理学、病理学、诊断学、治疗原则和药物学的医学巨著。《伤寒杂病论》是我国第一个将医学理论和治疗实践紧密结合的医学典籍，由我国东汉名医张仲景勤求古训，博采众方，并结合自己的临床经验所著。后经西晋王叔和等编辑将其分成两部:《伤寒杂病论》和《金贵要略》。书中含药方 114 个，药物 80 余种。《伤寒杂病论》形成了中医学辨证论治的理论体系，为后世中医临床医学的发展奠定了坚实的基础。

图 1-2 1973 年湖南长沙马王堆汉墓出土帛书《五十二病方》

公元 5～7 世纪，中国古代药物于魏晋南北朝到唐宋时期快速发展。南北朝梁代陶弘景对公元 5 世纪以前的本草进行总结编著了《本草经集注》(公元 480～498 年前)。该书首创了按药物的自然属性和治疗属性分类的新方法。我国的第一部制药专著《雷公炮制论》也在南北朝时期问世。唐朝的《新修本草》是世界上最早的一部由国家权力机关颁布的，具有法律效力的药学专著，也是世界上最早的一部药典。魏晋隋唐时期涌现出众多名医名著。如魏晋时期葛洪的《肘后备急方》，晋代皇甫谧的《针灸甲乙经》，隋代巢元方的《诸病源候论》，唐代孙思邈的《千金要方》与《千金翼方》等。它们推动了我国古代药学的发展，在医药界有着不可替代的位置。

由明朝杰出的医药学家李时珍（公元 1518～1593 年）编著的《本草纲目》是中国古代药物发展成熟的标志，代表着中国古代药物发展进入成熟时期。《本草纲目》是李时珍在长期的医药实践中，行医、采药、调查、考证、参考历史书籍、总结用药经验编纂而成。全书共 52 卷，约 190 万字，收载药物 1892 种，新药 374 种，药方 11 096 个，插图 1160 幅，分为 16 部，共 60 类。该书先后被译成英、日、朝、德、法、俄和拉丁等七种文字，传播到世界各地，是举世闻名的药物学巨著。

三、近代药学发展

（一）近代药学相关学科的发展

17～18 世纪化学开始萌芽。随着法国科学家拉瓦锡（Lavoisier）燃烧氧化学说的建立，近代化学开始蓬勃发展。尿素的发现更是打破了无机化学和有机化学的界限，化学的发展为药物的发现与发展提供了坚实的基础。1735 年，瑞典博物学家林奈（Carl von Linne）提出了动、植物分类学和双名制命名法，目前生药学与药用植物学仍沿用这种分类、命名法。自古以来药学的发展与医学的发展相辅相成，密不可分。巴斯德（Louis Pasteur）证明发酵及传染病都是微生物引起的。德国人科赫（Koch R.）发现霍乱弧菌、结核杆菌及炭疽杆菌等，并改进了培养细菌和细菌染色方法。巴斯德还用减弱微生物毒力的方法首先进行疫苗的研究，从而创立经典免疫学。19 世纪中叶以后，解剖学的发展及麻醉法、防腐法和无菌法的应用也不断促进医学的发展。

（二）近代药学的进步

帕拉塞尔斯（Paracelsus）是医药化学运动的始祖。文艺复兴期间，他主张把医学和炼金术结合起来成为一种新的医疗化学。1800 年后，人们从植物中提取出了吗啡、依米丁、阿托品、麻黄碱、奎宁、咖啡因、秋水仙碱等生物碱类药物，为药理学的分支奠定了方法学基础。1820～1879 年，德国的 Ehrlich 建立了世界上第一个药理实验室，创立了实验药理学，编写了第一本药理学教科书。从 19 世纪开始药理学真正成为一门现代科学。药理学的建立和发展为药学研究提供了丰富且准确的理论基础，对药学的发展具有十分重要的意义。

19 世纪 40 年代，临床医生或科学工作者先后发现了吸入乙醚、氧化亚氮、氯仿可以止痛，苯酚等可在体外灭菌消毒，解决了外科手术中的两大难题。此外，阿司匹林等化学合成药的发现为药物化学的形成奠定了物质基础。药物化学的基本理论、药物构效关系和基本研究方法在 19 世纪末和 20 世纪初相继建立。药物化学从药物学中分化出来，形成了一门独立的学科。

四、现代药学发展

现代药学史是药学史的重要组成部分，是古代、近代药学发展的沿袭和进步。

（一）现代药学的发展特征

20 世纪 70 年代至今药学飞速发展，取得了举世瞩目的成就。现代药学的发展具有以下几个特点。

1. 现代药学发展具备高科技特征 现代药学迅速发展得益于当代高新技术，即信息技术、新材料技术、新能源技术、生物技术、空间技术及海洋工程技术的发展。例如，X-射线衍射技术与计算机技术结合用于化合物分子、生物大分子的测定（如生物碱、DNA 立体螺旋结构的测定）；新材料成为给药系统的物质基础（如纳米技术材料可用作高效作用的植入材料、体内生物导弹的驱动器、微囊特异性靶向作用部位）；许多重大疾病的发病机制可通过生物技术在分子、细胞的水平得以阐明等。

2. 药学学科分化、综合发展特征 学科分化呈现纵向型分化，即在先前学科的基础上对不同层次的问题进行研究从而建立的学科，如免疫学分化为器官免疫学、分子免疫学、细胞免疫学。学科横向型分化，即在先前学科基础上对不同领域问题进行研究并建立平行的分支学科，如药理学分化为心血管药理学、神经药理学、遗传药理学。此外，不同学科之间相互渗透与融合，形成新的综合性学科或边缘学科。

3. 现代药学发展具有社会化特征 “科教兴药”受到国家和社会的广泛关注与大力投入。医药行业在国家经济和社会发展中占有重要地位，具有高投入、高风险、高产出、高效益等特点，生物医药产业已成为优先发展的国家战略新兴产业。

4. 药学模式逐渐转变的特征 19 世纪以前，药学的发展是在化学发展的基础上建立起来的。化学的理论、方法、手段在药学的发展中占据主导地位，药学的发展模式也被称为化学-药学模式。随着社会的发展，生命科学特别是分子生物学的快速发展给药学的发展提供了新的方式。药学的发展进入了化学-生物-药学模式。目前，由于医学进入生物-心理-社会医学模式，由“病”向“人”转变，药学的发展也由“药”向“人”转变，尤其体现在药学服务这方面。医院药学也从传统的药品供应模式向以患者为中心的药学技术服务模式转变。药学模式的逐渐转变是顺应时代和社会发展的要求。

（二）诺贝尔奖中的药物举例

人类社会的发展与药学息息相关，药物是人类战胜疾病、维护生命健康的重要武器。医学的每一次进步与发展，离不开药物的发明和发现。纵观诺贝尔奖的化学、生理学或医学奖项，与新药研究相关的奖项不胜枚举。诺贝尔奖很多次被授予了促进药物研发的基础研究和技术发明，与诺贝尔奖直接相关的药物有 20 多种，其中多次直接被授予了药物发明者，涉及药物如胰岛素、青霉素、磺胺类药物、前列腺素、普萘洛尔、青蒿素等（表 1-1）。

表 1-1 获得诺贝尔奖的部分相关药物

获奖时间	获奖人	国家	药物或相关物质
1901 年	埃米尔・阿道夫・冯・贝林	德国	白喉抗毒素
1908 年	埃黎耶・埃黎赫・梅契尼可夫	俄国	砷凡纳明
	保罗・埃尔利希	德国	
1923 年	弗雷德里克・格兰特・班廷	加拿大	胰岛素
	约翰・麦克劳德	加拿大	
1927 年	海因里希・维兰德	德国	胆汁酸及相关物质
1929 年	克里斯蒂安・艾克曼	荷兰	维生素 B_1
1937 年	沃尔・霍沃思	英国	维生素 C
1937 年	保罗・卡勒（瑞士）	瑞士	类胡萝卜素、维生素 A、维生素 B_2
1938 年	理查德・库恩	奥地利	维生素 B_6
1939 年	阿道夫・布特南特	德国	性激素（雌三醇、睾酮、黄体酮）
1939 年	格哈德・多马克	德国	百浪多息
1943 年	亨利克・达姆	丹麦	维生素 K
1945 年	亚历山大・弗莱明	英国	
	恩斯特・伯利斯・柴恩	英国	青霉素
	霍华德・弗洛里爵士	澳大利亚	
1947 年	罗伯特鲁滨逊	英国	生物碱类（罂粟碱、长春碱、秋水仙碱等）
1948 年	P.H.米勒	瑞士	杀虫剂 DDT
1950 年	菲利普・肖瓦特・亨奇	美国	
	爱德华・卡尔文・肯德尔	美国	肾上腺皮质激素
	塔德乌什・赖希施泰因	瑞士	
1951 年	M.蒂勒	南非	黄热病疫苗
1952 年	赛尔曼・A・瓦克斯曼	美国	链霉素
1965 年	罗伯特・伯恩斯・伍德沃德	美国	有机药物合成（可的松、利血平、叶绿素等）
1982 年	苏恩・伯格斯特龙	瑞典	前列腺素类（凝血腺素、前列环素等）
	本格特・萨米尔松	瑞典	
	约翰・范恩	英国	
1984 年	N.K.杰尼	丹麦	
	G.J.F.科勒	德国	单克隆抗体
	C.米尔斯坦	英国	
1986 年	斯坦利・科恩	美国	生长因子
	丽塔・列维・蒙塔尔奇尼	美国	
1988 年	詹姆斯・布莱克	苏格兰	普萘洛尔
2015 年	威廉・C・坎贝尔	爱尔兰	伊维菌素
	大村智	日本	
	屠呦呦	中国	青蒿素

五、21世纪药学发展与健康产业关系

（一）药学服务

药学服务（pharmaceutical service）是指药师应用药学专业知识向公众（包括医护人员、患者及家属）提供直接的、负责任的、与药物使用有关的服务，从而提高药物治疗的安全性、有效性和经济性，改善和提高人类生命质量。

药学服务通常具有以下几个特点：①与药物治疗有关：即药师不仅要提供合格的药品，更要关注疾病的药物治疗过程，对药品的选择、剂量的确定、给药方法的优化、治疗效果的评估等进行决策。同时还应提供人文关怀，实现安全、有效、经济的药物治疗。②主动积极地实施服务：药师应有意识地、发自内心地关注患者健康，主动积极地为患者提供药学服务。③服务目标明确：药学服务的预期目标要明确，包括预防疾病、治愈疾病、消除或减轻症状、阻止或延缓病程，提高公众生活质量，而不只是保证高质量的药品和足够的血药浓度，这些目标正是医护人员和公众所期望的，也是医疗卫生保健的最终目标。④关注生活质量：药师应将药物治疗与改善患者生活质量联系起来，为患者提供更好的药学服务。⑤勇于承担相应责任：药师应对整个药物治疗过程负责，并协助医生或者患者制订药物治疗计划。监督落实该计划，以保证取得预期结果。

（二）药学在生物医药健康产业中的地位与作用

近些年来随着经济的发展、人口总量不断增长和社会老龄化程度的提高以及人类疾病谱的新变化，人类对新的、高质量的药品的现实需求越来越高，全球医药产业持续快速增长。人类对药品的需求是医药行业持续发展的动力，医药产业将会长期处于蓬勃发展状态。在药品的需求方面，中国是全球最大的新兴医药市场，其在国际医药市场药物消费中所占的比重将会越来越大。

中国、印度等新兴国家医药行业处于快速发展期，政府对于医疗健康领域更加关注，新药品陆续上市为患者提供了更多的用药选择。中国有着庞大的人口规模，医疗卫生市场需求潜力很大。根据原卫生部公布的《2013 中国卫生统计年鉴》可知中国卫生总费用金额从 1990 年的 747.39 亿元增长到 2012 年 27 846.84 亿元，22 年间增长了 37 倍，年均复合增长率 17.87%。近些年来，我国的医疗费用更以高达 30%的速度增长，远远超出了国内生产总值的增长速度，从而严重影响了我国经济的发展和人民生活水平的提高。如何控制医疗费用的迅速增长已成为大家所关心和需要解决的问题。药品费用是医疗费用的重要组成部分，在整个医疗费用中占有相当大的比例，是导致医疗费用急剧增长的主要因素之一。因而控制医疗费用过快增长的主要措施之一就是如何控制药品费用的迅速增长，对此，通过一系列针对医疗卫生体系的改革及相关政策的引导，这一状况正在逐渐得到改善。

第三节　国内外药学教育概况

一、我国药学教育的历史与发展

中国药学发展历史悠久，在近、现代西方医药进入中国之前，中国药学的发展主要源自源远流长而博大精深的传统医药。中国传统药学人员的培养长期沿袭着家庭及师徒教育模式，最早的药学教育很难有明确的时点，相对系统的药学教育可追溯到南北朝时期，唐代出现了药园师的培养模式。古代大量药物学著作的传抄、整理、编撰也是当时药学教育很好的例证和素材。纵观我国药学教育发展历程，深入了解高等药学教育模式的演变情况与现状，将对探索我国高等药学教育的发展方向具有十分重要的现实意义。

（一）国内药学教育的发展沿革

我国创办药科教育始于1906年，创办至今已经有100多年的历程。大体上经历起始（1906～1949年）、调整（1950～1970年）和发展（1970年至今）三个阶段。起始阶段，主要通过增设新学校、增加新布点来扩大高等教育的总体规模；调整阶段，主要通过挖掘现有学校的潜力，提高现有学校的内部效率，扩大现有学校的招生数量来实现高等教育总体规模的扩大。发展阶段则一方面通过增设新的药学类院校或在现有具备条件的院校新开设药学类专业而扩大药学类教学院校布点，另一方面，则通过在已有的药学院校（系）中开设新的药学类专业以及扩大招生规模等方式拓展药学教育。20世纪80年代以前，主要由医药院校培养药学人才。如今，医学院校、综合性大学、理工、化工、工业、农业、商业类、民族院校等院校都设有药学类专业。随着我国医药卫生事业迅速发展，医药专业人才需求日益增加，各高等医药院校在培养药学人才方面更是积极探索最适合的方式。经过无数药学教育工作者的共同努力，培养了数以万计的高级药学人才，同时为中国药学事业的发展做出了巨大的贡献。自改革开放以来，中国高等药学教育的发展取得了举世瞩目的成就。

（二）国内药学教育规模与现状

专业是高等学校或中等专业学校根据社会分工需要而划分的学业门类，是我国高考填报自愿的基础。药学教育层次涵盖专科、本科、硕士、博士，包含普通高等教育、成人在职教育及职业教育等形式。药学相关的本科专业设置（参照教育部普通高等学校本科专业目录2012年版）基本专业包括药学及药物制剂，特设专业为临床药学、药事管理、药物分析、药物化学及海洋药学，其中临床药学也是国家控制专业。药学及相关专业设置除了药学类专业外还有中药学类、生物工程类、化工与制药类专业。中药学与药学都是医学门类下的一级学科。中药学类包含了中药学及中药资源与开发两个基本专业，藏药学、蒙药学、中药制药以及中草药栽培与鉴定4个特设专业。以上药学类及中药学类所属专业均授予理学学位。生物制药属于工学门类下的一级学科生物工程类下的特设专业。制药工程属于工学门类下的一级学科化工与制药类下的二级学科。两者均被授予工学学位。来自教育部高校招生阳光工程指定平台“阳光高考”的数据显示，截至2015年，我国开设药学类专业及药学本科专业的院校达200多所。

药学研究生教育包括硕士及博士两个层面，硕士学位类型包括学术型及专业型学位，而博士学位目前均为学术型。对于专业型硕士授予的学位为“药学硕士”，对于学术型硕士与博士专业一般按照二级学科确定，主要专业包括：药剂学、药物化学、药物分析学、药理学、生药学、微生物与生化药学、临床药学等。

从我国高等药学教育现状可看出，我国已基本形成较完善的、具备一定规模的高等药学教育体系，但仍需要通过借鉴国外综合性大学药学院的办学经验与课程体系进行深入改革。我国的药学教育主要以培训四年制的学士学位为主，在专业设置上较偏重于化学学科，化学及相关课程所占比重较大。医学院校设置的药学专业在课程设置上与医学相关的基础课程所占比例也较小。学生的实习时间较短，以实验研究、掌握实验室技能为主，多年来，我国药学及相关专业主要以培养制药人才和科研人才为主要目标，为国内医药产业成功地输送了大批药学生产和研发人员。然而，我国制药产业大多以仿制为主，从业人员整体创新研发能力不足，导致我国制药产业无法跻身世界先进行列。另一方面，培养的药学人才无法在医院承担临床药师任务。随着经济的快速发展和人民生活水平的迅速提高，社会及医药行业对高质量的药学应用型和服务型特别是临床药学人才需求不断增加，我国药学及相关专业多年来的人才培养定势已无法充分满足社会对药学服务型人才的多样化和高质量需求。因此，近些年来各类药学院校不断调整药学专业结构布局，全方位积极探索药学服务型人才的培养。1998年，将药学、药物化学、药物分析、药理学及临床药学5个专业合并为一个宽口径的大药学专业，即为现在所指的一般意义的药学专业。临床药学的教育在本科阶段以开设“临床药学方向”的方式在许多学校开展，而研究生教育则在许多具备条件的学校开展。自2006年起，教育部同意将5年制临床药学专业纳入目录外专业进行招生管理，我国多所具有药学专业的综合性大学及医药院校在4年制药学专业的基础上开设了5年制临床药学专业，2012年经进一步的本科招生专业目录调整，将该专业确定为国家控制的特色专业，目的是培养临床药师，以满足药学、社区药学相关工作岗位与实际工作需要。截至2015年底，全国已有35所院校开设5年制临床药学专业。

总体而言，学生虽具有较为宽泛的药学专业知识，可从事药学相关的各类工作，但对于各具体的二级学科知识的掌握还不够精深，还需要通过进一步学习或攻读研究生等确定专业方向。因此对于现在的药学专业学生而言，一方面可以作为从事药学相关工作的"通才"，同时也是各类专业人才的基础。

二、国外药学教育概况

从世界范围来看，各国的药学教育发展极不平衡，总体而言，其发展水平与相应的经济社会发展水平相适应。现代药学教育在欧美等发达国家经历了200多年的发展，已形成较完善和成熟的教育体系，特别是20世纪中叶，大量新药的不断涌现，出现了诸如沙利度胺（反应停）等严重药物不良事件；各类科学技术特别是生物医学、信息技术等飞速发展，促使包括药学教育在内的高等教育的发展和细化，就国外药学教育而言，其重要特征是注重以岗位胜任能力为主的应用型人才的培养，以及在培养过程中注重实践实训的训练。发达国家先进的药学教育理念和模式对我国药学教育具有一定的借鉴意义。

（一）美国药学教育发展现状

美国拥有一套相当成熟的药学专业研究生创新培养体系，美国药学教育近50年来的发展，粗略地可划分为三个发展阶段：20世纪60年代以前，是以药品为中心的传统药学阶段；1960～1990年，药学实践进入以安全用药为中心的临床药学（clinical pharmacy）阶段；1990年代后Hepler及Strand明确提出"药学保健（pharmaceutical care）"概念，提出药学服务最重要的问题是药师必须接受"以患者为中心（patient-centered）"的服务作为其执业理念，把药师的工作性质和职责推到了临床第一线，这也是药学工作的最新发展阶段。国际药学联合会（International Pharmaceutical Federation，FIP）于1998年发表有关药学服务声明，对药学服务提出要求和工作原则，即药师通过优化药物的使用并促进健康和预防疾病来提供直接的患者服务。这标志着药学服务概念自从美国药学界提出后已为国际所接受，药学工作已进入新的发展阶段。

美国的药学教育在很大程度是围绕其职业资格考试进行的。在美国，药学博士（Pharm.D，Doctor of Pharmacy）是最热门的专业之一，只有美国药学教育认证委员会（ACPE）认证的药学院授予的Pharm.D学位才可以申请报考药师资格。ACPE在认证方面就临床药学教育的目标任务、组织与管理、课程设置、学生、教职员工、设施与资源等六个方面提出了30条严格的标准。截至2012年8月，美国一共有129所ACPE认证的药学院（校）。通过数十年的争论，ACPE于1997年6月14日通过决定，将Pharm.D作为其唯一的职业准入学位，2000年6月1日起全面实施Pharm.D临床药学专业教育，即2004～2005学年度以后毕业的学生必须要求具有Pharm.D学历才具有参加药师考试的资格。

美国的药学教育主要有高中起点的四年制本科（bachelor of science in pharmaceutical sciences，BSPS）和六年制Pharm.D教育，其中前2年为药学预科（pre-professional），对Pharm.D和BSPS课程都是一样的。完成2年药学预科并获准Pharm.D申请的同学，继续完成4年专业教育阶段（professional）（分别称为P1、P2、P3、P4）的Pharm.D学习即可获得Pharm.D学位；未获准Pharm.D学位的同学则可进入相关的其他专业学习，2年后获得相应的本科学位，可申请BS学位。

在美国，涉及药学专业的学历学位包括：学士（Bachelor of science，BS）、硕士（Master of

science，MS）、博士（Doctor of philosophy，Ph.D）及 Pharm.D（Doctor of pharmacy）。Ph.D 与 Pharm.D 不同，前者为科学型或研究型学位，注重学术研究和论文；后者为专业型或技能型学位，注重培养毕业生具有临床药学和药学监护方面的知识及技能。Pharm.D 是美国药学教育特设的一个学位，目前逐渐被更多的国家如加拿大等国采用，这一学位是针对药师（pharmacist）这一职位而专门设立的，Pharm.D 教育实质上就是临床药学教育，是美国多数药学院药学教育的主体甚至是唯一教育类型。美国药学实践专业课程设置范围广泛，内容新颖实用，如开设的药物经济学、药学信息、药学数学和文献评价等课程。其课程设置中生物医学占很大比例，如患者情况评估、临床毒理学、临床营养学等课程；同时注重普及人文学科知识，增设了药事伦理学、临床沟通技巧等课程，充分体现了药学工作以人为本的思想宗旨。

（二）英国药学教育发展现状

英国的药学教育一向处于国际领先地位，随着现代科学技术如细胞与分子生物学技术等的发展与应用，使得与药学相关的新的知识快速更新，另一方面，新药的不断涌现，使得人们对于药物选择的范围越来越大，对药物的安全性及有效性越来越高，这些需求都体现在英国的药学教育中。其培养的目标也主要是以从事临床药师工作的应用型人才和以新药研究等方面的研究型人才。

在英国，药学硕士和药学博士按研究型和专业型两个方向培养，研究型人才的培养授课比例小，实验比例大，取得的学位包括专业型的药学硕士（M.Pharm）和学术型的理学硕士学位（M.Sc）或哲学硕士（M.Phil）和哲学博士（Ph.D），理学或哲学硕士学位一般是为了攻读博士（Ph.D）做准备。哲学博士（Ph.D）等同于我国目前在药学领域授予的博士学位，属于科学学位类型，主要在学术界、政府机构、企业的核心部门从事决策、研发和管理类等核心工作。

专业型药学硕士（M.Pharm.）比较注重学生专业知识的深化，实验及实践内容较多。其就业方向主要集中在医院从事药学服务或去制药企业从事药品的开发和研制。攻读专业型药学硕士（M.Pharm.）需在英国药政局（General Pharmaceutical Council）认证的药学院，经过 4 年的全日制学习，即 3 年本科，1 年硕士。一旦开始就必须读完 4 年，否则即使读完 3 年也是没有本科学历的而且学生只有在本硕 4 年毕业之后，才有资格去申请见习药师或预注册药师（Pre-registrated Pharmacist），之后经过一年的实习培训，通过相应的国家考试就可以加入英国皇家医药学会（Royal Pharmaceutical Society of Great Britain，RPSBG）。英国规定，每一位药学专业毕业想成为药剂师的人都必须在英国皇家药剂师协会指定培训地点（如医院、药店、或者药厂等）工作一年，然后才能参加药剂师职业考试。只有通过了考试才能被冠以药剂师（pharmacist）的称号，并且有资格负责各种药物零售以及监管。

英国药学教育过程中十分注重实用和实践。规定药师的实习期为 52 周，实习必须在具有英国注册药师资格，担任主管 3 年以上并通过培训和考核合格的导师指导下完成。对于培训过程及每一方面的具体技能都做了详尽的规定，对其行为规范提出了三个考察单元的要求，包括个人效能、人际能力、药品及医疗保健能力，对每一个考察单元又提出来不同的职能要求，如在个人效能方面就要求考察自我管理、工作管理、难题处置、质量管理及学习能力等 5 个方面。

（三）日本药学教育发展现状

日本药学教育比较早地借鉴了欧、美等的教育理念，培养的人才也主要是研究型和以临床药师为主的应用型人才，而且越来越注重后者的培养。

明治维新以后，日本医疗体制发生了巨大变革，药学事业得到快速发展。目前日本国民医疗保险覆盖全国，医药技术高速发展、药品有效开发、卫生保健体系日趋完备、卫生人力资源得到合理分配等使其医药市场规模位居全世界第三位，医药科技高速发展，仅次于美国和欧洲，其药品销售占有全球医药 10%左右的市场份额。日本于 2006 年 4 月 1 日开始实行药学 6 年制教育，这是日本药学教育历史中的一次重大变革。日本为培养出高质量的药剂师，各药学院校不断地更新教学体系质量。由过去以专业知识为主的课程体系设置转变为融知识、能力、态度等因素为一体的药学教育模式。

6年制药学教育专业学位培养体系主要强调临床药师的培养。当前日本社会对药师的需求巨大，大部分学生选择6年制的药学教育，以获得药师执照为学习目标。6年制药学教育模式主要由人文科学、药学概论、专业药学（其中包括实践教学和毕业前实习）构成。专业药学由七个领域组成：物理化学、药物化学、生药学、健康与环境、药物与疾病、制药学和社会药学。每门课程都有相应的大纲要求及学生需要达到目标。每个单元具体的行为目标分为三部分：知识、态度和能力。各药学院校都设置了需要完成的教学目标和教学方法设计。日本的药学教育顺应了药学的发展，其培养目标、课程设置、教学方法充分体现了其先进的教育理念。

第四节　药学专业的定位与课程体系

一、药学专业的定位

（一）药学专业定位

药学是以化学、生物学和医学为主要理论指导，研发、生产、使用和管理药物的一门学科。药学的任务包括：研究、发现和生产药物及其制剂；阐明药物的作用及其机制；制定药品质量标准，控制药品质量；合理使用药物；监督和管理药品等。药学发展至今已形成了一个较为完备的科学知识体系，包含药物化学、药物分析学、药理学、药剂学、生药学、微生物与生化药学、临床药学、药事管理等主干学科。

药学事业直接关系到人民生命健康和国民经济发展。一方面，药品与人民生命健康休戚相关，在预防、诊断、治疗疾病和延长人类平均寿命等方面发挥重要作用，以合理用药为核心的药学服务越来越受到社会和民众的重视；另一方面，药品是高科技、高附加值的产品，具有重要的经济价值，世界上许多国家把医药产业作为国民经济发展的重点产业和支柱产业。在我国，受庞大人口基数及老龄化趋势、人民生活水平提高与用药需求提升、国家药品战略安全、医药产业经济迅速增长等因素推动，药学类专业人才在经济建设与社会生活中发挥越来越重要的作用。

在我国教育部新规定的本科专业体系中，药学类专业是医学类学科门类下的一级学科专业，学科代码为1007，主要包括100701药学，100702药物制剂，还有100703TK临床药学、100704T药事管理、100705T药物分析、100706T药物化学、100707T海洋药学等几个专业。根据各院校具体情况，可授予医学或者理学学位。

（二）药学专业培养目标

药学类专业培养与药物研发、生产、流通、管理、质量控制和药学服务等相关的高素质专门人才。

药学专业培养具备药学学科基础知识、基本理论和基本技能，能够在药物研发、生产、检验、流通、使用和管理等领域，从事药物发现和评价、药物制剂设计与制备、药品质量标准研究和质量控制、药品管理以及药学服务等方面工作的高素质专门人才。药学专业学生主要学习药学各主要分支学科的基本理论和基本知识，接受药学实验方法和技能的基本训练，具有药物制备、质量控制评价及指导合理用药的基本能力。

二、专业课程体系

课程体系是实现人才培养目标的载体，是保障和提高专业教育质量的关键。在满足药学类专业基本课程体系建设要求的基础上，教育部药学类本科专业教学指导委员会制定的药学类专业国家教学质量标准明确提出各办学高校设置特色课程，建立个性化的课程体系。药学类专业课程体系主要包括以下几个方面：

1. 课程基本要求 药学类专业课程体系由通识类课程、基础课程、专业核心课程和专业实践环节等构成。药学类专业教学内容应涵盖国家药学专业教学标准中所列课程的知识或技能，同时各高校设置体现学校、地域或者行业特色的相关选修课程，促进专业教育与创新创业教育有机融合，建立满足学生多样化发展需要、有特色的课程体系。高度重视专业实践环节，建立完善的实践教学体系。实践类课程在总学分中所占的比例不少于25%，主要包括实验、实训、实习、毕业论文、社会实践等。鼓励学校多途径、多形式完成相关实践教学内容。实验教学中除基本教学内容外，还应有一定的综合性实验、研究性实验和特色实验项目。

2. 通识类课程 除国家规定的教学内容外，人文和社会科学、自然科学（数学、物理等）、外语、计算机与信息技术、体育和艺术等内容由各校根据办学定位和人才培养目标确定。应面向全体学生开设研究方法、学科前沿、创业基础、就业创业指导等方面的必修课或选修课。

3. 基础课程 主要包括化学类、生物学类、医学类课程。药学专业的基础课程主要有基础化学课程群（含无机化学、有机化学、物理化学、分析化学等）、生物化学与分子生物学、微生物学、人体解剖生理学等。

4. 专业核心课程 主要包括：药物化学、药剂学、药理学、药物分析、药事管理学等。各个高校均应开设这几门核心课程。

5. 专业实践环节要求 主要包括：实验、实训、专业实习与毕业论文、科研训练、社会实践等。

国家药学本科专业认证教学国家标准规定化学类、生物学类基础课与药学类专业课的实验课与理论课学时比大于0.8（含），或实验课总学时不少于550学时。专业实习与毕业论文的时间不少于16周。毕业论文选题应符合医药行业人才能力素质目标要求，并结合药学科研与药品生产的实际问题，使学生能够在解决实际问题的过程中学会综合运用所学知识。本专业全部论文选题应以实验性论文选题为主。所有学生应通过答辩获得毕业论文成绩，合格者才被授予理学学士学位。

本 章 小 结

- 绪论
  - 药学和概念及学科概况
    - 药物的基本概念及分类
    - 药学及其学科概况
  - 药物的起源与发展
    - 药物的起源
    - 古代药物发展
    - 近代药学发展
    - 现代药学发展
    - 21世纪药学发展与健康产业关系
  - 国内外药学教育概况
    - 我国药学教育的历史与了展
    - 国外药学教育概况
  - 药学专业和定位与课程体系
    - 药学专业和定位
    - 专业课程体系

思 考 题

1. 什么是药，什么是药学？
2. 药学的学科内涵和任务是什么？
3. 举例说明获得诺贝尔奖的药物名称及其科学家的贡献。

第二章　生　药　学

学习目标

●掌握：生药学的定义、分类和记载，生药的鉴定，生药的采收、加工和储藏，生药的质量标准，生药资源及道地药材。

●熟悉：生药物质研究新方法，生药鉴定技术新方法，药学案例分析。

●了解：生药学的起源和发展，我国生药的研究进展，生药学相关学科与职业前景。

第一节　生药学概述

一、生药学的定义

来源于天然的、未经加工或只经简单加工的植物、动物和矿物类药材，称为“生药”（crude drug）。例如，采用药用植物的全体（薄荷、蒲公英），部分（甘草、黄连），分泌物或渗出物（乳香、血竭）；或者采用药用动物的全体（海马、蛤蚧），部分（鳖甲、鹿茸），分泌物（蟾酥、麝香）；也有采用矿物的矿石（朱砂、芒硝），经过一定方式的简单加工而得。广义上，生药包括一切来源于天然的中药材、草药、民族药材以及提制化学药物的原料药材，兼有生货原药之意。近代“生药”名词，来源于日本学者大井玄洞于 1880 年将德文 pharmakognosie 译为“生药学”，将生药学所研究的对象“drogen”译为“生药”。

中药材通常是指加工中药饮片或中成药的原料药材，即未经过精制的天然药物，包括药用的矿物，动植物的全体、部分、制成品或生理、病理产物，而中药通常是指经过加工和炮制的中药材。其中来源于特定产区的质优的中药，称为“道地药材”，讲究道地药材是我国历代医家保证生药质量的成功经验。

民间草药通常是指广泛流传于民间，本草中未记载的天然药物，一般以植物为主，如垂盆草、金荞麦等。随着药源普查和对草药的不断研究，一些疗效好的草药也逐渐被中医界所应用或作药材收购，如广金钱草等，多为中医所用，地域性较强，使用地区较窄，一般在各级医院和药店难以购得天然药及其简单的加工品。草药和中药统称中草药，也是中国医药体系的一部分。

民族药是指各少数民族用于防治疾病、绝大多数是历代本草无记载的天然药物，由于民族地区有着独特的自然条件和生活习俗，其长期实践形成了对某些疾病独特的治疗经验。如藏药中的“唐冲那博”为青藏高原特产，提取的山莨菪碱和樟柳碱，具有改善微循环的功能，可用于治疗各种中毒休克、眩晕等病症。民族药也属于中医药体系的一部分，但限定在一定地区（少数民族居住区）内使用，有其特有的用药习惯，如藏药、蒙药、维吾尔族药、苗药、傣药等。

“生药学”（pharmacognosy）是应用本草学、植物学、动物学、化学（包括植物化学、药物分析化学、生物化学等）、药理学、中医学、临床医学和分子生物学等学科理论和现代科学技术来研究生药的名称、来源（基源）、生产（栽培）、采制（采集、加工、炮制）、鉴定（真伪鉴别和品质评价）、活性成分、细胞组织培养、医疗用途、资源开发利用及新药创制等方面的学科。根据我国中药材来源复杂、资源丰富、种类繁多及品种混淆等特点，生药学教学内容主要侧重于生药的品种鉴定与整理，建立生药及其制剂的品质标准与评价等。近期生药学研究的重点在于生产科学化、现代化、符合国际规范的生药及其制剂，打入国际市场，积极促进中医药的现代化。

二、生药学的研究内容和任务

（一）准确识别生药及鉴定基源的种类，确保生药质量

生药种类繁多，来源复杂，加上我国幅员辽阔，地理条件复杂，产区广泛，存在问题颇多，如一药多种来源，本末难分；形态相似的生药，可能造成误收、误用；由于地区用语、各地用药历史及用药习惯的差异造成“同名异物”、“同物异名”现象普遍存在。如果不能正确鉴定生药及其基源的种类，将直接影响到临床用药的准确性，轻则造成资源浪费，重则产生毒副作用甚至威胁患者的生命。

（二）加强生药材的品质评价，确保其质量标准化

利用植物学、植物化学、分析化学及药理学等相关学科的研究方法，对生药的性状、显微特征、理化性质进行鉴别，并测定生药的浸出物、有效成分或指标成分的含量，以及对重金属、农药残留量、黄曲霉毒素等进行定量或限量检查，建立生药的品质评价方法。在明确有效成分、指标性成分的基础上，建立、完善生药及其制剂品质评价的科学化和标准化，与国际接轨，具有十分重大的意义。生药材是生产中药饮片和中成药的重要原料。因此，保证生药材质量是保证中药饮片和中成药质量的关键和基础。生药材质量标准的规范化研究是中药复方药物标准化研究的基础和先决条件，同时为《中国药典》、原卫生部《部颁标准》，或申报新药的研究资料等提供生药或其制剂的质量控制依据。

（三）生药资源的可持续发展

本草著作是研究我国医药学历史和挖掘新药的宝库，其所含内容丰富，是由多种学科组成的独特学术体系。但是由于历史条件限制，本草著作中很多药物来源缺乏植物学的拉丁名记载，插图粗糙，需要有丰富的生药学和植物学知识，才能判断准确，因此运用生药学知识和方法，有助于我们发掘这个宝库。

新的药用植物或同种植物新的用途不断被发现，如本草著作中无记载或认为无药用价值的长春花、喜树等，已从中提取出有效的活性成分长春新碱、喜树碱等。为了合理地利用和开发这些植物资源，需摸清它们及其近缘种类的分布等，保证药源的供应，这需要植物学、生药学及其相关学科的知识和技能。

特别是野生资源，由于受到价格和市场的影响，正逐年减少，如冬虫夏草、蛤士蟆、肉苁蓉等资源数量均已急剧下降。积极开展野生药材的栽培和养殖事业，变野生品种为家种、家养，为生药产业化发展提供技术支撑；通过动植物类群之间的亲缘关系，对进口或当前紧缺药材寻找代用品的新资源；利用生物技术，扩大繁殖濒危物种、活性成分含量高的物种和转基因新物种。因此引种、栽培、种质保存、转基因技术及宏观调控等一系列措施在某种程度上解决了野生资源的不足。

（四）利用生物技术开发生药，提高国际市场竞争力

运用现代科学技术考证和发掘有用的药学史料和品种，促进现代生药科学的发展。保存和繁殖珍稀濒危的药用动、植物，培育出优质、抗病力强及产量高的新品种，不断提高中药材的质量；同时还能对生药品种进行更深入和客观的鉴定，可选择合适的 DNA 分子遗传标记技术，

在生药属、种、亚种、居群或个体水平上对研究对象进行准确的鉴别。

三、生药学的起源和发展

人类药物知识的起源，可以追溯到远古时代。人们在寻找食物的同时，也发现许多有特殊作用的植物可以用来防治疾病，因此有“医食同源”之说。古书记载，神农尝百草，一日遇七十毒。但是太古时期文字未兴，这些知识只能依靠师承口授，后来有了文字，便逐渐记录下来，出现了医药书籍。由于药物中草类占大多数，所以记载药物的书籍便称为“本草”。

生药学在中国起源于本草学，本草学得名于中国汉代某不知名作者假托上古神农之名所做的本草学专著《神农本草经》。唐代，由于生产力的发展及对外交通日益频繁，外国药物陆续输入，药物品种逐渐增加。为了适应形势需要，政府指派苏敬、李责力等 23 人增修陶氏所注本草经，载药 850 种，新增药 114 种。新本草经于显庆四年（公元 659 年）颁行，称为《新修本草》，又称《唐新本草》、《唐本草》，为我国和世界上最早的具有药典性质的本草，对我国药物学的发展有很大影响，对世界医药的发展亦作出了贡献。随着药物知识的不断丰富，新的本草陆续有问世，如宋代的《开宝本草》、《嘉佑补注本草》，都是总结性的药物学著作。明代的伟大医药学家李时珍（公元 1518～1593 年），在《证类本草》的基础上，进行全面的修订，编成了符合时代发展需要的本草巨著《本草纲目》。《本草纲目》在 17 世纪初传到国外，被译成多国文字，对世界医药学作出了贡献，也是研究动、植、矿物的重要典籍。清代乾隆年间赵学敏编成《本草纲目拾遗》一书，于 1765 年出版，对《本草纲目》作了一些正误和补充，共载药物 716 种。由汉到清，本草著作不下 300 种，各有所长。其余如地方性的《滇南本草》（明・兰茂），专记外来药物的《海药本草》（唐・李珣），记载食物疗法的《食疗本草》（唐・孟诜），记载救荒植物的《救荒本草》（明・朱橚）。

四、我国的生药研究进展

新中国成立后，党和国家十分重视生药学的研究和人才培养，在党的中医中药政策指引下，加强了教学、研究和质量检验工作，取得了显著的成就。

（一）著作出版及资源整理

新中国成立后，国内出版了一批能反映中国特色的生药学教材及著作，创办了专门刊登生药学研究论文的期刊，1949～1979 年，我国的生药研究比较集中于中草药资源和经验鉴别的调查整理和研究。其后于 1970～1975 年间掀起了群众性的中草药运动，各地医药卫生人员上山下乡，调查采集中草药，为农民防治疾病。在此过程中，编写了数以百计的地方性中草药手册，并经整理研究，为农民防治疾病。1982 年，国务院作出关于“对全国中药资源进行系统地调查研究，制定发展规划”的决定，全国于 1983～1987 年间组织专业队伍，开展了中药资源普查工作，取得了丰硕成果。

（二）栽培与饲养

新中国成立后，全国重要的植物园和药用植物园，已引种药用植物 4000 余种。许多重要的进口药材也引种栽培成功，如西洋参、白豆蔻、丁香、西红花、胖大海、非洲萝芙木等；一些珍贵的动物性药材，已研究了它们的饲养方法，如麝、熊、蝇子、蛤蚧、中华鳖等；已成功地进行了饲鹿锯茸、养麝取香、河蚌育珠等工作。

一些近代的生物技术方法也开始使用，如人参、西洋参、三七、紫草、延胡索、甘草及山莨菪等的组织培养技术。对一些菌类来源的中药，如冬虫夏草、灵芝及蜜环菌等，研究了它们发酵培养技术并已形成了一定规模的商品生产。

近年来，开展生药无公害栽培技术的研究，生产“绿色生药”已在山楂、金银花等中药材方面取得了成功的经验。

（三）生药材质量控制

生药品种繁多，产地广阔。由于历代本草记载、地区用药名称和使用习惯的不同，类同品、代用品和民间用药的不断出现，生药的同名异物、品种混乱现象普遍存在，直接影响到药材质量，所以对来源复杂的常用生药进行系统的品种整理和质量研究，是保证和提高药材质量，促进生药标准化，发展中医药事业的重要课题。

（四）生药活性成分研究

近年从常用生药中分离到多个治疗老年期痴呆、防治心血管疾病、抗肿瘤、抗艾滋病毒、抗肝炎、抗过敏、抗脂质过氧化、降血糖、止血、抗菌、消炎和免疫促进等活性成分。生药活性成分的研究对于阐明中药治病的物质基础、中药的标准化、质量控制以及新药开发均有重大意义。

（五）现代生物技术在生药研究中的应用

1994 年香港中文大学邵鹏柱实验室首次报告利用随机引物聚合酶链技术（AP-PCR）对人参及西洋参的鉴定，次年他们又报道利用随机扩增多态性 DNA（RAPD）技术对人参及其伪品的鉴定。随后中国香港、中国大陆、中国台湾及日本等国家和地区的研究人员相继从事这方面的研究。

（六）新药开发

近年来有不少的新药是直接或间接地从中药开发而来。其中有近半数是单个中药或其有效成分，有效成分的衍生物或中药的有效成分部位，或甚至中药的全提取物；另有超过半数是从中药复方中开发出的新药。

（七）海洋药物研究

海洋生物所含的化学成分结构新颖、复杂，常具有较强的特殊生物活性，是人类未来开发新药的原料基地。

此外，对民族药的研究开发，也取得不少成绩。我国是一个多民族的国家，各民族都有自己悠久的历史，对人类的医药事业都作出了自己的特殊贡献。

第二节 生药学主要内容

一、生药的分类和记载

（一）生药的分类法

我国生药品种繁多，为了便于学习、研究和应用，必须将它们按一定的规律，分门别类，加以叙述。常见的分类方法如下（图 2-1）：

（二）生药的记载大纲

生药学教材各论中所载生药是按一定次序进行叙述的。记载大纲包括名称（中文名、拉丁名、英文名和日文名等）、基源、植（动）物形态、采制、产地、性状、显微特征、化学成分、理化鉴定、药理作用、功效、附注。

- 生药
  - 按药用部位
    - 动物类
    - 植物药：根类、根茎类、皮类、茎木类、叶类、花类、果实类、种子类、种子类、全草类等
    - 矿物类
  - 按化学成分：根据生药中所含主要化要化学成分或生物活性成分（如含苷类生药、含生物碱类生药、含挥发油类生药生等）
  - 按自然系统：根据生药的原植(动)物的在分类学上的位置和亲缘关系,按门、纲、目、科、属和种分类排殛
  - 按药理作用或中医功效：如按中医疗分为解表药、清热药、补益药等;按药量分为作用于心血管系统或呼吸的生药等
  - 按中文名的字母或笔画顺序
  - 其他分类
    - 根据药物毒性和用药目的：上、中、下三品
    - 根据药物自然属性：玉石、草、木、菜、米食等

图 2-1　生药的分类

（三）生药的拉丁名

生药的拉丁名是国际上通用的名称。通常由两部分组成：

第一部分是药用部位的名称，用第一格表示，常见的有：根 Radix，根茎 Rhizoma，茎 Caulis，木材 Lignum，枝 Ramulus，树皮 Cortex，叶 Folium，花 Flos，花粉 Pollen，果实 Fructus，果皮 Pericarpium，种子 Semen，全草 Herba，树脂 Resina，分泌物 Venenum 等。

第二部分有多种形式：①原植（动）物的属名（第二格），如葛根 Radix Puerariae Lobatae（原植物 *Pueraria lobata*）；②原植（动）物的种名（第二格），如颠茄 Herba Belladonnae（原植物 *Atropa belladonna* L）；③兼用原植（动）物的属名和种名（第二格），用以区别同属他种来源的生药，如苦参 Radix Sophorae Flavescentis（原植物 *Sophora flavescens*）；④原植物（第二格）和其他附加词，用以说明具体的性质或状态，如熟地黄 Radix Rehmanniae Preparata。

有些生药的拉丁名中没有药用部位的名称，直接用原植（动）物的属名或种名。有些生药的拉丁名采用原产地的土名或俗名。矿物类生药的拉丁名，一般采用原矿物拉丁名。

二、生药的鉴定

生药的鉴定就是依据国家标准、部颁标准、地方药品标准及有关资料规定或记载的生药标准，应用各种技术手段，对生药的真实性、纯度和品质的优良进行鉴定，以保证品种的真实性及用药安全性。

（一）原植（动）物鉴定

生药的原植（动）物鉴定又称分类学鉴定、基原鉴定，是应用植（动）物分类学的方法，鉴定生药来源，确定正确的学名和药用部位，确保品种应用的准确性。其包括以下内容：原植物形态的观察、核对文献、核对标本等。

（二）性状鉴定

性状鉴定又称传统经验鉴别，是运用人体的感官如看、摸、闻、尝、水试及火试等直观的方法，对生药的性状（形态、大小、色泽、表面、质地、断面及气味等）进行鉴别。性状鉴定主要观察完整的生药及饮片。

知识链接 2-1

生药性状鉴定实例

性状：野山参为“芦长碗密枣核艼，紧皮细纹珍珠须”；海马的外形为“马头、蛇尾、瓦楞身”等。

大小：指药材的长短、粗细、厚薄。

色泽：如丹参色红，黄连色黄。

表面：蕨类植物的根茎常带有叶柄残基和鳞片，叶表面有脉纹和毛茸等。

质地：质轻而松、断面多裂隙，谓之“松泡”，如南沙参；富含淀粉，折断时有粉尘散落，谓之“粉性”，如山药；质地柔软，含油而润泽，谓之“油润”，如当归；质地坚硬，断面半透明状或有光泽，谓之“角质”，如郁金等。

断面：苍术断面有朱砂点。

气味：乌梅味酸，黄连味苦，甘草味甜等。

水试：如番红花入水后，水液染成黄色，花色不变。

火试：麝香少许用火烧时，香气浓烈，油点似珠，无臭气，灰烬白色。

（三）显微鉴定

利用显微镜及显微技术对生药商品中所含中药的组织、细胞或内含物等特征进行鉴别的方法，是保证品种正确性和质量可靠性的一种方法。显微制片鉴别方法一般包括：横切片或纵切片、表面制片、粉末制片、解离组织片、细胞内含物鉴定及细胞壁性质鉴定等。近年来，扫描电子显微镜已成为新的手段应用于各类生药的鉴定。

（四）理化鉴定

理化鉴别通过物理或化学方法对生药及制剂中所含的主要化学成分和有效成分进行定性和定量分析，是鉴定药材真伪优劣的好方法，特别对同名异物的生药或性状相似又无明显显微特征的生药具有较高的应用价值。理化鉴别的方法很多，主要有以下几个方面（表 2-1）：

表 2-1 生药的理化鉴定

内容	基本介绍	备注
理化常数	测定其物理常数如，相对密度、旋光度、折光率、硬度、沸点、凝固点、熔点等确定生药的真实性	如北葶苈子的膨胀度应大于 12，南葶苈子的膨胀度应大于 3 等
荧光试验	利用生药中的某些化学成分，在紫外光或自然下能产生一定颜色的荧光对其进行鉴定；或对本身不产生荧光的生药经过化学处理可使其某些成分在紫外光下变成可见色彩	如浙贝母粉末在紫外光下显亮绿色荧光；白芷乙醚浸出液点于滤纸上显蓝色荧光等
微量升华法	利用其加热时的升华性质获得微量升华物，可在显微镜下观察其结晶形状、颜色及化学反应等特征	如大黄粉末的升华物为黄色梭针状、片状或羽状结晶，在碱液中呈红色
化学反应	利用生药中所含的化学成分在某些特定化学试剂作用下，产生不同颜色或沉淀或结晶，从而进行鉴定	如黄连粉末滴加稀盐酸，在显微镜下可见针簇状的小檗碱盐酸盐结晶析出
分光光度法	通过测定被测物质在特定波长处或一定波长范围内的吸光度，对该物质进行定性和定量分析的方法	包括紫外分光光度法、比色法、红外分光光度法和原子吸收分光光度法
纸色谱法	以纸为载体，固定相一般为纸纤维上吸附的水分或者其他物质，流动相为不与水相溶的有机溶剂。比较样品和对照品在色谱中所显示的主斑点颜色和位置是否相同以进行生药的鉴别	检视其所显杂质斑点的个数或显色强度进行纯度检测 进行定量的提取和取样，并将主斑点剪下洗脱后，可进行含量测定

续表

内容	基本介绍	备注
薄层色谱法	以适宜的吸附剂涂布于载体上成一均匀薄层，将样品与对照品在板上点样、展开后，比较样品和对照品的色谱图或斑点，用于生药的鉴别	适用于化学成分不清楚的生药材；或同时使用化学品和标准药材为对照品，如黄柏、人参等；或用于提取了成分或煎煮过的药材残渣再加入某检测成分等假药的鉴别
薄层扫描色谱法	用一定波长的光，照射在薄层斑点上，扫描斑点对光的吸收或发射，通过积分计算所得图谱中的吸收峰或发射峰，测定有效成分含量的方法	也可用于定性鉴别
气相色谱法	以气体为流动相，把气化的样品载入层析柱，使样品的各种组分在气液（固）两相之间反复分配，因分配系数的不同而得到分离	生药中常含有挥发油或其他挥发性组分，最适于用气相色谱法进行分析
高效液相色谱法	是用高压输液泵将流动相泵入装有固定相的色谱柱中，再经进样阀注入样品，由流动相带入柱内使各成分分离	特别适合沸点高、极性强、热稳定性差的化合物
其他分析法	串联质谱法（MS/MS）	直接用于粉末药材的分析、鉴定
	X 射线衍射分析法	适用于矿物类药材的分析、鉴定
	物理性状模式指纹图谱	建立在药断面扫描图差异基础上的图谱
	生物活性指纹图谱	其与人体作用后的复杂化学成分群体的综合表现

（五）生物检定

利用药物对生物体的作用以测定其效价或生物活性的一种方法。它以药理作用为基础，以统计学为工具，选用特定的实验设计，在一定的条件下比较供试品和标准品所产生的特定反应，通过等反应剂量间比例的计算，从而测得供试品中活性成分的效价。

（六）计算机辅助鉴定

此方法建立在上述鉴定方法的基础上，将各味生药各项指标输入电脑，形成资料库，即可从数据库中查到相互吻合的条目，作出判断。

（七）DNA 分子遗传标记技术

以个体遗传物质内核苷酸序列变异为基础的遗传标记。上述几种方法由于主观性较强，且受到植物特征稳定欠佳的局限。而 DNA 分子遗传标记可以直接分析生物基因型，检测手段简单快捷，易于实现自动化，因此对物种的鉴别更为准确可靠。

（八）指纹图谱鉴定

对某些复杂物质经适当处理后，采用一定的分析手段，得到的能够标示其化学特征的色谱图或光谱图。它是建立在中药化学成分系统研究的基础上，能够较全面地反映所含化学成分的种类和数量，能对中药质量进行整体描述和评价。同时进一步开展谱效学研究，有助于阐明中药作用机制。因此，中药指纹图谱的研究和建立，对于促进中药现代化具有重要的意义。

知识链接 2-2

DNA 分子遗传标记技术

1. 以 Southern 杂交为核心的分子标记，如限制性内切酶酶切片段多态性（restriction fragment length polymorphism，RFLP）。

2. 以聚合酶链式反应（polymerase chain reaction，PCR）技术为基础的分子标记，如随机扩增多态性（rondomly amplified polymorphic DNA，RAPD）。

3. 以 PCR 与酶切技术结合的分子标记，如扩增片段长度多态性（amplified restriction fragment polymorphism AFLP）。

4. 以 DNA 芯片技术为基础的分子标记，如单核苷酸多态性（single nucleotide polymorphism，SNP）

三、生药的采收、加工与储藏

（一）生药的采收

生药的采收是否合理，直接影响药材的产量与质量。生药采收的合理性主要体现在采收的时间性与技术性。其时间性主要是指采收期和采收年限；其技术性主要是指采收方法和药用部位的成熟程度等。因此，为了获得药材的优质丰产，应当根据药用植（动）物的生长发育状况和有效成分的变化规律，以及地区差异等因素，决定适宜的生药采收期和采收方法。

1. 现代采收原则 生药疗效高低取决于其有效成分含量多少，在含量最多时采收，便可得到优质的药材。然而，研究结果表明：不同药材品种、不同药用部位及不同物候期的药材所含有效成分的含量是不同的，加之受地理环境不同、栽培条件不同及其他因素的制约，药材体内化学物质积累的变化也是不同的。一般常见以下几种情况：

（1）有效成分有显著高峰期而药用部分变化不显著，选取含量高峰期为采收期。

（2）若有效成分高峰期与药用部分高峰期不一致时，选取有效成分的总含量最大值为采收期。

（3）受多种因素影响时候，综合考虑各项指标，确定采收期。

在确定适宜的采收期时，必须把有效成分的含量、药材的产量及毒性成分的含量这 3 个指标结合起来考虑，要进行有效物质动态积累的研究，每个指标的确定应根据具体情况加以分析研究，以找出适宜的采收期。

2. 传统采收原则 生药有效成分在其体内的消长规律还不甚清楚的情况下，通常根据传统经验，结合各种药材的生物学特性、不同药用部位的生长特点、成熟程度及采收难易程度和产量等不同因素，确定生药的采收时间和采收方法。

（1）植物类药材：采收原则见表 2-2。

表 2-2 植物类药材采收原则

药用部位	采收时间	备注
根及根茎类	一般在生长停止或花叶萎谢的休眠期（秋冬季），或初春发芽前，或刚露芽时采收	如牛膝、党参等
茎、木类	一般在秋、冬季落叶后，或初春萌芽前采收	如大血藤、鸡血藤等
皮类	树皮一般在清明至夏至之间采收	如杜仲、黄柏等
	根皮则以秋末冬初采收为宜，并趁鲜抽去木心	如牡丹皮、地骨皮等
叶类	通常在开花前盛叶期或花盛期采收	如荷叶、艾叶、板蓝根等
	某些药材在秋、冬二季采收	如功劳叶于 8～10 月采收
	有的与主产品的采收期同时采收	如人参叶、三七叶等
花类	一般在花含苞待放或花初开放时采收。通常选择在晴天、上午露水初干时采摘	如金银花、辛夷等
果实类	一般于果实近成熟或成熟时采收	如乌梅、吴茱萸等
	少数药材在未成熟时采收	如青皮、枳实等
	成熟期不一致要随熟随采	如木瓜

续表

药用部位	采收时间	备注
种子类	在完全成熟后采收	此时种子内物质积累已停止
全草类	多在植物茎叶茂盛或在花蕾时或花盛期而果实种子尚未成熟时采收	如薄荷、益母草等
藻、菌、地衣及孢子类	采收时间不一	如茯苓在立秋后采收；马勃宜在子实体刚成熟时采收等
树脂或以植物液汁入药的	根据植物的不同采收时间和不同药用部位决定采期和采收方式	如安息香采香多在4～10月

（2）动物类药材要根据其种类的不同，选择适宜的采收期。例如，卵鞘入药需在虫卵孵化为成虫之前采收；成虫入药需捕捉成虫。还需要根据各种药用动物的生长习性和活动规律而采取不同的捕获采收方法，如两栖动物宜在“冬眠期”捕捉，鹿茸需在清明后采收等。

（3）矿物药类药材一般没有季节性限制，可全年采挖，如石膏、滑石等。

（二）生药的加工

生药采收后，除少数要求鲜用，如生姜、鲜石斛、鲜芦根等外，绝大多数均需进行产地加工。主要是除去杂质和非药用部分，保持药材的纯净；进行初步处理如蒸煮和熏晒等，使药材保持干燥；并筛选出不同等级药材，形成一定的商品性状，便于按质论价。

1. 植物药类 除少数如鲜生地、鲜芦根等鲜用外，大多数药材在采收后需要根据不同药用部位进行适当加工，而不同的药用部位有不同的加工方法。

（1）根及根茎类药材：一般在采挖后去尽泥土、茎叶和须毛等，迅速干燥。某些生药还需要去皮、切片、抽去木心、蒸烫等。

（2）皮类药材：一般在采收后须切成一定大小后晒干，或加工成卷筒，或先削去栓皮。

（3）叶类及全草类药材：这类药材含挥发油较多，故采后置通风处阴干；草类则须先行捆扎成一定重量或体积再干燥。

（4）花类药材：一般直接晒干或烘干，注意控制烘晒时间及保持花朵的完整性。

（5）果实类药材：一般采后直接干燥。某些生药还需要烘烤、烟熏（如乌梅）、切割（如化橘红）、沸水微烫（如五味子）等处理方法。

（6）种子类药材：通常在果实干燥后去果皮取种子，或直接采收干燥的种子，或将果实干燥储存，用时再取种子。

2. 动物药类 常用的方法有洗涤、清洗、干燥、冰冻或加入适宜防腐剂等，但因动物种类不同或相同动物因产地、时间的不同，其加工方法也有差异性。

3. 矿物药类 清除泥土和非药用部位，保持药材的纯净度。

知识链接 2-3

常用加工方法

1. 洗涤与挑选　洗涤主要是洗除药材表面的泥沙与污垢。挑选主要是清除药材中的杂质或非药用部分。

2. 修整切制　去除非药用部位。

3. 去皮、壳　是对果实种子或根及根茎类药材及皮类药材去除表皮或外壳，有利于干燥和储藏。

4. 蒸、煮、烫　是针对含黏液汁、淀粉或糖较多的药材。

5. 熏硫　药材干燥前用硫黄熏制，使药材色泽洁白，防止霉烂。

6. 发汗 将药材加热后，堆置起来发热，使其内部水分析出，可使药材变软、变色、增加香味或减少刺激性。

7. 干燥 除去药材中的大量水分。避免发霉、虫蛀及有效成分分解和破坏。常用方法如阳干、阴干、烘干、远红外加热干燥及微波干燥等。

8. 挑选分等 是对加工后的药材划分规格等级的方法。

（三）生药的储藏

生药的合理储藏，对保证生药的品质有重要意义。若储藏不当，会出现不同程度的变质现象，影响疗效。

1. 防虫 生药经虫蛀后产生虫粉，其外观及质量都会受到极大影响。主要预防措施为：①药材仓库应先进行清扫、修补、粉刷和消毒；②按药材性质及易虫蛀与否，分类存放，定期检查易虫蛀药材，保持仓库干燥通风；③定期消毒。防治的措施分为物理和化学两类。物理的方法包括太阳暴晒、烘烤、低温冷藏、密封法等。化学方法主要是用低剂量的磷化铝熏蒸，或采用低毒高效的新杀虫剂。还有一些简单实用的传统方法，即将几种药材同处存放，如陈皮与高良姜同放，可避免生虫；泽泻与丹皮同放，泽泻不易虫蛀；有腥味的动物药如海龙、海马、蕲蛇等，放入花椒或细辛则可防虫。

2. 防霉 大气中存在的真菌孢子，散落在药材表面，在适当的温度、湿度下，即萌发为菌丝，分泌酵素，使药材腐败、变质，失去药效。预防措施主要为控制库房湿度，其次是通过撞刷、晾晒等方法去除寄附在药材上的真菌。

3. 防变色 各种药材自身含有的一些化学成分，经过氧化、分解和聚合等作用，产生有色物质，使原有色泽加深或改变，导致变质。另一方面某些外因如温度、湿度、日光、氧气和杀虫剂等多与变色快慢有关。因此，防止生药变色，就必须对生药进行干燥、避光、冷藏处理。

4. 防走油（泛油） 走油是指药材所含的油质、糖质、黏液质等外溢于药材表面的现象。如柏子仁、枸杞、麦冬等。防走油的主要方法避光、避风、冷藏等。

5. 防自燃 自燃是因储存不当而导致生药自动燃烧的现象。原因主要是富含油脂的生药，在夏季由于层层堆置，导致其内部热量散发不出去，局部温度增高，焦化至燃烧，如柏子仁、紫苏子、海金沙等。防止自燃的方法主要是保持药材干燥、仓库空气流通、堆垛层间不能太高。

6. 防久储药材 生药由于化学成分自然分解、挥发、升华而不能久储的，应当注意储存期限。如松香久储，在石油醚中溶解度降低；明矾和芒硝久储易风化失水；洋地黄和麦角久储有效成分易分解；冰片等易挥发，走失气味，应装入塑料袋或密闭容器内，避光避风保存。

7. 储藏技术 除了传统的储藏手段，新的储藏技术也应用于药材的储藏和管理中。例如，气调储存、除氧剂、核辐射灭菌等。

四、生药的质量标准

（一）中国药典、部颁和地方药品标准收载生药的标准

药品标准是对药品的质量规格和检验方法所作的技术规定，它具有法律的约束力，是药品生产、供应、使用、检验部门遵循的法定依据。制定和颁发药品标准是加强药品管理，保证人民用药安全有效的一项重要措施。我国目前颁布的药品标准共有三类。

1.《中华人民共和国药典》（以下简称《中国药典》） 是我国的国家药品所遵循的标准。药典一般收载使用较广、对防治疾病效果较好的药品，规定其质量标准和检验方法，具有法律

约束力。国家卫生与生育计划委员会设有国家药典委员会，组织制定和修订药典，并领导地方药品标准的制定和修订工作。新中国成立以来，《中国药典》已出版过10次，分为四部出版：一部收载药材和饮片、植物油脂和提取物、成方制剂和单味制剂等；二部收载化学药品、抗生素、生化药品及放射性药品等；三部收载生物制品；四部收载通则，包括：制剂通则、检验方法、指导原则、标准物质和试液试药相关通则、药用辅料等。《中国药典》2015年版首次将上版药典附录整合为通则，并与药用辅料单独成卷作为新版药典四部。

知识链接 2-4

《中国药典》中生药标准的一般格式

药 材 名 称

汉语拼音名

拉 丁 名

基源：内容包括原植（动）物科名，植（动）物名、学名、药用部位、采收季节及产地加工。

【性状】描述药材外表、形态、质地、断面特征、气、味。

【鉴别】包括经验鉴别、显微鉴别（组织、粉末、显微化学反应）、理化鉴别（化学反应、薄层色谱）。

【检查】包括水分和总灰分。

【浸出物】醇溶性浸出物等。

【炮制】常用制法。

【性味与归经】描述中药性能。

【功能与主治】概括主要功效、临床应用。

【用法用量】用法一般指水煎内服，用量指成人一日常用剂量。

2. 部颁标准 即原卫生部颁发的药品标准（简称部颁标准或部标准）。药典不可能经常改版或增补，对药典尚未收载的常用且有一定疗效的药品，由药典委员会编写部标准，经原卫生部批准后执行，作为药典的补充。包括《中华人民共和国卫生部药品标准·中药成方制剂·第一册》《中华人民共和国卫生部进口药材标准》和《七十六种药材商品规格标准》。

3. 地方标准 即各省、直辖市及自治区卫生厅（局）审批的药品标准（简称地方标准）。收载的品种均为地区范围内使用的生药，只能在本省内使用。调往外省（自治区、直辖市）销售使用的中药必须经调入省药品监督管理部门批准，否则，外省可按假药处理。地方标准不能同《中国药典》或部颁标准相抵触。

以上标准均规定了收载生药的标准要求，凡是国内生产并投入市场的各种药品，都应当按上述三种标准作为检验质量的依据。

（二）生药质量控制的主要内容及方法

生药质量控制的主要内容包括：检查生药中可能混入的杂质及与药品质量有关的项目，根据品种不同或具体情况，检查内容不同。概括起来如下：

1. 按生药基源分类

（1）植物类生药：如杂质、水分、灰分、酸不溶性灰分、膨胀度、水中不溶物、重金属、砷盐、吸收度及色度等。

（2）动物类生药：动物类生药含较多水分，易霉坏变质，故多规定水分检查，以及挥发性碱性（挥发性盐基氮）物质的限量检查。

（3）矿物类生药：如检查重金属、砷盐、镁盐、铁盐、锌盐及干燥失重等项目。

2. 按检查性质分类

（1）限量检查：指常规检查项目，对多数生药均使用，即共性内容。例如，水分限量（＜15%）、有害物质的限量及杂质限量等。

（2）定量检查：指与生药临床疗效直接相关的项目，即个性内容。例如，有效成分的含量、生物活性的强度等。

（三）生药质量标准的制订

生药质量标准的制订必须建立在细致的考察及试验基础上，各项试验数据必须准确可靠，以保证生药质量的可控性和重现性。

生药质量标准由质量标准草案及起草说明组成。质量标准草案包括名称、汉语拼音、药材拉丁名、基源、性状、鉴别、检查、浸出物、含量测定、炮制、性味与归经、功能与主治、用法与用量、注意事项及储存等项。起草说明是说明制订质量标准各个项目的理由，规定各项目指标的依据、技术条件和注意事项等，既要有理论解释，又要有实践工作的总结及试验数据。

五、生药资源及道地药材

（一）我国生药资源简介

我国幅员辽阔，自然条件优越，蕴藏着极其丰富的资源。生药资源包括植物药资源、动物药资源和矿物药资源。广义的生药资源，还包括栽培和饲养的药用植物和动物，以及利用生物技术繁殖的生物个体和活性有效物质。据全国中药资源普查表明：我国现有生药达 12 807 种，其中药用植物 11 146 种，占 87%；药用动物 1581 种，占 12%；矿物类 80 种，不足 1%。据资料分析我国生药产区，以四川省所产种类最多，居全国第一位，约 500 余种；浙江省位居第二，产 400 余种；河南、安徽和湖北三省均产 300～400 余种。

（二）道地药材

道地药材主要指某些地区栽培生产的优质药材，也包括优质野生药材，该产地称道地产区。道地药材之所以质量优良，主要是因为这些地区有适宜的地理气候条件和生态环境，长期优育和栽培形成了优良的品种和先进的栽培技术，独特的加工方法形成了美观的商品性状。目前道地产区分为两个部分：①道地药材产区即形成了一批符合本地条件的道地药材，包括关药产区、北药产区、怀药产区、浙药产区、江南药产区、川药产区、云贵药产区、广药产区、西药产区及藏药产区；②道地药材集散地即药市，包括历史上传统的四大药市，有河北安国、江西樟树、河南百泉和河南禹县。

（三）生药资源开发利用的途径

“资源的开发”是指人们对资源进行劳动，以达到利用采取的措施。“资源的利用”是指人们对已开发出来的资源进行一定目的的使用，如进行加工和制成新产品等。

1. 生药资源的药物开发

（1）以生物亲缘关系寻找新药源：根据“植物亲缘-化学成分-疗效相关性”的基本理论从同科属中寻找生药的新资源，此外找到了一些进口药材的国产资源。如新疆阿魏（*Ferula sinkiangensis*）等资源。

（2）从历代医书、本草记载中挖掘新药源：如根据中医活血化瘀原则，从川芎中发现了能治疗心血管疾病的川芎嗪。

（3）从民族药、民间药中发现新药源：如从草珊瑚（*Sarcandra glabra*）中开发出“肿节风针剂”和“复方草珊瑚含片”等。

（4）扩大药用部位，增加新品种：根据中医中药传统经验，往往仅采用药用植物某一部位，而同一药用植物的其他部位也含有类似的药用成分和相同的药理作用。

（5）利用有效成分、有效部位开发新药：如从蒿属植物黄花蒿（*Artemisia annua*）中提取的抗疟药物青蒿素。

（6）改造某些药用植物成分的化学结构开发新药物：如从黄藤茎木中提取巴马汀，经氢化后得到延胡索乙素（四氢帕马丁），比直接提取更经济实用。

（7）利用生物技术开发新药源：用植物某一器官、愈伤组织、细胞等，通过人工无菌离体培养，诱导分化成完整植株或生产活性成分的方法。生物技术包括细胞工程、基因工程、酶工程和发酵工程。

知识链接 2-5

细 胞 工 程

应用这种方法可大量繁殖，并可克服有性繁殖不育，保存珍惜濒危种质资源，培养多倍体及新品种等，如培育成丹参多倍体、枸杞多倍体等。利用细胞工程生产次生代谢产物，如通过紫草细胞培养产生紫草素，黄连组织培养产生小檗碱，长春花组织培养产生蛇根碱和阿马碱。目前，我国有百余种药用植物进行了组织培养研究实验，如人参、三七、甘草、萝芙木等。

2. 生药资源多方向开发利用　随着人们日益增长的物质生活需求及文化素养、科学水平的不断提高，随着医疗模式逐步由治疗型向预防保健型方面的转变，生药资源开发利用的领域也在不断扩大。逐渐渗入到人们日常生活的各个方面：如保健食品、美容化妆品、药膳、药浴、天然香料、天然色素、矫味剂和卫生用品等。

第三节　生药学案例分析

一、青蒿素的来源

屠呦呦研究员凭借青蒿素的抗疟疾功效，获得 2015 年诺贝尔生理学或医学奖，然而令许多人感到迷惑的是，青蒿素却不是来自青蒿。提取青蒿素的原植物，在植物学上叫“黄花蒿”而不是“青蒿”，植物学上叫“青蒿”的植物反而不含青蒿素。

汉代的《神农本草经》已经有关于青蒿的记载，作为“草蒿”的别名。书中对草蒿的介绍是：“味苦寒，主疥搔、痂痒、恶创、杀虱、留热在骨节间，明目。一名青蒿，一名方溃，生川泽。”此后，东晋葛洪在《肘后备急方》中记载“青蒿一握，水二升渍，绞取汁，尽服之可治寒热诸疟”。屠呦呦声称正是从这条记载中获取了用乙醚提取青蒿素的灵感。

后来北宋苏颂主编的《图经本草》则是首部以“青蒿”为正名的本草书，其记载是：“春生苗，叶极细，嫩时人亦取，杂诸菜食之，至夏高四五尺，秋后开细淡黄花。”然而，在北宋寇宗奭发现叫做青蒿（草蒿）的植物则具有不同的形态，其在《本草衍义》中记载：“草蒿今青蒿也，在处有之，得春最早，人剔以为蔬……有青色与深青色两种。”后来北宋沈括在《梦溪笔谈》记载：“青蒿一类自有二种，一种黄色，一种青色，如松桧之色。”这就为后来关于青蒿的命名混乱埋下了隐患。

明代李时珍撰成巨著《本草纲目》，对青蒿列举了“草蒿、香蒿、方溃、菣、犱蒿”等别名，认为就是历代本草书中的青蒿，其性味和功能自然也与历代本草书记载相同。但李时珍又在青蒿之后新立“黄花蒿”的名目，只有“此蒿与青蒿相似，但此蒿色绿带淡黄，气辛臭不可食”等寥寥数句，这样一来，北宋人发现的青蒿的两种形态在本草书中就正式独立成了两种植物、两味药。

但本草书中记载的这两种药材，在植物学里却都是黄花蒿，按照《中国植物志》，黄花蒿和青蒿是两种不同的植物。黄花蒿是菊科蒿属学名为 *Artemisia annualinn* 的种的中文普通名，青蒿是蒿属另一种学名为 *Artemisia carvifolia* 的中文普通名。根据本草书记载中的分布、花期、气味等关键特征，完全可以确定中药里的“青蒿”和“黄花蒿”都是 *Artemisia annua*，也就是植物学上的黄花蒿。植物学上的青蒿，其实是名字用错了地方。

屠呦呦在进行考证时对国内市场所售中药“青蒿”的原植物进行了调查，发现绝大多数为植物学上的黄花蒿，兼杂有少部分牡蒿（*Artemisia japonica*）和茵陈蒿（*Artemisia capillaris*），而植物学上的青蒿几不可见。屠呦呦断定古本草书中记载的青蒿是学名为 *Artemisia annua* 的种无疑。传统上被认为是考证严密的《本草纲目》，也犯了把“青蒿”和“黄花蒿”分别为二物的错误。

那为什么在植物学上，*Artemisia annua* 这个种的正式中文名却是“黄花蒿”，而“青蒿”却用来指 *Artemisia carvifolia* 这个没怎么入药的植物呢？原来最早“青蒿”一词源自18世纪日本本草学家小野兰山的《本草纲目启蒙》，以及19世纪本草学家饭沼欲斋的《新订本草图说》。中国学者贾祖璋等在1955年所著的《中国植物图鉴》中引用了日本学者的记述，将 *Artemisia carvifolia* 的中文名定为“青蒿”。这样一来，中国历代所称的“青蒿”之名就张冠李戴地给了另一个种。

当然，和植物的学名不同，中文普通名并没有各方认可的强制性规范，所以药学界并不太关注植物分类学界对“青蒿”一名的误用。在2010年版《中华人民共和国药典》中明确认定中药“青蒿”的来源是“菊科植物黄花蒿 *Artemisia annua* 的干燥地上部分”，事实上相当于承认了黄花蒿的“青蒿”之名。

二、生药鉴定分析的案例

中国传统应用的中成药丸散膏丹，大多是直接用几十种粉末药材制成的，缺乏一定的鉴别依据，以致有“丸散膏丹，神仙难辨”之说。徐国钧决心进行前无古人的尝试以解决这一难题。20世纪50年代，卫生部号召中药成药下乡。徐国钧首先想到的是中成药的投料是否与处方规定相符、疗效能否得到保证。因此他抓住这个时机，在1956年对南京同仁堂国药号产品“灵应痧药”进行鉴定。由于中成药组成成分多，各成分的细胞、组织或内含物常有交叉，增加了其鉴定难度。徐国钧悉心研究，运用粉末鉴定方法，通过反复观察、分析和实验，排除了细胞和组织的交叉干扰，通过掌握各种成分的专属性特征，成功地从“灵应痧药”中检出了十余种药材，与规定处方一致。这篇论文的发表，打破了千百年来“丸散膏丹，神仙难辨”的神秘看法，开创了国内外中成药鉴定的先例，填补了中国中药鉴定的空白。徐国钧带领同事们继续进行实践研究，针对六味地黄丸、桂附地黄丸等18种商品中成药进行了鉴定；1973～1975年间，他配合《中国药典》的修订工作，复核制定了66种药的显微鉴别；随后，在药典委员会中成药显微鉴定经验交流学习班上，负责讲授显微分析专业知识和技能，并共同复核了近百种中成药的显微鉴别内容。徐国钧在研究中发现，部分成品与药典处方不相符，如香连丸中以黄连须根代根茎，腰痛丸中以杜仲叶代杜仲皮等。因此显微分析为中成药品质提供了保障。此后，他和研究生共同对《中国药典》中最复杂、鉴定难度最大的“再造丸”进行研究，将58味药逐一检出，并清楚地鉴别了该类丸药中某些同名异物药材。这一研究使中成药显微分析水平达到新的高度。

徐国钧院士带领的团队研究成果，使中国的显微分析鉴定研究处于世界领先地位。1980年，他作为观察员出席了在天津举行的“世界卫生组织药用植物标准化和应用区域间会议”。

会上，他作了题为“显微分析对植物药和中成药标准化的重要性”的学术报告，大会副主席、埃及开罗大学马伦教授给予了很高的评价。1981年，他应邀参加在名古屋举行的日中生药和天然物化学讨论会，并作了“中草药和中成药显微分析研究”的学术报告，引起了与会者的重视。1984年，他应邀出席在香港举行的“国际中药研究会议”，并作了“中药和中成药的粉末鉴定法”的学术报告，引起了与会代表的极大兴趣。1986年4月，他出版《中药材粉末显微鉴定》，受到国内外同行的高度评价，使中国粉末生药显微鉴定达到国际先进水平。

第四节 生药学研究方法与新进展

一、生药鉴定新技术

（一）分子鉴定技术

分子鉴定技术是指依据大分子（核酸和蛋白）特征的鉴定技术。其可分为核酸分子鉴定和蛋白质分子鉴定两大类。核酸分子鉴定主要集中在DNA分子鉴定。其主要依靠能反映个体、居群或物种基因组中具有差异特征的DNA片段来鉴定，不受环境影响及经验的限制，在生药材品种鉴定上具有一定优越性。核酸分子鉴定技术包括DNA条形码鉴定技术、基于PCR的分子鉴定技术及基于分子杂交的分子技术。蛋白质标记技术包括抗血清鉴别技术、蛋白质电泳鉴别、同工酶鉴别技术及蛋白飞行时间质谱鉴定技术。

（二）化学鉴定技术

随着色谱分离、分析技术的发展，高效液相色谱（high performance liquid chromatography，HPLC）、气相色谱（gas chromatography，GC）、高效毛细管电泳（high performance capillary electrophoresis，HPCE）等方法，可更精细和准确地反映生药材化学组分数和量等特征，成为药材鉴定和质量控制的有效方法。而以混合组分整体特征分析见长的光谱技术，如红外光谱、X射线衍射光谱、紫外光谱、荧光光谱及拉曼光谱等技术在药材鉴定中也显露出其独特的优势。色谱-光谱联用鉴定技术是色谱技术和光谱技术相结合形成的系列生药鉴定技术。主要有高效液相色谱-质谱（HPLC-MS）、气相色谱-质谱（GC-MS）、红外光谱-质谱（IR-MS）、质谱-质谱（MS-MS）及高效毛细管电泳-质谱（HPCE-MS）等。其中应用最广泛的是HPLC-MS。

二、生药有效成分的人工制造成为可能

为了使生药中超微量有效成分广泛应用于临床，人们已经开始用人工方法引导药用植物遗传因子的突变与多倍体植物的形成，利用示踪原子探索有效成分在植物体内的形成过程及其影响因素，在利用植物和细胞培养方法制备或生产药用植物的有效物质方面的研究，有了明显的进展。

三、海洋生药资源的开发利用

海洋蕴藏着丰富的生药资源，海洋生物在我国已有悠久的应用历史。近年来，我国开展了广泛的现代海洋药物研究，并取得了可喜的成绩。目前我国海洋药物的研究热点，主要集中在海洋活性天然产物、海洋多糖、海洋微生物的研究及新药开发和海洋生物基因工程技术的研究等四个方面。

四、生药质量标准的规范化研究正在深入

生药优良的品质和规范的质量标准是其进入世界医药主流市场的重要影响因素。我国已在生药品种整理、质量研究和生药质量标准规范化方面做了大量工作。生药规范化的质量标准和生药材国际参照执行标准的研究、制订，将极大地推动我国中医药事业的发展，加快中医药走向世界的进程。

第五节 生药学相关学科与职业关系

一、生药学相关学科

1. 药用植物学 是利用植物学中的形态、构造及分类学知识和方法，研究和应用药用植物的一门学科。它是生药学的基础，生药学又是药用植物学的继续和延伸，两者密不可分。

2. 天然药物化学 是运用现代科学理论与研究方法研究天然药物中的化学成分的一门科学。其研究内容包括各类天然药物的结构特点、物理化学性质、提取分离方法及主要类型的化学成分的结构鉴定等。天然药物化学与生药学这两门学科互相交叉，并且都逐渐引入生命科学研究技术，如利用生物芯片进行天然药物成分的活性筛选，对生药种属进行 DNA 研究。

3. 分子生药学 是在分子平上研究生药的分类与鉴定、栽培与保护及有效成分生产的科学，所依据的主要是生药学和分子生物学的理论和方法，是生药学的一个极富前瞻性的分支。分子生药学不仅继承传统生药学的内容和使命，更将赋予生药学新的任务和挑战。

二、生药学相关职业发展

生药学学科培养具备中药学和生药学等方面的基本理论知识和基本实验技能，能在生药鉴定、生药储藏与保管、生药质控、中药新药研制及资源保护等方面工作的高级科学技术人才。本学科学生毕业后可以到制药厂和医药研究所从事各类药物开发、生产、经营、检验和管理等方面的工作。主要面向各类制药企业、医药公司、各级综合性医院、药品检验机构、药学研究机构、药品监督管理、医药院校等部门工作，也可以继续深造，攻读研究生。

（一）培养生药鉴定和质控专业人才

生药材种类繁多，来源复杂，一些名贵的中药材往往出现各种伪品，不同地区称呼不一致，也会造成同物异名的现象，这样轻则资源浪费，重则威胁患者生命。为了适应市场行情，迫使生药研究工作者具备丰富的生药学知识及鉴定技术，避免中药市场不规范不合理的药材流通。

（二）为中药材生产规范化服务

中药材生产过程要做到规范化，就必须标准化，即要按照中药材生产质量规范要求生产药材。需要生药研究工作者掌握丰富的植物生长和引种育种等方面的知识，学会记录或了解药材产地环境、种质和繁殖材料、栽培与养殖管理、采收与储藏、初加工等相关理论知识和技能。保证中药产品研发的源头标准化和规范化。

综上所述，对于生药学工作者在理论知识和技术技能方面有较高的要求。为了培养符合市场需求的专业人才，应注重锻炼学生在校期间对常用仪器设备的技能操作及生药鉴定能力。同时为学生提供更好的实践平台，如在中药材市场、药厂、中医院、药店等基地轮转实习，以尽早熟悉所从事行业的具体状况，丰富自身理论知识的同时增强实践技能，不断提升自身专业素养。

本章小结

- 生药学
  - 概述
    - 定义
    - 研究内容和任务
    - 我国生药研究进展
  - 主要内容
    - *分类记载
      - 分类法
      - 记载大纲
      - 拉丁名
    - *鉴定
      - 原动植物
      - 性状
      - 显微
      - 理化
      - 生物鉴定
      - 分子遗传标记
      - 指纹图谱
    - *采收加工储存
    - 质量标准
      - 中国药典
      - 部颁标准
      - 地方标准
    - 生药资源道地药材
  - 案例分析
    - 青蒿素的来源
    - 生药鉴定案例
  - 研究方法与新进展
    - 鉴定新技术
    - 有效成分人工制造成为可能
    - 海洋生药资源和开发利用
    - 生药质量标准规范化正在深入
  - 相关学科与职业关系

*为重点知识点

思考题

1. 简述生药鉴定的方法及新的生物技术应用于生药鉴定的意义。
2. 谈谈自己对生药实现现代化目标的认识和理解。
3. 举例说明生药资源保护的意义和策略。

第三章　天然药物化学

学习目标

- 掌握：天然药物的来源及研究内容；天然药物的提取分离方法。
- 熟悉：以青蒿素为例，熟悉天然药物化学研究与开发的过程。
- 了解：天然药物化学和生物学学科的关系及学科最新研究进展。

天然药物化学是全国普通高等教育药学类专业规定设置的一门主要专业课程。本课程主要介绍天然药物化学成分结构类型、理化性质及其提取分离、纯化和结构鉴定的基本知识。天然药物是药物的重要组成部分，亦是创新药物和先导物的重要来源，学习和掌握天然药物化学知识，能够为其他药学专业的学习奠定良好的基础，为我国新药创制和中药现代化做出重要贡献。

第一节　天然药物化学及发展简史

一、天然药物化学的概念

（一）天然药物的含义

人类自古以来，在与疾病作斗争的长期实践中，对天然药物的应用累积了丰富的经验。在我国，天然药物又称中草药，它与传统的中药学一起构成了中华民族文化的瑰宝，对中华民族的繁衍昌盛做出了重要贡献，也是全人类的宝贵遗产。

（二）天然药物化学的概念

天然药物化学（Chemistry of Natural Medicine）是应用现代科学理论与方法研究天然药物化学成分的一门学科，主要研究天然药物的药效物质基础及其防治疾病规律的一门综合性学科。天然药物化学是药学的重要组成部分，是药学领域中极具生机的学科之一。

二、天然药物化学的任务

（一）天然药物的来源

天然药物来自植物、动物、矿物、海洋生物和微生物等，并以植物来源为主，种类繁多。以中草药为例，明朝李时珍著《本草纲目》中就记载了 1892 种，清朝赵学敏著《本草纲目拾遗》又补充了 1021 种，1994 年出版的《中华药海》收载了 8000 多种，而我国 1994 年完成的天然药物资源普查，已确认我国现有天然药物资源达 12 807 种。

（二）天然药物化学的发展

我国地域辽阔、气候多样，是世界上天然药物种类最丰富的国家之一，在国际上享有很高的声誉。对天然药物的研究和应用具有悠久的历史和丰富的经验，为现代天然药物化学的发展奠定了坚实的基础。随着人类社会的进步和现代科学技术的飞速发展，特别是近年来计算机、信息和分子生物学科的发展及其在天然药物化学中的应用，赋予了天然药物化学新的内涵，使其已成为一门极具生气的朝阳学科。天然药物化学的主要任务有以下几个方面：

1. 探明天然药物中作为药效物质基础的化学成分 探讨天然药物所含有的能够防病治病的有效成分，揭示天然药物防病治病的本质，为稳定天然药物的临床疗效、用药安全、质量控制提供理论依据。例如，中药麻黄（*Ephedra* sp.）是一味发汗解表、止咳平喘的中药，其主要成分麻黄碱（ephedrine）具有平喘解痉的作用，故而以麻黄为原料制成的制剂通常要检测麻黄碱的含量。

2. 研究天然药物化学成分的类型、理化性质 探讨有效、快捷、先进的天然药效物质的提取、分离方法，为天然药物临床剂型选择和分析检验提供依据。

3. 研究天然药物中主要类型的化学成分的结构鉴定 揭示天然药物中化学成分的结构信息，了解其有效成分的化学结构与机体细胞间的相互作用的关系，即结构与活性关系，为发现和发明新型的模型药物提供科学依据，为研制高效、安全的临床药物奠定理论基础。

4. 新药的创制 不断探索开发新药的途径和方法，包括必要的结构改造，争取创制更多新药，这已成为近年天然药物化学的重要任务，是时代赋予天然药物化学新的内涵，是推动天然药物化学发展的全新动力。

三、天然药物化学的发展

天然药物化学的起源和发展是与人类求生存密不可分的，人类在寻找食物的同时也发现了药物。天然药物与人类的饮食有着密切的关系，有一部分既是药物又是食物，可以说是药食同源。同时，天然药物本身就是人们经过长期同疾病作斗争的亲身体验、筛选证实其疗效而保留延续下来的。因此，针对天然药物化学的研究一直备受国内外科学界的高度重视，并伴随人类的进步和科学技术的发展，得到了迅速的发展，且方兴未艾。

（一）天然药物化学的起源

自天然药物中分离化学成分，有记载的最早始于我国明代李挺所著《医学入门》（1575 年），书中谓“五倍子粗末，并矾、曲和匀，如作酒曲样，入瓷器内，遮不见风，候生日取出晒干听用”记载了应用发酵法从天然药物五倍子中得到没食子酸的过程。约 200 年后的 1769 年，瑞典药师、化学家舍勒（K.W.Schelle，1742～1786）将酒石（酒石酸氢钾）转化为钙盐，再用硫酸分解制得酒石酸，随后，舍勒又用类似的方法从天然物中得到了苯甲酸（1775 年）、乳酸（1780 年）、苹果酸（1785 年）、没食子酸（1786 年）等天然化学成分。又如樟脑的记载在我国最早见于 1711 年洪遵著的《集验方》一书中，后来由马可波罗传至西方。《本草纲目》在卷三十四下详尽记载了用升华法等制备、纯化樟脑的过程。而欧洲直到 18 世纪下半叶才提取出了樟脑的纯品。由此可见，古代中国的医药化学与其他自然科学一样，当时也处在世界领先地位。因此，世界上有“医药化学来源于中国”的高度评价。

（二）天然药物化学研究手段的发展

天然药物化学的发展离不开现代科学技术的进步。在过去漫长的岁月里，天然药物化学成分的研究长期受到当时提取分离和纯化手段，特别是结构鉴定技术的制约而发展十分缓慢。一个天然化合物从天然药物中分离到确定化学结构、人工合成需要很长的时间。例如，鸦片中镇痛有效成分吗啡（morphine），从 1804～1806 年发现开始，到 1925 年提出正确结构，1952 年人工全合成，总共花了近 150 年时间。

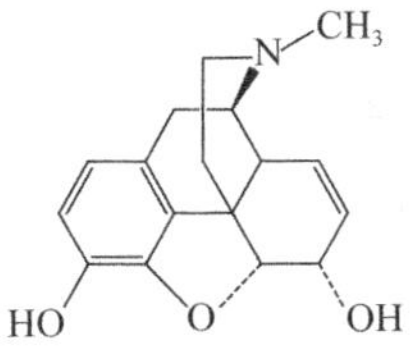

吗啡的结构式

随着现代科学技术的进步，结构远比吗啡复杂的天然药物蛇木（蛇根木的根）中的降血压有效成分利血平（reserpine），从 1952 年发现、确定结构，到 1956 年人工全合成，只用了几年时间。

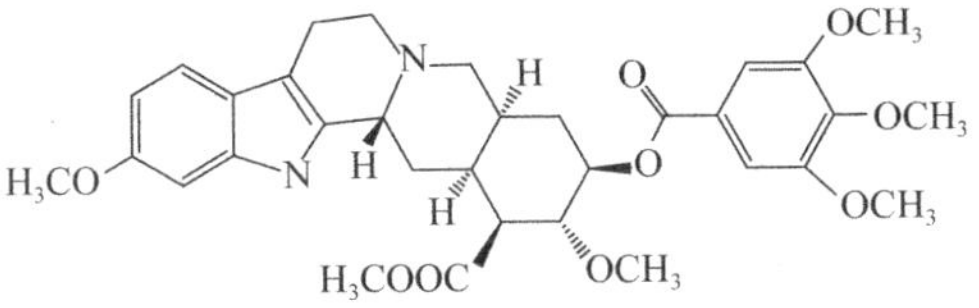

利血平的结构式

主要归结为以下几点：

1. 提取分离手段得到改善　传统的提取分离技术大多存在提取效率低、成本高、提取过程选择性差、分离纯化过程复杂和污染严重等问题。近几十年来，随着现代科学技术的发展，现代化工、机械制造技术的进步，使得 CO_2 超临界流体萃取、膜分离技术、高效液相色谱、手性分离、模拟流动床分离技术等提取分离技术的日趋成熟及其在天然药物化学成分研究中的广泛应用，天然药物化学的发展有了更加显著的进步，研究工作的速度大大加快，水平明显提高，研究工作的深度与广度也已今非昔比。许多在过去不敢涉足、令人望而生畏的领域，如天然药物中的微量成分、水溶性成分、不稳定成分及大分子物质、机体内源性生物活性物质等领域的研究，取得了显著成绩。随着现代科学技术的发展，人们对天然药物化学成分的研究已由过去局限于常量、易得成分，转而关注那些微量甚至超微量活性物质的研究，力图从中发现新的化合物或者新的化合物骨架类型。科学技术的进步使得人们的这些愿望和目标有了得以实现的可能。

2. 结构鉴定技术飞速发展，结构鉴定工作越来越高效、准确、微量、快速　过去在鉴定一个化合物的结构时，通常需要用化学方法进行降解或制成适当衍生物进行比较才有可能予以确认，一般需要至少几百毫克甚至几克的纯物质。现在，由于分析检测和鉴定技术的进步，尤其是磁共振（NMR）、质谱（MS）及 X 射线单晶衍射（X ray crystal analysis）等技术在设备、性能及测定技术方面的大幅度改善，加上计算机的广泛运用，致使结构鉴定需要的样品量已大幅度降低，往往仅需要几十毫克甚至十几毫克即可完成鉴定工作。对大多数相对分子质量在 1000 以下的天然化合物甚至不必进行任何化学降解和衍生物制备，几乎仅用磁共振技术就可以决定其结构。有的微量成分，结构相当复杂，分子质量也很大的成分，但若能得到几粒良好的单晶，则单独应用 X 射线单晶衍射就可以在几天内确定整个分子的立体结构。

第二节　天然药物化学的内容

天然药物化学的主要内容涉及各类天然药物化学成分的系统研究，尤其是生物活性成分或药效成分的结构特点、理化性质、提取分离法、化学成分的结构鉴定、结构修饰和主要化学成分的生物合成途径等领域，内容十分丰富。

一、天然药物的药效物质基础

（一）有效成分及无效成分

应当强调指出，在众多的中草药及其他天然药物中，人们真正弄清有效成分的品种是不多的。绝大多数只是一些简单的生物活性测定，即经过体内（*in vivo*）和（或）体外（*in vitro*）不同程度的药效实验或生物活性实验，证明对机体具有一定生理活性的成分。但是，这些生物活性成分并不一定是真正代表该天然药物临床疗效的有效成分。因此，天然药物中所谓有效成分或生物活性成分与无效成分或非生物活性成分的概念只是相对的，不能简单地机械地理解。例如，多糖、蛋白质、氨基酸类成分，在多数场合下均视为无效成分，并在药品的加工过程中尽量设法除去，但在猪苓、天花粉、鹧鸪菜等药物中，却被证实猪苓中的多糖、天花粉中的蛋白质、鹧鸪菜中的氨基酸分别是其抗肿瘤、引产和驱虫的有效成分。此外，天然药物中被视为无效成分的，虽然本身可能没有特殊疗效，但有的却能增强有效成分的疗效、降低或缓和有效成分的毒副反应，有利于有效成分的溶出或增强制剂的稳定性，不可忽视。随着生命科学的进步、人体自身功能调节系统的不断阐明，许多原来不被人们认识的无效成分的生物活性将逐渐地被揭示出来。

（二）药效物质基础的含义

天然药物为什么能够防病治病，不同的天然药物为什么会产生不同的临床疗效，为什么某些天然药物在中医临床上可用于不同的疾病治疗等，天然药物防病治病的本质特征，是人们一直在探索的重要问题。众所周知，天然药物之所以能够防病治病，其物质基础就在于所含的有效成分。例如，中药麻黄中含有的左旋麻黄碱（L-ephedrine），就是麻黄平喘、解痉的有效成分；又例如，甘草中所含的甘草酸（glycyrrhizin），是甘草抗炎、抗过敏、治疗胃溃疡的有效成分。然而，一种天然药物往往含有结构、性质不尽相同的多种成分。例如，麻黄中除含有左旋麻黄碱外，还含有多种生物碱类、挥发油类成分等；甘草中还含有多种皂苷、黄酮类成分等，这些成分就构成了麻黄、甘草的其他有效成分。因此，一种天然药物往往具有多种临床用途，其有效成分可以是一个，也可以是多个。例如，鸦片中吗啡生物碱具有显著的镇痛作用，罂粟碱有抑制平滑肌痉挛作用，可待因有镇咳作用，这三个不同临床用途的有效成分，可分别代表鸦片这一天然药物不同的临床用途。

二、天然药物中常见的化学成分类型

天然药物的化学成分极为复杂，往往一种天然药物就含有不同类型的许多种化学成分。天然药物中常见的主要化学成分类型有游离生物碱类、生物碱盐类、黄酮类、香豆素类、木脂素类、醌类、鞣质类、挥发油及萜类、三萜及其皂苷类、C_{21} 甾体及其苷类、甾体皂苷类、强心类、糖和苷类、低聚糖、多糖、蛋白质类、氨基酸类、树脂类、色素类和无机成分等，主要化学成分类型与代表性成分（表 3-1）。天然药物成分类型繁多，物理化学性质差异较大，熟悉天然药物中各类化学成分的结构特征和理化性质，也是研究天然药物化学成分的基础，也是天然药物化学的重要内容。

表 3-1　主要化学成分类型与代表性成分

化学成分类型	代表性成分
香豆素	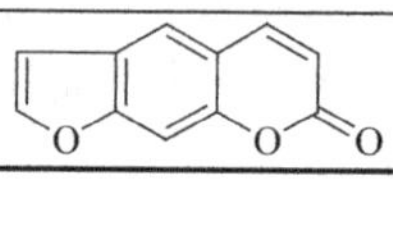

续表

化学成分类型	代表性成分
蒽醌	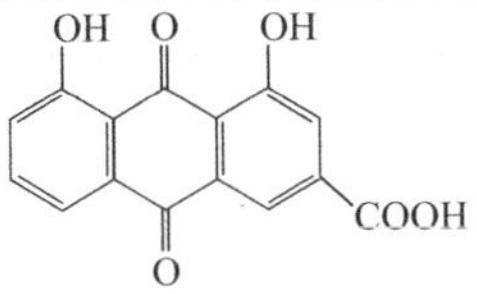
黄酮	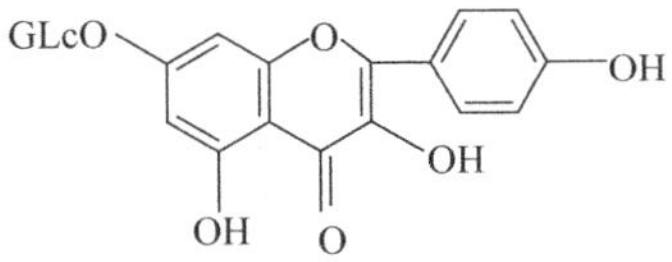
萜	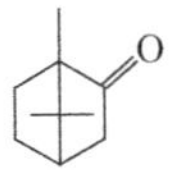
生物碱	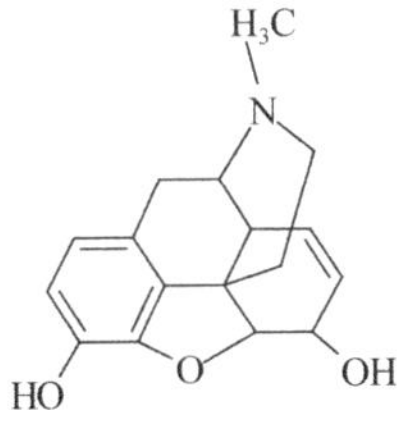
甾体皂苷	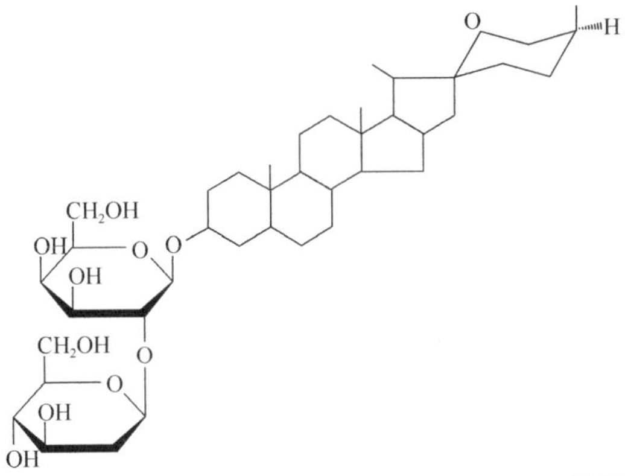
强心苷	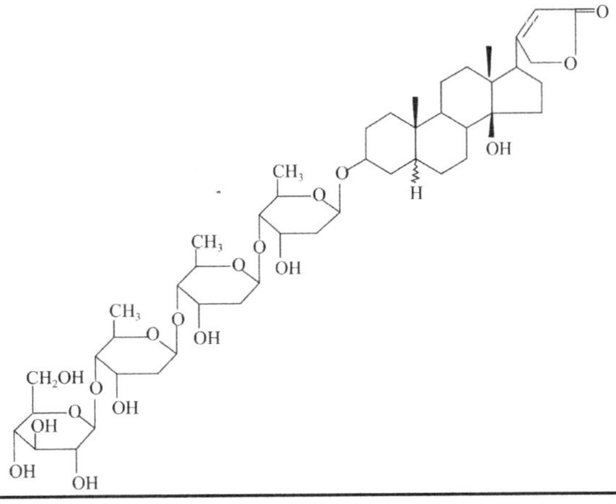

三、天然药物化学成分提取分离方法

任何一种天然药物，就成分而言都是一个复杂的混合物，它既含有糖类、蛋白质等生物体必需的成分，也含有生物碱或苷类等特殊成分。要想更好地研究和应用其中的药效物质基础，就必须应用适宜的方法和手段，将它们从药材中提取分离出来，这是研究天然药物化学成分提取分离工作的重要步骤（图 3-1）。

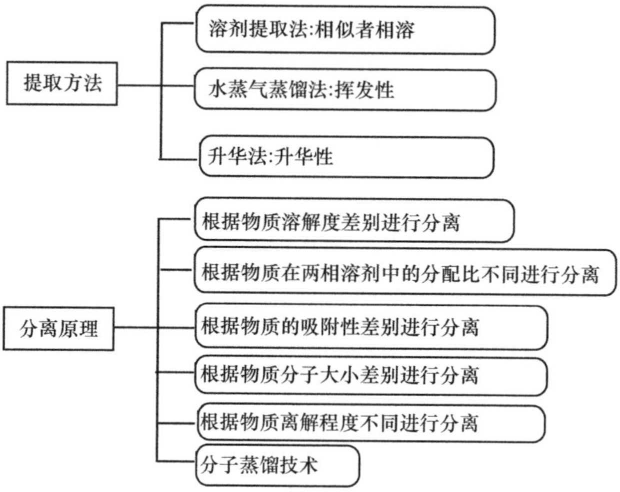

图 3-1　提取方法及分离原理简易图

（一）常用提取方法

常用的天然药物化学成分提取方法有：①溶剂提取法：根据天然药物中各种化学成分在溶剂中的溶解性能的不同，选用对欲提取成分溶解度大，对不需要成分溶解度小的溶剂，将所需成分从药材组织中尽可能溶解出来的方法。②水蒸气蒸馏法：利用天然药物中各种化学成分本身具有的挥发性不同、将所需成分从药材组织中提取出来的方法。③升华法：利用天然药物中某些固体物质在低于其熔点温度下加热，不经过液体阶段，直接转化为蒸气，遇冷又凝固为原来固体的性质，将这些成分从药材组织中提取出来的升华法，如樟木中樟脑的提取。

（二）常用分离方法

常用的天然药物化学成分分离方法有：①根据被分离物质溶解度差别进行分离的结晶、重结晶、溶剂沉淀、酸碱沉淀、等电点沉淀等方法。②根据被分离物质在两相中分配比不同进行分离的液-液萃取、逆流分配、液滴逆流色谱、高速逆流色谱、气液分配色谱、液液分配色谱、超临界流体萃取等方法。③根据被分离物质吸附性差异进行分离的物理吸附、化学吸附、半化学吸附等液-固吸附色谱分离的方法，如硅胶色谱、氧化铝色谱、聚酰胺色谱、大孔吸附树脂等。④根据物质分子大小差别进行分离的透析、凝胶过滤、超滤、超速离心等方法。⑤根据被分离物质的程度不同进行分离的离子交换、电泳技术等方法。

提取分离天然药物化学成分方法的确立，主要取决于被提取成分的性质，将需要的成分尽量提取出来，不需要的成分尽可能地留在药材中。天然药物中各类型化学成分，大都有适用的专用提取分离方法，多数情况下，可经过在化学成分性质实验或一些探索性实验后，设计出提取分离方案。

（三）溶剂提取法

溶剂提取法是天然药物化学成分研究工作中应用最普遍的方法，它是根据被提取成分具有的溶解性能，选用合适的溶剂和方法进行。

1. 溶剂　按极性不同溶剂可分为非极性溶剂、中等极性溶剂及极性溶剂三类。常用于天然药物成分提取的溶剂极性由弱到强顺序为：石油醚＜四氯化碳＜苯＜二氯甲烷＜氯仿＜乙醚＜

乙酸乙酯＜正丁醇＜丙酮＜甲醇（乙醇）＜水。

选择提取的溶剂可依据“相似相溶”原理，根据欲提取成分的性质确定，其要点是所选用的溶剂能充分地提取所需成分、沸点适中、易回收、安全低毒。

一般而言，水是强极性溶剂，对药材细胞穿透力强，是价廉易得、使用安全的溶剂。水适用于天然药物中极性成分的提取，如糖类、氨基酸类、生物碱盐类、大多数苷类、鞣质、无机盐等。但缺点是易霉变、沸点高、无挥发性和浓缩费时等。亲水性溶剂，即能与水混溶的有机溶剂，如甲醇、乙醇、丙酮等。这类溶剂对药材细胞穿透力强，对天然药物中各类成分的溶解性能好，提取率高，提取成分较全面，溶剂回收方便，但易燃，有一定毒性和价格较贵。亲脂性有机溶剂，即与水不能混溶的溶剂，如石油醚、苯、乙醚、氯仿、乙酸乙酯等。这类溶剂选择性高，提取成分范围较小，挥发性强，易回收。适用于挥发油、油脂、叶绿素、树脂、游离生物碱、苷元等天然药物成分的提取，但毒性大、易燃、价格贵，对提取设备要求高，不易穿透药材组织，提取时间长，溶剂用量大等。

2. 提取方法

煎煮法：是将药材粗粉加水煮沸进行提取。方法简便，大部分成分能不同程度地被提出，但不适宜于挥发性成分及加热易被破坏成分的提取。

浸渍法：是将中药粗粉装在适当容器中，加入水或稀醇浸渍药材，反复几次进行提取。此法不用加热，适用于遇热易破坏、易挥发成分的提取。但提取时间长、效率不高。

渗滤法：是将药材粗粉装入渗滤桶中，用水或醇作溶剂，于上端不断添加溶剂，下口流出提取液（渗滤液）进行提取。本法因随时保持一定的浓度差，故提取效率较高。

回流提取：此法采用有机溶剂，用回流装置，在水浴中加热回流进行提取。此法提取效率较高，但受热易被破坏的成分不适宜。

连续回流提取法：此法可弥补回流法溶剂用量大、操作繁琐和提取效率低的不足，是经改进发展起来的提取方法。连续回流提取需一定的设备条件。

影响溶剂提取法的因素较多，最主要的是选择合适的溶剂与方法，但也要考虑药材的粉碎粒度、提取温度及时间等。

（四）水蒸气蒸馏法

水蒸气蒸馏法用于提取能随水蒸气蒸馏，而不被破坏的难溶于水的成分。这类成分有挥发性，在 100℃时有一定蒸气压，当水沸腾时，该类成分一并随水蒸气馏出经分离获得所需成分的提取方法，主要用于挥发油等成分的提取。

（五）其他方法

某些对热不稳定成分又可溶于水时，也能用组织破碎提取法；某些成分在新鲜原料中存在量大时，可用压榨法进行提取。近年来还开发了超临界流体萃取法、超声提取法、微波萃取法等现代提取方法。

第三节　天然药物化学研究案例分析

从天然药物和中药中发现具有生物活性的先导化合物，经过结构修饰或改造，是目前快速、低廉的创制高效低毒新药的重要途径。例如，从青蒿中提取分离的具有抗疟疾活性的青蒿素（artemisinin），为一热不稳定性化合物，将其氢化、甲基化制成蒿甲醚衍生物后，稳定性明显提高，抗疟疾活性更加增强。

一、青蒿素的来历及研究概况

青蒿素（artemisinin）是我国药学工作者屠呦呦带领科研团队于1971年从菊科植物黄花蒿*Artemisia annua* L.中提取分离得到的一种具有过氧桥的倍半萜内酯类化合物。化学名称为（3*R*，5*aS*，6*R*，8*aS*，9*R*，12*S*，12*aR*）-八氢-3，6，9-三甲基-3，12-桥氧-12*H*-吡喃并〔4，3-*j*〕-1，2-苯并二塞平-10（3*H*）-酮。分子式为 $C_{15}H_{22}O_5$。其结构中具有过氧键、6-内酯环，还有一个包含过氧化物的结构单元，这在自然界中十分罕见。分子中有7个手性中心，它的生源关系属于amorphane类型，其特征是A、B环顺联，异丙基与桥头氢呈反式关系。青蒿素易溶于氯仿、丙酮、乙酸乙酯和苯，可溶于乙醇、乙醚，微溶于冷石油醚，几乎不溶于水。因其具有特殊的过氧基团，它对热不稳定，易受湿、热和还原性物质的影响而分解。

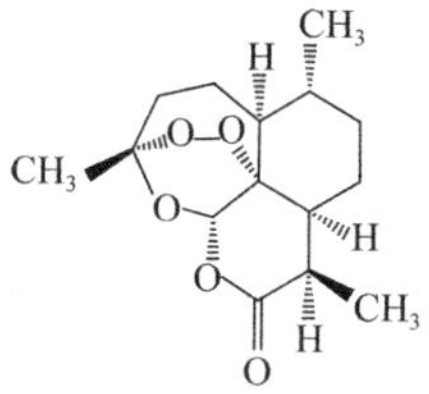

青蒿素的结构式

青蒿素是继乙氨嘧啶、氯喹、伯氨喹之后最有效的抗疟特效药，尤其是对于脑型疟疾和抗氯喹疟疾，具有速效和低毒的特点，曾被世界卫生组织称作是"世界上唯一有效的疟疾治疗药物"。

在青蒿素的基础上科研工作者又开发出了多种衍生物如双氢青蒿素（dihydroartemisinin）、青蒿琥酯（artesunate）、蒿甲醚（artemether）、蒿乙醚（arteether），均有抗疟、抗孕、抗纤维化、抗血吸虫、抗弓形虫、抗心律失常和肿瘤细胞毒性等作用。

知识链接3-1

屠呦呦与青蒿素

屠呦呦，女，药学家。1930年12月30日生于浙江宁波，1955年，毕业于北京医学院（今北京大学医学部）。博士生导师，现为中国中医研究院终身研究员兼首席研究员，青蒿素研究开发中心主任。2011年9月，抗疟药青蒿素和双氢青蒿素的发现者屠呦呦获得拉斯克奖和葛兰素史克中国研发中心"生命科学杰出成就奖"。2015年10月，为表彰对疟疾治疗所做的贡献，屠呦呦荣获诺贝尔生理学或医学奖，成为首获科学类诺贝尔奖的中国人。

屠呦呦及其同事利用现代医学化学方法，筛查了各种药材提取物、药方对小鼠疟疾模型的疗效，在第一轮的筛选和试验过程中，青蒿的提取物的抑制率为12%～80%，效果不够稳定，为什么在实验室里青蒿的提取物不能很有效地抑制疟疾？为什么同样的提取物却得出千差万别的结果？东晋葛洪《肘后备急方·治寒热诸疟方》中的文字触发了屠呦呦的灵感："青蒿一握，以水二升渍，绞取汁，尽服之。"绞汁使用的办法，和中药常用的煎熬法不同。这是不是为了避免青蒿的有效成分在高温下被破坏？就是这个灵感敲开了青蒿素发现之门。研究组将青蒿的提取物分为酸性与中性物部分，移除了不具抗疟活性且有害的酸性部分，重点提取黄花蒿的叶片，使有效成分的产量提高，并能大幅度地降低其毒性。1971年下半年，于190次实验失败后，他们用60℃乙醚萃取，制成了一种无毒性的第191号中性提取物，它对感染伯氏疟原虫（*Plasmodium berghei*）小鼠以及感染猴诺氏疟原虫（*Plasmodium cyomolgi*）猴的疟原虫血症（parasitemia）显示100%的疗效。1972年3月8日，屠呦呦在全国疟疾防治药物专业会议上报告了青蒿中性提取物的实验结果。而后，鉴于青蒿抗疟已取得了重大进展，全国“5·23”办公室要求中国中医科学院当年上临床观察疗效。屠呦呦科研组在开展安全性试服后，在海南昌江疟区现场，验证间日疟 11 例，恶性疟 9 例，混合感染 1 例。该批临床试验结果显示：青蒿提取物能使患者退热，大幅度杀灭疟原虫至转阴，疗效优于氯喹。此后，又在北京 302 医院验证 9 例患者，也观察到了青蒿提取物良好的疗效。1972 年 11 月 17 日，屠呦呦在北京召开的“5·23”全体大会上报告了 30 例青蒿提取物抗疟全部有效的疗效总结。由此，进一步引发了全国范围内对青蒿抗疟的研究高潮。

受到临床疗效试验的鼓舞，研究组随即开展对青蒿活性成分的分离和纯化。该研究组钟裕荣等通过对提取物的层析，1972 年 11 月 8 日成功分离出一种相对分子质量为 282 的无色结晶，测得其分子式为 $C_{15}H_{22}O_5$，熔点 156～157℃，即“青蒿素Ⅱ”，后命名为青蒿素。

目前，已报道的测定青蒿素及其衍生物含量的方法有：碘量法、脉冲极谱法、紫外分光光度法、还原型电化学极谱配合高效液相色谱、薄层扫描法、放射免疫测定法，放射性同位素标记、红外光谱测定、圆二色谱法、化学荧光法和超临界流体色谱法等。

二、吗啡的发现

吗啡是鸦片中的主要生物碱（见“吗啡的结构式”），其最早来源于罂粟属的两种植物即罂粟（*Papaver somniferum*）和刚毛罂粟（*Papaver setigerum*），是从割罂粟的蒴果收集的生鸦或者从罂粟杆（鸦片罂粟的蒴果和茎的上部分）中提取的。化学名称：17-甲基-4，5α-环氧-7，8-二脱氢吗啡喃-3，6α-二醇，$C_{17}H_{19}NO_3$，相对分子质量 285，在鸦片中的含量为 10%左右，纯净吗啡为无色或白色结晶或粉末，无臭，遇光易变质。在水中溶解，在乙醇中略溶，在氯仿或乙醚中几乎不溶。随着杂质含量的增加颜色逐渐加深，粗制吗啡则为咖啡似的棕褐色粉末。

医用吗啡一般为吗啡的硫酸盐、盐酸盐或酒石酸盐，易溶于水，常制成白色小片状或溶于水后制成针剂。吗啡具有镇痛及催眠作用，其镇痛作用是自然存在的化合物中无可匹敌的，因而一直被视为解除剧痛最有效的传统的止痛药。但是，吗啡最大的缺点是具有成瘾性，所以它同时又是一种毒品。

吗啡是鸦片的主要有效成分，是从鸦片中提炼出来的主要生物碱，呈白色结晶粉末状，闻上去有点酸味，具有镇痛、催眠、止咳、止泻等作用，如同吸食鸦片一样，过量吸食吗啡后会出现昏迷，瞳孔缩小、呼吸受到抑制等症状，长期使用会引起精神失常、谵妄和幻想，过量抑制会导致呼吸衰竭而死亡。

知识链接 3-2

吗啡的发现

吗啡是在 1806 年被德国化学家泽尔蒂纳分离出的。当时，年仅 23 岁的泽尔蒂纳，在对鸦片的反复研究中发现，黑色鸦片中竟能分离出一种白色的生物碱，经测定，这种生物碱在鸦片中的含量可高达 7%～14%，他认为这种白色粉末很可能是一种重要的药品。于是，他将这一种白色粉末放入狗食中进行试验。结果发现，吃了带有这种白色粉末狗食的狗都很快昏倒在地，他用木棍打这些狗，这些狗竟然毫无所知。而一些吃了不加这种白色粉末狗食的狗，却活蹦乱跳，活动毫无异样。

通过动物试验，泽尔蒂纳认为这种白粉是一种极为可观的重要药物。为了进一步证实这种白粉的效果，泽尔蒂纳不惜冒着生命危险，亲自做人体试验。当他服用一定剂量的白粉后，竟然也像那条做试验的狗那样晕厥过去，差一点丧了命。所幸的是，最终还是醒了过来。由于吃了这种白粉后会产生一种想入非非的感觉，所以，泽尔蒂纳就将这种白粉，以希腊睡梦之神摩耳甫斯（morpheus）的名字命名为“吗啡”（morphine）。

第四节 天然药物化学研究新进展

在有机化合物中药物只占很小的部分，这是因为药物分子须有多种品质，这些品质反映在宏观的物理化学性质和深层次的拓扑结构特征上存在着共性，药物分子在化合物空间中簇集于特定的区域中，而并非均匀或随机分布，严格的成药性反映了该空间的特点。药理活性（强度和选择性）是药物的基础和核心，是必要条件，但尚需有成为药物的条件，比如药物活性在机体特定的部位起效、在预定的时间维持一定的浓度和时程。成药性包括物化性质（溶解性、分配性、pK_a、极性表面积、化学稳定性等）、生化和药代性质（吸收性、组织和器官分布、代谢稳定性、代谢特征、血浆蛋白结合率、肝胆肾的清除等）、安全性（一般毒性、特殊毒性、心脏毒性等）、易得性（容易制取，安全、低廉、资源保护和环境友好等）。若将药理活性与成药性内容比较，后者涵盖的内容更多。新药研发的切入点虽然是药效，但在很大程度上是成药性的优化。成药性是由分子的物理化学性质、生物化学性质、药代动力学性质和安全性所支撑。候选药物是如此的“精细与娇嫩”，以至于任何一项难以克服的缺陷或硬伤，都不能成功。

天然药物的结构具有多样性，许多结构非化学家所能想象。例如，青蒿素的过氧键、内酯和环状缩酮共同镶嵌在稠合的三环体系中，既保存了氧化能力，也维持了分子的化学稳定性；紫杉醇具有 6-8-6-4 四环稠合的骨架和基团的定向安排，确保了抑制微管蛋白的活性；C-1027 是含有环状烯二炔（endiynes）结构的抗癌抗生素，在微生物体内稳定存在，当遇到环境中的亲核性试剂时，烯二炔重排成苯 1，4-双自由基，可与亲核中心如 DNA 发生强效的共价结合。

天然药物传统的提取分离技术（如煎煮法、浸渍法、渗漉法等）已经越来越不适应科技的发展，所以各种新的提取分离技术如雨后春笋出现，下面着重介绍几种最新的提取分离技术。

（一）超临界流体萃取技术

超临界流体萃取（supecritical fluid extraction，SFE）是一项发展很快、应用很广的实用性新技术，是利用流体在超临界状态时具有密度大、黏度小、扩散系数大等优良的传质特性而成功开发的。它具有提取率高、产品纯度好、流程简单、能耗低等优点。

超临界流体的表面张力很低，这使它很容易渗透到样品里面，带走目标组分。可作为超临界萃取的溶剂种类很多，但目前研究最多的是 CO_2。由于 CO_2 具有不易燃、化学惰性、无毒、便宜、回收过程环境友好等优点，且临界压力（7.38MPa）较低、临界温度（31.1℃）接近于常温，因此成为超临界流体提取法中最常用的萃取溶剂。由于 CO_2 的临界温度为 31.1℃，这使其成为提取热敏材料的理想溶剂。使用超临界 CO_2 的 SFE 还可有效用于发现新的天然化合物，因为不良反应如水解、氧化、降解和重排在这种情况下均可被阻止。相对于其他可能对产品造成污染的有机溶剂，CO_2 可以很容易地从样品中除去。因此，基于 CO_2 的 SFE 在食品和制药行业高价值产品的分离中是有用的。超临界 CO_2 的主要缺点是极性低，该问题可以通过采用极性改性剂（助溶剂）改变超临界流体的极性，增加其对目标分析物的溶解能力来克服。改性剂还可降低分析物与样品基质的相互作用而改善它们的提取。

SFE 的原理是样品称量后放入萃取池，萃取池加热加压到设定值，然后通入超临界流体促进目标分析物从样品基质中提取出来。提取物随后流经减压装置，超临界流体迅速膨胀为气体状态（如果超临界流体在环境条件下是气体的话），分析物在收集装置中得以收集。收集可以采取固相收集、溶剂收集，或者与色谱仪联用在线收集等几种方式。一个简单的 SFE 基本上包括两个主要步骤：①用 SCF 溶剂从固体基质中提取可溶性物质；②提取后这些化合物与超临界溶剂的分离。

由于它能同时完成萃取和蒸馏两步操作，因此与传统的提取分离方法相比，超临界萃取对于挥发性成分、脂溶性成分、高热敏性成分及贵重药材有效成分的提取分离显示出独特的优势，表现在：①超临界流体的选择性易于调节；②属于绿色环保的提取工艺，无有机溶剂残留；③提取步骤少、速度快、操作简单、提取分离过程同步完成，且不需回收溶剂，大大缩短了工艺流程，可有效提高生产效率和节约能源。目前，通过调节温度、压力、加入适宜夹带剂等方法，已成功地从中药中提得挥发油、类胡萝卜素类、香豆素类化合物及生育酚类等成分。

（二）超声波提取技术

超声波是一种弹性机械振动波，频率范围在 20kHz～10MHz。超声波提取（ultrasonic extraction，USE）的机制包括空化机制、热学机制及机械机制。当大量的超声波作用于提取介质，振动处于稀释状态时，介质会被撕裂成许多小空穴，这些小空穴瞬间闭合时产生瞬间高压，即为空化效应。超声空化在微环境内还会产生各种次级效应，如湍动效应、微扰效应、界面效应和聚能效应等，强化传质。超声热效应是由于药材吸收超声波引起分子剧烈振动，使超声波机械能转化为介质的内能，引起介质温度升高所致。超声波的机械作用主要是超声波机械振动能量的传播，可在液体中形成有效的流动，强化溶质扩散传递，能达到普通低频机械搅动达不到的效果。因此，超声作用可使坚硬的固体药材细胞壁破碎，有利于溶剂浸入细胞中，从而加速药材中有效成分的释放、扩散及溶解，以提高有效成分的提取率。与常规提取法相比，超声波提取时间短，无需加热，可避免高温对有效成分的破坏，适合于热敏性物质的提取。一定频率和强度的超声波不改变提取有效成分的化学结构、不影响有效成分活性，可提高产物质量。超声波提取法在实验室中已成功地应用于黄酮类、蒽醌类、皂苷类及有机酸类等成分的提取。近年来，超声波和其他技术，如超临界流体萃取技术、微波辅助萃取技术、酶处理技术等联合的应用研究，使得中药有效成分得到更有效的提取。

但是超声波提取法还有一些问题没有真正解决，距离规模化工业应用还有距离。例如，超声波提取对容器壁的厚薄及容器放置位置要求较高，而且超声波发生器工作噪声比较大，即超声辐射设备的安全标准问题；工业超声提取装置中超声场的能量如何实现均匀分布及经济性问题，即该技术的放大问题等。

（三）微波辅助提取技术

微波是指波长在 1mm～1m，频率为 300MHz～300GHz 的电磁波。微波加热的原埋有两个方面：一是通过“介电损耗”（或称为“介电加热”），具有永久偶极的分子在 2.45GHz 的电磁场中所能产生的共振频率高达 4.9×10^9 次/秒，使分子超高速旋转，平均动能迅速增加，从而导致温度升高；二是通过离子传导，离子化的物质在超高频电磁场中以超高速运动，因摩擦而产生热效应。从细胞破碎的微观角度看，微波辐射导致细胞内的极性物质尤其是水分子吸收微波能量产生大量的热量，使细胞内的温度迅速上升，液态水气化产生的压力将细胞膜和细胞壁冲破，形成微小的孔洞。再进一步加热，细胞内部和细胞壁水分减少，细胞收缩，表面出现裂纹。孔洞和裂纹的存在使细胞外溶剂进入细胞内，溶解并释放细胞内的产物。

目前，微波辅助提取法以其快速的提取速度和较好的提取物质量成为天然植物活性成分提取的有力工具，已广泛应用于中药中黄酮类、挥发油、生物碱、皂苷类、蒽醌类等成分的提取，对药物资源的有效利用和合理开发具有科学的指导意义。

（四）固相微萃取技术

固相微萃取技术（solid phase micro-extraction，SPME）是由 Pawliszyn 等于 1990 年提出的一种新型无溶剂化样品前处理技术。固相微萃取是一个基于分析物在样品基质及聚合物固定相中分配平衡的萃取过程。固相微萃取装置包含有一根通常涂有聚合物相的熔融石英纤维

（通常长为 1cm，内径为 0.11mm），外套细不锈钢管以保护石英纤维不被折断，纤维头可在钢管内伸缩。

固相微萃取包括两个阶段：萃取和解吸。萃取样品时，旋转控制杆推出萃取头，浸置在样品中或放置于样品上空进行顶空萃取，有机物就会吸附在萃取头上，经过预定的一段时间之后，将萃取头收纳于鞘内，使固相微萃取装置撤离样品，完成样品的萃取过程。在解吸阶段，利用气相色谱进样器的高温，液相色谱、毛细管电泳的流动相将吸附的组分从固定相中解吸下来，由色谱仪进行分析。

固相微萃取是集萃取、浓缩、进样于一体的样品前处理新技术，固相微萃取技术的主要优势有：操作简单，提取时间短，无溶剂操作，容易实现自动化，允许高通量分析，易与 GC 联用，且对痕量分析物的分离结果相对较好。但该技术也存在缺点：选择性较差，可选择的商业化纤维涂层有限等。

目前该技术已广泛应用到环境、法医、食品等样品的采样分析。并可将采样与样品制备相结合，适于现场采样和分析。固相微萃取小尺寸和几乎无溶剂的特点使其能够进行体内采样而不会对活的有机体造成严重的损伤。大多数纤维固相微萃取方法已被用于与 GC 和 LC 的联用中。管内固相微萃取可以完全自动化，它的毛细管柱一般置于 HPLC 自动进样器针和进样阀之间或插入进样环中。

（五）酶法提取技术

大多数中药为植物性草药，植物细胞的细胞壁多由纤维素、半纤维素、果胶质、木质素等物质构成。中药提取过程中，往往包裹在细胞壁内的有效成分向提取溶剂扩散时，必须克服细胞壁及细胞间质的传质阻力。选用一些适当的酶类对中药材进行处理，可以较温和地分解细胞壁及细胞间质中的纤维素、半纤维素、果胶质等成分，破坏细胞壁的致密结构，引起细胞壁及细胞间质结构产生局部疏松、膨胀、崩溃等变化，减小细胞壁及细胞间质等传质屏障对有效成分从胞内向提取介质扩散的传质阻力，从而有利于有效成分的溶出，提高提取效率，缩短提取时间。

酶解预处理的优点是缩短提取时间，减少溶剂的使用，提高产物的产量与品质。这种方法的局限性可能在于酶的成本。这可以通过平衡酶制剂的浓度和为特定反应量身定制的酶制剂而加以克服。在一些商业应用中，可以使用粗酶制剂来降低酶制剂的成本。通过酶解预处理获得的附加值产品所提高的产量可以平衡使用酶制剂而增加的成本。了解待处理原材料细胞壁的组成有助于酶的选择和所用酶的浓度。

目前，酶法强化中药提取已引起广泛的关注，具有较大的应用潜力，已广泛运用到小茴香子挥发油、水飞蓟属水飞蓟宾、枸菊子多糖、柑橘酚类化合物、木豆中木樨草素和芹菜素及红豆杉中紫杉醇等物质的提取。通常所选用的酶类包括纤维素酶、半纤维素酶与果胶酶等。将酶应用于天然产物的提取，特别是在无溶剂的情况下，是一个有吸引力的研究方向。另外，更深入地了解植物基质的多糖结构和使用通过基因工程等方法量身定制的特定的酶将有助于酶到达活性位点，进一步改进提取技术。

（六）加速溶剂提取技术

加速溶剂提取技术（accelerated solvent extraction，ASE）又称加压液体萃取法（pressurized liquid extraction，PLE），加压溶剂提取（pressurized solvent extraction，PSE）、高压溶剂萃取（high-pressure solvent extraction，HPSE）、加压热水提取（pressurized hot water extraction，PHWE）和亚临界溶剂萃取（subcritical solvent extraction，SSE）等，是近年来发展起来的一种全新的样品提取技术。

ASE 通常在高温（通常高达 200℃）和高压（通常可达 20MPa）下使用较少的有机溶剂进行快速提取。ASE 的基本原理是在高温及加压条件下，增加物质溶解度和溶质扩散效率，提高萃取的效率，大大减少溶剂用量，缩短提取时间。

在溶剂体系温度升高的时候，被提取物的溶解度也随之增大，温度的增高能够打断溶剂与基质之间的作用力（范德瓦尔斯力、氢键等），使被溶解物快速从基质中解析出来；能够降低溶剂的黏度，具有更强的穿透能力，使之能更快速地萃取；还可以降低溶剂基质的表面强度，使两个界面能更好地接触。另一方面，在较高温度下，提取物的量可能会更大从而降低了提取的选择性。此外，高温可能会影响热不稳定性化合物使其分解和水解降解。升高压力能够使溶剂的沸点也相应增高，从而使溶剂在萃取的过程中始终保持液态；压力可以使溶剂进入基质微孔，与基质更全面地接触。

与传统的萃取方法相比，ASE 具有操作简便、萃取时间短、溶剂用量少和萃取效率高，操作模式多样化及操作过程自动化等诸多优点，同时，ASE 整个操作处于密闭系统，减少了溶剂挥发对环境的污染，与环境的相容性好。因此加速溶剂萃取已广泛地应用于环境、食品、生物样品等诸多领域。此外，将 ASE 与 GC-MS 或 HPLC-DAD-MS 联用可用于姜黄、人参中有效成分的定量测定。

此外还有红外辅助提取技术、半仿生提取法、高速逆流色谱、分子印迹固相萃取分离技术、毛细管电泳、常温超高压提取、组织破碎提取、分子蒸馏、膜分离技术和双水相萃取等方法。

第五节　天然药物化学相关学科与职业发展

一、天然药物化学与相关学科的关系

（一）天然药物化学与有机化学的关系

天然药物化学与有机化学密不可分，有机化学是天然药物化学的基础，天然药物化学是有机化学的拓展和应用。天然药物化学成分的结构、性质、提取、分离、鉴别等都与有机化学知识密切相关。例如，香豆素是一类具有内酯结构的化合物，可以与有机化学中“酯”的水解性质联系起来，酯水解生成有机酸和醇，在有碱存在的情况下有机酸就能与碱成盐，从而理解记忆香豆素“遇碱开环成盐溶解”的性质。

另外，天然药物化学成分的提取方法设计原理与有机化学的知识密切相关。例如，生物碱的酸水提取法可以从有机化学里的“杂环类和生物碱”这一章中找到答案。生物碱具有下列的化学性质，“游离的生物碱难溶于水，但具有碱性，可以跟酸成盐而溶于水……”。正是因为这一性质，生物碱的提取方法中有了一个重要的提取方法“酸水提取法”。例如，黄连中的主要成分小檗碱（又称黄连素），是一种常用的广谱抗菌药，主要用于菌痢、胃肠炎、痈肿等细菌性感染。小檗碱的提取正是使用“酸水提取法”。又例如，黄酮类和蒽醌类的碱溶酸沉法可以从有机化学里的“醇、酚、醚”这一章中找到答案。在酚的化学性质中谈到，酚在水中的溶解较小，酚羟基具有弱酸性，遇碱可以成盐而溶于水，所以苯酚可以溶于氢氧化钠的水溶液中，但遇到酸性比其更强的酸又能游离出来。因此在黄酮类和蒽醌类成分的提取方法中就有了“碱溶酸沉”这一方法。

（二）天然药物化学与生物学的关系

天然药物往往具有结构新颖、活性高、副作用少的特点，是制药工业中新药研发的重要资源，也是我国研制的具有自主知识产权药物的主要源泉。我国生物资源的多样性和特殊性，为我国天然药物的创新研究提供了得天独厚的资源，构成了我国的独特优势与特色。

天然药物是大自然经过漫长的筛选和进化选择出来的。天然药物与生命体的相互作用所具有的特殊性和复杂性造就其独特的生物活性机制。1979 年美国爱因斯坦医学院分子药理学家

Horwitz 博士报道了紫杉醇抗癌作用机制在于促进微管蛋白的不可逆聚合并使其稳定化，从而阻断癌细胞的有丝分裂和诱导细胞凋亡。这一发现与以往报道的抗癌药物作用机制截然不同。此前发现的重要抗癌药物如秋水仙碱、长春碱、长春新碱等是通过阻止微管蛋白重新聚合而起作用。紫杉醇全新作用机制的发现为抗癌药物的研究带来了一场革命，犹如发现了一个全新的作用靶点一样，已经成为抗癌药物研发的新途径。

另外生命科学的研究也急需应用新的小分子作为分子探针来帮助发现尚未被阐明的生物作用机制，验证全新的生物药物靶点和解决重大的医学难题。生物活性独特的天然药物作为化学小分子探针做出了其他生物技术方法无法企及的特殊贡献，并因此催生了一门新的学科“化学生物学（Chemical Biology）”。化学生物学是自 20 世纪 90 年代中期以来新兴的研究领域，通过小分子探针干扰/调节正常生理过程以了解蛋白质的功能。利用化学生物学的手段可以寻找与天然小分子发生作用的靶蛋白，从而阐明天然药物的作用机制。

二、天然药物化学与职业发展

（1）在高等院校和科研机构采用一些有效的活性筛选体系，对天然资源进行活性筛选。结合活性筛选对天然资源进行提取，以便得到植物活性提取物（active plant extract）或者总活性部位（total active principles）。再进一步开展分离纯化、结构鉴定、活性测定等基础性研究工作。

（2）在科研院所和制药企业从事天然药物工艺优化、质量监控和标准化研究工作，并进行药效、毒性、临床试验。

随着我国医药经济的高速发展，通过对天然药物化学学科的学习，可以从事天然药物的化学成分相关工作，能够结合国家各时期的发展目标，针对特高发疾病，从天然资源（植物、动物、矿物、微生物等）中发现生物活性物质，结合药效筛选，进一步阐释生物活性成分的由来，为进一步研发新药提供先导化合物。

本 章 小 结

- 天然药物化学
  - 天然药物化学及发展简史
    - 天然药物化学的概念
    - 天然药物化学的任务
    - 天然药物化学的发展
  - 天然药物化学的内容
    - 天然药物的药效物质基础
    - 天然药物中常见的化学成分类型
    - 天然药物化学成份提取分离方法
    - 天然药物化学最新研究方法与手段
  - 天然药物化学研究案例分析
    - 青蒿素的研究概况
    - 吗啡的发现及其人工合成
  - 天然药物化学研究新进展
  - 天然药物化学相关学科与职业发展

思 考 题

1. 讨论天然药物化学定义、研究内容及其在药学领域的作用和地位。
2. 如何对天然药物中所含化学成分进行分类？
3. 通过青蒿素的发现，你对新药研发有哪些思考？
4. 从天然药物化学研究的历史和发展出发，讨论学习本章内容学习的目的和意义。

第四章 药 物 化 学

学习目标

●掌握：药物化学的定义；药物化学的研究内容。
●熟悉：药物化学和药学其他学科的联系；药物化学课程的基础。
●了解：药物化学在药学研究中的地位和作用；药物化学研究的国内外进展。

第一节 药物化学概念及发展简史

一、药物化学基本定义及研究内容

（一）药物化学

药物化学是在近30年中发展起来的，它是研究药物科学的专业基础课，是关于药物的发现、发展及最终确证的科学，并从分子水平上研究药物的构效关系和作用方式的科学。所以，药物化学是一门运用辩证唯物主义的观点并通过现代科学方法来研究药物，尤其是化学药物的分子结构、理化性质、合成工艺、构效关系、体内代谢以及寻找新药的途径与方法的综合性应用基础学科，并通过研究化合物与生物体的相互作用过程，从分子水平上解析药物体内作用机制。

（二）药物化学研究内容

药物化学可以分为两个不同的范畴。对于已知药理作用并在临床上应用的药物，研究它们的制备方法及工艺、结构改造及表征、质量分析和生物活性关系等，这一研究内容主要侧重考察现有药物的实际应用，即如何发现和制备一个安全有效的药物，我们称之为“制药化学”（pharmaceutical chemistry）。随着生命科学，尤其是细胞学和分子生物学的发展，加上计算机等信息科学的帮助，药物化学得到了快速发展，现在的人们更多地研究药物与生物体之间相互作用的物理化学过程，从分子水平上阐明药物体内作用机制，来告诉人们如何获得一个安全有效的药物，以及评判好药的标准，我们称之为“临床药物化学”（medicinal chemistry）。

由此可见，药物化学的研究内容既包括化学学科，又涉及生命学科和医学学科。它既要研究化学药物的结构特征、生产工艺、理化性质等化学内容，又要研究药物进入生物体内的一些生化反应过程，包括药效学、药代动力学、毒理学及其作用本质的研究；也为临床药物的合理使用提供充足的理论依据。

二、药物化学的主要任务

在药物的研究过程中，药物化学是上游学科。它不仅对药物的设计、合成、纯化、结构分析等内容进行研究，还要为药剂学、药物分析学、药理学、临床药学提供一些必要的理论指导和帮助。

根据学科的发展，药物化学的研究任务主要包括以下三个方面。

（一）有效利用现有化学药物

研究药物的理化性质与化学结构的定性与定量关系，以及在药物稳定性方面的探讨，不仅可以确保药物的质量，还为制剂剂型的选择、分析检验及药物流通过程中药物的储存条件的设计奠定化学基础。研究药物的结构与生物活性之间的关系，为临床药学研究中配伍禁忌和合理用药，以及新药研究和开发过程中药物的结构改造奠定化学基础。探索药物在机体的代谢过程并进行代谢产物的推测和确定，阐明药物的作用机制，为制剂剂型的制备、药物的化学结构修饰提供重要依据。通过对药物代谢动力学、前体药物与软药的理论研究和实践研究，以受体作用模式为基础的合理药物设计，促使这一任务不断深化，也为近代分子药理学的研究奠定了相应的化学基础。

（二）提供生产化学药物经济合理的方法和绿色工艺

一个新药，要想成功打入市场，除了要具有良好的药效、较低的毒性外，还应具有经济合理的生产方法和对环境友好的绿色制药工艺，并能够确保市场的需求量和合理的价格。在有机化学、分析化学、制药设备与工艺学等学科的协同下，药物化学工作者需要不断研究新技术和新方法，采用合理的原料、试剂和设备，改进药物的合成路线、工艺条件和工业生产过程，提高药品的质量与产量，降低生产成本，以满足日益增长和变化的市场需求。随着全球环境恶化，人们环保意识的增强，在进行药物生产工艺设计的同时，还要考虑到尽量减少“三废”（废渣、废液、废气）的产生。这一任务已经形成了药物化学的一个分支学科——“化学制药工艺学”。

（三）不断开发研制新药的途径和方法

创制新药是药物化学的首要任务。随着人们生活质量的提高，人类平均寿命的延长，人们对药物提出了更高的要求。地球环境恶化及人类自身行为带来的一些严重后果，使我们面临着一些新的疾病挑战。近年来一些严重的新疾病如艾滋病、SARS 和埃博拉出血热等直接威胁到人类生命的安全。抗生素的出现虽然让我们摆脱了细菌对人类生命的威胁，但是细菌耐药性的增加，使人类再一次陷入生命危机中。另一方面，目前还有很多传统疾病没有找到有效的药物来彻底治愈，如癌症、阿尔茨海默病、一些精神疾病等。因此，研究开发满足社会需求和解决燃眉之急的新药，成为药物化学的首要任务。

三、药物化学发展简史

药物化学作为一门科学，起源于 19 世纪，研究者开始从植物中寻找有效成分，为“药物化学”的形成奠定了基础。当时被称为药物学，包罗了现今的药物化学、天然药物化学、药理学和药剂学等内容。随着人类的发展及科学的进步，上述内容逐渐独立出来，药物化学成为一门独立的、有特定研究范围的应用学科。可以说药物化学的发展史就是药物研究及开发的历史，是个由粗到精、由盲目到科学的合理设计过程，大致可分为三个阶段：

（一）发现阶段

人类对药物的使用可以追溯至几千年前。人们品尝自然界中的植物，其中有明确治疗效果的植物就被人们作为药物使用，而那些有毒性的植物则被用作打猎、战争等其他用途。我们的祖先不但利用植物治疗疾病，还从动物、矿物、微生物中寻找药物，这些天然产物具有某种生理或药理活性，直接被用作药物。例如，在 19 世纪初期，研究者才开始从植物中寻找有效成分，为“药物化学”的形成建立了化合物基础。从阿片中提取吗啡（morphine），随后陆续提取了许多生物碱类化合物，包括木鳖碱、胡椒碱、咖啡因、秋水仙碱、阿托品等。尽管如此，在 19 世纪中叶以前，纯生物碱仍然很少被人们使用。

19 世纪中期以后，染料等化学工业兴起，促进了化学药物的发展。1899 年，解热镇痛药阿司匹林的上市，标志着化学合成药物的诞生，其临床应用已有一百多年的历史，至今仍然是比较优良的解热镇痛及抗风湿病药物。与此同时，某些天然或合成的有机染料、化工中间体也用于治疗某些致病菌引起的感染，此外，某些合成的化合物具有化学治疗作用，被用于临床，从而诞生了化学抗代谢学说。1891 年 Ehrlich 用一种被称为亚甲蓝的染料治疗疟疾，通过构效关系的研究，1926 年发现扑疟喹，1932 年发现阿的平等合成抗疟药。Ehrlich 对药物化学进展的更大贡献是他进一步发展了 1878 年 Langley 提出的受体（receptor）概念，他认为哺乳动物细胞中存在受体，药物与其受体结合后才能发挥药效。在此之后，受体学说的发展解释了许多药物的作用机制，促进了新药的发展。这一时期在解热镇痛药、催眠药、麻醉药和消毒药等领域均有新的发现。在这个阶段，人们仅限于从现有的化学物质中寻找可能的药用价值，没有将化学结构与生物活性的关系做深入研究，稍显片面。

知识链接 4-1

屠呦呦获 2015 年诺贝尔生理学或医学奖

屠呦呦 38 岁时是助理研究员。因为具有中西医背景，而且勤奋，屠呦呦很快被任命为研究组组长，带领一个小组的成员开始查阅中医药典籍，走访老中医，埋头于那些变黄、发脆的故纸堆中，寻找抗疟药物的线索。

他们耗时 3 个月，从 2000 多个方药中筛出 640 个。青蒿是当时的 191 号样本，虽然曾经有过 68%的抑菌率，但复筛结果却一直不好。很长一段时间，这种不起眼的菊科植物都不是最受关注的药物。直到有一天，屠呦呦决定：用沸点只有 35℃的乙醚代替水或乙醇来提取青蒿，表明温度正是青蒿素提取的关键。

1976 年，上海药物研究所合成了可以制成针剂的青蒿素制剂蒿甲醚，成为第一个由中国发现的全新化学结构的药品。1977 年屠呦呦所在的中医研究院以“青蒿素结构研究协作组”的名义在《科学通报》上首次发表了青蒿素的化学结构。然而，直到 2001 年世界卫生组织将青蒿素类复方药物作为一线抗疟药物在全球范围内推广并取得显著疗效后，这一发现才逐渐为全世界所知。

（二）发展阶段

20 世纪 30～60 年代可称为药物发展的“黄金时期”，其特点是合成药物的大量涌现，内源性生物活性物质的分离、鉴定和活性筛选，酶抑制剂的临床应用等。1929 年，美国弗莱明（Fleming）博士发现了青霉素（penicillin）；1932 年，Raistrick 博士提出了青霉素的提取方法；1941 年，Florey、Chain、Heatley 等博士先后发现青霉素粗制品有抗感染效果，随后，青霉素被应用到临床治疗感染性疾病。1942 年，抗菌药物时代随着 Waksman 在美国细菌学会提出“抗生素”一词而到来。1945～1947 年以后，青霉素逐渐开始在临床普遍使用，同时科研人员先后于 1944 年发现链霉素，1947 年发现氯霉素，1948 年发现金霉素，1949 年发现土霉素，1951 年发现红霉素。这些新型抗菌药物都来自于细菌和真菌。后来，随着药物化学合成技术的发展，人们在弄清楚提取出的抗生素结构后，开始生产半合成抗生素，许多半合成抗生素成功成为了有效的抗感染药物。

在发展阶段，分子药理学的形成及酶学的发展很好地促进了药物作用机制的阐明。从药物化学的角度来看，这一阶段的成就与有机化学理论及实验技术的发展有密切关系，但是缺少了合理的药物设计。

（三）设计阶段

设计阶段始自 20 世纪 60 年代。包括抗感染药在内的许多药物的发现，使得大部分疾病能够得到治愈或缓解，但某些疑难重症，如恶性肿瘤、心脑血管疾病和免疫性疾病等的药物治疗水平相对较低，且这类药物的研究难度较大。按照以前的方法研制，不仅花费巨大，而且成效并不令人满意。另一方面，欧洲出现的反应停（沙利度胺，thalidomide）事件，造成数万名严重畸形儿的出生，震惊了全世界（图 4-1）。因此，改进药物研究方法也成为药物研发的重点。

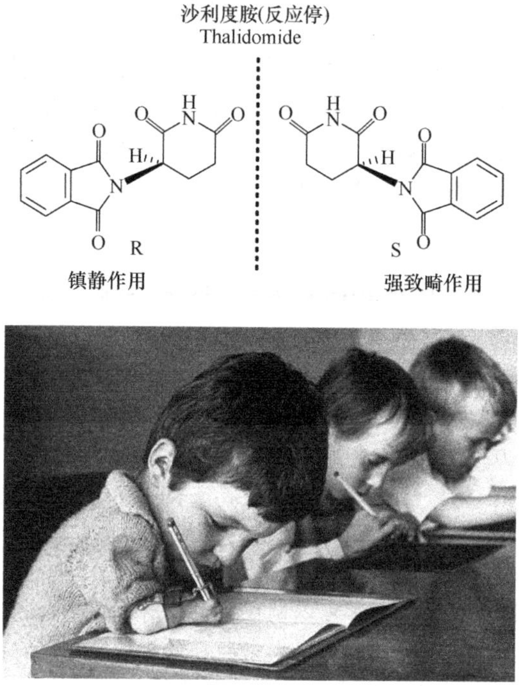

图 4-1　反应停事件

1964 年，Hansch 和藤田及 Free-Wilson 同时提出了定量构效关系的研究方法，成为药物化学发展史上新的里程碑。定量构效关系研究的蓬勃开展，对于解析药物作用机制和药物设计起着重要的作用。利用计算机图形学技术、结合 X-射线结晶学和定量构效关系的研究，得到了三维定量构效关系（3D-QSAR），被认为是药物分子设计的新途径。此外，用计算机辅助研究药物在体内的过程，为研究设计新药提供了新的方法和参数。体内微量内源性物质，如花生四烯酸及其代谢广物、肽类及兴奋性氨基酸等生理作用的解析，以及受体激动剂和拮抗剂的设计与合成，离子通道的激动剂和阻滞剂的发现，酶的自杀性底物（enzyme suicide substrate）的临床应用，前药（pro-durg）和软药（soft-drug）原理的广泛使用等，在一定程度上，使药物化学的研究达到了新的水平。

在设计阶段，随着物理化学、分析化学、生物化学和分子生物学的发展，以及计算机技术的广泛使用，为阐明药物作用机制和深入解析药物构效关系奠定了良好的基础，使药物化学的理论与药物设计的方法及技巧不断地升华和完善，但是对于生命体的本质研究仍需继续，药物研究的方法和手段也需要有进一步的突破。

知识链接 4-2

合理药物设计——从 H_2 受体阻断剂到质子泵抑制剂

1972 年 Black 等发现组胺 H_2 受体，开始寻找选择性组胺 H_2 受体拮抗剂，并发现了第一个投入临床试用的选择性组胺 H_2 受体抑制剂丁咪胺（burimamide），经进一步结构改造，得到甲硫米特（metiamide），它抑制胃酸分泌的作用比丁咪胺强 10 倍，并能明显增加十二指肠溃疡的愈合率。但高剂量慢性毒性试验发现，甲硫米特对肾脏有损害作用，能引起粒细胞减少。1975 年美国史克公司上市了西咪替丁（cimetidine），其对组胺 H_2 受体抑制作用比甲硫米特稍强，几乎没有 H_1 和胆碱能受体作用，但中断用药后复发率较高，故需维持治疗。1979 年英国葛兰素公司上市了雷尼替丁（ranitidine），其体外抑制胃酸分泌的强度为西咪替丁的 4.5 倍，对组胺 H_2 受体的选择性更高，大剂量对 H_1 受体和胆碱能受体均无拮抗作用，副作用较少。1985 年日本山之内公司上市了法莫替丁（famotidine），其体外抑制胃酸分泌的强度为西咪替丁的 64 倍，是一种高选择性的组胺 H_2 受体拮抗剂。1988 年瑞典的阿斯特拉公司上市了第一个 H^+，K^+-ATP 酶抑制剂奥美拉唑（omeprazole），该药使胃溃疡、十二指肠溃疡较快愈合，治愈率较高。1996 年以来，它曾多次在世界单一药品年销售额排行榜名列榜首，年销售额达到 60 亿美元。

第二节　药物化学主要内容

一、研究化学药物结构、性质与合成

（一）药物的化学结构

药物的化学结构是药物发挥药效的基础，药物的化学结构决定着药物的用途、活性、毒性等关键性质。药物进入人体后，与机体发生复杂的相互作用，概括地讲，一种是机体对药物的作用，另一种是药物对机体的作用。机体对药物的作用是药代动力学研究的内容；药物对机体的作用是药效学和毒理学研究的内容。

机体是个比较稳定的系统，在面对复杂多样的内源性和外源性物质时，形成了具有一定规律的处置方式，反映在药物吸收、分布、代谢和排泄（ADME）上遵循某些共同的规律，就是机体对待药物等外源性物质大体上是以整体分子和宏观性质为依据，对它们的处置一般不拘泥于分子的细微结构。分子的宏观性质即物理化学性质，包括分子尺寸、溶解性、分配性、电性（电荷、极性、氢键等），极性表面积等，这些在很大程度上决定了药代动力学的参数和性质。

药物对机体的作用所产生的生理效应，会因为药物分子的化学结构的不同，甚至是微小的变化，可引起不同的生物活性，这是因为药物对机体的作用本质上是药物与靶标或非靶标分子之间发生相互作用，是某些特定的原子、基团或片段的互补性结合，这些结合引发特定的生理作用。所以，药物对机体的作用是由这些特定的微观结构决定的。

（二）药物的理化性质

已有药理学研究表明，药物需及时抵达作用部位，并在作用部位维持一定的浓度和时间，才能与受体结合，产生一定的药理效应，从而发挥预期的治疗作用。血管外给药是常用的给药方式，大多数药物在出现全身作用以前必须先被吸收。药物必须有一定的水溶性，才能通过体液的转运，到达靶标器官和组织。而后药物需要通过生物膜，进入到细胞内。由于细胞生物膜的主要成分是脂质，因此药物又须有一定的脂溶性，才能透过生物膜。水溶性与脂溶性是客观存在的相矛盾物理性质，又是药物设计和制备需要考虑的相互依存的性质。有效的药物必须有合适的水溶性与脂溶性的平衡才有利于吸收与分布。

1. 电离度与吸收　水是极化分子，极性较大，有较大偶极矩，与带有电荷的离子间产生静电引力，因而离子化的物质，在体液内是水合的。水合不但使离子体积增大，并使分子易溶于水，难溶于脂，因而更难通过生物膜。强酸或强碱是高度电离物质，不易渗入组织。弱酸或弱碱在体内部分电离，可经未电离分子形式通过生物膜。

溴苄铵（bretylium，图 4-）本有降压作用，但因其为季铵盐，很易在体内解离为离子态，致使吸收不良且不规则，影响药效，而磺酸是强酸，不易吸收，因而一般毒性很低，且无生物活性，通过磺酸与溴苄铵成盐得到溴苄胺甲苯磺酸盐，可改善溴苄铵的生物利用度及不良作用。巴比妥类药物是烯醇型弱酸，不但口服吸收良好，且易透过血-脑屏障，抑制中枢神经，产生镇静、催眠、麻醉等药理作用。

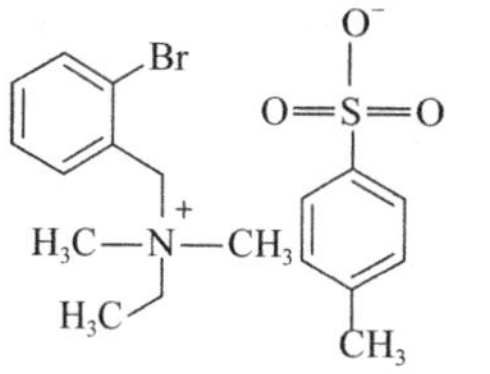

溴苄铵

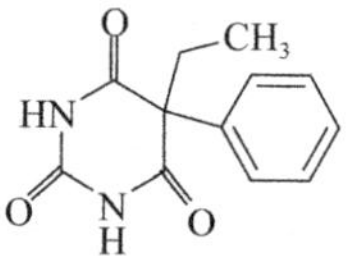

苯巴比妥

2. 氢键与吸收 除了电离度以外，氢键的形成也是影响药物水溶性的一个因素。氧及氮带有孤对电子，对氢离子有亲和力，因而有水溶性趋向。COOH、$R_2PO_4^-$、CO、OH、NH_2、NR_2等基团也有助于提高水溶性。

3. 亲脂性与吸收 亲脂性的物质才能渗透细胞膜。作用于中枢神经的药物也要通过高度亲脂性的血-脑屏障而发挥疗效。

去甲肾上腺素带有 3 个羟基与 1 个氨基，都是亲水性基团，因而该类化合物水溶性较高，脂溶性较低，便不易透过血-脑屏障而进入中枢神经。分子中每增加一个 CH_2，油水分配系数可增加 2～3 倍。将羟基转变为甲氧基，仙人球毒碱（mescaline）就极易透入中枢神经，产生致幻作用。

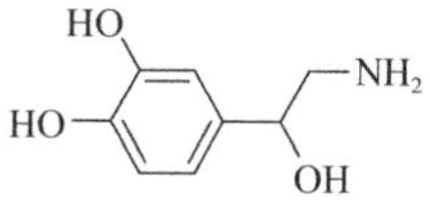

去甲肾上腺素

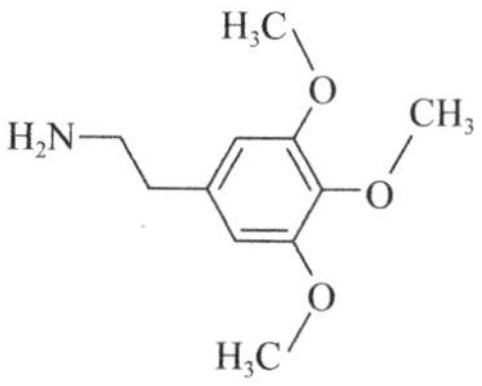

仙人球毒碱

4. 亲水性与吸收 抗癌生物碱，如喜树碱（camptothecin）用以治疗胃癌、头和颈肿瘤及膀胱癌。由于喜树碱不溶于水，应用时将其制成钠盐，但形成钠盐的同时打开了内酯环。喜树碱的抗癌作用是由于抑制拓扑异构化酶 I（topoisomerase I），而抑制这种酶需要完整的内酯环。于是在第 7 位引入 *N*-甲基哌嗪甲基，该基团呈碱性，可形成水溶性的三氟乙酸盐，使抗癌作用进一步增强。

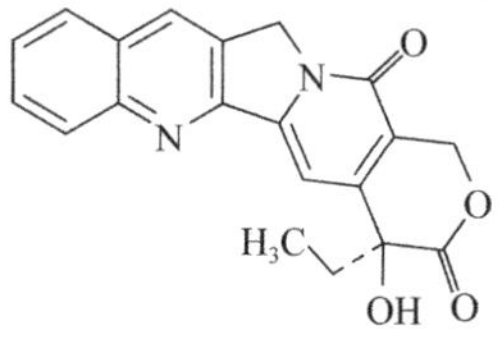

喜树碱

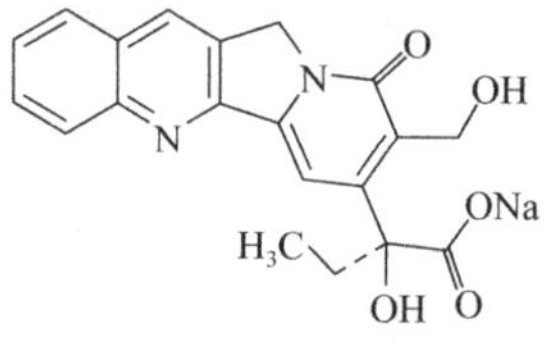

钠盐

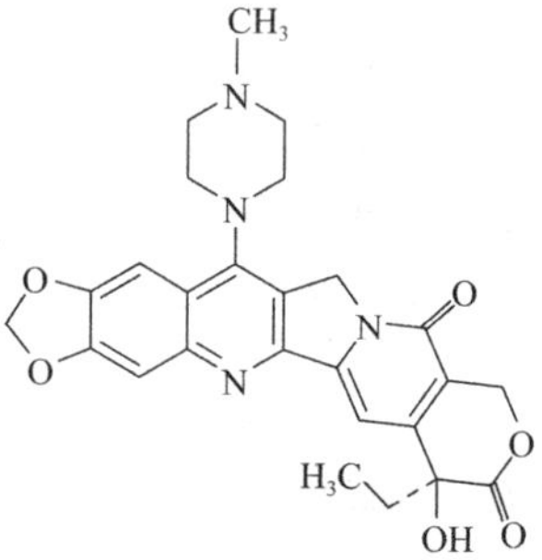

改造后的化合物

（三）药物的合成

药物合成可以归结为药物仿制或者药物发现过程中的化学研究。其包括合成工艺、优化工艺、杂质研究、晶型研究、小试工艺验证、中试放大及工艺验证和质量研究等。传统的药物合成工艺技术单一，获得的化合物数量种类较少，耗时耗力，且使用的设备和试剂对药物研发人员和环境都有一定的危害。近年来，研究人员发展了很多新的合成技术和高效合成策略，大大加快了有机分子的合成。例如，基于微波化学、点击化学、组合化学等快速合成技术，基于串联反应和多组分反应的复杂化合物的合成技术，以及多样性化合物库的构建技术等。这不仅能够有效地丰富化合物分子的种类，而且也为药物的研发奠定了很好的化合物基础。化合物库的构建与合成是药物研发的重要部分。

知识链接 4-3

阿司匹林的合成工艺参数的优化因素

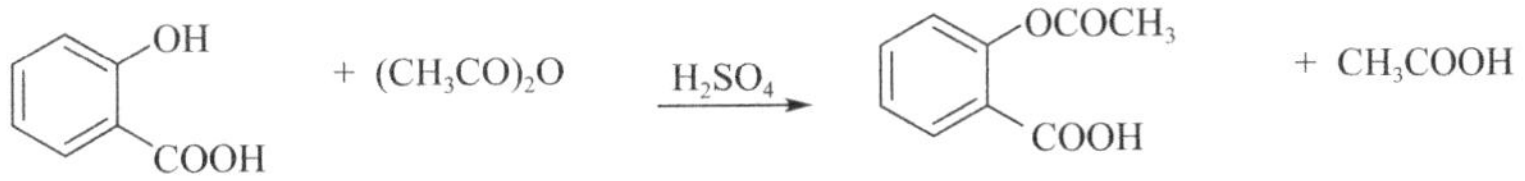

所需考虑合成工艺参数的优化因素：①在不产生杂质的条件下尽量合并反应步骤。②在不影响收率和质量的条件下尽量减少溶媒和其他辅助原料的用量。③尽量避免采用无水、无氧、易爆炸、易中毒工艺。④尽量避免采用价格昂贵的原辅料，避免高污染的工艺。⑤尽量对原辅料回收套用。⑥对温度、压力、反应时间及其他参数优化。

二、研究化学药物的构效、构毒和构代之间关系

（一）构效关系

药物的化学结构与生物活性（包括药理和毒理作用）间的关系（简称构效关系，structure-activity relationships，SAR）是药物化学研究的核心议题之一，也是分子药理学的重要内容。药物同机体发生相互作用，引发生物活性，是药物分子与受体大分子的物理化学性质，以及化学结构之间相互适配和作用的结果。药物分子结构的改变，使其活性强度发生变化，也可能改变活性的类型。构效关系反映药物作用的规律和特异性。

研究和阐明药物的构效关系，有助于解析和认识药物的作用机制（mechanism of action）和作用方式（mode of action）。药物产生药效或毒副作用是药物（小）分子与体内的生物（大）分子之间相互作用而引发的，本质上是某种化学反应或物理化学的平衡过程。药物作用的特异性是基于药物分子与受体分子的作用部位在结构上的互补性，体现在双方分子的形状、原子或基团的物理化学性质及三维空间的相互适配性，从而特异性地相互结合产生生物学效应。

定量构效关系是研究一组化合物的活性、毒性或药代性质与其结构之间、物理化学性质之间或拓扑结构之间的相关关系，用数理统计的方法揭示化合物活性与上述结构特征或性质的变化规律，并以数学模型或图形表征其量变规律。

（二）构毒关系

药物的化学结构及其代谢后的结构基团与对机体产生毒性间的关系（简称构毒关系）是研究药物安全性和稳定性的重要议题。毒物或其代谢产物（终毒物）必须以具有生物学活性的形式到达靶器官/细胞，达到有效的剂量/浓度，并持续足够时间才能与靶分子相互作用或改变其微环境而产生毒性作用。新药研究要尽早避免含有或潜含的毒性基团的化合物，也要考虑某些

药物是否经代谢诱导生成的毒性基团，如在体内可被细胞色素 P450 代谢活化，生成毒性基团，导致临床毒副作用的产生。

（三）构代关系

药物和其他外源性物质在体内发生的化学变化，称作生物转化（biotransformation），也就是狭义的药物代谢（metabolism）。机体代谢药物的目的，是将这些外来物质排出体外，以免受这些物质的侵害和损伤。但有些代谢产物或中间体会因有较强的化学反应性能，成为有害物质，也有可能具有更强的药效，而使代谢产生有益的结果。

代谢反应具有共性特征。药物代谢的一般规律是增加水溶性，有利于排出体外。研究药物代谢，对于认识药物的作用机制、药物不良反应的原因、理性药物分子设计等都有重要意义。

药物的体内代谢可分为两个阶段：Ⅰ相代谢（phase Ⅰ）及Ⅱ相代谢（phase Ⅱ），这是相继发生的两种不同类型的反应。Ⅰ相代谢最重要的是氧化反应，还有还原和水解等反应，Ⅱ相代谢大都是轭合反应。

1. 氧化反应 氧化是代谢转化常遇的反应，其中氧化的一种方式为将与碳连接的氢原子氧化为羟基。甲苯磺丁脲环上的甲基可代谢转化为羟甲基，于是失去活性。因此，如果将甲基变为氯，可增加代谢的稳定性，从而延长对糖尿病的治疗作用。

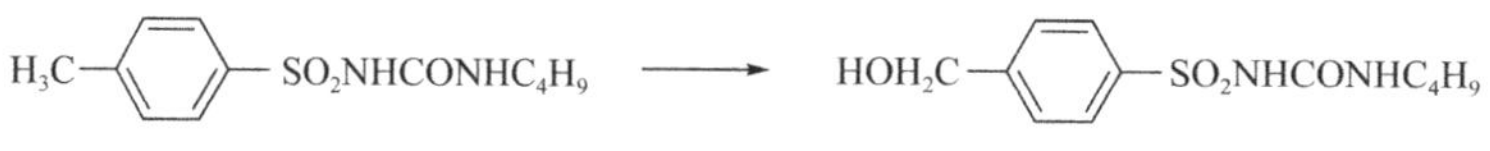

甲苯磺丁脲

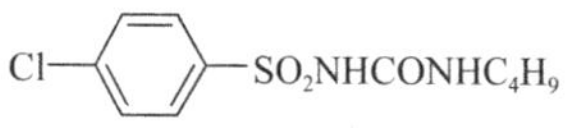

氯磺丁脲

2. 轭合反应 代谢转化的最终目的是使外源性物质变为水溶性，以利排泄，如前所述官能团变化后，便和葡萄糖醛酸、硫酸、氨基酸等缩合。谷胱甘肽（glutathione）带有巯基，可加成至药物分子的亲电中心。降血脂药氯贝丁酯（clofibrate）的酯键先水解，再与谷胱甘肽缩合。

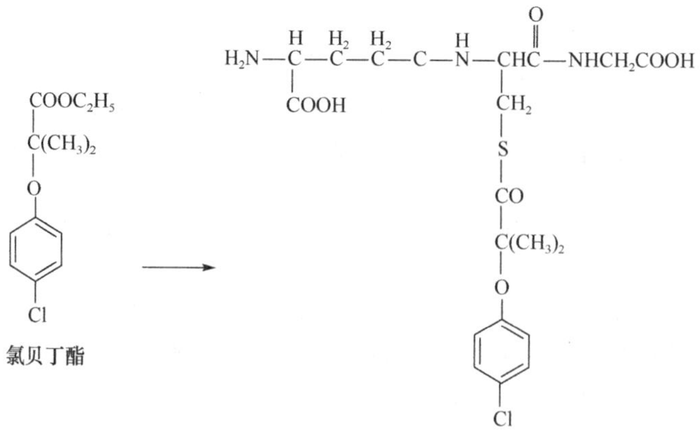

氯贝丁酯

> **知识链接 4-4**
>
> 定量构动关系首先是将药物分子表达为若干分子结构参数，然后建立此参数与药动学性质相关联的数学模型，为药物的药动学性质评价和预估提供简捷和有效的途径。评价与预估的精度取决于分子结构参数的选择，以及与两者相关联的数学模型的表达形式。

定量构动关系的研究可以帮助药物学家了解药物分子中哪些结构参数影响药效学性质，哪些又影响药动学性质。因此，在进行药物设计时，可以在不影响药效结构参数的情况下，仅改变影响药动学结构参数的部分，使药物的动力学性质得以改善，药物的有效性和安全性得以提高。

三、寻找、发现新药，设计新的活性小分子

（一）发现新药方法及途径

新药研究的物质准备是化合物的搜集和制备，通过活性筛选，将达到所设定活性指标的化合物定为入选的苗头化合物（hit to lead），再经不同模型的评价和提高活性强度的标准，以及化合物的结构类型和知识产权等多种因素考虑，将苗头化合物发展为先导化合物，这个过程称作先导化合物的发现（lead discovery）。先导化合物一般是结构新颖的化合物，也可以是具有新活性的已知化合物。先导化合物可以从多方面获得：天然生物活性物质，广泛随机筛选，基于配体和底物的分子设计，基于药物副作用发现先导化合物，基于代谢作用发现先导化合物等。

（二）活性小分子设计思路

活性小分子设计思路包括苗头化合物的发现及向先导化合物的过渡，药效团，骨架变换，双靶标药物，“老药新用”基于片段的药物设计。

例如，“超级”阿司匹林的研发，研究人员把两种阿司匹林衍生物混合在一起制成一种“超级”阿司匹林，这种“超级”阿司匹林也称为一氧化氮硫化氢（NOSH）阿司匹林，即阿司匹林衍生物既能释放一氧化氮，也能释放硫化氢，且实验结果显示，这种新型阿司匹林能够有效抑制十多种恶性肿瘤生长，而且无损实验鼠正常细胞。

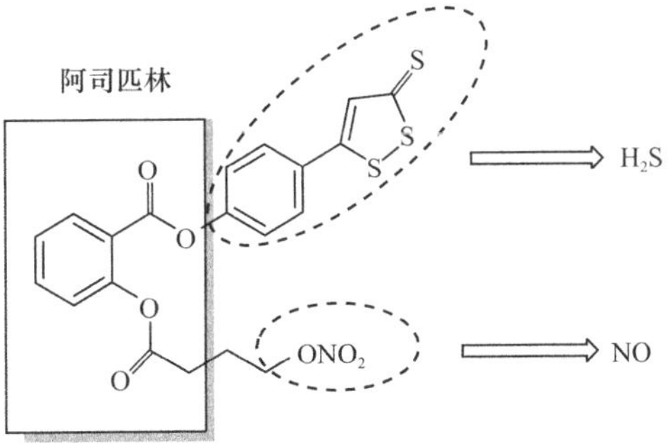

第三节 药物化学案例分析

新药创制是复杂的智力活动，涉及科学研究、技术创造、产品开发和医疗效果等多维科技活动。每个药物都有自身的研发轨迹，而构建化学结构是最重要的环节，因为它涵盖了药效、药代、安全性和生物药剂学等性质。本节以药物化学视角，对几个有代表性的药物的成功构建加以解析。

一、阿司匹林与贝诺酯

（一）先导化合物的优化——阿司匹林

在任何药物化学项目起步之前，先导化合物（lead compound）是必需的。先导化合物是指通过生物测定，从众多的候选化合物中发现并选定的具有某种药物活性的新化合物。这种化合物一般具有新颖的化学结构，并有衍生化和结构改变的发展潜力，可用作研究模型进行结构优化，进而开发出受专利保护的新药品种。它是临床上有用的化合物开发的起点，通常可利用与先导化合物本身的反应来制备一系列类似物。这已经成为近一个世纪的一种常用策略，阿司匹林就是通过这种方法来设计合成的。

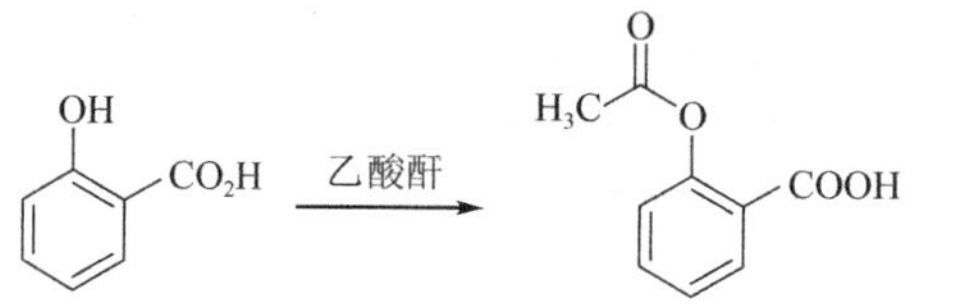

水杨酸　　　　阿司匹林(乙酰水杨酸)

对先导化合物进行修饰的优点是能够快速地得到相关的类似物。在先导化合物的官能团上进行的反应也确定了这些基团对靶点结合和活性的重要性，缺点是类似物的范围被现存的官能团所限制。此外，当它来源于天然时，先导化合物本身就不容易获得。

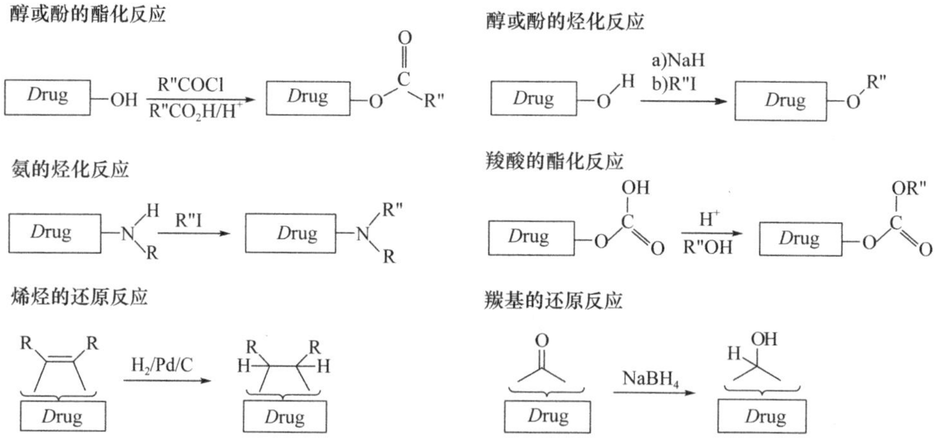

存在于先导化合物中常见的官能团的种类有：醇、酚、氨基、芳香/芳香杂环、羧酸、烯烃和酮。在这些官能团上进行的典型反应的知识指导了各种类似物的合成。在先导化合物上进行的一些最常见的反应是醇或酚的酯化反应及氨基的烷基化反应。当进行这些反应时，有必要考虑现存的其他官能团，必须保护这些基团以免他们也发生反应。在某些情况，如果反应条件非常苛刻并可能使分子降解，那么这种反应是不可能进行的，如还原芳香环所需的条件是很苛刻的。

经典药物“阿司匹林”是学习药物化学的学生必须掌握的，早在 1853 年，弗雷德克·热拉尔就用水杨酸与乙酸酐合成了乙酰水杨酸，但没能引起人们的重视。1898 年德国化学家菲霍夫曼又进行了乙酰水杨酸的合成，并为他父亲治疗风湿性关节炎，疗效极好，于 1899 年由德莱塞介绍到临床，并取名为阿司匹林（aspirin），化学名：2-（乙酰氧基）苯甲酸。

到目前为止，阿司匹林已应用百年，成为医药史上三大经典药物之一（其他两种为青霉素、地西泮），它至今仍是世界上应用最广泛的解热、镇痛和抗炎药，也是比较和评价其他药物药效的标准。

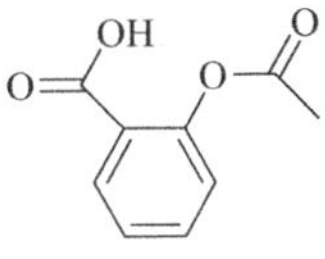

阿司匹林

本品为白色结晶或结晶性粉末，无臭或微带乙酸臭味，味微酸，在乙醇中易溶，在三氯甲烷中溶解，在水中或无水乙醚中微溶。

本品为不可逆的花生四烯酸环氧酶抑制剂，广泛用于治疗伤风、感冒、头痛、神经痛、关节痛、急性和慢性风湿痛及类风湿痛等，还能抑制血小板中血栓素 A_2 的合成，具有强效抑制血小板凝集作用。此外，还可用于心血管系统疾病的预防和治疗，预防血栓的形成，预防结肠癌。本品对胃黏膜具有一定刺激性，长期服用可引起胃和十二指肠出血等症状。

（二）孪药的设计——贝诺酯

孪药（twin drug）是指将两个相同或不同的先导化合物或药物经共价键连接缀合而成的新分子，在体内代谢生成以上两种药物而产生协同作用，增强活性或产生新的药理活性，或者提高药物的选择性。常常应用拼合原理进行孪药设计，经拼合原理设计的孪药，实际上也是一种前药（prodrug）。

孪药设计方法主要分为两种。一是将两个作用类型相同的药物，或同一药物的两个分子，拼合在一起，以产生更强的作用，或降低毒副作用，或改善药代动力学性质等。构成孪药的两个原分子可以具有相同的药理作用，如阿司匹林（aspirin）和对乙酰氨基酚（paracetamol）均具有解热镇痛活性，将两者酯化缀合生成贝诺酯（benorilate），具有协同作用，既解决了阿司匹林对胃的酸性刺激，又增强了药效。

也可以把两个具有不同药理作用的药物拼合在一起，形成孪药，以产生新的或联合的作用。例如，苯丁酸氮芥（chlorambucil）是抗肿瘤药，但毒性较大。设计以甾体为载体，可增加靶向性，用这种思路将泼尼松龙（prednisolone）和苯丁酸氮芥形成抗肿瘤药泼尼莫司汀（prednimustine），降低了苯丁酸氮芥的毒性。

阿司匹林的衍生物贝诺酯（benorylate，扑炎痛），化学名：4-乙酰氨基苯基乙酰水杨酸酯。

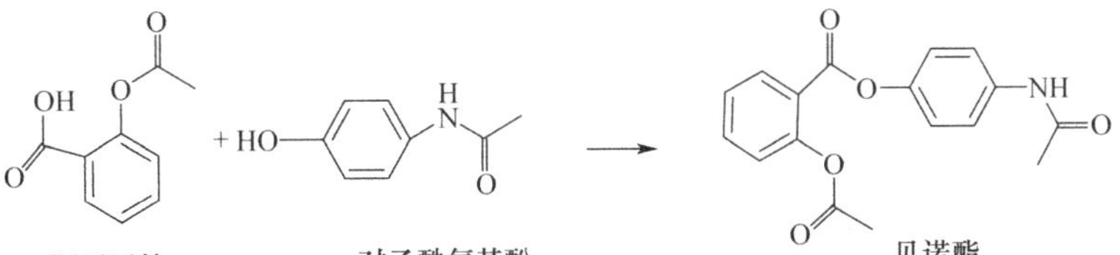

阿司匹林　　对乙酰氨基酚　　贝诺酯

贝诺酯是由阿司匹林与对乙酰氨基酚（扑热息痛）两者羟基化合而成。它既保留两者原有作用，同时兼有协同作用，是一种有效的解热消炎药物，可用于治疗感冒、发热、头痛、类风湿关节炎及骨关节炎等。口服后在胃肠道不被水解，以原形吸收，很快达到有效血药浓度。吸收后很快代谢成为阿司匹林和扑热息痛，分解前 $t_{1/2}$ 约为 1h，作用时间较阿司匹林及扑热息痛长，代谢时主要以水杨酸及对酰氨基酚的代谢产物自尿中排出。贝诺酯很少引起胃肠出血，不良反应小。贝诺酯口服后吸收较阿司匹林或扑热息痛慢，从口腔黏膜吸收较快。贝诺酯的作用特点是退热开始时间较阿司匹林慢，一般服药后 1.5～3h 才开始，体温下降缓慢，作用温和，持续降温时间较阿司匹林长，体温复升率也较阿司匹林低。

该药通过抑制中枢神经系统环加氧酶，减少疼痛介质前列腺素（PG）合成，直接作用于受体部位，降低了肾血流量和尿量，进而降低了肾盂输尿管内压，使肾绞痛得以缓解或消失。此外，该药尚有抑制抗原、抗体、组胺及缓激肽等的形成及降低炎症组织中血管通透性，消除水肿等一系列抗炎作用，故疗效显著。

（三）西咪替丁

在药物结构优化研究中，生物电子等排原理（bioisosterism）是应用较多的一种方法，即以一个电子等排体取代原来药物中对应的基团，对药物进行结构改造，以提高疗效，降低毒副作用。

电子等排体（isostere）是指外层电子数目相等的原子、离子、分子，以及具有相似立体和电子构型的基团。生物电子等排体（bioisostere）是指既符合电子等排体的定义，又具有相似或相反生物学作用的化合物。

生物电子等排体分为两种：一种是经典生物等排体，基团的形状、大小、外层电子构型大致相同，组成基团的原子数、价键、不饱和程度及芳香性等方面都极其相似。另一种是非经典的电子等排体，基团的原子数可以不同，也不一定遵循经典的生物电子等排体的主体和典型的规则，形状和大小变化也较大，但是保留了原有基团的 pK_a 值及静电势能等，因而仍显示相应的生物活性。

在药物发展中，应用生物电子等排体的交换进行新药设计有许多成功的例子，如第一节中合理药物设计提到的第一个上市的 H_2 受体拮抗剂西咪替丁，用于治疗消化道溃疡。

第一个 H_2 受体拮抗剂为丁咪胺，但它药效活性不高，口服生物利用度低。将丁咪胺作为先导化合物，分析其结构，发现咪唑环的高电荷密度对 H_2 受体结合的程度不利，为了降低咪唑环的电荷密度，在不改变丁咪胺分子的形状和长度的前提下，变侧链为吸电子性质，为此将侧链中的—CH_2—用二价电子等排体—S—替换，称作硫丁咪胺（thiaburimamide），由于硫的电负性强于饱和碳，提高了拮抗活性，后又将咪唑环 5 位用甲基置换，得到甲硫米特，抑制胃酸分泌的强度高于硫丁咪胺 3～4 倍，用于治疗胃和十二指肠溃疡，疗效明确而显著，但少数患者发生粒细胞减少的不良反应。

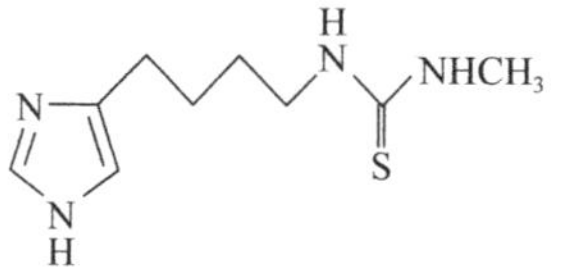

丁咪胺

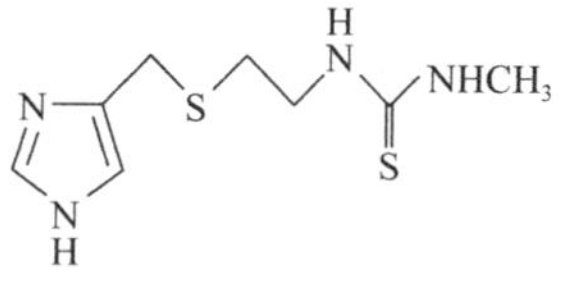

硫丁咪胺

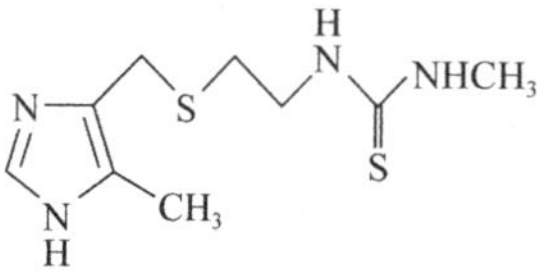

甲硫米特

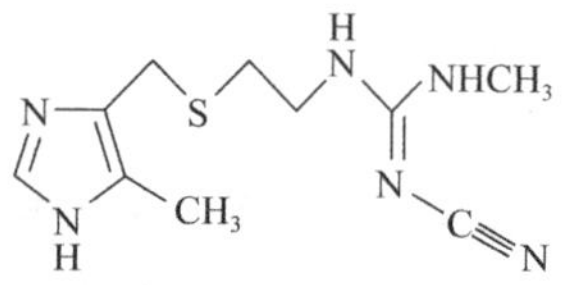

西咪替丁

为了消除甲硫米特的不良反应，对其结构加以改造，将硫脲作电子等排变换，发现将其换成脲基或胍基活性均下降，可能是碱性过强而不利于与受体结合，也不利于药代动力学性质。将胍基 N 原子连接上吸电子基团氰基时，对 H_2 受体的拮抗作用与甲硫米特相当，且有优良的药代和安全性，作为新的药物进入临床研究，这就是西咪替丁。

第四节 药物化学研究方法与新进展

药物化学的任务实际是整个新药研究开发的前期，传统的方法是合成或提取分离大量的化合物进行药效筛选，命中率平均约为 1/20 000，化合物的数量决定得到新药的结果，且研究的周期长，因此耗资甚大。为改变这个状态，目前国际上创新药物研究的发展趋势呈现两个显著的特点：一是利用生命科学前沿技术，如功能基因组、蛋白质组和生物信息学等与药物研究紧密结合，以发现和验证新型药物靶点作为主要目标，为发现新药提供理论依据，并取得了显著进展；二是理论和结构生物学、计算机和信息科学等新学科越来越多地参与到新药的发现和前期研究中，提高了新药发现的效率，由此出现了一些新研究领域和具有重大应用价值的新技术，为发现新药提供技术支撑。

传统的药物化学研究方法包括从天然产物中提取具有药理作用的活性成分，可直接作为药物，或通过改造发展成药物；从现有药物入手，发现其新的药理作用，或得到具有活性的代谢产物；从药物合成过程中发现具有良好活性的中间体，可进一步研发出有潜力的药物等。

现代药物化学的研究方法依靠生命科学及计算机科学的发展，使获得药物的过程科学、有效，已经逐步代替了传统的研究方法。

一、合理药物设计与筛选

人类基因组计划的实施揭示了人类生命的奥秘，而基因组科学的研究将从根本上改变药物发现和开发模式。在对致病基因和基因功能认识后，可以有针对性地设计开发能从根本上改变疾病过程的新药，从而产生“从基因功能到药物”的研发新模式。人们在研究过程中通过寻找和发现与疾病有关的基因或致病基因，进行克隆和表达，并在此基础上表达得到相关蛋白，获得新药作用的靶物质，对此靶物质进行三维结构研究，借助计算机技术和手段，参考其内源性配体或天然底物的化学结构特征来设计药物分子，以发现选择性地作用于靶点、具有活性强、选择性好、副作用小的新药。

1. 药物基因组学对药物分子设计和新药开发的作用 首先人类基因组学和药物基因组学研究发现的大量新的基因，提供了大量新的药物作用靶目标。在人体基因组约 30 000 个蛋白质编码基因中，现有药物仅作用于其中约 500 个基因。其次功能性基因组学技术的发展，尤其是基因芯片的开发和应用，加速了与疾病有关基因或信号传递路径鉴定，为筛选药物作用靶基因奠定了基础，也为临床试验前化合物如筛选、优化，如不同化学成分对靶细胞基因表达的影响等，提供了直接和有效的工具。

2. 以受体为设计靶点 导致了几百种具有高度的选择性和特异性的受体新药问世，如治疗高血压的血管紧张素 AT_1 受体拮抗剂氯沙坦等，中枢镇痛的阿片 K 受体激动剂丁丙诺啡等，以及抗胃溃疡的组胺 H_2 受体拮抗剂西咪替丁等。

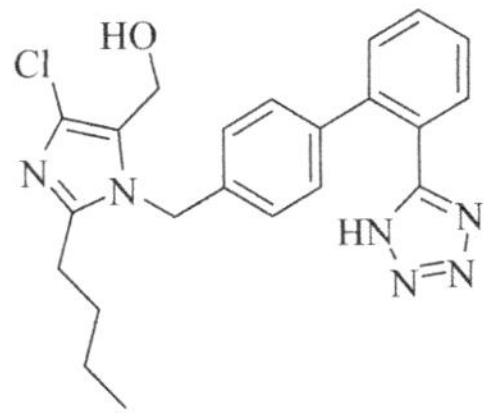

氯沙坦

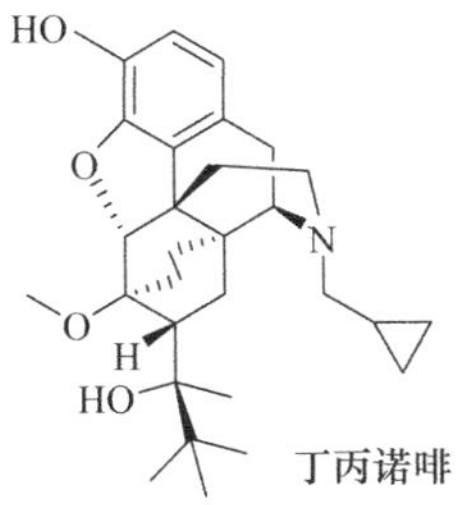

丁丙诺啡

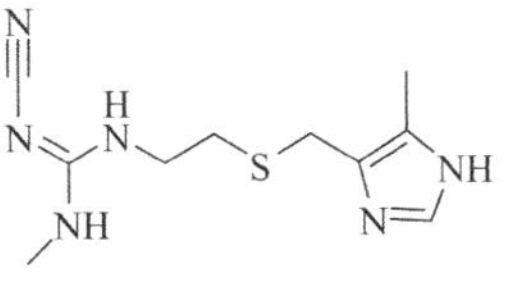

西咪替丁

3. 以酶为设计靶点的治疗药物 酶是高度特异性的蛋白质，生命活动许多是由酶催化的生化反应，故具有重要的生理生化活性。随着对酶的三维结构、活性部位的深入研究，尤以酶为靶点进行的酶抑制剂研究，取得很大进展。例如，通过干扰肾素-血管紧张素-醛固酮系统调节而达到降压效用的血管紧张素转化酶抑制剂（ACE），如卡托普利、依那普利等。

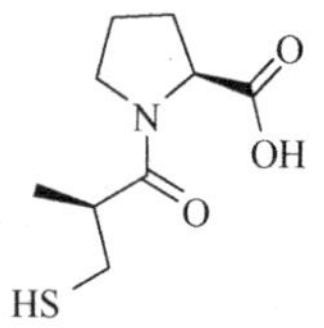

卡托普利

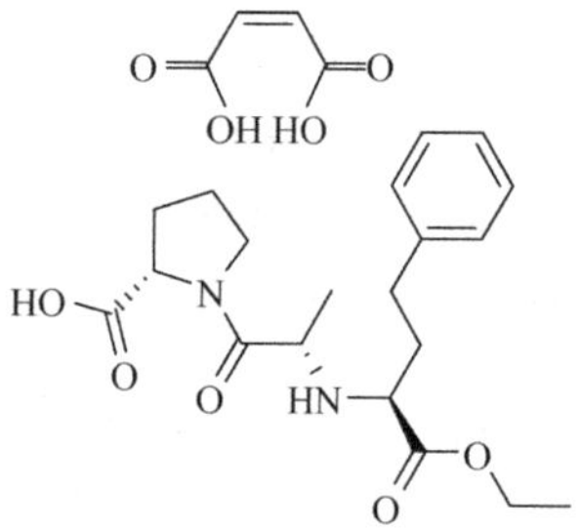

马来酸依那普利

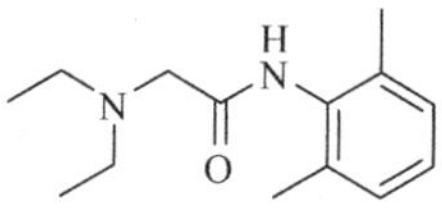

利多卡因

4. 以离子通道为设计靶点 离子通道类似于活化酶，参与调节多种生理功能：根据病变的离子通道使离子流动异常，甚至导致细胞死亡，可以用药物进行调控的原理，以离子通道为新药设计靶点取得了显著进展，开发了诸如 Na^{+}通道阻断剂类抗心律失常药，如奎尼丁、利多卡因等。

5. 以核酸为靶点的药物设计也取得了一定的进展 目前主要集中在以已知的抗肿瘤药物为先导化合物，以 DNA 为靶点设计新的抗癌药物和寻找抗衡致病因子的新药如抗真菌药物等。

知识链接 4-5

超高通量药物分子虚拟筛选平台问世

国防科技大学计算机学院联合中国科学院上海药物研究所、广州超级计算中心，成功研发出一种超高通量的药物分子虚拟筛选平台，可以利用“天河二号”超级计算机，在一天之内完成对 4200 多万个化合物的计算评价，相当于把包括现有药物、天然产物和人工合成有机化合物在内的地球上所有可用于药物研发的化合物都计算筛选一遍。这为人类应对暴发性恶性传染病的应急药物快速研发提供了强大的计算模拟保障。这一平台是一种面向大规模异构超级计算机的虚拟药物筛选软件平台—mD3DOCKxb。该平台包括一个全新的高效通信引擎，并采用多进程结合多线程的 CPU/MIC 大规模协同并行加速技术，对核心遗传算法进行深度加速，全面提高了对生物医药大数据的计算处理速度。

二、计算机辅助药物设计

计算机辅助药物设计（computer-aided drug design，CADD）是以计算机化学为基础，通过计算机的模拟、计算、评估药物与受体生物大分子之间的关系，设计和优化先导化合物的方法。CADD 是分子模拟方法在新药研发中的应用，是药物先导化合物分子结构发现、设计和优化最常用的理论研究方法。

目前，CADD 已经成为新药研发过程中不可或缺的重要理论工具，其不仅可以用来开展基于靶标蛋白三维结构或活性化合物构效关系的药物设计，而且可预测化合物的类药性和 ADME/T（吸收、分布、代谢、排泄和毒性）等性质，它的应用贯穿了新药研发的整个过程。

当下，CADD 面临的挑战主要是生物体系的高度复杂性，还没有严格的数理方法可以精确地计算模拟和预测生物体系的性质，也没有可行的数理方法对疾病的发生及调控机制进行定量描述。但经过 30 多年的努力，CADD 已经发展了一系列的策略，并在新药研发的过程中得到广泛应用。

三、组合化学

组合化学（combinatorial chemistry）是近十几年才发展起来的化学合成的新技术与方法，是药物化学一个重要的组成部分。该方法可以快速合成数目巨大的化学实体，构建化合物库，高通量筛选（high-throughput screening，HTS），为发现和优化先导化合物提供了新的途径。高通量筛选是以随机筛选和广泛筛选为基础的一种寻找新先导化合物的高效率方法。利用化学库寻找药物先导化合物是近年来新药研究中的一个热点。

在组合化学合成中，常用树脂作为载体。树脂的性质对合成质量与筛选影响很大，它首先需要较低的与蛋白的结合性，使合成产物可以洗脱下来，另外还要能承受合成过程中各种有机溶剂的侵蚀。目前常用的树脂有聚二甲基丙烯酸胺型和聚乙烯接枝聚苯乙烯型。除树脂外，纸、棉线之类的纤维素也可用作合成的载体。

组合化学最初主要用于核酸和多肽的合成，把一些简单分子如各种氨基酸、单糖、核苷酸或有机小分子等作为构建模块（building block），设计不同的排列组合方式及连接顺序把它们连接起来。一般在特殊的含有 48 孔或 96 孔的组合合成仪中，通过一次加料同步合成。该法的特点是可同时制备大量的结构多样的分子，可同时筛选活性，并建立庞大的化合物库。

组合化学的合成方法有固相合成和液相合成两种，设计组合合成方法时可以平行地合成，也可以系统地合成，或混合地进行合成。

四、反义寡核苷酸

反义寡核苷酸（antisense oligonucleotides，ASON）是发现先导化合物的新途径之一。Izant 等于 1984 年首次提出反义寡核苷酸技术，该技术是根据核酸间碱基互补原理，利用一小段外源性的人工或生物合成的特异互补 RNA 或 DNA 片段，与靶细胞中的 mRNA 或 DNA 通过碱基互补结合，通过这种寡核苷酸链抑制或封闭其基因的表达。与反义寡核苷酸相似的是反义 DNA，是用一小段人工合成的 8～23 个碱基组成的脱氧核苷酸单链，与靶 mRNA 形成碱基配对的 DNA-mRNA 杂交链，从而封闭某一特定基因片段。

目前这种技术在抗病毒和抗肿瘤药物等以核酸为靶点的药物中已有不少成功的例子。例如，对乙型肝炎病毒（HBV），就是以 HBV 的 DNA 为靶位，设计反义 DNA，抑制 HBV 的复制而治疗乙肝。1995 年 Korba 首次针对 HBV 的 C 区、S 区和前 S1 区基因而设计合成的反义 DNA，可显著抑制 HBV 在细胞培养系统中的复制和表达。2001 年 Robaczewska 通过静脉给药，证实反义 DNA 可选择性地抑制北京鸭乙型肝炎病毒在鸭肝脏中的复制和表达。

由于合成后的未修饰的反义 DNA 对核酸酶的抵抗力较弱，不能用于临床治疗，还需克服其在体内的稳定性差、不易透过细胞膜、与靶序列的亲和力较低等许多问题，故以合成的反义 DNA 为先导化合物，对其进行化学修饰。常用修饰的方法有：对磷酸二酯键进行硫代修饰，或对磷酸修饰等。在核糖的 5'-端、3'-端偶联某些基因或某些具有高级结构的核酸片段，还能较好地增强其抑制 HBV 复制的效果。另外，可对碱基的杂环进行修饰，引入亲脂性基团或改变其电负性使其易透过细胞膜等。

五、化学信息学和数据库检索技术

进入后基因组时代，伴随着化学基因组及药理学技术的快速发展，涌现了数量庞大的潜在靶点和海量的生物活性数据，然而随着冗余数据的积累，仅凭简单的分析方法已经不能满足大规模、高通量的数据分析需求。化学信息学的快速发展恰好满足了化学基因组学急需解决的大数据处理和信息提取任务要求。化学信息学主要研究如何适当地选取化合物库的多样性，如何表征药物分子特征，如何度量不同分子间的差异性，如何识别类药分子、分子结构和生物性能关系，如何研发相应的计算机软硬件等，这就包括了化学计量学及计算化学的研究任务和内容。

化学信息学方法在后基因组时代的一个重要应用就是根据已有的各种生物和化学信息来预测小分子化合物的潜在作用靶点，并阐释其作用机制，加速药物的研发进程。药物靶点的预测对于早期药物分子的成药性评价和老药新用等领域都具有重大意义，但由于通量、精度和费用的限制，实验手段的应用难以广泛开展。作为一类快速而低成本的方法，计算机辅助靶点预测算法的开发正受到越来越多的重视。根据研究策略的不同，可将基于化学信息学的药物靶点预测分为3类：基于配体特征的预测、基于蛋白结构特征的预测、基于数据挖掘方法的预测。

第五节　药物化学相关学科与职业关系

一、药物化学与其他学科的关系

药物化学的建立以近代化学和化学工业为基础，经过100多年的发展，逐渐细分出药物化学、药理学、药剂学及药物分析学等多个相对独立的、有特定研究范围的基础应用学科。而其发展则受益于有机化学、生物化学及药理学等的发展，特别是近年来分子生物学、分子药理学、量子生物化学取得的一系列成果，使人们对机体的认识从宏观水平进入到微观的分子水平。近年来，转化医学的兴起，也对药物化学的发展提供了新的研究方向和内容。在药物化学的发展史中，许多学科都对其有着重要的影响。

（一）与有机化学的关系

通过借鉴或直接应用有机化学的结构理论和反应机制，对讨论药物小分子和机体内生物大分子间相互作用，分析其构效关系，往往可以得到满意的解释。应用量子化学计算药物分子的轨道参数、能量和电荷密度，物理化学和物理有机化学涉及的能量过程和分子的结构参数，成为药物分子化学结构的重要表达方式。

（二）与药理学及生物学的关系

药理学、毒理学和药物代谢动力学，为评价药物的活性及安全性提供了动物模型、试验方法和数据等，得出量效关系和时效关系，可推断药物作用的化学本质和作用机制。分子药理学和分子生物学，则从分子水平上研究药物的作用与过程，解析药物与受体部位的相互作用。通过药物小分子与机体内生物大分子（酶、蛋白、核酸等）的化学反应，揭示药物产生效应（活性和毒性）的微观过程，以把握受体部位的理化环境和拓扑结构，以及与药物的相互作用本质。生理学和病理学，提示机体正常组织与器官同病态的组织器官之间的结构与功能的变化和差异，这种差异为合理地设计新药，尤其是研制具有特异选择性作用的新药，提供生理学和生物化学依据。

（三）与计算机科学的关系

随着分子生物学、X射线晶体学的发展，大量与疾病相关的生物大分子的三维结构被确定。计算科学的迅速崛起使得数据挖掘、机器学习等技术快速发展。在这两方面的推动下，计算机辅助药物设计应运而生，并渗透到新药研发的各个环节。CADD以计算机作为操作界面和辅助手段，利用计算化学、分子图形学等技术，将理论思维形象化，使药物设计更加直观、便捷和有效。其可以提高药物研发的成功率，降低研发成本，缩短研发周期，是目前创新药物研究的核心技术之一。

二、药物化学的职业发展

通过对药物化学课程的学习，学生能够熟悉化学药物的结构、理化性质、体内代谢及临床应用，为有效、合理地使用化学药物提供理论依据，为从事新药研究奠定理论基础。因为有着扎实的研究和分析基础，则也有着多方面的就业机会，一是可以进入医药公司，如药物合成研究员、药品质量监察员及医药销售岗位等；二是可以进入高校，从事医药研究；三是可以进入金融投资公司，如医药行业研究员等。

药物化学工作者大多从事新药研发，其范围很广，同时涉及学科也很多。药物化学由于是有机化学和生物学的交叉学科，所以很多人也研究有机化学如新合成方法、新合成策略，也研究化学生物学范畴的内容，如研究作用机制和作用靶点所涉及的有机化学手段。由于药物化学所研究的原材料来自三大方面：天然产物、小分子全合成和生物合成，所以具体手段也都不同。天然产物主要任务是分离纯化，以修饰居多，也有很多全合成的，可用于结构（特别是立体结构）鉴定，然后尝试改变合成模块进而合成新类似物。小分子全合成对于不是很复杂的大分子特别合适，成本低，然后可变性高。生物合成是新兴领域，利用生物学的成就改变生物合成的调控基因，从而合成纯有机化学合成不易合成的类似物。

药物化学工作者有的还研究药物的传输手段，使得药物易于被吸收，选择性作用靶点等。另外，现在靶点越发越细，选择性作用亚型可以避免副作用，这就要求药物的选择性高。

药物化学工作者往往最关注有效性，这是学科特点造成的，但药物研发的成功还不能离开安全性，药物的长期服用毒性和急性毒性、生殖毒性等。同时，药物的制剂也至关重要，好的药物要有好的 ADME（吸收、转运、代谢、排泄），早些改造分子使之具备类药性，将提高成药性。

本 章 小 结

- 药物化学
  - *药物化学基本概念及发展简史
  - *药物化学主要内容
    - 药物性质及合成简介
    - 药物构效、构毒关系等
    - 药物设计及案例分析
  - 药物化学研究进展
    - 合理药物设计
    - 计算机辅助药物设计
  - 药物化学相关学科及职业发展

*为重点知识点

思 考 题

1. 从化合物的结构分析，如何提高化合物的水溶性？
2. 基于受体的药物设计与基于配体的药物设计，两者的差异是什么？
3. 药物化学学科与其他学科的关联表现在哪些方面？
4. 中国药物研发路在何方？

第五章　生物药学

学习目标

- ●掌握：目前常见的生物药物的性质、作用原理、应用现状。
- ●熟悉：生物技术的主要方法和手段。
- ●了解：生物药物的发展历史及生物药学的背景。

第一节　生物药学的背景及现状

一、生物药学的发生发展背景——生物技术的大发展

生物技术（biotechnology）是一门新兴的综合性学科。它糅合了分子生物学、生物化学、遗传学、细胞生物学、胚胎学、免疫学、化学、信息学、计算机科学等多学科的知识，吸纳了众多学科的成果，形成了独特的技术体系。从操作内容上讲，生物技术是对生物大分子进行改造和利用的技术，主要包括基因技术和蛋白质技术。生物技术自形成独立的体系以来，越来越受到广泛的重视。目前全国数百所院校开设生物技术或者生物工程专业。在目前接受外国留学生最多的国家即美国的实验室里，生物工程与生物技术的研究也是最普遍的。在 20 世纪就有人预测，21 世纪是生物技术的世纪，这个预言在本世纪刚开始不到 1/5 的时间就得到了证实。

现代生物技术主要包含四个工程体系，分别是基因工程、酶工程、发酵工程、细胞工程。下面简要对其进行介绍：

（一）基因工程

基因工程（genetic engineering）是将野生型或者改造后的带有基因信息的 DNA 分子经过重组后，导入宿主细胞，通过宿主细胞的内环境获取所导入 DNA 分子所负载的基因信息并加以表达，通过宿主细胞的复制获得目标产物的一种工程体系。这种目标产物的获得可以是物质的获得，也可以仅仅是功能的获得。所谓物质的获得，就是在宿主细胞将外源性的基因信息表达为产物后，还要通过提取、纯化等手段获得产品。所谓功能的获得，是指当宿主细胞表达了外源性产物后，让外源性产物在宿主体内实现其生物功能。前者的代表就是一些重组 DNA 的蛋白药物，而后者的代表就是转基因动物。

（二）酶工程

酶工程（enzyme engineering）是一个紧密结合生物学和化学的工程体系。其本质是利用生物学、生物技术的方法来解决化学工业的问题。由于酶往往比化学催化剂具有更高的效能，其催化产物也往往具有一定的生物价值，因此如何在工业级别利用酶来获取产物成为酶工程要着重解决的问题。为解决这一问题，研究人员先后解决了三个技术环节，分别是保持活性的酶纯化、酶的固定化或酶反应器制备、酶的修饰及改造。酶的纯化，尤其工业级别的纯化是酶工程的第一步，纯化的酶，具有更高的活性，具有更加单一的功能。固定化技术是重复利用酶制剂的有效手段。酶反应器的制备是提高酶反应效率的方法。酶的修饰和结构改造则主要是为了利

用现代生物技术更进一步地提高酶的活力或者改善酶的其他方面的参数，比如有机溶剂耐受性、热耐受性等。基因工程是酶工程中酶修饰改造的良好工具。

（三）发酵工程

发酵是微生物生命活动的一种形式。是在部分有氧的情况下，将有机物转变为代谢产物，而不是二氧化碳和水的过程。事实上，现代意义上的发酵，就是利用微生物来完成有机物质转化的一个过程。而发酵工程（fermentation engineering），就是指如何工业化地利用这一现象，制造人类所需要的化学品的技术体系。微生物的发酵，根本上还是微生物体内的生物酶在发挥作用。因此发酵工程与酶工程有相似之处。但是发酵工程又与酶工程存在不同。发酵工程是直接利用活的微生物体，这些微生物还可以不断地增殖。而酶工程利用的是已经纯化出来的酶，这些酶的使用是不可再生的，也无法实现增殖。此外，发酵用的微生物体内除了目标酶外，还有其他酶，因此属于粗酶。而酶工程中所用的酶一般是经过纯化的，属于单酶。在发酵工程中，也可以利用基因工程的方法，对微生物的基因或者基因组进行改造，制造出更实用的工程微生物。

（四）细胞工程

细胞工程（cell engineering）是指能够按照人们的设计和需要，对细胞加以改造和利用的技术体系。细胞是生命活动最基本的形式，通过对细胞的利用实现了对物质的需求及疾病的治疗。细胞工程包含很多研究内容，如细胞培养、细胞融合、细胞核移植、染色体工程、胚胎工程、干细胞与组织工程、转基因生物与生物反应器研究等。事实上，很多细胞工程的实施，离不开的是基因工程的技术基础。例如，转基因生物技术，是基因工程与细胞工程共同研究的内容。两者相比，基因工程更侧重于遗传信息的利用与改变，而细胞工程则更侧重于细胞整体层面的利用与改造。细胞培养与繁殖是细胞工程的核心内容。

上述四大工程构成了现代生物技术体系。但是这些工程的实施离不开一系列关键的实验技术。这些实验技术包括聚合酶链式反应技术（polymerase chain reaction，PCR）、DNA 连接酶技术、DNA 内切酶技术、质粒的研究、细胞培养技术、细胞转染技术、细胞融合技术、蛋白质凝胶电泳技术、抗体抗原免疫反应技术等。

二、生物药物的概念

生物药物（biological pharmaceutical）是指运用微生物学、生物学、医学、生物化学等的研究成果，从生物体、生物组织、细胞、器官、体液等，综合利用微生物学、化学、生物化学、生物技术、药学等科学的原理和方法制造的一类用于预防、治疗和诊断的制品。按照严格定义，目前能称之为生物药物的包括单克隆抗体、疫苗、重组蛋白、基因治疗、细胞疗法等。

三、生物药物的现状

目前我国和大部分发达国家都把生物药物作为医药产业的战略方向。但是我国在此方向上的突破性进展较小，处于领军地位的国内生物医药公司几乎没有。这也客观地反映了我国近年来虽然经济发展迅速，科技水平突飞猛进，但是在生物医药的前沿方向上仍具有很大的提升空间。因此下面着重介绍下国外生物药发展的现状。

从合法上市的角度，第一个上市的生物药物是 1982 年上市的重组人胰岛素，这个药物目前成为糖尿病治疗上的一线药物，并且也是最为大众了解的生物药物。截止 2015 年，全世界上市的生物药物已经接近 200 个，并且有不少成为畅销药物。目前国际上在生物药物研发上较为前沿的公司有罗氏制药、诺和诺德、安进等。目前销售额较大的药物有雅培公司的阿达木单抗，安进和辉瑞公司的依那西普，这两个药物都是类风湿关节炎的治疗药物。其余的药物如罗氏公司的贝伐珠单抗、曲妥珠单抗等都是肿瘤治疗相关的药物。从研发成本上来讲，一个生物药物的研发与一个化学新药的研发成本相当，都在 10 亿美元左右的级别，研发周期也都在 10 年左右。因此，从时间和资金成本上而言，生物药物和化学药物并没有太大区别。但是化学药物的研发技术相对成熟，准入门槛低，竞争较大，而生物药物却有较高的技术门槛，目前还属于药物研发的蓝海领域。

尽管我国自主研发的生物制品不多，但是由于生物药物独特的药效，通过进口与仿制，我国临床上也使用很多生物药物。《中国药典》2015 年版中就收录了 137 种生物制品。这些药物里面，有疫苗类药物、单克隆抗体类药物、重组蛋白药物，还有微生态活菌制品。其用途也覆盖了预防、治疗及体内体外诊断试剂。从制造方法上讲，部分是传统生物药物，就是从生物体中经过简单提取而得，如抗蛇毒血清、人血白蛋白等，也有利用 DNA 重组技术、基因工程等生物技术得到的新型药物，包括重组人干扰素、重组人表皮生长因子等。

第二节 生物药学主要内容

一、生物药的特性

（一）生物相容性

生物相容性是指材料在机体的特定部位引起的恰当反应。通常来讲生物不相容一般都是非生命物质进入人体后被人体识别，诱导人体产生排斥性的免疫反应的过程。这些反应可以从局部炎症演变为全身性的免疫反应，长期甚至造成周边部位的畸变和癌变。在医疗表观上产生生物不相容问题的有两类比较多，一类是外科材料，如人工牙齿、人工骨材料、心脏支架等。这些材料的应用都要解决生物相容性的问题。另一类则是外源性的药物，进入到体循环或者特定组织后，部分药物由于其结构与内源性分子差别太大而被免疫系统识别，从而产生强烈的免疫反应或者局部的炎症反应。而生物药物的优势则在于大部分生物药物本身就来源于人体的生物环境，基本不存在生物相容性的问题。

（二）靶向性及特异性

在小分子药物中，靶向性及特异性特别重要。很多小分子药虽然在药物发现的早期阶段，在计算机模拟或者细胞水平表现出非常显著的生物活性，但是一旦进入体内，其疗效往往相差甚远。其中很重要的原因就是在靶器官、靶部位、病灶组织附近的局部暴露量不够。换句话讲，就是需要药物治疗的病变位置附近的药物浓度不足。影响药物局部浓度的重要因素就是药物的靶向性。由于小分子药物都是体外设计，其设计的依据除了细胞活性外，还要受限于现有的合成方法是否可以得到理想的分子结构。此外，什么样的小分子在什么样的器官或者组织中具有有效的富集效应，仍然没有非常清晰的规律性的结论，只能依靠每一个个体药物的研究实践来发现。但是往往是在发现靶向性不好的时候，已经进入了药物研发的后期阶段，大量的投资已经浪费。生物药物，由于研发的目标就已经锚定了病变部位发生的蛋白等生物大分子的变化，最终获得的单克隆抗体或者重组蛋白在病灶部位具有天然的富集作用，因此很少产生靶向性的问题。除了靶向性之外，治疗的特异性也是非常重要的因素。以单克隆抗体为例，这种药物会精准地和体内相应的抗原或者受体结合，特异性地发挥药效。而小分子药物即便富集到了病灶组织，也有可能因为在作用于靶点的同时还作用于周边无关位点，从而造成较大的副作用。

（三）稳定性问题

生物药物虽然具有一定的治疗优势，但是其生产也具有一定的缺陷。首要问题是稳定性问题。人体环境是生物大分子天然的存在环境，也是其发挥生物活性的最佳环境。一旦离开人体，生物大分子就面临降解和失活的危险。这就对其加工制造以及储存运输提出了非常严峻的挑战，也是生物制药一般较为昂贵的因素之一。这种稳定性问题，也就带来了其应用的普遍性的问题。很多小分子药物，在安全性可以保障的情况下，可以开发为非处方药物，大众可以方便地购买和使用。而大部分生物药物目前还停留在医院使用，稳定性不好也是其重要的原因。

知识链接 5-1

2016 年疫苗事件

2016 年，我国山东发生的问题疫苗事件，就是生物药物稳定性不好的典型。在该事件中，15 种二类疫苗（非强制性注射疫苗）被波及。该事件起因于山东省部分疫苗被非法经营并流入我国其他大部分省份。经调查发现，这批疫苗的特点有三个：①是由正规企业生产，疫苗本身不是假药；②由非法经销商经销，销售渠道非法；③疫苗运输过程中没有按照 2～8℃的条件保持环境温度，而是在高达二十几度的温度下进行运输，且没有按照规定储存。本次疫苗事件最重要的诱因就是上述的第③条。这个事件也证明了生物药物的稳定性问题一定要纳入法律法规的监管下，采取切实有效的措施保障。

（四）给药途径的问题

生物药物的给药途径是一个很大的问题。主要有两方面的原因造成：①生物大分子的稳定性不好，胃肠道中的酸碱条件及生物酶极易破坏其结构和活性；②生物药物分子结构都很大，很难穿透胃肠道被吸收，吸收困难，就很难进入要到达的靶部位。因此，大部分的生物药物都是通过注射用药。这就给生物药物的使用带来了一定的不方便性。由于注射技术尤其是静脉注射技术一般由专业的医疗人员掌握，使得这些药物的使用局限于医院，降低了病患治疗的方便性，也无形地给医院带来更多的就诊压力。给药途径的限制是生物药物最大的缺陷，也是目前很多生物药物研发公司着重解决的问题。例如，治疗糖尿病的胰岛素一直是注射给药，目前对于口服胰岛素胶囊的研发上已经取得了重要的进展。

（五）特殊的安全性问题

生物药物的生产制造与化学药物有一定的区别，最终的成品形态差别也较大。化学药品在生产后，一般可以进行高温高压消毒，消除可能引起免疫反应的微生物或其他生物分子，而生物制品一般不可能接受高温高压消毒。同时，化学药品的原料药一般要求很高的纯度，而生物药物在制备出成品后，其中效用成分的含量往往都很低，其中的大部分物质都是从生物环境中带来的基质。这就造成了生物药物存在一定的安全性隐患。第一，要在生产过程中杜绝病源微生物的接触，因为一旦接触，之后无法采取彻底的消毒措施，污染后的产品只能销毁，否则会带来严重的安全性隐患。第二，是效用成分自身带来的安全性问题，包括免疫毒性和免疫原性。免疫毒性是指生物药物效用成分的药理活性过强导致的生物体的副作用。免疫原性是指生物药物效用成分造成了机体免疫系统的非正常反应，如过敏等。第三，还有生物药物中效用成分之外有很多的生物基质，同样会产生与效用成分一样的免疫毒性或者免疫原性。由于生物药物中效用成分的特殊性，往往不能像小分子药物那样进行非常彻底的纯化，同时，过多的纯化也有可能导致效用成分的失活。因此，上述问题都需要在生物药物的质量评价中严格控制，而这些质量控制方法也往往和化学药品是不一样的。

二、生物药物的主要类型

生物药物的分类有很多种方法。可以按照结构分类，也就是按照其化学属性分类，生物药物可分为氨基酸类、酶和辅酶类、核酸及其降解产物类、多肽及蛋白类等。也可以按照来源分类，可分为人源类、动物源类、植物源类、微生物源类等。《中国药典》中按照其使用目的不同分为预防类和治疗类生物药物。下面介绍一种按照其获取技术不同进行的分类，也就是按照其技术类型进行的分类。

（一）天然生物药

天然生物药，也称为生化药物或生物制品。其主要成分依然是生物大分子。但是这类药物只需要从生物体中直接获取即可，仅需要简单的提取制备技术，所依赖的生物体是正常的未经任何现代生物技术改造的生物体。正因为所需技术条件较低，其应用时间也最长，应用范围也很广泛。这类药物的代表有人免疫球蛋白制剂和人血白蛋白制剂。它们都是来源于普通人的血液制品，经血液中简单提取而得，没有采用任何现代生物技术，因此属于天然的生物药物。

（二）生物技术药物（蛋白类、抗体类药物）

生物技术药物，是指采用现代生物技术为核心技术生产制造的生物药物。这个定义中有两个要素：一个是现代生物技术，表明了其生产的技术来源；一个是生物药物，表明其物质本质。首先，现代生物技术包含的主要技术为基础生物学、分子生物学、细胞生物学、遗传学等相关学科交叉构成的技术系统。目前在生物制药中应用得较多的是重组 DNA 表达技术及利用免疫原性制备抗体的技术等。利用这些技术制备的生物技术药物包括疫苗、寡核苷酸制剂、单克隆抗体制剂、重组多肽及蛋白制剂等。此外，干细胞治疗也被认为是广义的生物药物的一种。目前研发的热点都是生物技术药物。对于这些生物技术药物的制备原理，后面有案例进行介绍。

三、生物药物的主要制备技术

（一）重组 DNA 技术

重组 DNA 技术是基因工程的重要技术基础。这种技术可以将已知基因（供体基因）片段通过一定的载体转移到另外一种物种（受体），并在受体中得到成功表达。这一技术的成熟，使得很多科学想法成为可能。例如，当发现某一个疾病的发生是由于病患缺乏某种蛋白时，可以将该蛋白的编码基因 DNA 片段通过质粒转移到某一些微生物的细胞内，并在微生物细胞内大量表达。这些大量表达的蛋白经过提取处理后，再移入疾病患者体内治疗疾病。同时，可以对相关基因 DNA 片段进行一定改造后，再导入受体中进行表达，获得新型的蛋白质。

（二）抗体制备技术

抗体制备技术，是利用抗体抗原免疫反应的一种生物技术。例如，在肿瘤治疗中，人们发现，人体免疫系统会对肿瘤细胞产生免疫应答，表达出相应的抗体抵抗肿瘤。但是当免疫系统微弱时，其表达量无法抑制肿瘤的生长。借助于抗体制备技术，将某一类肿瘤提取出体外，借助免疫系统健全的其他健康物种产生足量的抗体，提取纯化这些抗体重新导入患者体内对抗肿瘤细胞。除了疾病治疗，抗体还有很多其他的用途，因此抗体技术在生物技术中非常重要。

（三）干细胞技术

干细胞技术是近年来研究非常热点的一种技术。其理论基础在于生物体的发育过程。以人为例，所有人的发育都来自于最初的一个受精卵细胞。一个简单的受精卵细胞经过不断的分裂和分化，演变成全身的器官和组织。从这一过程，人类发现了干细胞这种特殊的细胞。和普通的成熟细胞不同，干细胞具有自我复制和分化为其他各种细胞的能力。受精卵，也就是胚胎干细胞，是复制分化能力最强的一种干细胞，可以分化出人体的各种组织和器官，这种干细胞成为全能干细胞。还有一种干细胞虽然也有复制和分化的能力，但是只能分化出某一种特定的组织，如造血干细胞、皮肤干细胞等。由于普通细胞的再生能力很弱，当肿瘤或者其他恶性疾病发生时，机体自身的再生复制能力难以弥补疾病的蚕食，如果可以利用干细胞技术从体外导入相应的干细胞，使得机体的某一组织或者器官获得再生能力，那么就可以实现疾病的治疗。

四、生物药与化学药物开发的区别

生物药物研发与传统的化学药物研发有很多本质区别，涉及药物研发的各个阶段。

（一）药物发现的针对性更强

化学药物的发现，在前期存在很大的随意性和随机性。一个化合物诞生后，具有什么样的药理活性往往是未知的，需要经过大量的疾病模型的筛查才能明确其临床适应证的范围。并且这种筛查往往效率极低，体外筛查和体内疗效的匹配性非常差。在后期构效关系、定量构效关系、计算机模拟药物设计等技术出现以后，这种情况得到了一定的改观。通过构效关系，研发人员可以推测出什么样的结构更适合某一疾病的治疗，但是这种方法也只是相对于化学药物研发的早期有所进步，并没有根本改变化学药物研发效率低下的现状。迄今为止，早期发现的先导化合物和真正进入临床的药物之间的比例仍然高达数万甚至近十万。而生物药物则有所不同，生物药物的研发针对性极强。往往都是在已经发现了疾病发生的机制后，对影响疾病的关键生物分子进行研究与开发，虽然开发的过程中涉及的技术门槛高，但是其开发的导向性明确，成功率较高。

（二）研发门槛较高

传统的化学药物研发流程非常成熟，研发技术也非常稳固。这得益于其理论基础学科药物化学、药剂学、药物分析学、药理学等多年来积累的强大基础。例如，药物合成技术，目前在药物研发上，很多药物合成技术都得以攻克，只要真正发现了一个临床有效的药物，合成与制备基本不是技术障碍。此外，化学药物的制剂形式也非常丰富，质量控制方法非常成熟。但是生物药物所依赖的学科已经完全转向到以分子生物学为基础的生物学学科领域。这一领域原本就是 21 世纪的新兴学科领域。技术上的创新层出不穷，同时很多理念既在应用，也同时遭到颠覆。最重要的是，能胜任该领域研发的技术人才远远少于化学药物研发。这带来了两个方面的重要影响：一个方面是技术研发的门槛增高，使得这个领域成为极有价值的投资领域；另一方面，也使得很多新兴的制药公司得以涌现，挑战了现有的化学制药巨头公司的利益。生物制药的兴起，是药物研发领域的革命，应该成为中国等发展中国家后发赶超的良好机遇。

（三）质量控制体系不同

现阶段生物药物的质量控制和化学药物相比，有两个特点：过程控制与终点控制并重的理念较化学药物更加明确；质量标准建立更为复杂和多样。生物药物本身形式多样化，造成其制备工艺的多样化。同时，由于终产品的复杂程度远超化学药物，因此，终点控制难以覆盖产品可能出现的各种变异。只能在生产全过程的各个步骤都实施严格的质量控制，才能保证生物药物的质量。生物药物本身具有结构不确定的特点，使得其质量标准的建立既要保证准确性，又要保证有效性。这种标准的建立就无法像化学药物那样建立统一的指标，甚至可能不同的生物药物需要建立不同的指标体系。除了上述两个方面之外，由于样本性质的不同，对于质控方法的要求也在改变。在化学药物的质量控制中，采用的常规的化学反应鉴别、滴定分析等在生物药物的质量控制中几乎都不可用。即便采用现代分析方法，生物药物更多的也是采用凝胶电泳、分子筛高效液相色谱法等，而化学药物普遍采用反相高效液相色谱法。近年来，随着色谱分析法的进步，用于蛋白等分析的反相高效液相色谱法（HPLC）也逐渐出现，为蛋白制品的纯度和杂质分析提供了技术基础。但尽管如此，在最终的检测上面还是有一定的区别。目前的小分子药物质量控制中，由于色谱行为的一维数据可以分辨大部分药物及其杂质，并且体外分析不存在太大的检测灵敏度的问题，因此结合紫外、示差、蒸发光散射等常规检测器可以完成质量控制。但是蛋白制品虽然可以采用反相 HPLC 进行分离，但是其色谱行为的一维数据还不足以区分蛋白及其杂质。或者采用分子筛 HPLC 与反相 HPLC 的联用，或者采用反相 HPLC 与质谱检测器的联用，这就给质量控制提出了更高的要求。为了达到这样的质量控制要求，必然要求各级药检机构具备相应的条件，这又不符合中国现阶段的药检设备水平。因此，在中国的生物药物质量标准中，产品纯度方面的质量控制水平是落后于现有的国际标准的。在质量控制方面，生物药物和常规化学药物还有很多的区别，可以说是两种完全不同的体系，在后面的专业课学习中将有详细的介绍。

第三节　生物药学案例分析

一、蛋白类药物

（一）蛋白类药物制备原理

生物药物中，重组蛋白类药物很多，也是目前生物药物研发的重点。重组蛋白类药物研发，要依靠已知的疾病发生机制，找出疾病相关生物通路上的关键蛋白。将所筛选出的蛋白的编码基因 DNA 序列，通过质粒转染到宿主细胞中，并借助宿主细胞得以表达，同时跟随宿主细胞的自身复制而得以增长。这里所选取的宿主细胞一般不是哺乳动物细胞，而是微生物细胞。因为微生物细胞具有快速增殖的特点，可以在短期内实现几何级数的扩增。通常采用的宿主有大肠杆菌、酵母等。下面简要介绍《中国药典》收录的目前临床上较为广泛使用的重组蛋白药物——重组人胰岛素。

（二）蛋白类药物示例——重组人胰岛素

胰岛素是用于治疗糖尿病的一线药物。胰岛素在体内的糖代谢和脂质代谢中起到关键性的作用。其产生调控作用主要是通过与胰岛素受体结合，进而诱导下游的复杂生物通路，最终控制糖脂代谢的平衡。胰岛素是由胰岛 B 细胞所分泌。胰岛素分泌不足，会造成胰岛素受体下游信号无法激活，从而无法完成糖代谢，造成高血糖的症状，由于血液中的糖分最终从尿液排出，因此会在尿中检出葡萄糖，因此造成我们所熟知的糖尿病。

从化学结构上看，人胰岛素是由胰岛 B 细胞分泌产生的一种由 110 个氨基酸组成的蛋白质类的激素。与常规化学药物相比，其相对分子质量高达 5800，属于生物大分子药物。胰岛素没有直接的编码基因。通过编码基因转录和翻译出来的是胰岛素前体。胰岛素前体被翻译表达以后，去除掉信号多肽，之后被裂解为 A，B，C 三个多肽链。其中 A，B 链被两个二硫键共价连接形成胰岛素主体，C 链则负责将胰岛素与胰岛素受体连接以激活胰岛素受体，启动下游的糖代谢通路。因此，胰岛素的重组技术是基于胰岛素的前体，而非胰岛素的编码区域。首先是通过胰岛素前体的编码基因，设计出相应的引物，使用引物将胰岛素前体的编码基因大量地复制扩增出来并进行纯化。纯化后的编码基因片段用连接酶连接至适合的质粒上。质粒被转入大肠杆菌中。包含胰岛素前体蛋白编码基因信息的重组质粒在大肠杆菌中稳定表达后，通过大肠杆菌的增殖实现工业化生产。大肠杆菌表达出胰岛素前体后，将其裂解为相应的胰岛素多肽链，多肽链整合形成胰岛素。经过提取并去除宿主蛋白及 DNA，得到重组胰岛素产品。生产得到的重组人胰岛素终产品应为白色或者类白色的结晶性粉末。在制剂形式上，目前《中国药典》中收载的重组人胰岛素仍然是注射剂形式。在质量控制上，胰岛素在生物药物中属于分子质量较小的，目前的主要质控方法实现了分子筛 HPLC 与反相 HPLC 结合的纯度控制。并且利用反相 HPLC，其含量和有关物质也可以得到控制。

在重组人胰岛素出现之前，胰岛素已经用于临床治疗。当时用于临床的主要是从动物胰腺中提取得到的胰岛素。根据基因及氨基酸序列分析，人们发现，在牛、猪、狗等较为大型的动物胰岛素中，猪的胰岛素与人胰岛素最为接近。所以，猪胰岛素是重组人胰岛素出现之前的主流胰岛素产品。动物源的胰岛素产品出现，主要是因为没有太多的技术门槛，可以从动物身上直接提取。但是猪胰岛素与人胰岛素毕竟相差部分氨基酸，容易在体内引起免疫原性的反应。而免疫原性一方面可能会造成过敏等副作用，另一方面也是造成胰岛素抵抗的重要原因。而人胰岛素的应用则有效降低了上述风险。这要归功于重组 DNA 技术的成熟及微生物表达体系的成熟，可以说这是细菌等微生物为人类健康做出的又一重大贡献。

二、抗体类药物

（一）抗体类药物作用原理

目前较为常用的抗体类药物主要是单克隆抗体药物。单克隆抗体药物与重组蛋白药物、疫苗类药物一起构成了目前生物技术药物的主体。这类药物目前已经成功应用于肿瘤、自身免疫性疾病、感染性疾病和移植排斥反应等的治疗。这些疾病的共同特点是与免疫系统的免疫反应有非常密切的相关性。免疫系统是人体维持机体内环境稳定，抵御外界侵袭及清除内在病变的重要机制。包括病毒、细菌、真菌等各种微生物的入侵，异源性材料的植入，内源性细胞的病变，都会引起免疫系统的反应对其加以清除。抗体是免疫系统做出反应的重要方式。免疫系统会根据入侵物或者病变物（免疫学上称之为抗原）的化学特性，产生特异性的抗体。这种特异性的抗体会和抗原进行特异性的结合，阻断抗原的生物活性或者将抗原清除出体内，或者将抗原移动到相应的部位进行降解。当发现某一疾病发生时免疫系统进行免疫应答的抗体后，就可以设计抗原，在体外通过动物进行异源刺激产生足量的抗体，重新导入体内加强免疫系统功能，从而实现疾病治疗。

（二）单克隆抗体的代表药物

2002 年，全球第一个商业化全人源单克隆抗体药物阿达木单抗被美国 FDA 批准上市。该抗体在中国被批准的适应证有两种，分别是类风湿关节炎和强直性脊柱炎。类风湿关节炎是一种典型的自身免疫性疾病，其发病机制被认为是内源性的抗原刺激了免疫系统，诱导免疫系统中炎症因子的产生。虽然至今抗原类别仍未清晰，但是肿瘤坏死因子 TNF-α 的高表达与最终炎症症状表现有着密切关系。因此，针对 TNF-α 的抗体的研究逐渐成为热点。通过把人 TNF-α 蛋白导入转基因小鼠，可以诱导出全人源化的 TNF-α 单克隆抗体。通过前面介绍的流程制备出抗体，最后应用于临床类风湿关节炎的治疗。在强直性脊柱炎的机制中，TNF-α 的高表达也是造成最终炎症恶化的重要因素。因此，阿达木单抗制剂也被 CFDA 批准为强直性脊柱炎治疗药物。

（三）单克隆抗体药物存在的问题

免疫系统之复杂，远超目前人类对其的了解。单克隆抗体制剂虽然解决了目前的一些临床问题，但是其潜在的安全性隐患也必须得到重视和警惕。例如，针对免疫系统中炎症因子设计抗体，虽然可以达到对某一些炎症疾病的治疗，但是在治疗过程中，由于免疫系统功能受到抑制，有可能诱发其他的感染。同时，由于免疫系统也是人体清除少量癌细胞的重要屏障，对免疫系统的反复抑制可能诱导肿瘤的发生。这些安全性问题也是未来单克隆抗体药物研究中必须解决的重要问题。

三、疫苗类药物

（一）疫苗类药物的作用机制

疫苗，一般性地被认为是用于预防传染性疾病发生而使用的一种制剂。其原理很简单，和单克隆抗体一样，是利用人体的免疫机制来产生作用，但是其作用机制和单克隆抗体又存在不同。当病源微生物侵入体内后一般有两个重要的事件发生：一个是借用人体细胞，完成其自身的复制，这是微生物侵入人体的根本目的；另一个是人体会识别病原微生物，产生免疫应答，启动免疫系统清除病源微生物。对于部分病原微生物诱发的传染性疾病，人们发现，某些人一旦在疾病感染后得以治愈，就具备了对这种疾病的抵抗能力。而这种抵抗能力获得的原因，则是因为对微生物产生应答后获得的抗体仍然在体内存在。借用这个原理，人们设计了疫苗来预防疾病的发生。以病毒为例，人体对病毒产生免疫应答是由于人体免疫系统对病毒的外壳蛋白进行了识别，而病毒进入体内后进行自我复制主要需要依赖于其外壳包覆下的病毒 DNA。因此，把失去 DNA 的病毒外壳导入人体，就可以刺激人体产生免疫应答，免疫应答后产生的抗体常驻人体后，当病原微生物发起攻击时，人体内的抗体就在第一时间对其产生防御，达到了预防的目的。而导入的病毒外壳由于没有 DNA，无法实现自我复制，将很快被免疫系统所清除。

（二）减活疫苗

上面所介绍的疫苗属于灭活疫苗。灭活疫苗安全性很好，但是由于病毒没有复制能力，很快被机体清除，所以往往需要多次接种，才能产生足够的抗体导致免疫成功。在后来的实践中，减毒活疫苗又被开发出来。所谓减毒活疫苗，是指毒力减弱或基本无毒，但是仍然具有一定的自我复制能力的病原微生物。常用的活疫苗有卡介苗、麻疹疫苗、脊髓灰质炎疫苗等。

（三）治疗类疫苗

长期以来，疫苗都被认为是一种预防类制剂。但是，随着对疾病认识的深入及技术手段的进步，治疗性疫苗也被开发出来。免疫系统与微生物的作用是相互的，在免疫系统识别微生物进行免疫抵抗的同时，微生物也会有其方法对人体免疫系统进行抑制，一旦抑制成功，人体就会被深度感染，失去抵抗能力。因此，一旦感染，治疗的关键还是需要通过增强免疫系统活力来清除病毒。一方面，可以通过单克隆抗体等制剂直接对微生物进行杀灭，或者使用抗生素等，对病菌进行杀灭。另一方面，可以人工制备出免疫原性更强的微生物制剂，唤醒被抑制的免疫系统，启动更强大的免疫反应抵抗其入侵。这种疫苗就是用于治疗而非预防的制剂。

知识链接 5-2

乙肝疫苗

乙型肝炎是一种世界性流行的传染病，是由于 HBV 病毒感染而引起的肝炎。全球约 20 亿人感染过 HBV，其中中国有 3.5 亿人为慢性 HBV 感染者。乙肝发展下去，可导致肝硬化、肝癌、肝衰竭等。因此，乙肝的预防和治疗都尤为重要。中国是乙肝病毒携带大国，中国人感染乙肝大部分从新生儿或者儿童期就开始，因此，新生儿接种乙肝疫苗非常重要。由于研究历史较长，目前乙肝疫苗已经具有预防性疫苗和治疗性疫苗。在预防性疫苗中，有血源性乙肝疫苗和基因重组乙肝疫苗两种。血源性乙肝疫苗是从乙肝病毒携带者的血浆中提取出乙肝病毒的表面抗原蛋白，经纯化、灭活而制成。很明显，这类疫苗的应用可能因为灭活不彻底或者供体的其他疾病问题带来安全性隐患。目前我国投入使用的乙肝疫苗是属于基因重组乙肝疫苗。其制造原理是将乙肝病毒表面抗原蛋白的编码基因通过质粒重组到酵母细胞中，使其在酵母细胞中稳定表达。通过酵母细胞的增殖而获得量产。从酵母细胞中提取、纯化、灭活而制成。由于没有涉及同源生物样品的引入，造成安全性的隐患大大降低。在治疗性乙肝疫苗方面，目前主要有蛋白疫苗、基因疫苗、细胞疫苗三种。乙肝治疗蛋白疫苗，是通过将乙肝表明抗原蛋白经基因重组等方式获得，并进行修饰提升其刺激免疫应答的能力。基因疫苗是将该表面抗原蛋白的编码基因整合到质粒中，将质粒导入人体，使该抗原蛋白在人体内复制表达，不断刺激机体产生足够的免疫应答。细胞疫苗则是指将HBV表面抗原蛋白荷载到DC细胞（一种免疫细胞）表面，并将这种细胞导入人体，刺激人体产生免疫应答。

《中国药典》中目前收录的乙肝疫苗总共有三种，均为重组人源化疫苗。重组的是乙肝的表面抗原蛋白HBsAg，异源表达的宿主分别为酿酒酵母、中国仓鼠卵巢细胞（CHO）、汉逊酵母。这里需要说明的是，异源表达的宿主通常会选用酵母、大肠杆菌等微生物而不是哺乳动物细胞。这里选用中国仓鼠卵巢细胞，是因为卵巢细胞本身增殖能力强，同时CHO属于成纤维细胞而不是分泌性细胞，其分泌的内源性蛋白较少，后期更易于提取纯化。同时还需要说明的是，虽然同为利用免疫反应进行预防或者治疗，疫苗是提供抗原，而抗体药物是提供抗体，这是最本质的不同。目前较为前沿的疫苗有抗肿瘤疫苗，而历史上最有影响的疫苗莫过于天花疫苗。

四、基因类药物

理论上讲，一切通过改变、操作、影响基因的序列、表达，进而实现疾病治疗的制剂都可以称为基因药物。我们前面介绍了很多的生物药物，包括蛋白药物、抗体药物、疫苗等。事实上，很多这些类别的药物都是通过重组DNA技术得以实现的。例如，前面介绍的重组人胰岛素，就是通过将人胰岛素的编码DNA分子通过异源表达而得。还有前面介绍的抗肿瘤多肽疫苗，也需要通过重组DNA技术来实现。此外，还有抗肿瘤DNA制剂、重组人干扰素等。很多人源化的抗体必须要通过转基因动物来生产，这些转基因动物也是通过基因的改造获得的。因此，这些药物都可以称之为基因药物。

但是，我们这里所指的基因药物是特指严格意义上的基因药物。这种药物应该可以整合到人的基因组中，改变人的基因型，从而达到治疗疾病的目的。从这个层面上来看，上面那些广义的基因药物都只能改变人在某一时间段的生物学功能，而无法从根本上改变基因型。因此，对于一些基因缺陷造成的疾病，采用基因组整合的药物才是治疗的根本。基因缺陷疾病包括染色体异常造成的疾病、单基因突变造成的疾病、多基因突变造成的疾病。但是目前这一类型的基因药物还没有上市的先例。这种药物一旦上市，将彻底改变人类医疗的现状。当然，机遇与危险并存。这种技术的出现，也可能产生其他方面的一些安全和风险性的问题。例如，进行基因改造的人类越来越多，可能会改变人类原本的进化方向。此外，通过基因改造获得更强的体育成绩是否可以被接受等等。但是，人类始终需要前进，相信我们会有足够的智慧来解决新技术带来的新的伦理学问题。

第四节 生物药学研究趋势

一、单克隆抗体继续成为研发热点

随着疾病发生机制研究的不断深入，人们逐渐认识到，利用人体自身的免疫系统的功能或模拟免疫系统功能是治疗疾病最好的方式。单克隆抗体药物正是利用这一特性来进行疾病的治疗。其治疗具有显著的特异性高、药物剂量小的优势。单克隆抗体有一个主要的特点是可以特异性地结合到疾病关键蛋白上，利用这一特点，可以开发抗体药物偶联体。抗体药物偶联体可以借助抗体的特异性把药物带到靶部位，然后利用药物的活性进行疾病的治疗。来自全球最大医药市场美国的统计数据表明，美国目前在研的生物技术药物中，抗体药物占据了37%。其中已有数十个进入了临床试验阶段。

二、人源化趋势不断加强

无论是蛋白类药物还是抗体类药物，根据前面的介绍我们知道，最重要的生产方式就是异源表达。之所以异源表达，有技术手段的限制，也有伦理学的要求。在人类所认知的道德约束下，是不可能也不应该以人体作为药品的生产工具。因此，采用微生物或者动物作为生物药物的生产工具成为必然选择。在早期生物药物中，除了部分血液制品来源于人外，大部分生物药物都来自于动物。例如，胰岛素，早期的胰岛素治疗都是采用的猪胰岛素来实施的。而重组DNA技术成熟以后，人胰岛素才开始在临床使用。但是，由于来自动物的产品与人体自身原生的生物大分子存在结构上的差异，这些差异可能会引起严重的免疫反应。随着生物技术的发展，重组DNA技术的广泛应用，人源化转基因动物模型的制备成功，以微生物或者动物为载体，生产出完全人源化的生物药物成为了可能。因此，人源化将成为今后生物药物研发的趋势和必然要求。

三、蛋白层面向基因层面发展

生命活动中生物功能的实现遵循着从基因到蛋白再到信号分子的顺序。首先，基因组掌控者生命活动的所有内因。所有结构、功能的蛋白都通过基因信息得以转录、翻译。在翻译成为蛋白以后，蛋白直接执行大部分的生物功能。但是蛋白在执行生物功能的过程如何得到控制，则需要大量的信号分子的作用。这些信号分子可以来源于体外，也可以是内源性的。这就好比交通中行驶的汽车，其启动、加速、停止都必须依赖于交通信号。这些信号分子对蛋白的调控，就如同交通信号灯一样。目前已知的大部分信号分子都是小分子化合物。在上述的基因-蛋白-信号分子的顺序中，基因处于最里层，而信号分子处于最外层。因此，最先被人类所认识的事实上是信号分子的作用，这也就是为什么传统药物以小分子化学制剂为主的原因。随着人类对生命体生物活动认识的深入，逐渐开始利用蛋白的功能开发出药物，这就是现在生物技术药物的现状。目前的大部分生物药物都是蛋白制剂，虽然也有少量的寡核苷酸制剂等。可以预见，随着人类基因组研究的深入，通过影响基因层面来治疗疾病将成为新的趋势。尤其对一些基因缺陷引起的疾病而言，小分子化合物药物及蛋白制剂都只能解决短时期的症状问题，无法从根本上实现疾病的治疗。

四、群体用药向个体用药转变

个体化用药是医药发展的一个趋势。个体差异一直是导致临床治疗效果不佳的重要原因。

因此，新药研发中，没有一个药物可以做到100%有效的疗效。尤其对于一些特殊疾病。例如，现代转录组和基因组学研究揭示，即便在临床判定为同样的肿瘤患者体内，其基因表达也存在很大的差异。因此，如何针对某一特定的患者，给予特异性的药物，是临床一直亟待解决的问题。由于重组 DNA 技术以及抗体制备技术等的成熟，根据特定患者的特定基因序列，以及根据特定患者肿瘤类型制备出特定的抗体，成为可能。这样的个体化给药，比化学药物的个体化给药更进一步。化学药物的个体化给药，仅仅在于药物的剂量控制与药物处方阶段，而生物药物的个体化给药，则可以做到相同疾病的不同患者所采用的药物都不尽相同。

五、生物类似药开发

新药研发领域一直是一个专利保护特别严格的领域，制药企业的高额研发投入必须通过严格的专利保护得到回报。但是药物本身又是一种社会公益性很强的产品。因此，用法律规范仿制药的研发一直是一种平衡资本利益与社会效益的主要策略。无论在化学药物领域还是在生物药物领域，欧、美、日等国家及地区都处于领先地位。目前处于高额价格的原研药物除了制造成本较高外，通过专利保护获取巨额利润是其关键。专利到期以后，大量的仿制产品出现并且可以合法的在市场上销售，则可以有效地降低药品价格，造福更多的病患。在化学制药领域，这一策略已经实施多年，对化学药品的仿制一般就称之为仿制药。而在生物药物领域，由于产品复杂性，除了控制主要成分的纯度和临床效用、安全性等，诸如基质、杂质控制不可能做到与原研生物药物完全一致，但是仍然可以在原研药物专利到期后经过审批合法销售。这种对生物药物仿制的产品成为生物类似药。由于生物药物研发技术门槛高，需要的技术集成程度也很高，发展中国家很难具备强劲的研发实力。中国近年来虽发展迅速，国家整体实力大大增强，但是在科学技术领域尤其是生物医药领域的研发能力与欧、美、日等相比较仍然存在非常大的差距。通过生物类似药的开发，一方面可以更快地使我国人民享用到世界科技发展的顶尖成果，另一方面也可以在仿制的过程中，逐步积累研发经验，实现自我研发能力的提升。

第五节 生物药学相关学科与职业关系

一、生物药学相关学科

（1）以分子生物学、遗传学、免疫学、微生物学、动物学等生物学科为基础支撑。
（2）对药物化学、药剂学、药物分析学提出新的要求。

二、生物药学职业发展

（一）生物药物的研发工作

当前的生物药学属于朝阳行业，具有非常蓬勃的生机和活力。一方面，生物药学以及脱离其诞生之初所遭受的各种质疑以及技术限制；另一方面，生物药学表现出比传统化学制药更大的前景性。我国的生物药学还处于落后于世界先进水平的初级阶段，不具备大规模的研发能力。但是通过生物类似药的开发，中国必将在良好的经济发展势头的推动下，赶上并超过世界先进水平。这其中很关键的要素就是生物药学人才的培养。

（二）生物药物的药事监管

随着生物药物上市越来越多，如何制定符合我国国情的生物药物监管法律法规，如何实施执法，成为重要问题。各级药监与药检机构需要大量的生物制药人才的充实，才能与生物药物比例逐渐增加的药物市场监管相匹配。为了制定出合适的法律法规，对生物药物的质量分析与控制也需要大量新型人才的参与。

（三）熟悉生物药物作用及治疗的临床药学人才

在临床上，生物药物的治疗和化学药物的治疗存在很多区别，其给药模式及潜在的安全性隐患和相应的应对措施都对临床医疗提出了新的要求，这就对临床药学提出了新的挑战。

（四）熟悉生物药物生产工艺的制药工程人才

在制药工业界，生物药物的工业化生产，从车间设计到质量要求都完全不一样，大量熟悉生物药学的制药工程人才也亟待培养。作为药学生，个人的职业发展，还不仅仅局限于国内。

本章小结

- 生物药物
  - 生物药学的技术支撑
    - 基因工程
    - 酶工程
    - 发酵工程
    - 细胞工程
  - *生物药物的特性：生物相容性　稳定性问题　特殊安全性问题　靶向性及特异性　给药途径问题
  - 生物药物分类：预防类和治疗类、天然类和生物技术类
  - *主要技术细节：重组DNA技术、抗体制备技术、干细胞技术
  - 重要的生物药物举例(重组人胰岛素、阿达木单抗、乙肝疫苗)
  - 职业发展(生物药物研发、生物药物相关药事监管、临床药学)

*为重点知识点

思考题

1. 简述生物药物利用的主要技术手段。
2. 列举代表性的生物药物。
3. 一种蛋白制剂目前只能从动物体内提取，应用于人体将会产生非常强的排斥反应，那么如何可以避免这种排斥反应？

第六章　药　理　学

学习目标

- 掌握：药理学、药效学、药动学的概念。
- 熟悉：药理学的学科任务、学科性质；受体、受体激动药、受体拮抗药的概念。
- 了解：药理学发展简史；药理学最新研究进展；药理学相关学科。

第一节　药理学概述

一、药理学的概念及学科任务、学科性质

（一）药理学的概念

药理学（pharmacology）一词，从语源学上由希腊文 Pharmacon（药物、毒物）和 logos（道理）缩合演变而成。

药理学是研究药物有何作用、作用如何产生及其在体内的变化规律的一门学科。概括来讲，药理学包括两方面内容：①研究药物对机体的作用，即药物的药理效应、作用机制等，即药物效应动力学（pharmacodynamics），简称药效学；②研究机体对药物的处置，即药物的体内过程，包括药物的吸收、分布、代谢、排泄过程，特别是研究血药浓度随时间变化的规律，称为药物代谢动力学（pharmacokinetics），简称药动学。

（二）药理学的学科任务、学科性质

1. 药理学的学科任务

（1）阐明药物的作用及作用机制。

（2）提高药物疗效、减轻不良反应，为实现临床合理用药提供理论依据。

（3）为研究开发新药，发现药物新用途提供实验依据。

2. 药理学的学科性质　药理学是沟通药学与医学、基础医学与临床医学的“桥梁学科”。药理学应用生理学、生物化学、病理学、病理生理学、微生物学、免疫学等医学基础理论的概念、知识与技术，在整体、器官、组织、细胞和分子等水平研究药物在机体内的动态过程及其发挥的作用，与上述学科既存在着区别，又存在密不可分的联系（图 6-1）。

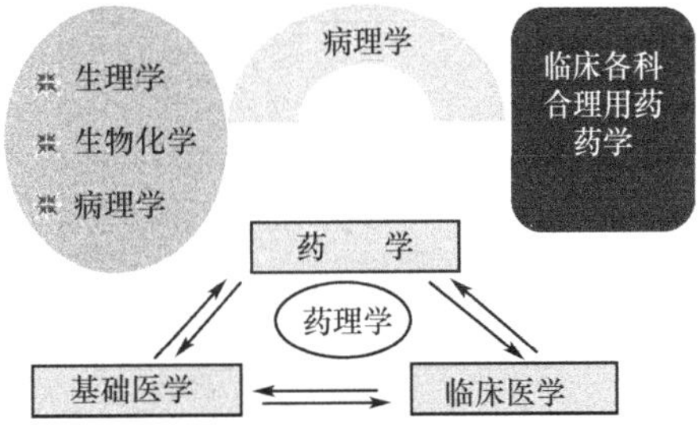

图 6-1　药理学的学科性质——“桥梁学科”

二、药理学发展简史

药理学的发展经历了近代药理学和现代药理学两个阶段。

（一）近代药理学阶段

近代药理学产生于 19 世纪的欧洲，化学、生物化学、生理学的发展促进了实验药理学的形成与发展，标志着现代药理学阶段的开始。这一阶段的突出成就是从有治疗作用的植物中分离提纯有效成分。1806 年，从鸦片中提取得到吗啡；1823 年，从金鸡纳树皮中分离得到奎宁；1833 年从颠茄及洋金花中提取得到阿托品。这一时期，在化学和实验生理学方法的基础上，建立了实验药理学的整体动物和离体器官研究方法。1878 年，Langley 根据阿托品与毛果芸香碱对猫唾液分泌的拮抗与促进作用，提出了受体的概念，为受体学说的建立奠定了基础。

（二）现代药理学阶段

这个阶段是从 20 世纪 20 年代开始。英国人克拉克（Clark）被称为这一阶段的先驱人物，他的主要贡献是奠定定量药理学的概念和方法，并促进药理原理数学分析、生物检定、药效评价等学科的发展，以及提出受点（体）学说，即在 1926 年提出的占领学说（occupation theory）。在这个阶段，化学治疗药物和抗生素的发现，以及 20 世纪 50～60 年代新药“爆炸”性的发展，刺激了药理学对药物构效关系、作用机制和体内代谢过程的研究。从大量天然和合成化合物中筛选出来的药物还要求经过严格的临床试验的评价，由此形成了临床药理学。

我国现代药理学也是始于 20 世纪 20 年代，随着化学学科的发展，从麻黄中分离提取的麻黄碱确定为麻黄的有效成分，这极大地推动了拟交感胺类药物的研制，由此开发出一系列的抗哮喘药和升压药，为临床提供了不少有效药物。

第二节　药理学主要内容

一、药物代谢动力学

药物代谢动力学是研究药物的体内过程（吸收、分布、代谢和排泄），以及血药浓度随时间变化的规律的药理学分支。

（一）药物的体内过程

药物的体内过程是指药物经过给药部位进入血液循环直至排出机体的过程。药物的体内过程包括药物的吸收（absorption）、分布（distribution）、代谢（metabolism）、排泄（excretion），即 ADME 四个过程（图 6-2）。吸收使血药浓度升高；代谢和排泄使血药浓度降低，是药物在体内逐渐消失的过程，统称为消除（elimination）。吸收、分布、排泄涉及药物在体内一系列没有化学结构变化的跨生物膜转运过程，统称为转运（transportation）；代谢是机体对药物的生物转化（biotransformation），使药物在化学结构和性质上产生变化而成为代谢产物。

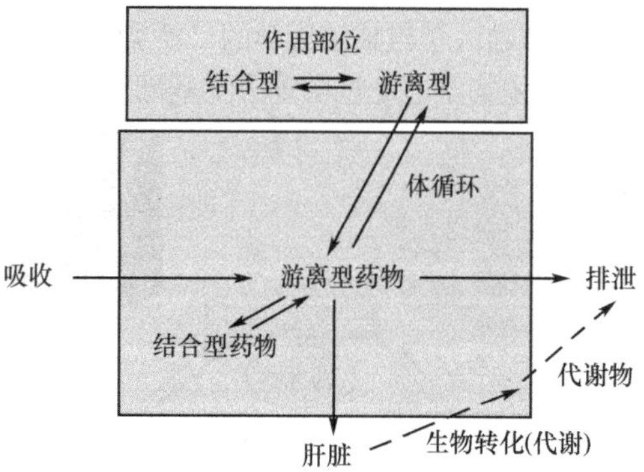

图 6-2　药物的体内过程

1. 药物通过生物膜的转运　药物通过生物膜的能力主要取决于药物的脂溶性、解离度及分子质量。药物的转运机制主要有被动转运和主动转运两大类。

（1）被动转运：不消耗能量。被动转运的作用力取决于生物膜两侧的浓度或电位差。分子质量小、脂溶性大的药物容易通过。例如，脂溶性药物利福平，吸收性好；而水溶性药物氨基糖苷类药物难吸收。

（2）主动转运：消耗能量。药物可由生物膜浓度低的一侧向浓度高的一侧转运。需要膜上的特异性载体蛋白。属于此种转运的药物如丙磺舒可竞争性抑制青霉素类在肾小管的主动分泌，从而延长青霉素类药物的作用时间。

2. 吸收 药物从给药部位进入血液循环的过程称为吸收。吸收速率主要取决于药物的理化性质、剂量、剂型与给药途径、吸收部位的面积、血流量等。根据吸收部位的不同可将其分为消化道内吸收和消化道外吸收。小肠是口服药物被吸收的主要部位。

3. 分布 药物自给药部位吸收后，随血液循环到达各组织器官的过程称为分布。药物在体内的分布多数是不均匀的，随着药物的吸收与排泄不断变化其处于动态平衡状态中。药理作用强度取决于药物在靶器官的浓度。了解药物在体内的分布，有利于认识与掌握药物的作用和应用，如季铵盐难于穿透血-脑屏障，不具有中枢作用等。

一个理想的药物，应该能够选择性地分布到需要发挥疗效的作用部位（靶器官），并在必要的时间内维持一定的浓度，并尽量减少向其他无关部位的分布，以保证药效的高度发挥和安全。

4. 代谢 又称生物转化，是指药物在体内发生的化学结构改变。药物作为外来物质，机体的反应是尽可能地将其排出体外。体内的药物主要在肝内通过生物转化为极性高的水溶性代谢产物而利于排出体外。极性低的药物能被吸收进入体内，在排泄过程中也易被再吸收，不易消除。有些药物可不经过生物转化而直接被排泄。

肝脏是药物生物转化的主要器官，其代谢药物的酶统称肝药酶。生物转化涉及的化学反应可包括氧化、还原、水解和结合。药物通过生物转化后主要使药物失去活性并有利于药物排泄；某些无活性药物或前体药物经生物转化后形成活性代谢物而发挥作用。

5. 排泄 体内药物及其代谢产物经机体的排泄或分泌器官排出体外的过程称为药物的排泄，它与代谢一起构成了药物的消除。肾脏是大多数药物排泄的重要器官，有些药物可经胆汁、肺、乳腺、涎腺或汗腺等排出。

（二）血药浓度随时间变化的规律

药物的体内过程导致在不同组织、器官和体液间的药物浓度随时间变化而改变，这种动态的药物转运和转化过程，称为动力学过程。为了客观、准确地描述这种变化，首先要进行给药后药物浓度随时间变化的药动学实验，绘制药物浓度-时间曲线，进行药动学参数计算，所得的药动学参数能够定量地反映药物在体内动态变化的过程，为临床制定和调整给药方案提供重要依据。

1. 体内药量变化的时间过程 时-量关系（time-concentration relationship）是血中药物浓度随时间的推移而发生变化的关系。整体动物一次性非血管给药的时-量曲线见图 6-3。

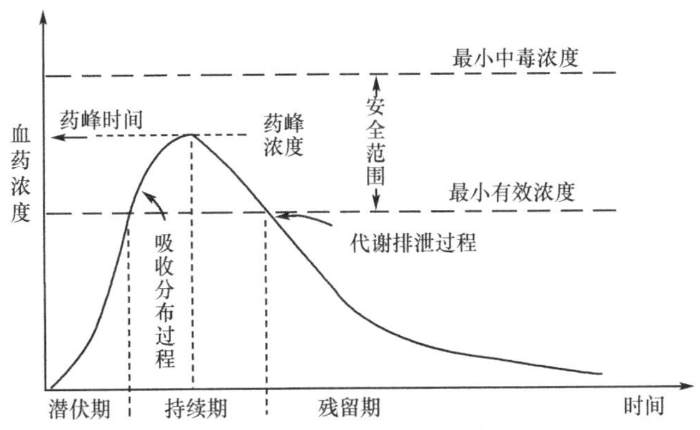

图 6-3 典型的时-量曲线

2. 半衰期（half life time，$t_{1/2}$） 包括血浆半衰期和生物半衰期，一般指前者。药物的血浆半衰期是指血药浓度下降一半所需要的时间。血浆半衰期是衡量一种药物从体内消除快慢的指标，又称为消除半衰期。生物半衰期是药物效应下降一半所需要的时间。半衰期是临床上确定给药间隔长短的重要参数。

除此之外，还有代表药物被吸收进入血液循环的程度和速度的生物利用度、体内药量与血药浓度的比值的表观分布容积和单位时间内血中药量被消除情况的清除率等药动学参数。其中，生物利用度是评价药物制剂优劣的重要参数。制剂中药物由于颗粒大小不同、晶型、赋形剂、制备工艺等的差异，使不同工厂生产或同一工厂生产不同批号的同一产品被机体吸收利用的量都有显著差异，即生物利用度不同。

3. 连续恒速给药 临床治疗为了维持有效血药浓度，通常采用等剂量、等时间间隔多次重复给药。这种给药方法的药时曲线，开始呈峰值与谷值交替组成的锯齿形上升，然后逐渐趋于平稳，并保持在一定水平范围内呈锯齿形波动。血药浓度处于一定水平的稳定波动状态，称为稳态血药浓度 （steady state plasma concentration，C_{ss}），也称坪值（plateau）。此时给药量与消除量达到动态平衡，见图 6-4。约经过 5 个半衰期血药浓度达到稳态，给药间隔越短，血药浓度波动越小，给药剂量越大，血药浓度越高。

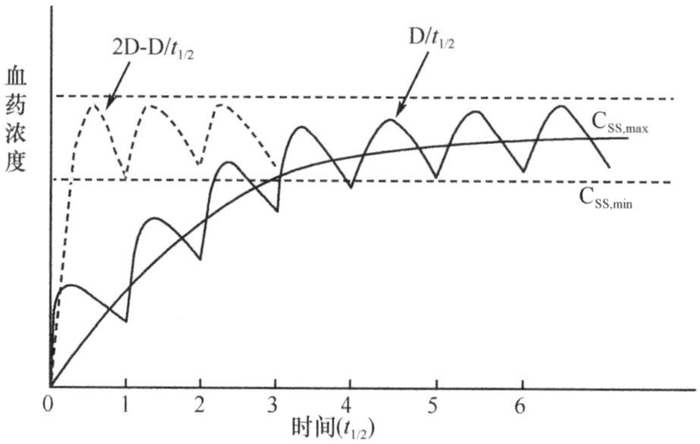

图 6-4 连续恒速给药时的时-量曲线

由此可见，临床上用药方案的制定都是遵循严格的药动学规律的。临床上合理的用药方案应该维持坪浓度在最低有效浓度和最低中毒浓度之间。如果增加每日总剂量，则坪浓度也会升高。当每日总剂量固定时，服用次数越多，则每次用量越少，锯齿形曲线的波动就越少。所以在临床上，如果某药的有效浓度与中毒浓度比较接近的话，在总剂量不变的情况下，剂量服用次数增多，每次服用的剂量减少，比较妥当。另外，对于儿童服用药物，通常规定每日的总剂量，可酌情考虑分几次服用。

根据药物药动学的各种参数，综合考虑患者的体质、所患的疾病等，应该选择最适宜的剂量和给药次数，尽量做到用药个体化，提高疗效，减少不良反应的发生。

二、药物效应动力学

药物效应动力学是研究药物对人体的作用及其机制。

（一）药物的基本作用

在药物的作用下，机体功能所发生的变化（兴奋或抑制），称为药物的基本作用。药物使机体原有功能提高称为兴奋，如升高血压、腺体分泌增加等；药物使机体原有功能降低称为抑制，如降低血压、腺体分泌减少等。

（二）药物作用的效果

药物的作用效果往往表现出两重性，即防治作用和不良反应。

1. 防治作用 指用药后能达到防治效果的药物效应。可分为对因治疗、对症治疗和和补充治疗。对因治疗的目的是消除原发致病因子，彻底治愈疾病，如抗生素消除体内的致病菌；对症治疗的目的是改善疾病症状，但不能根除病因。在危急症如休克、惊厥、高热时，严重的症状可使疾病进一步恶化，此时对症治疗比对因治疗更为迫切。对因治疗与对症治疗两者相辅相成，缺一不可。补充治疗或称替代治疗，用药的目的在于补充营养物质或内源性物质（如维生素、激素等）的不足。例如，卵巢癌的患者切除卵巢后使用雌激素以补充体内雌激素的不足；如助消化药多为消化液中的成分或促进消化液分泌的药物，消化道分泌消化液不足时，可应用助消化药进行补充治疗。此外，部分药物的使用目的在于诊断疾病。

2. 不良反应（adverse drug reaction，ADR） 是指不符合用药目的并引起患者生理生化过程紊乱的、对机体产生危害的反应。多数不良反应是药物固有效应，在一般情况下可以预知但不一定能避免。少数较严重的不良反应是较难恢复的，成为药源性疾病。例如，庆大霉素引起神经性耳聋等。常见的不良反应有以下几种类型。

（1）副作用（side effect）：指药物在治疗剂量时引起的与防治目的无关的作用。副作用产生的原因可能是药物的选择性低，作用范围广，治疗时利用了其中一种或两种作用，其他作用则成为副作用。随着治疗目的的不同，副作用有时可成为治疗作用。例如，阿托品可抑制腺体分泌，解除平滑肌痉挛，加快心率等。在全身麻醉时，仅利用它抑制腺体分泌的作用，而松弛平滑肌引起的腹气胀或尿潴留则成了副作用；若要利用其解痉作用时，抑制腺体分泌引起的口干和加快心率引起的心悸则成了副作用。

（2）毒性反应：主要是指剂量过大或药物在体内蓄积过多时发生的危害性反应。毒性反应的表现主要是对中枢神经、消化、循环系统及肝、肾功能等方面引起功能性或器质性的损害，对患者的危害性较大，甚至危及生命。通常，药物的毒性反应是可预期的。因服用剂量过大而立即发生的毒性作用，称急性毒性（acute toxicity）；因长期用药后逐渐发生的毒性作用，称慢性毒性（chronic toxicity）。三致反应（致癌、致畸胎、致突变反应）也属于慢性毒性范畴，一般称为特殊毒性反应。

（3）变态反应（allergic reaction）：又称过敏反应，变态反应性质与药物原有的效应无关，用药理性拮抗药解救无效。反应严重程度差异很大，与剂量无关，从轻微皮疹、发热至造血系统抑制，以及肝肾功能损害、休克等。停药后反应逐渐消失，再用时可能再发。致敏物质可能是药物本身，也可能是其代谢物，亦可能是制剂中的杂质。药物如抗生素、磺胺类、碘、阿司匹林等低分子化学物质，具有半抗原性，能与高分子载体蛋白结合成完全抗原。某些生物制品则是完全抗原，从而引起免疫反应。对于易致过敏的药物或过敏体质的患者，用药前应进行过敏试验，阳性反应者禁用。

其他的药物不良反应还包括：继发性反应（secondary reaction）、后遗效应（residual effect）、特异质反应（idiosyncratic reaction）等。

（三）药物的作用机制

药理效应为药物分子与机体生物大分子之间相互作用而产生的结果，药物可以通过以下各方式产生药理效应。

1. 药物作用的非受体途径

（1）理化性质的改变：主要是改变细胞周围环境的理化性质，如口服碳酸氢钠碱化尿液，促进巴比妥类等酸性药物的排泄。静脉注射甘露醇高渗溶液降低颅内压等。

（2）参与或干扰细胞代谢过程：补充生命代谢物质以治疗相应缺乏症，如铁剂治疗缺铁性贫血；维生素D治疗佝偻病等。有些药物可通过其化学结构与正常代谢物质相似，在体内干扰正常所需物质参与生化代谢过程而起作用，如氟尿嘧啶与尿嘧啶结构相似而无尿嘧啶的生理作用，掺入恶性肿瘤细胞的DNA及RNA中，干扰蛋白质合成而发挥抗癌作用。

（3）影响自体活性物质：激素、神经递质、自体活性物质如前列腺素、组胺等在维持和调整机体生理功能方面起了重要作用。阿司匹林抑制前列腺素的合成，呈现解热镇痛作用；大剂量碘剂可抑制甲状腺素分泌，起到抗甲状腺作用。

（4）影响酶的活性：奥美拉唑不可逆性抑制胃黏膜H^+，K^+-ATP酶（质子泵），抑制胃酸分泌，治疗消化性溃疡；新斯的明抑制胆碱酯酶，用于治疗重症肌无力。

（5）影响细胞膜离子通道：奎尼丁可阻滞钠通道，治疗心律失常。硝苯地平阻滞血管平滑肌的钙通道，可治疗高血压。

（6）影响免疫功能：环孢素能选择性抑制T细胞的增殖与分化，具有抗排异作用；白细胞介素-2能诱导B细胞、T辅助细胞和杀伤性T细胞的增殖与分化，具有增强免疫的作用。

2. 药物作用的受体途径

（1）受体的概念：受体是存在于细胞膜上、细胞质或细胞核中的大分子物质，能识别并特异性地与神经递质、激素、自身活性物质及药物结合，产生特定的生物效应。与受体特异性结合的物质称为配体，激素、神经递质、血管活性物质等属于内源性配体。药物属于外源性配体。

（2）受体的特性

1）特异性：一种特定受体只与它的特定配体结合，产生特异的生物效应。

2）敏感性：受体只需要极低浓度与配体结合就能产生显著的效应。

3）饱和性：受体数目有限，配体与受体结合表现出最大效应和竞争性抑制现象，具有饱和性。

4）多样性：同一受体可广泛分布到不同的细胞而产生不同的效应。受体多样性是受体亚型分类的基础。

5）可逆性：受体既可以与配体特异性结合，也可从受体-配体结合物中解离出来，也可被其他特异性配体置换。

（3）作用于受体的药物分类：根据药物与受体结合后所产生效应的不同，习惯上将作用于受体的药物主要分为受体激动剂和受体拮抗剂。

1）激动剂（agonist）：能与受体结合并激动受体而产生最大效应，又称为完全激动剂。例如，吗啡为阿片受体的完全激动剂。

2）拮抗剂（antagonist）：能与受体结合，本身不产生作用，但可以拮抗激动剂的效应，如纳洛酮和普萘洛尔均属于拮抗剂。拮抗剂与激动剂相互竞争相同的受体，称竞争性拮抗（competitive antagonist），其拮抗作用是可逆的。

除此之外，当药物的内在活性介于完全激动剂和拮抗剂之间，仅产生较弱的激动效应，与激动剂并用还可以拮抗激动剂的部分效应，这些药物被称为部分激动剂。

（四）药物的量-效关系

药理效应与剂量在一定范围内成比例，即呈现剂量-效关系。以效应强弱为纵坐标，药物剂量或浓度为横坐标作图得量-效曲线。根据效应指标不同可分别用量反应或质反应表示。药理效应是连续增减的量变，称为量反应，例如，血压的升降、平滑肌的舒缩，可用具体数量或最大反应的百分率表示。有些药理效应只能用全或无、阳性或阴性表示，称为质反应。例如，生存或死亡，惊厥或不惊厥等，必须用多个动物或多个实验标本进行实验．以阳性率表示其效应。量-效关系曲线呈直方双曲线，如将横坐标药物浓度改为对数值作图则得到典型的对称“S”形曲线。

能引起药理效应的最小剂量称为最小有效量。剂量增加效应随之增强，继续增加剂量而效应不再继续上升时称为最大效应（E_{max}）。其中能引起 50%阳性反应或 50%最大效应的浓度或剂量，分别用半数有效浓度（EC_{50}）及半数有效剂量（ED_{50}）表示。引起死亡时的剂量为致死量，引起半数动物死亡者为半数致死量，用半数致死浓度 LC_{50} 或半数致死剂量 LD_{50} 表示。可以用这些指标比较两药的作用强度和毒性大小。

（五）治疗指数与安全范围

临床上用治疗指数（therapeutic index，TI）即 LD_{50}/ED_{50} 表示药物的安全性，此数值越大越安全。但仅适用于治疗效应和致死效应的量-效曲线相互平行的药物，对于两种效应的量-效曲线坡度不同的药物，还应适当参考安全范围，即 ED_{95}/LD_5 之间距离，此距离越大越安全。

国家药典明确规定，临床用药有严格的量效限制，每种药物都有其常用的治疗量，剧毒药物还有极量限制。极量通常指在一定时间内能使用的最大剂量，为安全用药的极限。极量有一次量、一日量、疗程总量及单位时间用药量（一般指静脉滴注速度）之分，应予区别。常用的治疗量应该比最小有效量大，而比最小中毒量小得多，并且不能超过极量，否则可能引起医疗事故。每个新药在临床试用前，应先从大量动物实验中求得其中毒量及致死量。临床用药也有中毒量及致死量的问题，这是从个别不幸中毒或致死的病例记录中总结出来的。

（六）药物毒理学

1. 药物毒理学的概念　从广义上说，药物毒理学也属于药理学的研究范畴。因此，作为药理学的一个分支，药物毒理学主要研究药物的毒性、入侵途径、中毒机制和病理过程，它是为诊断、治疗、预防中毒及制定有关卫生标准提供依据的一门科学。

2. 药物毒理学发展简史　药物毒理学是各种毒理学发展最早的学科。5000 年前我国“神农尝百草”时代就描述了有毒药物；1578 年明代李时珍和 1765 年清代赵学敏分别描述了药物毒性和毒性剂量；1787 年西班牙医学家 Offila 首先提出毒理学这门学科；1893 年 Kobert 编写毒理学教科书；1927 年 Trevan 首先详细描述了药物半数致死量的标准测定方法；1949 年美国 FDA 制定了世界最早的生殖毒性实验规范，1966 年又作了修订。20 世纪 50 年代以前，药物毒理学主要是一般毒理学，而从 1962 年 Leng 等确定镇静剂沙利度胺（又名“反应停”）具有致畸作用后，致畸胎和生殖毒性等特殊毒理学试验开始快速发展。20 世纪 60 年代开始的致癌试验也在一些发达国家应用。因为应用动物进行致癌试验具有费时、成本高、工作量大等缺点，从 20 世纪 70 年代初开始进行致突变试验。对致突变试验与动物致癌试验的结果比较，发现两者具有良好的相关性。

三、药理学分支学科

近几十年来，药理学的研究随着不同学科的发展和相互渗透而形成许多边缘交叉的分支。不同生理系统或病理系统发展的药理学分支，如神经系统药理学（包括中枢神经系统药理学和传出神经系统药理学）、心血管系统药理学、内脏系统药理学、激素类药物药理学、生殖系统药理学、化学治疗药物药理学（包括微生物感染的化学治疗学、寄生虫病化学治疗学及抗生素药理学）和免疫药理学等。

第三节　药理学案例分析

为了更好说明药理学研究的内容与作用，下面以阿司匹林、青蒿素、青霉素作为例子进行阐述。

一、阿司匹林

阿司匹林最先来源于柳树皮，公元前 1500 年，古埃及的《埃伯斯氏古医集》就记载了用柳树皮涂抹身体，可缓解关节炎和背部疼痛。古希腊著名医师、“医学之父”希波克拉底曾把柳树皮磨成药粉让患者服用镇痛。这就是阿司匹林的原形——水杨酸。在 19 世纪末开始以水杨酸与醋酐作为原料人工合成阿司匹林。1899 年开始在德国进行工业化生产，并取名为阿司匹林。到目前为止，阿司匹林已应用百余年，至今它仍是世界上应用最广泛的解热、镇痛和抗炎药。同时，阿司匹林的预防血栓作用更是广泛应用于临床。阿司匹林的具体药理学方面知识如下：

1. 药理作用

（1）镇痛作用：主要通过抑制 PGs 及其他能使痛觉对机械性或化学性刺激敏感的物质（如缓激肽、组胺）的合成发挥作用。对慢性钝痛有效，而对急性锐痛和剧痛无效。

（2）解热作用：可降低发热患者体温，对正常体温无影响，可能通过作用于下视丘体温调节中枢引起外周血管扩张，皮肤血流增加、出汗、使散热增加而起解热作用，此种中枢性作用可能与前列腺素在下视丘的合成受到抑制有关。

（3）抗炎、抗风湿作用：作用于炎症组织，通过抑制前列腺素或其他能引起炎性反应的物质（如组胺）的合成而起抗炎、抗风湿作用。一般抗风湿用量比解热镇痛剂量高 1～2 倍。

（4）抗血小板聚集作用：通过抑制血小板的前列腺素环氧酶，从而防止血栓素 A_2（thromboxane A_2，TXA_2）的生成而起到抗血小板聚集的作用。

2. 作用机制 环氧合酶（cyclooxygenase，COX）是在花生四烯酸代谢过程中一个十分重要的酶。抑制 COX，使前列腺素（prostaglandins，PGs）合成减少，这是阿司匹林解热、镇痛、抗炎和抗血小板聚集作用的共同作用机制。

3. 临床应用

（1）解热、镇痛和抗炎、抗风湿：阿司匹林有较强解热、镇痛作用，用于感冒发热和头痛、牙痛、肌肉痛、关节痛、神经痛和痛经等慢性钝痛。较大剂量有较强抗炎、抗风湿作用。治疗急性风湿热疗效迅速可靠，可使患者 24～48h 内退热、关节红肿及疼痛减轻、血沉减慢、主观感觉好转，具有诊断和治疗双重意义，对类风湿关节炎也有明显疗效，可迅速缓解疼痛，使关节炎症消退，减轻关节损伤，目前仍是急性风湿热、风湿性关节炎及类风湿关节炎的首选药。

（2）影响血栓形成：小剂量阿司匹林可选择性抑制血小板 COX，减少血栓素 A_2（TXA_2）的生成，从而抑制血小板聚集，防止血栓形成。因此，临床上常采用小剂量（一般 50～325mg/d）阿司匹林用于防止血栓形成，用于缺血性心脏病、脑缺血的预防。

4. 不良反应 阿司匹林用于解热、镇痛时所需剂量较少，短期应用时不良反应较轻，但在应用较大剂量（抗风湿治疗）和长期应用时，则有一定不良反应。

（1）胃肠道反应：最为常见。口服对胃黏膜有直接刺激作用，易引起上腹不适、恶心、呕吐。抗风湿剂量可引起胃溃疡及无痛性胃出血，原有溃疡病者，症状加重。饭后服用本药可减轻胃肠道反应。

（2）过敏反应：少数患者用药后出现皮肤黏膜过敏反应，如荨麻疹和血管神经性水肿。罕见过敏性休克和“阿司匹林哮喘”。

（3）凝血障碍：阿司匹林在一般剂量下长期应用，可抑制血小板造血功能，延长出血时间。大剂量可抑制肝脏合成凝血酶原。

（4）水杨酸反应：本药过量（$>5g/d$）时可出现水杨酸反应，表现为头痛、眩晕、恶心、呕吐、耳鸣、视力障碍、出汗等，甚至出现惊厥与昏迷。应静脉滴注碳酸氢钠碱化尿液，加速本药从尿中排出。

5. 禁忌证 胃溃疡、慢性荨麻疹、哮喘、严重肝损害、低低凝血酶原症、维生素 K 缺乏症、血友病等患者禁用。

二、青霉素G

青霉素是由青霉菌培养液提取精制获得，自1940年用于临床，70多年来一直是临床广泛应用的抗生素。青霉素的钾盐或钠盐粉末在室温中保存数年仍具有抗菌活性，但溶于水后很不稳定，在室温下4h效价开始下降，24h后抗菌效力可损失大半，还可生成具有抗原性的降解产物，易引起过敏反应。因此，本药应在临用前新鲜配制，并避免与各种制剂配伍使用。

知识链接 6-1

青霉素的发现

1928年一个普通的夏日，英国微生物学家弗莱明在他的一间简陋的实验室里研究导致人体发热的葡萄球菌。他发现一个与空气意外接触过的金黄色葡萄球菌培养皿中长出了一团青绿色真菌。在用显微镜观察这只培养皿时弗莱明发现，真菌周围的葡萄球菌菌落已被溶解。这意味着真菌的某种分泌物能抑制金黄色葡萄球菌。此后的鉴定表明，上述真菌为点青霉菌，因此弗莱明将其分泌的抑菌物质称为青霉素。然而遗憾的是弗莱明一直未能找到提取高纯度青霉素的方法，于是他将点青霉菌菌株一代代地培养，并于1939年将菌种提供给准备系统研究青霉素的英国病理学家弗洛里和生物化学家钱恩。通过一段时间的紧张实验，弗洛里、钱恩终于用冷冻干燥法提取了青霉素晶体。之后，弗洛里在一种甜瓜上发现了可供大量提取青霉素的真菌，并用玉米粉调制出了相应的培养液。1941年开始的临床实验证实了青霉素对链球菌、白喉杆菌等多种细菌感染的疗效。在这些研究成果的推动下，美国制药企业于1942年开始对青霉素进行大批量生产。这些青霉素在世界反法西斯战争中挽救了大量美英盟军的伤病员。1945年，弗莱明、弗洛里和钱恩因“发现青霉素及其临床效用”而共同荣获了诺贝尔生理学或医学奖。

1. 药理作用 青霉素G对敏感菌有强大杀菌作用，对宿主无毒性。对青霉素G敏感的致病菌主要包括以下几种：

（1）革兰阳性球菌：对溶血性链球菌、不产酶金黄色葡萄球菌、非耐药肺炎链球菌和厌氧的阳性葡萄球菌作用强。

（2）革兰阴性球菌：对脑膜炎球菌、淋病奈瑟菌敏感。但近年来，较多淋病奈瑟菌对本药产生耐药性。

（3）革兰阳性杆菌：对白喉棒状杆菌、炭疽芽孢杆菌、厌氧破伤风梭菌、产气芽孢杆菌、肉毒杆菌、放线菌属、真杆菌属、丙酸杆菌均敏感。

（4）螺旋体：对梅毒螺旋体、钩端螺旋体、鼠咬热螺旋体高度敏感。

2. 作用机制 青霉素G主要是与细菌青霉素结合蛋白（PBPs）结合，抑制细菌细胞壁黏肽合成酶，导致细菌胞壁受损，菌体失去渗透屏障而膨胀、破裂，同时使细菌的自溶酶活化，从而使细菌发生裂解。青霉素对处于繁殖期的细菌作用强，对已合成的细胞壁无影响，故对静止期的细菌作用较弱。哺乳动物细胞无细胞壁，所以青霉素对人和动物的毒性很小。

3. 临床应用 青霉素G具有高效、低毒、价格便宜等优点，故作为治疗其敏感菌所致感染的首选药。

（1）革兰阳性球菌感染：如溶血性链球菌引起的咽炎、扁桃体炎、猩红热、肺炎、心内膜炎等；敏感肺炎链球菌引起的肺炎；草绿色链球菌引起的呼吸道感染、心内膜炎等。

（2）革兰阳性杆菌感染：如白喉、破伤风、气性坏疽、炭疽病等，治疗时需家用抗毒血清，以对抗细菌产生的外毒素。

（3）革兰阴性球菌感染：对于脑膜炎奈瑟菌引起的流行性脑脊髓膜炎可作为首选药，一般宜与磺胺嘧啶（SD）合用。但青霉素不能清除脑膜炎奈瑟菌的携带状态，所以预防给药无效。

（4）其他感染：螺旋体感染如钩端螺旋体病、回归热、梅毒等，必须早期、大剂量治疗。放线菌感染如肉芽肿样炎症、囊肿等，需要大剂量、长疗程用药。

4. 不良反应

（1）过敏反应：是青霉素类最常见的不良反应，严重的过敏反应为过敏性休克（Ⅰ型变态反应）发生率为 0.004%～0.015%，Ⅱ型变态反应为溶血性贫血、药疹、接触性皮炎、间质性肾炎、哮喘发作等，Ⅲ型变态反应即血清病型反应亦较常见，发生率为 1%～7%。过敏性休克不及时抢救者，病死率高。因此，一旦发生必须就地抢救，立即给患者肌内注射 0.1%肾上腺素 0.5～1ml，必要时以 5%葡萄糖或氯化钠注射液稀释作静脉注射，临床表现无改善者，半小时后重复一次。心脏停搏者，肾上腺素可作心内注射。同时静脉滴注大剂量肾上腺皮质激素，并补充血容量；血压持久不升者给予多巴胺等血管活性药。亦可考虑采用抗组胺药以减轻荨麻疹。有呼吸困难者予氧气吸入或人工呼吸，喉头水肿明显者应及时作气管切开。

（2）毒性反应：青霉素毒性反应较少见，肌内注射区可发生周围神经炎。鞘内注射超过 2 万单位或静脉滴注大剂量青霉素可引起肌肉阵挛、抽搐、昏迷等反应（青霉素脑病），多见于婴儿、老年人和肾功能减退的患者。青霉素偶可致精神病发作，应用普鲁卡因青霉素后个别患者可出现焦虑、发热、呼吸急促、高血压、心率快、幻觉、抽搐、昏迷等。此反应发生机制不明。

（3）高钾血症（低钾血症）与高钠血症：如静脉给予大量青霉素钾时，可发生高钾血症或钾中毒反应。大剂量给予青霉素钠，尤其是对肾功能减退或心功能不全患者，可造成高钠血症。每日给予患者 1 亿单位青霉素钠后，少数患者可出现低钾血症、代谢性碱中毒和高钠血症。

（4）赫氏反应：用青霉素治疗梅毒、钩端螺旋体病或其他感染时可有症状加剧现象，称赫氏反应，系大量病原体被杀灭引起的全身反应。治疗矛盾也见于梅毒患者，系由于治疗后梅毒病灶消失过快，但组织修补较慢，或纤维组织收缩，妨碍器官功能所致。

第四节　药理学研究新进展

一、药理学技术与方法的创新

新技术、新方法的应用，对一门学科会产生重大的影响，推动该学科的进步和人们对未知领域的认识。

1. 细胞分子生物学方法　随着受体理论、离子通道、自体活性物质、信息传递、细胞因子等分子水平上的研究突破，使得药理学可以从细胞和分子水平去阐释药物作用及其机制。细胞分子生物学领域内的许多重大发现及生物技术，如细胞和亚细胞的结构和功能检测、蛋白质和细胞因子的功能检测、分子生物学技术，为药物研究提供了机制研究和筛选靶点的可能性。同时，在细胞和分子水平筛选模型及高通量筛选体系在新药的研究中也发挥了源头和起点的作用。

2. 结构生物学方法　结构生物学是以生物大分子特定空间结构、结构的特定运动与生物学功能的关系为基础，来阐明生命现象及其应用的科学，研究的直接目的是弄清楚生命大分子结构，从而更好地理解生命，在药物的作用靶点的精确定位上起重要作用。在当今结构生物学研究中普遍使用的冷冻电镜，是 20 个世纪七八十年代开始出现、近两年飞速发展的革命性技术，它可以快速、简易、高效、高分辨率解析高度复杂的超大生物分子结构（主要是蛋白质和核酸），在很大程度上取代并且大大超越了传统的 X 射线晶体衍射学方法。可以使蛋白质和所在的水溶液环境迅速从溶液态转变为玻璃态，玻璃态能使蛋白质结构保持其天然结构状态，如果以缓慢温和的方式冷冻，这个过程会形成晶体冰，生物分子的结构将被晶格力彻底损坏。低剂量冷冻成像能够保存样品的高分辨率结构信息，确保了从电镜图形中解析蛋白质结构的可能性。与此同时 Joachim

Frank 等则在电镜图像处理算法方面奠定和发展了这项技术的理论基础。加州大学旧金山分校（UCSF）的华人科学家程亦凡教授在 2013 年底，首次利用冷冻电镜技术解析近原子分辨率膜蛋白结构，这项成果在业界引起了巨大轰动。原因在于当所有电镜结构生物学家还在讨论膜蛋白到底能不能利用冷冻电镜技术看到二级结构，也是通常我们认为的中等分辨率水平的时候，程亦凡教授研究组直接解析了 TRPV1 这个膜蛋白 3.3（0.33nm）埃近原子分辨率的结构。

二、药物的新靶点研究

新靶点发现和针对新靶点的药物研究开发、以新理论和新观点进行药物干预的疾病治疗是药理学研究的重大课题，在当今取得了突破性的进展与成就。

1. 对癌症的精准医疗 精准医疗（precision medicine）是以个体化医疗为基础、随着基因组测序技术快速进步以及生物信息与大数据科学的交叉应用而发展起来的新型医学概念与医疗模式。其本质是通过基因组、蛋白质组等组学技术和医学前沿技术，对于大样本人群与特定疾病类型进行生物标志物的分析与鉴定、验证与应用，从而精确寻找到疾病的原因和治疗的靶点，并对一种疾病不同状态和过程进行精确分类，最终实现对于疾病和特定患者进行个性化精准治疗的目的，提高疾病诊治与预防的效益。

我国在早在 21 世纪初就开始关注精准医学，2006 年首先提出了精准外科的概念，得到了国内、国际的医学界认可后被引用到肿瘤放疗、妇科等医学领域。美国医学界在 2011 年首次提出了“精准医学”的概念，2015 年 1 月 20 日，奥巴马又在美国国情咨文中提出“精准医学计划”，希望精准医学可以引领一个医学新时代。2015 年 3 月 11 日，科技部召开国家首次精准医学战略专家会议，并决定在 2030 年前政府将在精准医疗领域投入 600 亿元，其中中央财政支付 200 亿元，企业和地方财政配套 400 亿元。2015 年 12 月 11 日，“中国个体化用药-精准医学科学产业联盟”在上海正式成立，标志着我国首个精准医疗领域的产学研一体化联盟正式组建。上海交通大学贺林院士将担任联盟理事会首任理事长，中南大学周宏灏院士将担任副理事长，西北大学陈超副校长将担任副理事长并兼任秘书长，国家精准医疗战略专家组成成员詹启敏院士也受邀担任副理事长。联盟首届秘书处设在位于西安的国家微检测系统工程技术研究中心（国微中心）。

精准医疗的重点不在“医疗”，而在“精准”。与个体化医疗相比，精准医疗更重视“病”的深度特征和“药”的高度精准性；其是在对人、病、药深度认识基础上，形成的高水平医疗技术。针对某一个或几个靶点的精准抗癌药物的应用，将有利于提高药物的疗效、减少药物的毒副作用。

知识链接 6-2

天然甲病毒对癌症的精准治疗

中山大学颜光美教授团队研究发现，非致瘤性天然正链 RNA 病毒——甲病毒（M1）通过静脉输液进入机体之后，能够起到很强的选择性抗癌效果。这种病毒的复制受到锌指抗病毒蛋白（ZAP）的控制。溶瘤病毒是一种新兴的癌症疗法，利用自我复制的病毒作为选择性的抗肿瘤药物。尽管溶瘤病毒在临床试验中表现出了极大的潜力，但并非所有患者都能从中获益。找到预示溶瘤病毒疗效的指标，将有助于提高这种疗法的成功率。从安全性和有效性的角度看，理想的溶瘤病毒要能在遗传学差异的基础上，区分正常细胞和癌细胞。研究人员发现，天然的甲病毒（M1）能够选择性地识别并杀死缺乏 ZAP 蛋白的癌细胞。M1 在体内和体外研究中表现出了很强的溶瘤效力和很高的肿瘤趋向性，而 M1 的选择性攻击依赖于对 ZAP 缺失的识别。大规模的组织芯片分析显示，人类癌症广泛缺乏 ZAP 蛋白，这意味着 M1 有着广泛的应用前景。此外研究人员还发现，M1 可以诱导内质网应激介导的细胞凋亡，并由此杀死癌细胞。而这一成果于 2015 年 10 月 2 日发表在美国《国家科学院院刊》（PNAS）杂志上。

2. 分子药理学在冠状动脉粥样硬化性心脏病药物研发中的应用 冠状动脉粥样硬化性心脏病（coronary atherosclerotic disease）是指冠状动脉发生粥样硬化引起管腔狭窄或闭塞，导致心肌缺血缺氧或坏死而引起的心脏病，简称冠心病或缺血性心脏病。本病发病率和死亡率均呈上升趋势，近年来发病呈年轻化趋势，已成为威胁人类健康的主要疾病之一。

分子药理学是当代药理学理论研究的核心，许多药理学理论都建立在分子水平上。目的血管新生，作为一种由预先存在的血管而萌生新血管的生理或病理过程，在冠心病的恢复过程中起重要作用。已有研究证明，一氧化氮（NO）、硫化氢（H_2S）作为气体信号分子，具有显著的促血管新生作用。

知识链接 6-3

S-炔丙基半胱氨酸（SPRC）对于血管新生的作用及相关分子机制的研究

尽管 H_2S 具有显著促进血管新生作用，但是作为气体分子的 H_2S 本身仍不能直接作为药物使用。复旦大学朱依淳教授课题组开发了内源性 H_2S 的调节剂 S-炔丙基半胱氨酸（SPRC），此种药物通过直接作用于胱硫醚-γ-裂解酶（CSE）产生内源性 H_2S，从而使得 H_2S 用于药物治疗成为可能。SPRC 可以促进人脐静脉内皮细胞的活力、增殖、黏附、迁移及管腔形成，并促进大鼠动脉环中细胞的向外迁出，促进血管生成、促进烫伤的愈合及促进鸡胚绒毛尿囊膜上的血管新生。在缺血状态下的体内实验中，SPRC 可以在小鼠下肢缺血模型中促进血流恢复、侧支循环生成及毛细血管密度增加；在大鼠心梗模型中促进心功能恢复、梗死面积及纤维化面积减少及侧支循环增加，证明了 SPRC 作为一个内源性 H_2S 调节剂，可以有效地促进人脐静脉内皮细胞的增殖、黏附、迁移及管腔形成，同时在多种体内模型中验证了 SPRC 在正常状态及缺血状态下的促血管新生作用，对于硫化氢介导的促血管新生疗法在冠心病治疗中具有重要的应用价值。

第五节 药理学相关学科及其职业发展

一、相关学科

如前文药理学学科性质所述，药理学是沟通医学与药学、基础医学与临床医学的桥梁学科。

1. 药理学与基础医学 药理学是医学生从组织胚胎学、生理学、生物化学、病理学等基础学科向临床学科转换的过渡学科。组织胚胎学、生理学、生物化学、病理学等基础学科解释的是机体的微观现象，是药理学知识的基础，有助于更好地理解药理学知识。药理学则是将机体现象与具体药物相结合，研究机体与药物的相互作用。

2. 药理学与临床医学 临床医学如内科学、外科学、儿科学、传染病学等的任务是诊断并治疗疾病，其中药物的应用是非常重要甚至是唯一手段，药理学知识对于承接基础医学学科和临床医学学科具有不可替代的作用。

3. 药理学与药学相关学科 药理学是药学研究的最后评价环节，是评价药物价值必不可少的研究环节。药学的其他学科都与药理学密切相关，如药物化学需要通过药理学研究，以确定化合物是否具有活性；又如药剂学，也需要通过药理学研究，以确定新剂型的是否会产生预期的效果。

二、职业发展

临床前药理学评价是新药评价的核心内容。一个化合物在结构确定、合成路线基本确定、也有一定稳定性和相当数量的基础上就要开始临床前药理学的系统评价。其内容有主要药效学、药动学和安全性评价研究三大块。因此相关的职业有：

（一）药效学评价方面的工作

在高校、研究所、创新型药物研发企业及相关外包公司会设置有药效学评价部门，开展药效学评价工作。

（二）安全性评价工作

这属于毒理学研究内容。全国各省均有经专业认证的药品安全性评价机构，开展第三方药品安全性评价工作。

（三）临床药学方面的工作

临床药学方面的工作包括开展临床药学工作的职业药师和公司里面的临床监察员岗位等。职业药师为患者提供药学服务，开展临床用药监测，指导合理用药。临床监察员则是受药品研发企业委托，与临床医药人员合作，开展新药临床试验工作。

本 章 小 结

- 药理学
  - *概述：概念、研究内容、学科任务、学科性质、发展简史
  - *主要内容
    - *药动学
      - 药物的体内过程
      - 血药浓度随时间变化的规律
    - *药效学
      - 药物的基本作用
      - 药物作用的效果
      - 药物的作用机制
      - 药物的量-效关系
      - 治疗指数与安全范围
      - 药物毒理学
    - 药理学分支学科
  - *阿司匹林、青霉素案例分析
  - 药理学研究新进展
    - 技术与方法学的创新
    - 药物的新靶点研究
  - 药理学相关学科及其职业发展

*为重点知识点

思 考 题

1. 简述药理学的主要研究内容。
2. 机体对药物的作用主要经历哪几个过程？
3. 药物的基本作用包括哪些？试举例说明。
4. 药理学分支包括哪些？

第七章 药 剂 学

学习目标

- 掌握：药剂学的基本概念；药物剂型的分类。
- 熟悉：药物剂型与药物制剂的重要性；传统药物剂型；新型给药系统。
- 了解：药剂学的历史发展；经典药剂学案例。

第一节 药剂学的基本概念及发展简史

一、药剂学的基本概念

药剂学（pharmaceutics）是研究药物制剂的基本理论、处方设计、制备工艺、质量控制和合理使用等内容的综合性应用技术科学，其宗旨是制备安全、有效、稳定、使用方便的药物制剂。任何一种药物在供临床应用前，都必须制成适合于治疗或预防应用的、与一定给药途径相适应的给药形式，这种给药形式称为药物剂型（pharmaceutical dosage form），简称剂型。例如，片剂、胶囊剂、注射剂、软膏剂、栓剂、气雾剂等。同一种药物根据不同的使用目的、给药方式、给药部位可以制成多种剂型，如氢化可的松制成片剂供口服给药，制成注射剂供肌肉或静脉给药，制成眼膏剂、滴眼液供眼部给药，制成乳膏剂供皮肤给药。剂型是集合名词，同一剂型可以包含很多具体品种的药品，各剂型中的具体药品称为药物制剂（pharmaceutical preparation），简称制剂。例如，片剂类药物制剂有阿司匹林片、阿奇霉素分散片、维拉帕米缓释片、复方炔诺酮片等；口服溶液剂类药物制剂有胃蛋白酶合剂、盐酸氨溴索口服液、葡萄糖酸钙口服液等；注射剂类药物制剂有注射用青霉素钠、地西泮注射液、葡萄糖注射液、鱼精蛋白注射液等。在制剂中除了具有活性成分的药物外，还包括其他成分，这些成分统称为辅料（excipients）。如片剂中用到的填充剂、崩解剂、黏合剂、润滑剂等；液体制剂中用到的溶媒、增溶剂、助悬剂、乳化剂、防腐剂等。

二、药剂学的发展简史

我国的中医学就包含了大量药剂学的研究内容。在公元前 1766 年的商代，就已开始使用汤剂。我国古代著作中，《五十二病方》《甲乙经》《山海经》等著作中就有汤剂、散剂、丸剂、膏剂等剂型出现；《伤寒论》和《金匮要略》就记载了糖浆剂、洗剂、软膏剂、丸剂和栓剂等 10 余种剂型。宋代《太平惠民和剂局方》是我国最早的中医方剂学著作，全书共 10 卷，分伤风、伤寒、痰饮、诸虚等 14 门，载方 788 首。

西方药剂学也经过了长期发展。约公元前 1552 年的著作《伊伯纸草本》就记载了药物的处方和制备方法，包括散剂、硬膏剂、丸剂和软膏剂等多种剂型。希腊人格林（公元 131-201 年）被认为是西方药剂学的鼻祖，其著作中记载的散剂、丸剂、溶液剂、浸膏剂和酒剂等被称为“格林制剂”。19 世纪科学与工业技术的迅速发展，使得药剂学进入快速发展阶段。到 20 世纪以后，由于各种基础科学迅速发展，学科的分工越来越细，从而使药剂学逐渐形成了一门独立的学科，随着与医药相关的基础理论科学突飞猛进的发展，药剂学的进展也非常迅速。

现代药剂学的发展可以分为四个阶段。第一代药物剂型是简单加工供口服与外用的汤剂、酒剂、灸剂、膏剂、丹剂、丸剂、散剂等。第二代剂型为片剂、胶囊剂、注射剂与气雾剂等剂型，实现了工业化与自动化，扩大了给药途径，能进一步满足临床用药的需要。第三代剂型为缓释、控释给药系统，可以缓慢的、非恒速或恒速的释放药物，在较长时间内维持体内药物的有效浓度，降低了血药浓度的峰谷波动，减少了给药次数，包括在胃内漂浮制剂、肠道释药的缓释制剂、根据所接受的体内反馈信息自动调节药物释放量的自调式给药。第四代剂型是可以使药物靶向聚集于特定的器官和细胞，从而提高疗效并降低全身毒副作用的靶向给药系统。

目前，新药研发除了聚焦在研制更多的新结构化药、新的基因工程药物外，药物新剂型的研究开发也将成为新药研发的重要方面，而且后者往往研究周期短，经济效益显著，可使传统的普通药物进入新的生命周期。随着医药科技的发展，药物缓释和控释给药系统将逐步代替普通剂型，个体化给药的方式将逐步实现。但由于疾病的复杂性及药物性质的多样性，必须发展多种多样的给药系统以适应不同的临床需要。例如，治疗心血管疾病药物和抗肿瘤药物都适宜于制成缓控释制剂，胰岛素更宜于制成自调式或脉冲式制剂等。第二代剂型仍将是人们长期使用的主要剂型，但是其会不断与第三、四代的新剂型和新技术相结合，形成具有新内涵的给药系统。

知识链接 7-1

抗肿瘤药物缓控释制剂

传统抗肿瘤药物具有半衰期短、难以长时间维持药物有效浓度、靶向性弱、全身不良反应大、患者依从性差等特点。将抗肿瘤药物制成缓控释剂型后可显著克服上述缺点，实现高效、速效及长效，降低毒副作用，是目前抗肿瘤药物研究的重要方向。近年来已出现了多样化的抗肿瘤缓控释制剂药物，如凝胶、微球、纳米微粒、植入剂等，并通过不同途径进入体内。氟尿嘧啶植入剂是国家食品药品监督管理总局批准的第一个抗肿瘤植入剂，目前主要用于食管癌、结、直肠癌及胃癌等，可在患者双上臂内侧、外侧、双下腹部腹壁等可植药部位植入，每10天一次，大大提高了患者的依从性。顺铂具有很好的抗癌活性，但其全身给药后具有肾毒性、消化道毒性、耳毒性和骨髓抑制等多种副作用，将顺铂制备成微球和乳剂等缓控释制剂，通过植入及注射等到达给药部位，发挥微球及乳剂的靶向功能，使其在靶组织内富集，提高了肿瘤部位药物浓度，延长了作用时间，减少了药物对全身其他部位的副作用。

三、药剂学的主要任务

药剂学的主要任务是研究开发药物的剂型和制剂，保证以安全、有效、优质的制剂应用于疾病的防治和诊断。药剂学的初期研究只是为了适应给药途径而设计给药形态，随着药学科学的不断发展，人们对药物在体内的吸收、分布、代谢、排泄等特征及药物的作用机制有了进一步认识，从而为制备安全、有效的制剂和选择合理的给药途径提供了理论依据。例如：降血糖药物胰岛素等多肽类药物在胃肠道中受到酶的破坏而被分解，通常制备成注射给药；性激素类睾酮的肝脏首过效应严重，适合制备口腔贴片；抗生素类药物红霉素在胃酸中分解并刺激性大，制备肠溶制剂可以克服上述问题。由于药物剂型和制剂的研究开发涉及理论、技术、设备、辅料等多方面的内容，因此药剂学的任务也有多个方面。

（一）研发新剂型和新制剂

随着临床用药要求的提高，普通的片剂、胶囊、溶液剂和注射剂等已经很难满足高效、长效、低毒、缓释、控释、定位和靶向释放等用药要求。因此，积极创制第三代、第四代新剂型，改造第二代剂型，是当前药剂学的一个重要任务。目前，国外药剂学的研究重点，已从原来的偏重制剂工艺及表观质量研究，转向研究缓释、控释和靶向等新型给药系统。新型给药系统可以提高药物在病变部位的浓度，减低或基本消除血药浓度的峰谷现象，并适当延长药物在体内的作用时间，增加药物作用的持久性和对靶部位的选择性，因而可以提高药物的疗效，降低毒副作用。目前，我国药剂学的研究水平与发达国家相比还有差距，新剂型种类和新剂型品种较少。因此，积极研发新剂型和新制剂是药剂学研究的首要任务。

（二）开发新辅料

药物制剂中除主药外，还有各种辅料。剂型不同所需辅料也不相同，如片剂所用辅料与软膏剂、栓剂就大不相同。辅料的发展是药剂学发展的关键所在，药物制剂的创新和改进、产品质量的提高、制剂新技术的应用等，都依赖于优良的药物辅料。没有优质的辅料就无法实现药剂学发展的艰巨任务。我国药物制剂的落后，在很大程度上是由于药用辅料的落后。我国目前正在使用的药用辅料约有 500 多种，但《中国药典》2005 年版仅收载了药用辅料 72 种，2010 年版也只收载了 132 种。2015 年 12 月开始启用的《中国药典》2015 年版四部收载药用辅料 270 种，其中新增 137 种，修订 97 种，并首次纳入了中药炮炙用辅料。

（三）研究新理论

药剂学新理论的研究对开发创新剂型、提高药物剂型的生产技术水平具有重要意义。例如，根据药物在体内的转运规律和代谢理论设计新型给药系统和新剂型；根据药物释放动力学理论设计新药物制剂；利用现代分子生物学技术促进蛋白和核酸类药物制剂开发；根据药物增溶与助溶理论设计剂型工艺；利用药物微粉化、微囊化、固体分散技术等促进和控制药物的溶解、释放和吸收；利用片剂成型理论生产新型片剂；利用流变学原理对混悬剂、乳剂和软膏剂等剂型进行质量控制；利用生物药剂学的有关知识，为正确评价制剂质量和合理制药、用药提供依据，等等。药剂学理论研究对发展新的剂型设计原理，改进制剂生产工艺，开发新剂型、新制剂和新型给药系统，提高产品质量和安全性都有重要的指导意义。

（四）研究新设备

制药机械和设备是制剂生产的重要工具，其发展历程与药物剂型的发展息息相关。研究和开发新型制药机械和设备，对发展新剂型、新制剂等都具有重要意义。目前，制剂技术的发展特点是向高度电子程控化、密闭式生产和实时监控式生产过渡，而设备则向一机多用、多机联动和高度自动控制方向发展。因此，研制适合新剂型和新制剂的新型制药机械和设备，对缩短同国际先进国家的差距、提高制剂的质量、提升用药的安全性，具有重要意义。

第二节　药剂学主要内容

一、药物剂型与药物制剂的重要性

药物剂型和制剂设计是根据疾病防治、临床治疗需要和药物原料理化性质，确定药物的给药途径、剂型、处方组成、辅料选择、生产工艺、包装材料和产品规格等的过程。适宜的药物剂型和制剂不仅可以最大限度地发挥出药效，而且可最大限度地降低药物不良反应。剂型和制剂技术的重要性主要包括以下几个方面：

1. 改变药物药效 多数药物改变剂型后作用性质不变，但有些药物作用可发生改变。例如，硫酸镁片剂口服用作泻下药，但 5%注射液静脉滴注，能抑制大脑中枢神经系统，可镇静和解痉。环孢素制备成自微乳胶囊，口服后其生物利用度较口服溶液剂高，使肾移植排斥反应发生率降低。

2. 改变药物起效速率 注射剂、气雾剂、舌下片等剂型起效快，常用于急救或急需快速起效的药物（如治疗心肌梗死药物、抗生素等）；而缓释制剂、植入剂、透皮制剂等由于释药速率缓慢、持久，常用于慢性疾病或需长期用药疾病的治疗（如避孕、抗肿瘤等）。

3. 降低药物不良反应 氨茶碱可用于治疗支气管哮喘和心源性哮喘，静脉推注氨茶碱作用快、疗效好，但体内消除速率个体差异性较大，安全范围小，使用不当可引起心率加快等不良反应，若制成栓剂则可消除此不良反应。红霉素等大环内酯类抗生素对胃黏膜刺激性较大，如制成肠溶制剂可减轻胃黏膜刺激。

4. 提高药物稳定性 固体制剂的稳定性通常优于液体制剂，微球制剂稳定性高于普通制剂，冻干粉针稳定性优于常规注射液。

5. 产生靶向作用 纳米球、纳米囊、脂质体等静脉注射后，具有被动靶向作用，可被单核-巨噬细胞吞噬浓集于肝、脾等器官。微型乳剂注射后易浓集在淋巴系统，具有淋巴定向性；以二棕榈酰磷脂酰胆碱和甾葡糖苷制成的钙黄绿素多室脂质体，静脉注射后可对肝实质细胞具有明显的靶向分布作用。还可将药物与特定的配体或抗体结合后，使药物到达特定的靶部位浓集；也可将药物修饰成无活性的前体药物，到达活性部位后被激活，而发挥主动靶向作用。

6. 改善患者依从性 如某些药物做成普通片剂，对于老年人、儿童及有吞咽困难的患者不宜吞服，可制成咀嚼片或泡腾片，就能提高该类患者的依从性。

因此，选择科学、合理的药物剂型和制剂，可极大提高药物的有效性、安全性、稳定性、质量可控性和用药选择性。

二、药物剂型的分类

随着药学科学的发展，药物剂型种类也逐渐增多。药物剂型可按以下几种方法分类。

（一）按形态分类

按剂型的物理状态分类，可分为以下几类（表 7-1）。

表 7-1 药物剂型按物理状态分类

分类名称	剂型
固体制剂	片剂、胶囊剂、散剂、丸剂等
半固体制剂	软膏剂、糊剂、凝胶剂等
液体剂型	洗剂、滴剂、溶液剂、注射剂等
气态制剂	气雾剂、喷雾剂等

（二）按分散系统分类

按剂型的分散系统特点，可分为以下几类（表 7-2）。

表 7-2 药物剂型按分散系统分类

分类名称	特点	剂型
溶液型	指分散在分散介质中形成均匀分散系统的液体制剂，其中药物是以分子或离子状态存在，直径小于 1nm	糖浆、溶液剂、甘油剂、滴剂及注射剂等

续表

分类名称	特点	剂型
胶体溶液型	指固体药物或大分子药物分散在分散介质中所形成不均匀或均匀的分散系统液体制剂，分散相直径在 1～100nm	胶浆剂、溶胶剂、涂膜剂等
乳状液型	指液体分散相分散在液体分散介质中形成不均匀分散系统的液体制剂，分散相直径通常在 0.1～50μm	乳剂、微乳、亚微乳等
混悬液型	指固体药物分散在液体分散介质组成不均匀分散系统的液体制剂，分散相直径在 0.1～50μm	洗剂、混悬剂、混悬软膏剂、混悬滴剂等
气体分散型	指液体或固体药物分散在气体分散介质中形成不均匀分散系统的制剂	气雾剂、喷雾剂等
固体分散型	指药物与辅料混合呈固态的制剂	散剂、丸剂、片剂等
微粒型	指药物与辅料经一定的方法处理后，形成的微米级或纳米级微粒剂型	微囊、微球、纳米囊、纳米球、纳米脂质体等

（三）按给药途径分类

临床上，有口腔、呼吸道、血管、皮下、肌肉、组织等 10 多个给药途径用于人体。将用于同一给药途径的剂型归为一类，可分为以下几类（表 7-3）。

表 7-3　药物剂型按给药途径分类

分类名称	特点	剂型
胃肠道给药	方法简单，易于接受；可吸收后发挥全身疗效，也可在胃肠道起局部作用。不耐酸或对胃刺激性大的药物，可制备成肠溶制剂后给药	溶液剂、糖浆剂、乳剂、混悬剂、散剂、片剂、胶囊剂等
注射给药	要求注射进入体内的液体为无菌状态，具有药物吸收快、生物利用度高、进入体内的药量准确等优点，但也有组织损伤、疼痛、潜在并发症等缺点	静脉注射剂、肌内注射剂、皮下注射剂、皮内注射剂、穴位注射剂等
呼吸道给药	通过鼻腔、气管、支气管、肺部等部位给药，可以起局部治疗作用，也可以起全身治疗作用	喷雾剂、吸入气雾剂、吸入粉雾剂等
皮肤给药	可发挥局部作用，保护皮肤，治疗皮肤局部的过敏、感染等；也通过经皮给药制剂，使药物进入体内，发挥全身治疗作用	外用溶液剂、洗剂、搽剂、糊剂、贴剂、软膏剂等
黏膜给药	将药物与适宜的载体材料制成供黏膜部位给药的制剂，可避免首过效应，提高生物利用度	滴眼剂、含漱剂、膜剂和贴剂等

三、传统药物剂型

（一）固体制剂

1. 片剂（tablets）　系指药物与适宜辅料均匀压制而成的圆形或其他各种形状的固体剂型，它是临床上应用最广泛的重要剂型之一。片剂技术经历了 20 世纪 30 年代片剂硬度的测定、40 年代崩解度的测定、50 年代脆度的测定，到 60 年代后普及了溶出度和生物利用度的概念。近年来，片剂新理论、新机制、新辅料的研究，促进了全粉末直接压片机、流化喷雾制粒机、全自动高速压片机、全自动高速包衣机等新设备的应用，制备出了外形各异，用法、用途不同的多种类型片剂，可充分满足临床的实际需要。片剂可分为口服用、口腔用、皮下用和外用等多种类型。口服用片剂经口服后发挥胃肠道或全身的治疗作用；口腔用片剂在口腔内释放后发挥局部或全身的治疗作用；皮下用片剂包括植入片和皮下注射片，前者植入皮下后可发挥缓释作用，后者于临用前溶解于注射用水中供注射用；外用片剂包括溶液片和阴道片等，前者临用前溶解于水中供外用，后者放入阴道产生局部治疗作用。临床上常见的片剂有复方乙酰水杨酸肠溶片、硝酸甘油片、复方对乙酰氨基酚片、多潘立酮口腔崩解片等。

知识链接 7-2

崩 解 片

在固体制剂的研究中，各种速释制剂已经逐渐成为近几年来新药研发的一个热点，特别是口腔崩解片。口腔崩解片（口崩片，orally disintegrating tablet，ODT）是指在口腔内可快速崩解、分散或溶解于唾液中的片剂。服用时，不需用水或只需少量用水，也无需咀嚼，药物置于口腔内，遇唾液迅速溶解或崩解后，随着服用者的自主及不自主的吞咽动作进入消化系统吸收后起效，体内行为基本与普通片剂一致。例如，多潘立酮口腔崩解片，为胃肠促动力药类非处方药药品，用于消化不良、腹胀、嗳气、恶心、呕吐、腹部胀痛，不需用水或只需少量水，也无需咀嚼，药物置于舌面，迅速崩解后，借吞咽动作入消化道起效。

在片剂的生产过程中，除了主药成分外，还需加入适当的辅料才能制成合格的片剂。片剂辅料是指主药以外的一切物料的总称，亦称赋形剂。辅料可发挥多种作用，包括填充、黏合、崩解、润滑等，是构成片剂必不可少的成分。填充也称为稀释，是指使用辅料增加片剂的重量或体积；黏合是使用辅料将黏性不足的药物聚集成颗粒，利于压片，保证药物的均匀性；崩解是加入辅料促进片剂在胃肠道中迅速脆裂成小颗粒，促进药物的吸收；润滑是加入辅料减小物料之间的摩擦力，保证物料填充的均匀性，促进压片时应力分布均匀，防止裂片。为了改善片剂的口味和外观，还可加入着色剂、甜味剂和芳香剂等。片剂的制备方法包括湿法制粒压片、干法制粒压片、粉末直接压片和半干式颗粒压片，其中应用较为广泛的是湿法制粒压片（图 7-1）。

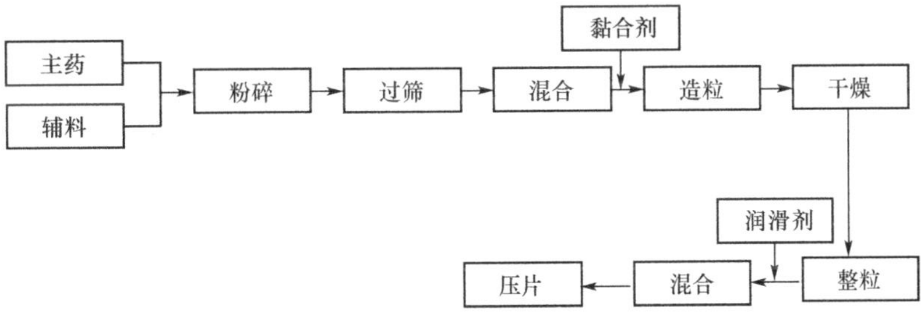

图 7-1　片剂的制备工艺流程

2. 胶囊剂（capsules）　系指药物和辅料充填于空心胶囊或密封于弹性软质胶囊中的固体制剂。胶囊制剂分为硬胶囊、软胶囊、缓释胶囊、控释胶囊和肠溶胶囊，主要供口服用。硬胶囊剂的发展得益于全自动胶囊填充机的问世。目前，在世界各国药典中收载的胶囊品种仅次于片剂和注射剂。空胶囊一般以明胶为原料制成，也可加入甲基纤维素、海藻酸钙等高分子材料来改变胶囊剂的溶解度或产生肠溶性。临床上常见的胶囊剂如阿莫西林胶囊、奥美拉唑肠溶胶囊、鱼肝油软胶囊等。

胶囊剂的药物装在胶囊壳内，能掩盖药物的不良嗅味；避免了水、氧气、光线等的影响，可提高药物稳定性；药物在胶囊壳内处于分散状态，进入体内后易于溶出和吸收，起效一般快于片剂；含油的药物或液态药物，可以制备成软胶囊剂，有利于药物的稳定和服用方便；可以将药物制备成缓释颗粒装入胶囊，延长作用时间；也可以将胶囊制备成肠溶制剂，实现肠道靶向。由于胶囊剂的囊材主要由明胶构成，既具有水溶性，又具有脆性。水溶液的药物可使囊壁融化，风化性药物会使囊壁软化，吸湿性很强的药物会使囊壁干燥变脆，上述药物一般不宜制成胶囊剂。由于胶囊壳融化后，可导致药物局部高浓度，因此刺激性大的药物不宜制成胶囊剂。硬胶囊剂的制备一般包括空胶囊制备、物料填充、封口等工艺过程（图 7-2）。

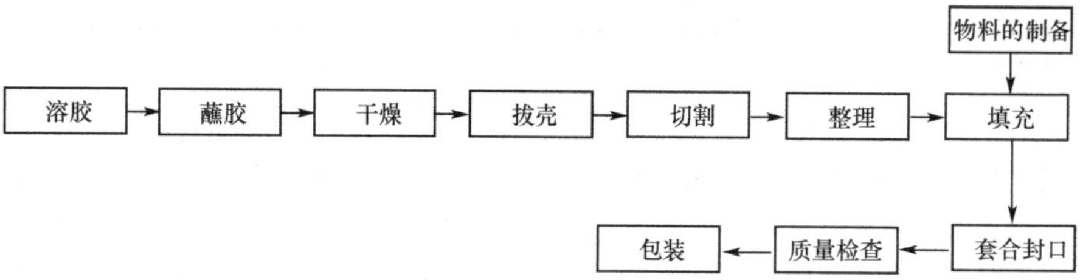

图 7-2　胶囊的制备工艺流程

3. 散剂（powders）　系指药物或与适宜的辅料经粉碎、均匀混合制成的干燥粉末状制剂，分为口服散剂和局部用散剂。散剂既可以直接应用于患者，也是制备其他剂型如片剂、胶囊剂、混悬剂和丸剂等的基础。因此，粉碎、过筛、混合等制备散剂的基本操作技术，在药剂应用上具有重要意义。根据散剂的用途不同，其粒径也不同，一般要求能通过孔径为 125μm 的 6 号筛，但眼用制剂为了减少对眼的刺激性，要求全部颗粒能通过孔径为 75μm 的 9 号筛。散剂的主要特点是容易分散，比表面积大，药物溶出和起效迅速。此外，散剂容易制备、剂量可调、运输方便，对外伤可起到保护、吸收、促进凝血和愈合的作用，也常用于儿童药物制剂。但是，刺激性较强、易吸湿、遇光和热不稳定的药物一般不宜制成散剂。临床上常见的散剂如足光散、硫酸阿托品散等。

4. 颗粒剂（granules）　系指药物与适宜辅料制成的具有一定粒度的干燥颗粒状制剂。颗粒剂可分为可溶颗粒、混悬颗粒、泡腾颗粒、肠溶颗粒、缓释颗粒和控释颗粒等。颗粒剂是以汤剂、散剂、糖浆剂等为基础发展起来的，具有分散性、附着性、聚集性、吸湿性较小的特点，剂量调整方便。颗粒剂既可直接吞服，又可溶解在水中服用。颗粒剂的制备方法与片剂湿法制粒基本相同（图 7-3）。临床上常见的颗粒剂有阿奇霉素颗粒剂、吲哚美辛缓释颗粒等。

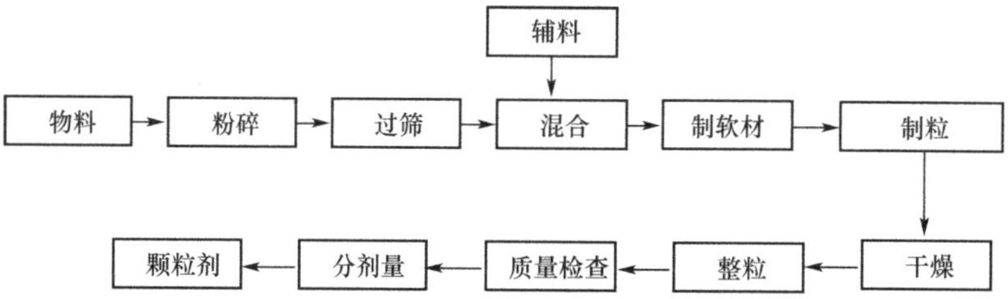

图 7-3　颗粒剂的制备工艺流程

5. 丸剂（pills）　系指饮片细粉或提取物加适宜的黏合剂或其他辅料制成的球形或类球形制剂，有蜜丸、水丸、水蜜丸、糊丸和浓缩丸等类型。丸剂作用持久，便于携带，可掩盖药物不良嗅味，可延缓毒性和刺激性药物吸收。随着技术进步，出现了浓缩丸、滴丸、微丸等新型丸剂，具有药物稳定、服用量小、疗效较好的优点。滴丸剂是指固体或液体药物与基质熔化混匀后，滴入互不相溶的冷凝液中，收缩而成的圆形丸状制剂，常用于口服，是一种固体分散体。临床上常见的丸剂有复方丹参滴丸、芸香油滴丸、布洛芬滴丸等。

知识链接 7-3

复方丹参滴丸

在临床应用中，中药对某些病症有西药所不可代替的治疗效果。中药质量的不稳定与中药质量标准化的困难是中药难以走向世界的关键之一。复方丹参滴丸具有活血化瘀之功效，由丹参、三七、冰片三味药组成，应用于治疗冠心病心绞痛。在 1993 年该药获得了国家新药证书和生产文号，1996 年国家科学技术委员会启动“九五”中药现代化科技产业行动计划时力争进入国际市场，1997 年正式通过美国 FDA 的新药临床研究审评，直接进入Ⅱ、Ⅲ期临床试验。FDA 根据 1993 年美国政府颁布的《食用补充品预告管理法》，将草药等列入食品添加剂加以管理；由于 FDA 对食品添加剂的安全性要求较高，实际上增加了草药制品进入美国市场的难度。目前，美国 FDA 已不再要求中草药产品是已知结构的单体纯品，可以是成分固定、疗效稳定、安全可靠的混合物。将复方丹参滴丸作为推动中草药剂走向国际市场的突破口，是因为其具有以下特点：组方简单，只有 3 味药，即丹参、三七、冰片；扩张冠状动脉血管、增加冠状动脉流量、舒张血管平滑肌、降血脂和抗衰老疗效肯定；长期服用对患心、肺、肝、肾及血尿便未见异常改变和不良反应；制剂工艺比较先进，其主要有效成分为水溶性丹参素；方中单位中药的化学成分基本清楚，无有毒成分，易于进行质量控制和稳定性研究。

（二）半固体制剂

1. 软膏剂（ointments） 系指药物与油性或水性基质均匀混合制成的均匀的半固体外用制剂。软膏剂的类型按分散系统可以分为溶液型、混悬型和乳剂型；按基质的性质和特殊用途分为油膏剂、乳膏剂、凝胶剂、糊剂和眼膏剂等。软膏剂主要由药物和基质组成，软膏剂的基质是形成软膏的重要组成部分。为了保持软膏剂的稳定，还经常加入抗氧剂、防腐剂等以防止药物及基质的变质，特别是含有水、不饱和烃类、脂肪类基质时加入稳定剂更为必要。软膏剂的热敏性反映为遇热融化而流动，触变性反映为施加外力时黏度降低、静止时黏度升高，这些性质可以使软膏剂能在长时间内紧贴、黏附或铺展在用药部位。软膏剂的药物可作用于表皮或经表皮渗入表皮下组织，主要用于局部疾病的治疗，如抗感染、消毒、止痒、止痛和麻醉等，也可以进入血液循环，发挥全身治疗作用。以脂质体和传递体（transfersome）为载体的新型软膏剂促进了药物进入角质层，增加药物在局部皮肤的积累，可形成持续释放。软膏剂可采用研合法和熔合法制备，而乳膏剂的制备采用乳化法。临床上常见的软膏剂有鞣酸软膏、醋酸地塞米松软膏、复方酮康唑软膏、达克罗宁乳膏等。

2. 眼膏剂（eye ointments） 系指供眼用的灭菌软膏。由于用于眼部，眼膏剂中药物必须极细，基质必须纯净，易涂布于眼部，对眼部无刺激性，无细菌污染。为保证药效持久，常用凡士林、液状石蜡与羊毛脂等混合油性基质，并根据气温适当增减液状石蜡的用量。基质中羊毛脂有表面活性作用、具有较强的吸水性和黏附性，使眼膏与泪液容易混合，并易附着于眼结膜上，利于基质中药物穿透眼结膜。用于眼部手术或创伤的眼膏剂应灭菌或无菌操作，且不得添加抑菌剂或抗氧剂。眼膏剂的制备与一般软膏剂制法基本相同，但必须在净化条件下进行，一般可在净化操作室或净化操作台中配制。所用基质、药物、器械与包装容器等均应严格灭菌，以避免污染微生物而致眼睛感染的危险。临床上常见的眼膏剂有红霉素眼膏、金霉素眼膏、氧氟沙星眼膏等。

3. 凝胶剂（gels） 系指药物与适宜的辅料制成均匀或混悬的透明或半透明的半固体制剂，供内服或外用。凝胶剂有单相凝胶和双相凝胶之分，单相凝胶又分为水性凝胶和油性凝胶。水性凝胶的基质一般由西黄蓍胶、明胶、淀粉、纤维素衍生物、聚羧乙烯和海藻酸钠等加水、甘油或丙二醇制成；油性凝胶的基质常由液状石蜡与聚氧乙烯或脂肪油与胶体硅或铝皂、锌皂构成。在临床上应用较多的是水凝胶为基质的凝胶剂，其基质大多在水中溶胀而不溶解，一般易涂展和洗除，无油腻感，能吸收组织渗出液，不妨碍皮肤正常功能。还由于黏滞度较小而利于药物、特别是水溶性药物的释放。本类基质缺点是润滑作用较差，易失水和霉变，常需添加保湿剂和防腐剂，且量较其他基质大。双相凝胶是由小分子无机药物胶体小粒以网状结构存在于液体中，具有触变性。

4. 栓剂（suppositories） 系指药物和适宜基质制成的具有一定形状供腔道给药的固体外用制剂。栓剂在常温下为固体，塞入人体腔道后，在体温下迅速软化，熔融或溶解于分泌液，逐渐释放药物而起效。栓剂因使用腔道不同而名称不同，如肛门栓、阴道栓、尿道栓、喉道栓、耳用栓和鼻用栓等。常用的栓剂有直肠栓和阴道栓，前者的形状有圆锥形、圆柱形、鱼雷形等，后者的形状有球形、卵形、鸭嘴形等。尿道栓呈笔形，一端稍尖；最近也出现了作为直肠用胶囊插入到肛门内的软胶囊。栓剂作为肛门、阴道等部位的用药主要以局部作用为目的，如润滑、收敛、抗菌、杀虫、局麻等作用。也可以通过直肠给药，使药物进入循环发挥全身治疗作用，避免了肝脏的首过效应。目前，作为局部作用为目的的栓剂有消炎药、局部麻醉药、杀菌剂等，以全身作用为目的的制剂有解热镇痛药、抗生素类、肾上腺皮质激素类药、抗恶性肿瘤治疗剂等。栓剂有冷压法和热熔法，油性基质可采用这两种方法制备，而水性基质栓剂主要采用热熔法制备（图 7-4）。目前，工业生产中常采用自动化栓剂灌装机，可自动完成全部工序；且其壳材采用塑料或铝箔，既可作为模具又可作为包装材料，其存储不用冷藏，即使高温导致栓剂融化，待冷却后又可恢复原来的形状。临床上常见的栓剂有吡罗昔康栓、呋喃西林栓等。

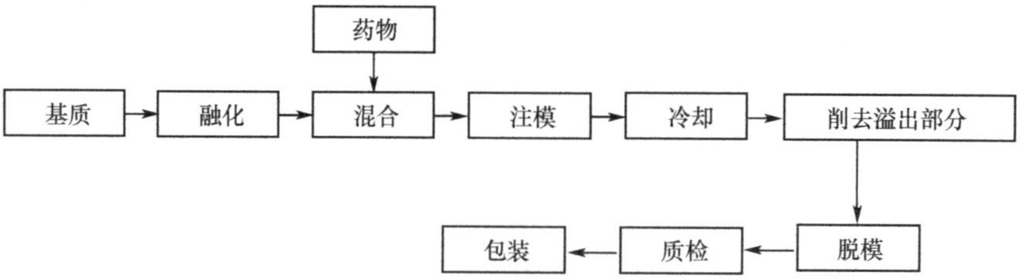

图 7-4　栓剂的制备工艺流程图

（三）液体制剂

液体制剂是指药物分散在适宜的分散介质中制成的液体形态制剂，可供内服或外用。液体制剂的品种多，临床应用广泛，其性质、理论和制备工艺在药剂学中占有重要地位。液体制剂的理化性质、稳定性、药效甚至毒性等均与药物粒子分散度的大小有密切关系。药物以分子状态分散在介质中，形成均相液体制剂，如溶液剂、高分子溶液剂等；药物以微粒状态分散在介质中，形成非均相液体制剂，如溶胶剂、乳剂、混悬剂等。均匀相液体制剂应是澄明溶液；非均匀相液体制剂的药物粒子应分散均匀，浓度准确。口服液体制剂外观良好，口感适宜；外用的液体制剂应无刺激性；液体制剂应有一定的防腐能力，保存和使用过程不应发生霉变；包装容器适宜，方便患者携带利用。液体制剂可以按照分散系统分类（表 7-4），也可以按照给药途径分类（表 7-5）。

表 7-4　按分散系统分类

类别		特点
均相液体制剂	低分子溶液剂	由低分子药物分散在分散介质中形成的液体制剂
	高分子溶液剂	由高分子化合物分散在分散介质中形成的液体制剂
非均相液体制剂	溶胶剂	由多分子聚集体分散在液体中组成的胶体分散体系
	乳剂	由不溶性液体药物分散在分散介质中形成的不均匀分散体系
	混悬剂	由不溶性固体药物以微粒状态分散在分散介质中形成的不均匀分散体系

表 7-5　按给药途径分类

类别		品种
内服液体制剂		合剂、糖浆剂、乳剂、混悬液、滴剂等
外用液体制剂	皮肤用	洗剂、搽剂等
	五官科用	洗耳剂、滴耳剂、滴鼻剂、含漱剂等
	直肠、阴道、尿道用	灌肠剂、灌洗剂等

1. 溶液剂（solutions） 是指药物溶解于溶剂中所形成的澄明液体制剂。溶液剂的溶质常为低分子质量的不挥发性药物，溶剂可以为水、乙醇、甘油或植物油等液体。根据具体需要，可加入助溶剂、抗氧剂、矫味剂、着色剂等附加剂。溶液剂中药物分散度大，与机体的接触面大，吸收快，作用迅速。但由于其分散度大，也可导致化学性质活跃，容易腐败变质，一般不宜长期存储。溶液剂可以用溶解法和稀释法进行制备。溶液剂在制备时，对于溶解缓慢的药物可在溶解过程中采用粉碎、搅拌、加热等方法；对于易氧化的药物，宜将溶剂加热放冷后再溶解药物，同时应加一定量的抗氧剂，以减少药物氧化损失；对易挥发性药物应在最后加入，减少在制备过程中的损失；处方中如有溶解度小的药物，宜先溶解后再加入其他药物；难溶性药物可加入适宜的助溶剂或增溶剂促进溶解。临床上常见的溶液剂有氯化钠溶液、葡萄糖溶液、复方碘溶液等。

2. 糖浆剂（syrups） 是指含有药物或芳香物质的浓蔗糖水溶液。糖浆剂中蔗糖浓度高，渗透压大，可抑制微生物的生长，发挥一定的防腐作用，但低浓度的糖浆剂也易被微生物污染，需要添加防腐剂。糖浆剂的甜味可掩盖药物的异常气味，常用于儿童药物。对于糖尿病等特殊疾病的药物，可用甲基纤维素和羟乙纤维素代替蔗糖，再加入一些人工甜味剂，获得糖浆类似的黏度和口感。糖浆剂的制备可采用热溶法和冷溶法。临床上常见的糖浆剂有止咳糖浆、磷酸可待因糖浆等。

3. 芳香水剂（aromatic waters） 是指含有芳香挥发性药物的饱和或近饱和的水溶液。芳香挥发性药物多为各种来源的挥发油。芳香水剂应与原药物具有相同的气味，外观澄明，无异味、沉淀和杂质。芳香水剂一般浓度较低，可用作矫味、矫臭和分散溶媒。溶解法和稀释法适用于以挥发油和化学药物为原料的芳香水剂制备，蒸馏法适用于含挥发油成分的药材。芳香水剂易分解和变质，一般不宜大量配置和长期存储。临床上常见的芳香水剂有薄荷水等。

4. 高分子溶液剂（polymer solutions） 是指高分子化合物溶解于溶剂中制成的均匀分散的液体制剂。其分散介质主要为水，其分散相尺寸在 1～100nm，属于胶体分散体系，为热力学稳定体系。高分子分散相可与药物结合，使药物稳定，减少毒副作用。高分子化合物解离后，常带有电荷，其稳定性与溶液 pH 和水化作用有关，加入电解质或相反电荷的物质时，可导致其聚结沉淀。不同的高分子化合物溶解的条件不同。胃蛋白酶溶胀和溶解都很迅速；淀粉遇水立即膨胀，但需要加热至 60～70℃才能完全溶解在水中，形成淀粉浆。临床上常见的高分子溶液剂有胃蛋白酶合剂等。

5. 溶胶剂（sols） 是指固体药物微细粒子分散在水中形成的非均匀状态的液体分散体系，又称疏水胶体溶液。溶胶剂中分散的微细粒子在 1～100nm，胶粒是多分子聚集体，有极大的分散度，属热力学不稳定体系统。目前溶胶剂很少使用，但它们的性质对药剂学却十分重要。溶胶剂对带相反电荷的溶胶及电解质十分敏感，将带相反电荷的溶胶或电解质加入到溶胶剂中，由于电荷被中和，同时又减少了水化层，使溶胶剂产生聚结进而产生沉降。临床上常见的溶胶剂有胶体金等。

6. 乳剂（emulsions） 是指互不相溶的两种液体混合，其中一相液体以液滴状态分散于另一种液体中形成的非均匀相液体分散体系。形成液滴的液体称为分散相、内相或非连续相，另一液体则称为分散介质、外相或连续相。乳剂由水相（W）、油相（O）和乳化剂组成，三者缺一不可。根据乳化剂的种类、性质及相体积比（φ）形成水包油（O/W）或油包水（W/O）型。也可制备复乳（multiple emulsion），如 W/O/W 或 O/W/O 型。乳剂的分类根据乳滴的大小，将乳剂分类为普通乳、亚微乳、纳米乳。乳剂中液滴的分散度很大，药物吸收和药效的发挥很快，生物利用度高；油性药物制成乳剂能保证剂量准确，而且使用方便；水包油型乳剂可掩盖药物的不良嗅味，并可加入矫味剂；外用乳剂能改善对皮肤、黏膜的渗透性，减少刺激性；静脉注射乳剂注射后分布较快、药效高、靶向性。乳剂的制备有干胶法、湿胶法、新生皂化法、两相交替加入法和机械法等多种方法（图 7-5）。乳化剂是形成乳剂的关键，其被吸附在两相界面，降低了界面的表面张力，促进了乳剂的形成和稳定。常见的乳化剂有表面活性剂、亲水高分子化合物、固体粉末和辅助乳化剂等。混合乳化剂的使用，可改善乳化剂的亲水亲油性，具有更好的适应性。临床上的常见乳剂有鱼肝油乳、石灰搽剂等。

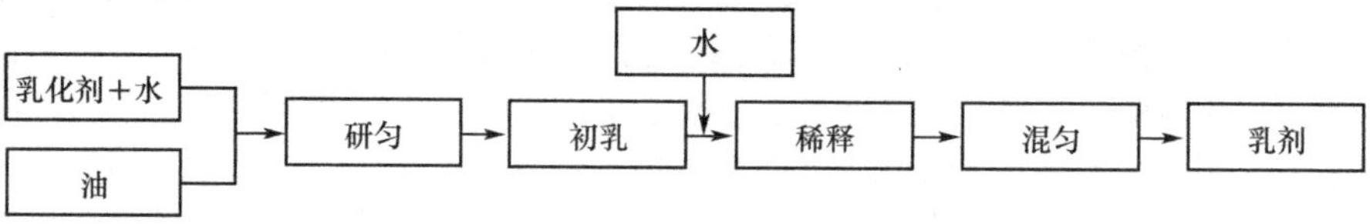

图 7-5　湿胶法制备乳剂的工艺流程图

7. 混悬剂（suspensions）　是指难溶性固体药物以微粒状态分散于分散介质中形成的非均匀的液体制剂，属于热力学不稳定的粗分散体系。混悬剂中药物微粒一般在 0.5～10μm。所用分散介质大多数为水，也可用植物油。大多数混悬剂为液体制剂，但也有干混悬剂，它是按混悬剂的要求将药物用适宜方法制成粉末状或颗粒状制剂，使用时加水迅速分散成混悬剂，可解决混悬剂在保存过程中的稳定性问题。以下药物需要制备成混悬剂：难溶性药物需制成液体制剂供临床应用时；药物的剂量超过了溶解度而不能以溶液剂形式应用时；两种溶液混合时药物的溶解度降低而析出固体药物时；为了使药物产生缓释作用。但为了安全起见，剧毒药物或剂量小的药物不应制成混悬剂使用。合剂、搽剂、洗剂、注射剂、滴眼剂、气雾剂、软膏剂和栓剂等都有混悬剂存在，临床上常见的混悬剂有复方硫磺洗剂、布洛芬混悬剂等。

第三节　药剂学经典案例分析

一、普通片剂：复方阿司匹林片

【处方】	阿司匹林	268g	对乙酰氨基酚	136g	咖啡因	33.4 g
	淀粉	266g	淀粉浆（15%～17%）	适量	滑石粉（5%）	25g
	轻质液状石蜡	2.5g	酒石酸	2.7g		
	制备成 1000 片					

【注释】　将咖啡因、对乙基氨基酚与 1/3 量的淀粉混匀，加淀粉浆（15%～17%）制软材 10～15min，过 14 目或 16 目尼龙筛制湿颗粒，于 70℃干燥后，过 12 目尼龙筛整粒，然后将此颗粒与阿司匹林混合均匀，最后剩余的淀粉及吸附有液状石蜡的滑石粉共同混匀后，再过 12 目尼龙筛，颗粒经含量测定合格后，压片即得。由于阿司匹林的熔点为 133℃，在压缩时有熔融和再结晶现象，且本方中三种主药混合制粒干燥时产生低共熔现象，故采用分开制粒的方法。为防止阿司匹林水解，最后在颗粒分别干燥后再混合压片。阿司匹林的水解受金属离子的催化，因此必须采用尼龙筛网制粒，同时不得使用硬脂酸镁，因而采用 5%的滑石粉和少量液状石蜡混合物作为润滑剂。阿司匹林的可压性极差，因而采用了较高浓度的淀粉浆（15%～17%）作为黏合剂。阿司匹林具有一定的疏水性，因此必要时可加入一定的表面活性剂，如吐温-80 等，以加快其崩解和溶出。

二、分散片：青霉素 V 钾分散片

【处方】	青霉素 V 钾	100g	羧甲基淀粉钠	20g
	微晶纤维素	28g	10%聚乙烯吡咯烷酮	适量
	甘露醇	适量	滑石粉	适量
	制备成 1000 片			

【注释】 称取100g青霉素V钾、崩解剂和溶胀性辅料，粉碎后分别过100目筛，混匀，加入适量甘露醇和滑石粉，以10%聚乙烯吡咯烷酮为黏合剂，湿法制粒，压片即得。经体内药代致力学试验证实，该分散片较普通片体外溶出速率大，体内吸收快，达峰时间提前，生物利用度提高。青霉素V钾在体内60%由肠道吸收，具有影响肠道正常菌群分布的可能，将青霉素V钾制备成分散片，可利用分散片吸收快和吸收完全的特点，使青霉素V钾在肠道上部就吸收完全，使其在肠道下部残留很少或几乎没有残留，从而减少使用口服抗生素常导致的“二重感染”的可能。

三、肠溶片：阿司匹林肠溶片

（一）片芯处方

【处方】 阿司匹林 60g 淀粉 6g 柠檬酸 适量
10%淀粉浆 适量 滑石粉 5%
制备成600片

（二）包衣液处方

【处方】 丙烯酸树脂Ⅲ号 2500g 95%乙醇 3500g 邻苯二甲酸二乙酯 500g
蓖麻油 750g 吐温-80 350g

【注释】 阿司匹林置粉碎机中粉碎，过80目筛，称取60g，再称取6g淀粉，混匀，逐量加入10%淀粉浆作黏合剂制软材，过20目筛制粒，将湿颗粒置干燥器于40～60℃干燥，过20目筛整粒，称干颗粒重量，加入颗粒量 5%的滑石粉混匀，压片。称适量阿司匹林片芯置包衣锅中滚转，用电吹风预热直到片温达到40～60℃，调节气压，使喷枪喷出雾状，再调好输液速度即可开启包衣锅，间歇喷入包衣液，片温始终保持在33～37℃，如此反复操作至包衣完成包衣过程中，包衣液始终保持搅拌状态，喷入包衣液直到片面色泽均匀一致，停止包衣。

四、泡腾片：阿司匹林泡腾片

【处方】 阿司匹林 100g 碳酸氢钠 175g
柠檬酸 87.5g 酒石酸 87.5g
胶体二氧化硅 5g 橘子香精 5g
玉米淀粉 20g 聚维酮 20g
制备成1000片

【注释】 将酸源（柠檬酸、酒石酸）和碱源（碳酸氢钠）分别与半处方量的阿司匹林及其余辅料混合均匀，加黏合剂，制备软材，制成颗粒。再加润滑剂混合，在干燥环境中压片，制备得到泡腾片。其中，以柠檬酸酒石酸（1∶1）为酸源，碳酸氢钠为碳源。柠檬酸易溶于水，口感好，酸度好；酒石酸吸湿性较小，酸度较柠檬酸强，泡腾力度大；玉米淀粉为填充剂，不溶于水和乙醇与大多数药物不起作用，遇水膨胀；二氧化硅为混悬剂，发挥抗聚集、混悬及消泡作用；聚维酮为黏合剂，具有很好的溶解性、成膜性和分散稳定性；黏合剂的溶媒可以用非水溶剂无水乙醇。

五、栓剂：阿司匹林栓剂

【处方】 阿司匹林 6g 半合成脂肪酸甘油酯 12g
制成栓剂 10枚

【注释】 称取阿司匹林粉末6g研细，过100目筛，置小研钵中；另取半合成脂肪酸甘油酯 12g 置蒸发皿中，于水浴上加热，等 2/3 基质熔化后停止加热，搅拌使全熔；分次加至研钵中与阿司匹林粉末混匀；倾入涂有润滑剂的栓模中，迅速冷却固化，削去溢出部分，脱模，得完整的含药栓 10 枚，称重。

第四节　药剂学新型给药系统

一、缓控释给药系统

缓释制剂（sustained release preparations）系指用药后能在较长时间内持续释放药物以达到长效作用的制剂。其中药物释放主要是一级速度过程，对于注射型制剂，药物释放可持续数天至数月；口服剂型的持续时间根据其在消化道的滞留时间，一般以数小时计。控释制剂（controlled release preparations）系指药物能在预定的时间内自动以预定速度释放，使血药浓度长时间恒定维持在有效浓度范围的制剂。广义地讲，控释制剂包括控制释药的速度、方向和时间，靶向制剂、透皮吸收制剂等都属于控释制剂的范畴。狭义的控释制剂则一般是指在预定的时间内以零级或接近零级速度释放药物的制剂。

缓释、控释制剂近年有很大的发展：

1. 对半衰期短的或需要频繁给药的药物，该剂型可以减少给药次数　如普通制剂每天 3 次，制成缓释或控释制剂可改为每天 1 次，可以大大提高患者服药的顺药性。特别适用于需要长期服药的慢性病患者，如心血管疾病、心绞痛、高血压、哮喘等。

2. 使血药浓度平稳，避免峰谷现象，有利于降低药物的毒副作用　特别对于治疗指数较窄的药物。比如用普通制剂要求每 3h 给药 1 次，一天要服 8 次才能避免血药浓度过高或过低，这显然是不现实的，若制成缓控释制剂，每 12h 服 1 次，也能保证用药的安全性和有效性。

3. 可减少用药的总剂量，因此可用最少剂量达到最大药效　虽然缓释、控释制剂有其优越性，但并不是所有的药物都适合，如剂量很大、半衰期很短、半衰期很长、不能在小肠下端吸收的药物，一般情况下，不适于制成口服缓释制剂。对于口服缓释制剂，一般要求在整个消化道都有药物吸收，因此具有特定吸收部位的药物，如维生素 B_2，制成口服缓释制剂的效果不佳。对于溶解度极差的药物制剂制成缓释制剂也不一定有利。

缓释、控释制剂也有不足之处：①在临床应用中对剂量调节的灵活性降低，如果遇到某种情况（如出现较大副反应），往往不能立刻停止治疗。有些国家增加缓释制剂品种的规格，可缓解这种缺点，如硝苯地平有 20mg、30mg、40mg、60mg 等规格。②缓释制剂往往是基于健康人群的平均动力学参数而设计，当药物在疾病状态的体内动力学特性有所改变时，不能灵活调节给药方案。③制备缓释、控释制剂所涉及的设备和工艺费用较常规制剂昂贵。

二、靶向给药系统

靶向制剂又称靶向给药系统（targeting drug system，TDS），是指载体将药物通过局部给药或全身血液循环而选择性地浓集定位于靶组织、靶器官、靶细胞或细胞内结构的给药系统。其概念是 Ehrlich P 在 1906 年提出的。由于长期对疾病认识的局限和未能在细胞水平及分子水平上了解药物的作用，以及靶向制剂的材料和制备方面的困难，直到分子生物学、细胞生物学和材料科学等方面的飞速进步，才给靶向制剂的发展开辟了新天地。自 20 世纪 70 年代末，人们开始系统地研究靶向制剂，包括它们的制备、性质、体内分布、靶向性评价及药效与毒理。1993 年 Florence AT 创办了“*Journal of Drug Targeting*”，专门刊载靶向制剂的研究论文，促进了靶向制剂的理论研究。

绝大多数药物，不管以什么剂型给药，药物并不是只传送到发挥药理作用的受体部位，而是分布到全身各组织、器官，每个药物都要经过吸收、分布、代谢、排泄的过程。因此，只有少量药物到达靶组织、靶器官、靶细胞。要提高靶区的药物浓度必须提高全身循环系统的药物浓度，这就必须增加剂量，从而增大药物的毒副作用。特别是对于细胞毒的抗癌药物，在杀灭癌细胞的同时也损伤正常细胞。将药物制成能到达靶区的靶向制剂，就可以提高药效，降低毒副作用，提高药品的安全性、有效性、可靠性和患者的顺应性。同时，靶向制剂还可以解决药物给药时面临的以下问题：①稳定性低或溶解度小；②生物利用度低或生物学性质不稳定性；③半衰期短和分布面广而缺乏特异性；④临床方面的治疗指数（中毒剂量和治疗剂量之比）低和生理屏障、细胞屏障等。

知识链接 7-4

壳聚糖结肠靶向制剂

结肠因其特殊的生理环境而特别适用于作为某些特殊疾病和药物治疗的靶向器官。结肠靶向给药系统在给予药物口服后，在上消化道不释放，将药物输送至人体回盲部后开始崩解或蚀解并释放出来，而在大肠发挥局部或全身治疗作用，对便秘、结肠炎、大肠癌等肠道疾病的治疗以及蛋白多肽药物的口服给药都具有重要意义，已发展成了 pH 依赖型、时滞释药型、菌群触发型等多种给药体系。壳聚糖又称脱乙酰甲壳素，是由自然界广泛存在的几丁质经过脱乙酰作用得到的，可作为增稠剂、被膜剂使用。壳聚糖结肠靶向制剂是以壳聚糖为载体，使药物在上消化道不释放，将药物运送到人体回肠部后开始溶胀或溶蚀并释放出来，从而使药物在人体大肠发挥局部或全身治疗作用。壳聚糖结肠靶向制剂根据释药机制的不同，包括 pH 依赖型和酶控制型两种。前者根据不同的 pH 条件下载体通透性和溶解性的不同来控制药物的释放，从而达到肠道靶向的目的；后者通过结肠菌群独特酶系的作用使载体材料发生降解使药物释放。

靶向制剂不仅要求药物选择性地到达特定部位的靶组织、靶器官、靶细胞甚至细胞内的结构，而且要求有一定浓度的药物滞留时间，以便发挥药效，而载体应无遗留的毒副作用。成功的靶向制剂应具备定位浓集、控制释药及无毒可生物降解三个要素。

靶向制剂药物的靶向从到达的部位讲可以分为三级：第一级指到达特定的靶组织或靶器官；第二级指到达特定的细胞；第三级指到达细胞内的特定部位。从方法上，靶向制剂大体可以分为以下三类：

（一）被动靶向制剂

被动靶向制剂（passive targeting preparation）即自然靶向制剂。载药微粒被单核/巨噬细胞系统的巨噬细胞摄取，通过正常生理过程运送至肝、脾等器官。被动靶向的微粒经静脉注射后，在体内的分布首先取决于微粒的粒径大小。通常粒径在 2.5～10μm 时，大部分积集于巨噬细胞。小于 7μm 时一般被肝、脾中的巨噬细胞摄取，200～400nm 的纳米粒集中于肝后迅速被肝清除，小于 10nm 的纳米粒则缓慢聚集于骨髓。大于 7 μm 的微粒通常被肺的毛细血管床以机械滤过的方式截留，可被单核白细胞摄取进入肺组织或肺气泡。除粒径外，电荷等微粒表面性质对分布也起着重要作用。单核/巨噬细胞系统对微粒的摄取，主要由微粒吸附血液中的调理素和巨噬细胞上有关受体完成。吸附调理素的微粒黏附在巨噬细胞表面，并被巨噬细胞摄取。微粒的粒径及其表面性质决定了吸附哪种调理素成分及其吸附的程度，也就决定了吞噬的途径和机制。

（二）主动靶向制剂

主动靶向制剂（active targeting preparation）是用修饰的药物载体作为“导弹”，将药物定向地运送到特定部位以浓集发挥药效。如载药微粒经表面修饰后，不再被巨噬细胞识别，或因连接有特定的配体可与靶细胞的受体结合，或链接单克隆抗体成为免疫微粒等原因，而能避免巨噬细胞的摄取，防止在肝内浓集，改变微粒在体内的自然分布而到达特定的靶部位；亦可将药物修饰成前体药物，即能在活性部位被激活的药理惰性物，在特定靶区被激活发挥作用。如果微粒要通过主动靶向到达靶部位而不被毛细血管截留，通常粒径不应大于 4 μm。

（三）物理化学靶向制剂

物理化学靶向制剂（physical and chemical targeting preparation）应用某些物理化学方法可使靶向制剂在特定部位发挥药效。例如，应用磁性材料与药物制成磁导向，在足够强的体外磁场引导下，通过血管到达并定位于特定靶区；或使用对温度敏感的载体制成热敏感制剂，在热疗的局部作用下，使热敏感制剂在靶区释药；也可利用对 pH 敏感的载体制备 pH 敏感制剂，使药物在特定的 pH 靶区内释药。用栓塞制剂阻断靶区的血供和营养，起到栓塞和靶向治疗的双重作用，也可属于物理化学靶向。

三、黏膜给药系统

黏膜给药系统（mucosal drug delivery systems），是指将药物与适宜的载体材料制成供人体腔道黏膜部位给药，起局部作用或吸收进入人体循环起全身治疗作用的制剂。黏膜给药系统既包括部分传统制剂，也因为其给药途径的独特性和优势，成为将来新制剂发展的方向。黏膜存在于人体各腔道内，药物通过黏膜给药，可以产生局部治疗作用，亦可以通过黏膜吸收进入人体循环发挥全身治疗作用。与口服给药相比，药物通过眼、鼻、口腔、肺、直肠、子宫及阴道等部位黏膜吸收进入人体循环，不经过肝，无首过效应；可以避免口服给药因胃肠道 pH、菌群及酶系统代谢分解而使生物利用度提高，如前列腺素鼻黏膜给药生物利用度比口服给药高 5～10 倍。黏膜给药使用方便、简单、经济，拓展了许多药物的给药途径，特别是有些大分子多肽及蛋白质类药物在胃肠道几乎不被吸收，但可通过黏膜吸收。鼻黏膜、直肠黏膜及阴道黏膜是脂溶性通道，利于脂溶性药物容易通过黏膜吸收。黏膜给药因部位不同、黏膜上皮的厚度不同、角质化与非角质化程度不同及不同部位黏膜的生理环境、生化特点、微生物的作用等影响药物吸收。黏膜给药通过特定区域黏膜吸收而具有一定的靶向作用和缓释作用等特点，如鼻黏膜给药可达脑靶向目的，近年来已引起人们的广泛关注和重视。

影响药物黏膜吸收的主要因素有药物理化性质、生理因素及剂型因素。

（一）药物理化性质

药物在黏膜的吸收与药物的脂溶性、分子质量大小及离子化程度紧密相关。对于水溶性或可解离型药物，分子型比解离型药物更容易吸收，小分子比大分子容易吸收；对于脂溶性药物，既亲水又亲油，且亲油性较强的药物更易吸收；挥发性药物和气体比普通药物溶液更易吸收。

（二）生理因素

黏膜部位的生理环境能够影响药物的黏膜吸收，如黏膜部位出现炎症或破损会使药物黏膜吸收率增加；用药部位的生理解剖特征亦会影响药物吸收，如口腔上皮细胞角质化将降低药物吸收速率；过敏性鼻炎或慢性鼻炎均会影响鼻黏膜的正常生理功能，感冒等疾病能改变药物在鼻腔黏膜的吸收功能。

（三）剂型因素

药物剂型不同会影响药物从剂型中的释放速率，从而影响药物黏膜吸收速率和吸收程度，从而影响生物利用度。例如，鼻黏膜给药常用剂型有溶液剂、混悬剂、凝胶剂、气雾剂、喷雾剂和吸入剂等。其中鼻腔气雾剂、喷雾剂和吸入剂在鼻腔黏膜中的弥散度和分布面积大，疗效优于其他剂型；又如眼黏膜给药的眼膏剂、直肠和阴道黏膜给药的栓剂中，处方组成、基质的性质、渗透促进剂等均可影响药物的黏膜吸收。影响药物黏膜吸收的其他因素还有黏膜部位药物的起始浓度。药物溶液的体积、溶剂对药物在黏膜部位的吸收、药物溶液的 pH、药物的解离状态等，如水溶性苯甲酸鼻黏膜吸收有 pH 依赖性，pH 在药物的解离常数 pK_a 值以下吸收较大，pH 升高，化合物解离，吸收下降。

黏膜给药制剂的质量要求黏膜制剂种类、用途和给药部位各不相同，很难规定统一的质量标准。一般要求，根据黏膜不同部位特点制备的各种药物制剂，应符合《中华人民共和国药典》制剂通则对各种剂型质量要求的有关规定。由于黏膜给药制剂直接用于人体各腔道黏膜部位，要求各种黏膜制剂必须对黏膜具有良好的相容性、无刺激性、稳定性；眼黏膜制剂（如眼膏剂）要求药物必须极细，基质必须纯净，制成的眼膏应均匀、细腻、易涂布、无刺激性、无细菌污染等；要求各种制剂含量准确，质量差异小；各种制剂在规定储藏期内不得变质；固体制剂的溶出度或释放度应符合要求并提供有关生物利用度资料；口腔黏膜制剂还有良好的味觉。

知识链接 7-5

吸入型胰岛素制剂

2014 年，国际糖尿病联盟发布研究结果表明，全球糖尿病患者有 3.71 亿人，其中中国有 9240 万人。成人糖尿病的发病机制主要是胰岛素分泌减少、胰岛素作用效能降低或两者情况均有，并由此而进一步导致慢性高血糖、碳水化合物，脂肪和蛋白质代谢障碍等内分泌紊乱。其中，1 型糖尿病患者体内没有产生足够的胰岛素，其终生需要依赖外源性胰岛素；2 型糖尿病患者晚期也需要补充外源性胰岛素来控制血糖。胰岛素是一种蛋白质激素，其口服制剂会在人体吸收之前就被胃肠道的多种蛋白消化酶所分解，目前主要采用皮下注射给药。2006 年，辉瑞公司的吸入型胰岛素制剂 Exubera 获得美国 FDA 批准上市，但由于其使用成本极高，吸入装置巨大且使用不便导致其于 2007 年退市。Exubera 的研发使得辉瑞产生税前支出 28 亿美元，但仅仅实现了 1200 万美元销售额。2014 年，美国 Mannkind Corp 公司宣布其经过 13 年成功研制的吸入型胰岛素产品 Afrezza 获得美国 FDA 批准，并于 4 月份上市。Afrezza 是目前市场中唯一的吸入型胰岛素，其显著特点是具有更快的吸入速度、吸收速度和排出速度，可较少发生低血糖反应，以及发生胰岛素相关的并发症。Afrezza 短期未见明显的不良反应，但其远期的肺部疾病及癌症风险尚待进一步确证。

四、生物技术药物制剂研究

1902 年，伦敦大学医学院的 Bayliss 和 Starling 从动物的胃肠发现一种能引起胰腺分泌活动的物质，称为促胰液素，这是人类第一次发现活性多肽物质。从此，人类通过不断探索和研究，发展了许多获取生物活性物质的方法，这些方法统称为生物技术；发现了许多可供人类诊断、预防和治疗疾病的生物活性物质，这些物质统称为生物技术药物。

生物技术药物按化学结构可分为多肽类药物、蛋白质类药物及多糖类药物。蛋白质、多肽类的药物又可以分为：①细胞因子类：如人干扰素、人白细胞介素-2、红细胞生成素等；②重组激素类：如胰岛素、降钙素；③重组溶栓类：如 rSK、rSAK、rTPA 和 ProUK；④融合蛋白：IL-3 白喉类毒素融合蛋白；⑤单克隆抗体；⑥基因工程疫苗：如艾滋病疫苗、乙肝疫苗等；⑦治疗性疫苗。核酸药物可以分为：①寡核苷酸药物；②反义寡核核酸药物；③基因治疗药物。多糖类药物除具有抗肿瘤和免疫调节活性外，还有多糖疫苗等。生物技术药物按作用性质和用途可分为：①疫苗；②抗毒素及免疫血清；③血液；④细胞因子和重组 DNA 产品；⑤诊断制品；⑥其他制品。

生物技术药物有着许多其他药物不可替代的作用，具有药理活性高的优势。但同时此类药物最大问题是：结构复杂，理化性质不稳定，口服药物易受胃肠道 pH、菌群及酶系统破坏，稳定性差；相对分子质量大，生物膜穿透性差，吸收困难，生物利用度低；生物半衰期短，体内清除率高；如胰岛素皮下注射给药 $t_{1/2}$ 为 6～9min，每天需 3～4 次。因此，生物技术药物给药存在诸多困难和不便，使这类药物的临床应用受到一定的限制。制剂工作者研究和开发新型给药系统、对生物技术药物进行结构修饰，是解决生物技术药物生物利用度、稳定性，实现其药用价值的重要途径。

生物技术药物在胃肠道中易被水解，吸收度差且半衰期短，临床上常需要重复给药。但为保证生物利用度，目前市售的生物技术药物主要还是通过注射给药，根据其体内作用过程不同，可以分为两大类。一类是普通的注射剂，包括溶液型注射剂、混悬型注射剂和注射用无菌粉末；另一类是缓释、控释型注射给药系统，包括利用微球、微囊、脂质体、纳米粒和微乳等工艺制备的缓释、控释注射系统和缓释、控释植入剂。由于生物技术药物注射给药给患者使用带来诸多不便，因此非注射给药就越来越受到研究者的重视。蛋白质、多肽类药物的非注射剂可以大体上分为黏膜吸收制剂和经皮吸收制剂两大类，主要包括口服、鼻腔、肺部、透皮、颊含、直肠、眼部、阴道等给药途径。这些给药途径的制剂研究中，重点需要解决以下问题：①给药部位透过性低，使药物吸收差；②体液造成药物水解或酶解；③肝的首过效应；④药物对作用部位的靶向性等。

第五节　药剂学相关学科与职业发展

一、药剂学相关学科

药剂学是以多门学科理论为基础的综合性技术学科，物理、化学、电子、生命、材料、化工、信息等科学领域的快速发展推动了药剂学的进步。

（一）工程学

工业生产是药剂学的关键任务，是在工程学理论与技术基础之上建立起来的。药物制剂的生产离不开工程学的基本理论、生产技术、生产设备和质量管理等，才能为临床提供安全、有效、稳定和便于使用的优质产品。工程学在应用于药剂学时，要综合材料科学、机械科学、粉体工程学、化学工程学的理论和实践，才能推动粉碎、分级、混合、制粒、压片、过滤、灭菌、空气净化等制剂制备技术的改进，促进新剂型的研究与开发、处方设计、生产工艺技术的升级。

（二）物理化学

药剂学中有关剂型、制剂的处方设计、制备工艺、质量控制等内容，需要运用物理化学原理、方法和手段。随着物理学在药剂学中的运用越来越多，化学动力学、界面化学、胶体化学、流变学、结晶化学、粉体学等学科的理论和实践在药剂学中的应用也日渐增多，对药剂学的系统发展起到很大的促进作用。药物制剂的处方前工作、处方设计、稳定性、储存等都以物理化学原理为指导，使药剂学的剂型设计、设备、质量控制等迈向了科学化和理论化进程。

（三）高分子材料学

在药剂学的剂型设计和制剂处方中常常涉及合成和天然高分子材料的结构、制备、物理化学特征及其功能与应用。各种高分子材料对创造新剂型和提高制剂质量具有极其重要的作用。

在某种意义上讲，没有高分子材料就没有剂型，没有高分子材料的发展就没有新剂型的发展。因此，了解和掌握高分子材料的基本理论与应用具有重要意义。

（四）生物学

生物学在研究药物在体内的吸收、分布、代谢与排泄的机制及过程，阐明药物因素、剂型因素和生理因素与药效之间关系发挥着极其重要的作用。药物在体内过程不仅涉及生物学，还需结合生理学、药理学、药效学及工业药剂学等多学科知识和理论研究用药的安全性、有效性、合理应用等，并利用药物在体内外的相关性，对剂型和制剂处方及制备工艺等进行合理设计，使制剂产品的生物利用度得到最大限度的发挥。如某药物缓释制剂的体外释放速率直接影响药物在体内的生物利用度，可根据体外释放度实验预测体内过程，为安全有效的处方设计与工艺设计提供科学依据。

（五）数学

从20世纪70年代以来，数学在药剂学中的应用显著推动了药物代谢动力学的发展，采用数学的方法建模，研究药物的吸收、分布、代谢与排泄的体内经时过程与药效之间关系，对指导制剂设计、剂型改革、安全合理用药等提供量化指标。在此基础上，已发展出药物动力学、时辰药物代谢动力学、手性药物动力学、群体药物动力学、药物动力学与药效学结合模型等新的研究方向，成为药剂学的重要基础学科和边缘学科。

（六）临床医学

临床医学是以患者为对象，研究疾病的病因、诊断、治疗和预后的科学，和药剂学之间具有重要的相互影响。一方面，临床医学的不断发展，对药物剂型和制剂提出了新的要求，推动了药剂学理论和实践的进步；另一方面，药剂学推动了临床上用药的有效性、安全性，提升了临床治疗效果。其主要内容包括：提供特定患者所需药品的情报（药效、毒性等）；临床用制剂和处方的研究；药物制剂的临床研究和评价；药物制剂生物利用度研究；药物剂量的临床监控；药物配伍变化及相互作用的研究等。

二、药剂学相关职业发展

药剂学专业培养具备药学、药剂学和药物制剂工程等方面的基本理论知识和基本实验技能，能在药物制剂和与制剂技术相关领域从事研究、开发、工艺设计、生产技术改进和质量控制等方面工作的高级科学技术人才。本专业学生毕业后可以到制药厂和医药研究所从事各类药物开发、研究、生产质量保证和合理用药等方面的工作，也可结合专业知识与技能从事药品营销工作。

（一）从事新型药物制剂研发工作

药剂学研究人员旨在向医生及患者提供安全、有效、稳定、使用方便的药物制剂。然而随着科学技术的发展及生活水平的提高，传统的药物剂型已经很难满足高效、长效、低毒及靶向释放等用药要求。为了适应新的医疗要求，迫使药剂研究工作者创制新剂型和开发新制剂。目前我国药物制剂的研发水平与发达国家相比还存在一定差距，新制剂的种类较少，有很大的提升空间，是药剂学专业人员最合适的行业之一。

（二）从事药品生产工作

药品生产的各个环节都离不开药剂学的理论和技术支持。药剂学新理论和新技术的发展，促进了生产中缓释、控释、靶向和自调式释药系统的应用。通过扩大原料药的制剂品种，有效延长新药专利的保护期，投入不多，却可以产生显著的经济效益。新辅料和新设备将带来新的工艺和新技术，不仅推进了新剂型的发展，而且可以提高生产效率，降低成本。这些都是药品生产中的重大问题，需要相关的药学工作者不但充分掌握传统药物制剂的特点，而且时刻关注药剂学新理论、新技术、新工艺、新辅料等的进展，并合理地与现有的品种和生产条件相结合，提升药品质量，降低成本，获得显著的经济效益。

（三）从事临床药学工作

随着药品数量的增加，患者的救治增加了康复的机会，但不合理用药的现象日益增多，因此而导致的药害事故也随之增加。药剂师是临床合理用药的重要环节，其所具有的药学专业知识对于指导临床合理用药具有关键作用。目前，药剂师正逐渐参与到临床治疗中，可大大降低因不合理用药产生的不良反应，也成为增强医院治愈指数的途径之一。因此，临床药剂师可作为重要的择业方向之一。

（四）从事药品咨询和药品管理工作

药品虽可救人之性命，但在管理及使用不当时亦可害人性命，因此药品需要系统的管理。在医院及药店，药剂师可利用专业知识对毒、麻、限、贵重药品的使用进行管理；根据工作场所不同，给患者发药并解答服药方面的疑惑，对临床各科医生介绍新药，从更专业的角度向医生介绍药物的基本情况；对于工作经验更为丰富的药剂师，还可以发展到药事企业、药品监管部门等单位担任管理职务，从事药品注册、安全监管、市场监管等工作。

综上所述，由于药品的特殊性，对于药剂学工作者在技术、知识、素质等各方面的要求都非常高，但我国的药剂学工作者的各方面素质还普遍处于低水平，药事服务也处在一个起步阶段，落后于发达国家，对高素质药剂学专业人员的需求很大。

本 章 小 结

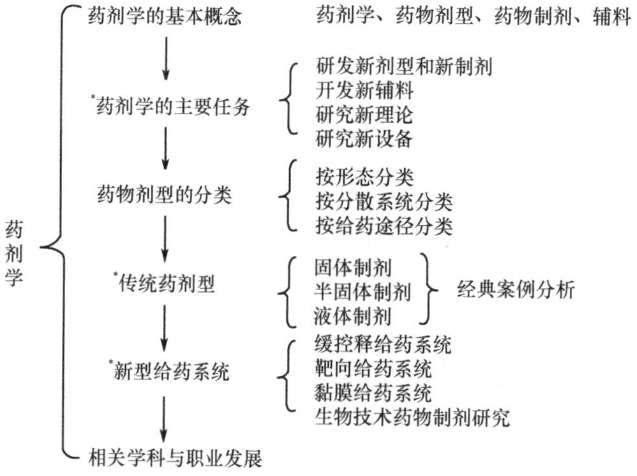

*为重点知识点

思 考 题

1. 简述药剂学的概念及基本任务。
2. 药物剂型按分散系统可以分为哪几类？
3. 药剂学新型给药系统包括哪些？
4. 生物技术药物按化学结构可分为哪几类？

第八章　药物分析学

学习目标

●掌握：药物分析的主要任务、分析对象、主要方法。
●熟悉：药物分析的主要流程，代表药物的质量控制方法。
●了解：药物分析的新进展，药物分析与相关学科的关系。

第一节　药物分析的基本概念和发展简史

一、药物分析概念

安全性、有效性、质量可控性是现代药物的基本特性。其中质量可控性是对前两者的必要保证。

（1）为了保证药物的真伪，有必要对药品中有效成分的化学结构进行鉴别。

（2）为了保证药物的有效性及安全性，检验及控制药品中有效成分的含量极其关键。含量过低有可能导致药品无效，含量偏高则可能带来一定的毒副作用。

（3）在药品生产的各个环节中，要用到有效成分以外的其他化学物质。例如在片剂生产中，为了使得有效成分定型为药片，需要加入淀粉、环糊精等药用辅料与有效成分混合后压片。这些药用辅料的品质与含量也会对药品有效性与安全性造成影响，必须进行分析测定。除了有针对性添加的药用辅料外，药品生产中还可能引入其他非预期的杂质，如重金属离子、高分子聚合物等。这些杂质也有可能对机体产生不同的生物效应，这些效应有可能会改变药效，也有可能造成毒性。

（4）化学药品中的特殊杂质。化学药物大部分是通过化学合成的方法得到。由于化学反应不一定完全产生预期的目标产物，会出现一些非预期的副产物。这些副产物也有可能对药物的有效性和安全性造成影响，必须进行分析测定。

（5）中药中的特殊杂质。中药材成分更为复杂，化学成分成百上千。迄今为止，大部分中药材的药效是由于某一个单一成分的作用还是由于这些组分的协同综合作用造成，仍然没有清晰的论断。因此，中药材的主要利用方式还是整体入药。但是除了有效成分外，在部分中药材中，还可能出现一些毒性成分。在传统的中药用药中，对中药的采收时间、使用部位、炮制方法都有着严格的规范，以尽量降低毒副成分的含量。然而由于社会的发展，传统药工的缺乏，以及用药量的加大，进入临床的中药材是否符合用药需求，毒性成分是否超标等问题的存在，就需要准确地进行定性定量分析。

综上所述，为了保证药品的质量可控，进而保障临床用药的安全性与有效性，必须对药品中有效成分、药用辅料、各类杂质进行分析。由于有效成分、药用辅料、杂质的多样性，就导致了分析方法的多样性。因此，综合利用化学、物理、生物学的各种方法，对药品中包括有效成分在内的各组分进行定性定量分析，最终使得药品质量可控，就是药物分析最基本的任务。

二、药物分析的发展简史

（一）观察分析时代

对药物质量的控制伴随着人类医药发展的历史始终存在。在药物分析的初始阶段，由于技术的落后和工具的缺乏，以各种直接的感官对药物进行质量分析是最主要的方式。这种方式不仅仅在药物产生的初期，即便在现在，也广泛地被药品质量控制所采用。例如，某些药品储存时间过长颜色会发生改变，或者会产生有味气体，可以快速地指示药品的变质。尤其在注射剂的质量控制中，澄清度是一个重要的指标。大部分情况下，注射剂的澄清度是依靠肉眼进行判断的。观察分析方法在中药材的鉴别中更为常见，往往通过触摸、闻气味、尝味道、看颜色与外观可以初步判断中药材产地与品质。

知识链接 8-1

化学品及中药材性状鉴别分析示例

1. 维生素C的性状鉴别 《中国药典》2015年版第二部中对维生素C原料药的性状鉴别规定如下：本品为白色结晶或结晶性粉末；无臭，味酸；久置色渐变微黄；水溶液显酸性反应。表明维生素C在味觉上有一定的特征，且可以通过颜色变化判别其是否有可能变质。

2. 中药人参的性状鉴别 《中国药典》2015年版第一部中对中药人参的性状描述如下，具备植物学基础的技术人员可以根据这些描述简单地判断人参真伪。

主根呈纺锤形或圆柱形，长3～15cm，直径1～2cm。表面灰黄色，上部或全体有疏浅断续的粗横纹及明显的纵皱，下部有支根2～3条，并着生多数细长的须根，须根上常有不明显的细小疣状突出。根茎（芦头）长1～4cm，直径0.3～1.5cm，多拘挛而弯曲，具不定根（宁）和稀疏的凹窝状茎痕（芦碗）。质较硬，断面淡黄白色，显粉性，形成层环纹棕黄色，皮部有黄棕色的点状树脂道及放射状裂隙。香气特异，味微苦、甘。或主根多与根茎近等长或较短，呈圆柱形、菱角形或人字形，长1～6cm。表面灰黄色，具纵皱纹，上部或中下部有环纹，支根多为2～3条，须根少而细长，清晰不乱，有较明显的疣状突起。根茎细长，少数粗短，中上部具稀疏或密集而深陷的茎痕。不定根较细，多下垂。

观察分析方法其自身的优势和劣势都很明显。其优势是快速、直接、几乎无仪器和工具依赖性。只要方法可行，在任何环境下都可以实现分析目的。但是直接观察最大的问题是主观性太强，对实施者的经验要求非常高，同时无法实现精确定量。随着药品的不断增多，药物剂量的不断下降，大部分药品的质量无论从定性还是定量的角度，直接的感官已经完全无法胜任药物分析的任务。例如，很多药物和制剂中药用辅料的颜色完全一样，根本无法通过颜色进行观察。而很多药物的气味和味道也没有明显的特征性。此外，舌尝法对实施者的健康会造成潜在的影响。同时，在高额利益的诱导下，药品的制假售假屡禁不止。假冒伪劣药品第一关要伪造的就是药品的性状，造成“眼见未必为实”的假象。使得直接观察分析药品质量不再担任药物分析的主要任务。因此，表观特征作为药品质量分析逐渐退出药物分析舞台的中央。但是，对于一些特征非常明显的药物，性状分析仍然非常重要，也仍然被药典所收载。

知识链接 8-2

人 参 造 假

人参是中药中著名的名贵药材，尤其是野生人参，价值不菲。正因如此，人参造假成为了一个产业，通过“美容”“整形”等方法，把劣质人参塑造成为优质人参，赚取巨额利润。尤其是野生人参，除了疗效，其品相也成为左右其价格的重要因素，因此对昂贵的完整野山参的质量评价只能采取无破坏性的分析。取样进行仪器分析成为难题，大部分情况下，只能凭借外观、气味进行评估。这就给造假留下了巨大的空间。据报道，在我国东北人参盛产区，高价售出的部分品相很好的野山参，都是通过各种人工手段改造而成的。例如，将缺损人参通过胶水粘连成为完整人参，或者在人参内部注入胶质改善品相和增加重量。而这些，往往通过性状分析无法分辨。更有甚者，还有将完整人参提取有效成分后，再重新整形出售。相反，很多廉价中药材，对药材品相不要求，取样不要求无破坏，可以采用多种技术手段进行分析，没有出现人参那么多的假冒伪劣问题。这就说明，单纯的观察分析，往往难以全面衡量药品质量。

（二）容量分析（滴定分析）时代

随着社会技术水平的发展，对医疗水平的要求逐渐提高。其中对药品质量控制的要求是重要的组成部分。其中最为重要的要求是质量控制的准确化、精密化、精确化。但是随着药品种类的不断增大，直接的表观观察越来越难以胜任。主要有如下两方面的原因：第一是不可见性，这里的不可见不仅仅包括眼睛无法直接观察，也包括手感、触觉、嗅觉、味觉的不可见。这种不可见可以由于药品自身化学性质造成，也可能由于随着药物制剂水平的提高导致的药物剂量不断降低而造成。第二是定量水平低下，大部分药物的颜色、气味等特征并没有因为量的变化呈现出显著的同步变化。为了实现药物质量控制水平的提高，必须解决两方面的问题。第一是把不可见变为可见，第二是在可见的基础之上，选择灵敏、准确、精确的观测指标。这是迄今为止，药物分析方法进步的两个重要方向。

滴定分析是药物分析方法从直接原始方法开始迈出的第一步，而这第一步的迈出可以认为是药物分析方法的第一次方法学革命，而发展的方向就是解决大部分药物不可见或者观察指标不灵敏的问题。长期的化学研究历史使人类掌握了丰富的化学知识。基于这些化学基础，大量的发生颜色变化的化学反应得以积累。通过化学反应，将不可见的药物转变成为可见的化学反应产物，通过对可见的化学反应产物的测定间接完成对不可见药物的测定。然而，将不可见变为可见，可以作为定性分析的依据之一，如判断某一药物成分是否存在于分析的目标药品当中，但是还无法完全达到准确的定量要求。这主要是由于人眼对同一颜色深浅变化判断的不敏锐造成。当化学反应发生，药物逐渐减少，化学反应产物逐渐增多，溶液所显的产物颜色逐渐加深。当药物反应完全后，再加入反应试剂时颜色不再继续加深。但是如何判断颜色不再继续加深的临界点成为整个定量分析的关键。由于眼睛目测敏锐性的限制，对临界点的捕捉非常困难。这就要求寻找到一些在临界点具有鲜明的颜色变化的反应指示反应完成。这种鲜明的变化可以从冷色系变为暖色系，或反之，也可以是从无色变为有色，或者从有色变为无色。为了指示反应的终点，寻求颜色敏锐变化的化学指示剂成为滴定分析的另一关键。而由于能用于颜色指示的终点指示剂的缺乏，当找到一种指示剂后，在滴定分析当中，会把目标分析药物通过各种变化与已知指示剂联系上，对其加以利用。例如，当药物自身难以找到显色反应，但是其某种反应试剂具有敏锐的显色反应时，可以借助反应试剂微量过量即可显色作为反应终点的指示，酸碱滴定反应是这种常见的例子。或者可以利用已知量但是远远过量于药物预估值的反应试剂完全反应掉药物，再通过已经提前建立好的滴定分析对过量的反应试剂进行测定，剩余碘量法是这种常见的例子。

知识链接 8-3

剩余碘量法测定葡萄糖原料药含量

碘量法是药物分析中的一种经典方法，可以有直接碘量法和剩余碘量法。这主要是依据与碘发生反应速度的快慢。与碘反应迅速的可以采用直接碘量法，而需要一定时间与碘完成反应的，一般采用剩余碘量法。剩余碘量法主要用于测定具有一定还原性的药物。首先根据药物的标示量计算出所需的碘溶液，然后配置过量的碘溶液充分反应掉还原性药物。反应完全后，利用另外一种具有还原性的可以与碘迅速反应的化学试剂来滴定剩余的碘单质。碘量法之所以被广泛应用在于碘单质本身的两个特性：一个是氧化性，使其可以与还原性药物反应；另一个是遇淀粉迅速变蓝的性质，使得反应终点很容易观察。

测定原理：葡萄糖中的糖醛基具有还原性，可以被氧化，碘单质具有氧化性，可以还原葡萄糖中的糖醛基。利用已知量的碘单质对葡萄糖进行滴定，通过反应掉的碘单质的量，根据化学计量关系，可以计算出葡萄糖的量，进而计算出葡萄糖的含量，用以判断葡萄糖注射液是否合格。由于碘单质与葡萄糖反应需要一定时间，因此，此处采用剩余碘量法。首先，用过量的碘单质与葡萄糖反应一定时间。反应完成后，用标准的硫代硫酸钠溶液滴定反应剩余的碘单质。根据消耗的标准硫代硫酸钠的量，可以计算出剩余碘单质的量，进而计算出与葡萄糖反应掉的碘单质的量，最终计算出葡萄糖的量。在用硫代硫酸钠滴定剩余的碘单质时，用淀粉做指示剂，当越来越趋近反应终点时，碘单质的量越来越少，碘单质本身的褐色越来越淡。当颜色急剧变淡后，加入淀粉指示剂，溶液立即变蓝。继续滴定，待蓝色消失，表示滴定终点达到。

随着技术水平的提高，人类认识外界事物的能力早已超脱了身体感官的束缚。例如，电流信号，人眼无法观察，但是通过电位仪可以测定。因此，如果用氧化还原反应作为滴定反应的工具，当药物与反应试剂反应时，发生电子转移形成电流，就可以借用电位仪检测到，当药物完全反应后，加入反应试剂也不会产生新的电流，电位仪就无法侦测到信号，成为了新型的滴定反应指示工具。

滴定反应分析方法的关键是借助定量化学反应，这就要求一定是在溶液中进行，并且是通过滴加已知浓度的反应试剂的体积变化结合化学反应计量关系对药物进行间接检测，因此滴定分析也称为容量分析。由于将固相分析转为了液相分析，使得操作更为简便。同时，由于采用了变色非常敏锐的显色试剂，使得测定的能力更高，能检测到更微量的药物，检测也相对于直接观察法更为精确，重现性好。这就大大扩展了可以用于分析的药物范围，也提高了药物质量控制的水平，更好地保障了临床用药的安全性与有效性。但是容量分析法的局限性也显而易见。首先，并非所有药物都能找到可以利用的定量显色反应；其次，尽管指示剂显色灵敏，但是毕竟是借助目测实现定量，操作人员的手法，熟练程度，以及眼睛的辨色极限都是限制。

（三）光谱学时代

无论是直接的观察分析，还是大部分的滴定分析，最终都是依靠人的自然感官作为判断的工具。这就带来两个问题。第一是主观性，不同的人，感官灵敏度是不一致的。作为极端案例，色弱、色盲人群就不适合于药物分析工作任务的承担。第二是检测极限。人的感官能力是较为保守的，是不会短时间内发生进化的，因此限制了药物分析的检测分析范围及灵敏程度的提高。事实上，除了人可以直接感官的信号外，自然界存在着更多的人不可感官的信号。尤其在光学信号上，除了人眼可以感知的可见光外，很多药物在紫外光区也有信号响应。当一束紫外光通过含有药物的溶液时，药物分子会选择性地对某一波长的紫外线进行吸收，且其吸收程度与药物浓度呈正比。利用这一性质，一种检测紫外吸收程度的仪器被开发出来。这种仪器对药物紫外光区吸收的检测能力，普遍高于肉眼对可见光的观察能力。同时，仪器可以实现对紫外-可见两部分波长的全检测。极大地提高了药物分析的灵敏度。此外，由于仪器可将紫外吸收信号直接转换为电流信号，电流大小被读出后直接显示，规避了肉眼观察的不精确性。

在发现了药物的紫外吸收特性以后，药物的红外吸收特性、荧光发光特性、蒸发光散射特性、质谱学特性、磁共振特性等被不断发现，这些光谱学性质都被应用到了药物的定性定量分析中来，满足了各种不同结构类型药物的分析要求。

（四）色谱学时代

光谱学仪器分析方法的应用，提升了药物分析灵敏度和精确度，成为了目前药物分析方法中最为常用的方法之一。但是仍然无法解决药物分析中遇到的所有问题。例如，在复方药物分析中，如果两种药物在同一波长段都具有吸收，那么只能测得两种药物的总量，而无法获得每一种药物的定量信息。或者如果药物的紫外吸收波段和药用辅料、杂质相同，也会带来分析的难度。尤其在中药分析中，中药中的成分成百上千，很多同系物成分紫外吸收及其他光谱学性质非常接近，仅仅依靠单一的光谱学方法难以实现。

为了解决上面这个矛盾，就需要一种能将目标成分与基质或者杂质分离开来的方法。由于这种分离方法最初用于不同颜色的色素的分离，因此称之为色谱学。通过色谱分离后，理论上可以得到单一的药物组分，这些单一的药物组分再结合光谱学的检测手段，就可以准确地测定药物的浓度。这种色谱-光谱联用的方法目前广泛应用于药物分析领域。最为常见的是色谱与紫外吸收检测器的联用，此外还有与荧光、蒸发光散射等联用。目前最为前沿的，检测分析能力较强的是色谱与质谱的联用。但是相对而言，色谱与紫外吸收检测器的联用性价比最高，也是药典采用得最多的方法。

知识链接 8-4

色　谱　学

色谱学是一门研究分离与分析的学科。其主要的研究方向就是如何在复杂样品中将单一成分分离出来。色谱学最早是由意大利裔俄国科学家 Mikhail Tsvet 于 1900 年提出。他最早的工作主要是从植物中提取分离出不同颜色的色素，这也是现在把用于分离的方法都称之为色谱学方法的原因。

色谱学对复杂组分之间的分离主要是利用两种力的矛盾与平衡。一种是推动力，一种是阻力。一般在色谱学分离中，会在某一固定的表面负载上一些化学材料，或者在一定的空间填充一些化学材料。然后用溶剂溶解需要分离的组分，使用虹吸作用或者正向施压推动溶液进入化学材料。此时，由于复杂组分中不同物质化学结构的不同，会与负载的化学材料之间产生不同大小的吸附能力。吸附能力大的会在材料表面停留时间更长，吸附能力小的会在材料表面停留时间更短。但由于溶剂的洗脱作用，这些组分最终会按照吸附能力的不同，先后被移出色谱柱。这样，在溶剂推动力及化学材料吸附的阻力共同作用下，就实现了不同组分的分离。

在上面的介绍中，用于溶解样品及推动样品前进的试剂在色谱学中称之为流动相，而所用于吸附化学组分产生阻力的试剂称之为固定相。根据流动相和固定相的不同组合，迄今为止产生了多种色谱学方法。主要分为流动相为液体，固定相为固体的液-固色谱法；流动相为气体，固定相为液体的气-液色谱法；流动相为液体，固定相也为液体的液-液色谱法等。这其中需要说明的是，固定相并非只能是固体。随着色谱学定义的扩展，只要是能产生阻力，阻碍化学成分移出色谱系统的都称之为固定相。

常见的色谱法举例：

1. 薄层色谱法　一般是在一块平板（常用玻璃板）上平铺上所需的固定相，把样品用毛细管点样于薄层板的底端，用低于样品高度的溶剂浸泡薄层板，通过虹吸作用推动溶剂往薄层板顶端移动，并带动样品分子在薄层板上做差速迁移，实现样品中复杂组分的分离。

2. 柱色谱法　一般是在一个空心柱中填充固定相，然后将样品上样于柱子的一端，用流动相冲洗柱子以带动样品分子在柱中移动，通过与柱中固定相的不同吸附能力，实现差速迁移，最终实现复杂组分的分离。

基于上述两种常见的色谱法原理，衍生出很多色谱技术。目前比较常用的有薄层色谱法、气相色谱法、高效液相色谱法等。薄层色谱法前面已有介绍，下面着重介绍气相色谱法和高效液相色谱法。

气相色谱法：目前常用的气相色谱法基本原理是气-液色谱法。主要用于分析一些极性非常小，容易在高温下气化的物质。在形态上属于柱色谱法。其色谱柱一般采用毛细管柱，在空心的毛细管内表面涂上一层对有机分子具有溶解性的液体涂层。样品溶液经气化后，由氢气、氦气等带入色谱柱，样品中的化合物在气体和液体之间不断分配，根据液体对有机分子的溶解能力不同实现差速分离。

高效液相色谱法：在形态上属于柱色谱法。在原理上属于液-固色谱法。其色谱柱一般采用空心不锈钢柱，柱截面直径 5mm 以下，长度在 50～250mm 不等。在空心柱中填入分离材料，样品上于柱端，流动相一般由甲醇、乙腈等有机溶剂和水共同构成。采用高压将流动相推入色谱柱，带动样品分子在柱内移动，同时由于分离材料的选择吸附，实现样品组分的差速分离。高效液相色谱法是在传统的普通液相柱色谱法的基础上发展起来的。与传统的液相色谱法相比，色谱材料采用了更细的材料粉末，并且采用高压填充柱子，这样的技术使得样品分子可以和材料充分接触，分离效率更高。但是也使得液体通过柱子时压力非常高，必须采用高压输送液体。因此高效液相色谱初期也被称为高压相色谱。传统的柱色谱法，是将待测组分收集以后，送入光谱仪分析。高效液相色谱法实现了样品分离后直接进入检测器分析，提高了分离分析的效率。

第二节　药物分析学主要内容

药物分析的最主要任务是贯穿药物研发过程及药物临床使用阶段的药物质量控制。要解决的两大主要问题是判断药物的真伪，评价药物的优劣。而制定药物质量标准和执行药物质量标准是解决这两大主要问题的主要实现形式。具体的工作内容主要包括有效成分鉴别、杂质检查、有效成分含量测定三个方面。

一、药物的鉴别试验

（一）特征化学反应法

特征化学反应法一般是针对药物化学结构中特殊官能团具备的典型的、可观察性化学反应进行鉴定。所能选取的化学反应有两类：一类是有意识地根据化学反应机制设计的有针对性的鉴别反应；另一类是在化学实践中发现的可特征性显色、产生有味气体等的鉴别反应。其中第一类一定是机制明确的，第二类仅仅是大量的实验证实其可用，但是机制并不明确。对于机制不明确的鉴别反应，明确其反应及机制所在也是药物分析学研究的重要内容。

化学鉴别示例：对乙酰氨基酚的化学鉴别实验

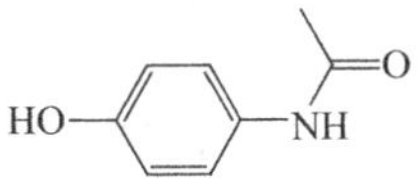

对乙酰氨基酚化学结构

《中国药典》2015 年版中，对乙酰氨基酚的鉴别采用两种化学鉴别方法和一种光谱学方法。其中化学鉴别方法如下：①本品的水溶液加三氯化铁试液，即显蓝紫色。②取本品约 0.1 g，加稀盐酸 5ml，置水浴中加热 40 min，放冷；取 0.5ml，滴加亚硝酸钠试液 5 滴，摇匀，用 3 ml 水稀释后，加碱性 *β*-萘酚试液 2 ml，振摇，即显红色。

这两种鉴别方法中，第一种方法是对其结构中的酚羟基进行鉴别。三价铁离子与酚羟基可产生特殊的络合反应，呈蓝紫色。这个鉴别反应也适用于其他含有酚羟基的药物的鉴别。第二种方法是利用芳香第一胺与亚硝酸钠及 *β*-萘酚反应，呈红色。稀盐酸水浴加热的目的是水解乙酰氨基，暴露出其中的芳香伯胺。因此，两种方法分别从酚羟基和芳香氨基的角度对对乙酰氨基酚进行了鉴别。

（二）光谱学特征鉴别

由于分子的化学结构对其各种光谱学性质有显著影响，因此光谱学检查也是鉴别药物的重要辅助证据之一，操作简便，鉴别简单。其中，最常用的光谱学特征有紫外吸收光谱、红外吸收光谱等。在光波当中，400～760nm 范围属于可见光区，在这个区域，随着波长由小到大，颜色逐渐由紫光过渡到红光。当波长小于 400nm 后，人眼已经不可见，就属于紫外光的范畴。当波长大于 760nm 后，人眼也不可见，属于红外光的范畴。对于有机药物分子，因其化学结构的不同，其分子外层电子发生跃迁所需的能量也不同。当所需能量较高，就会吸收紫外部分的光波中的能量实现跃迁，也就表现出紫外吸收。除了电子跃迁，有机分子的基团还处于随时的振动当中，这种振动也需要能量的供给，但是所需能量较电子跃迁较小，往往在红外波长段产生吸收。因为不同基团在不同的化学结构环境中发生振动的频率及所需的能量不同，因此分子的红外吸收波长也与结构有着一定的相关性。凭借大量化学实验总结的这种结构与吸收波长之间的相关性，就可以在一定程度上对药物分子结构特征进行鉴别。

下面介绍一下《中国药典》2015 年版中解热镇痛、非甾体抗炎药奥沙普秦的紫外光谱鉴别：

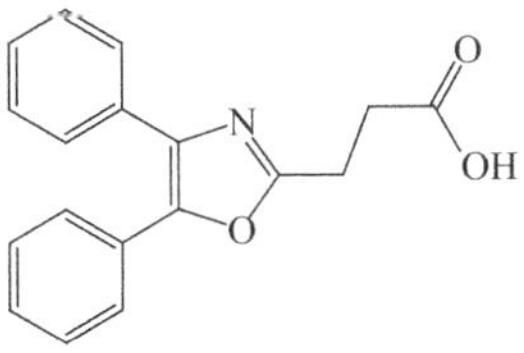

奥沙普秦的化学结构

取本品，加乙醇制成每 1ml 中含 20 μg 的溶液，照紫外-可见分光光度法（通则 0401）测定，在 222 nm 与 286 nm 处有最大吸收。这个方法是通过预实验，在紫外波谱区 110～400nm，以一定的间距进行紫外扫描。例如，以 5 nm 为间距，则会在 110nm，115nm，120nm，125nm……400nm 测定其紫外吸收，根据紫外吸收强度与波长进行作图，可以观察到奥沙普秦在 222 nm 与 286 nm 处的吸收明显高于其周边波长。因此，《中国药典》中把同时具有这两个最大波长的特征用来鉴别奥沙普秦。

（三）色谱学特征鉴别

不同结构的药物分子理论上会在色谱方法上表现出不同的移出时间。由于药物分子移出时不是完全同时移出，会呈现山峰状的正态分布，因此这个时间也被称之为出峰时间。一般柱色谱法上习惯用出峰时间来衡量药物分子的色谱保留能力。如果在薄层色谱上，不同的药物分子，在相同的时间内，在薄层色谱板迁移的距离会有差异，就可以利用迁移距离的不同对药物分子进行鉴别。色谱系统的分离影响因素很多，尽管同样的材料对同一药物分子在同样的溶剂系统中保留能力是一定的，但是不同次实验中测得的数据会有一定程度的偏移。因此，在色谱学鉴定中，使用已知结构的药物分子同法操作，判断未知样本中的药物成分是否与已知样本一致。这种已知物质称之为对照品。在柱色谱法或者高效液相色谱法中，需要组分移出色谱系统，然后采用光谱学仪器进行检测，如前面提到的紫外吸收检测器等。在薄层色谱法中，不需要组分移出色谱系统，一般需要对仍然保留在薄层板上的药物分子进行显色处理，这种显色的原理与滴定分析时使用的原理是一致的，即通过化学反应将不可见的药物转变为可见的化学反应产物。综上所述，药物分子如果在高效液相色谱（气相色谱）中与对照品表现出相同的出峰时间，或者在薄层色谱中与对照品表现出相同的迁移行为及相同的化学显色行为，即可作为药品判真的重要证据之一。

知识链接 8-5

薄层及高效液相色谱法鉴别示例

1. 薄层色谱法鉴别药物的示例　一般需要利用色谱法进行鉴别的多为复方制剂。对于化学药物，多数为单一成分，大部分鉴别借助化学反应鉴别和光谱学即可完成。对于中药，无论是单味药材成药，还是复方中药，成分都很复杂，一般的中药鉴别都是采用色谱法。下面介绍一个化学复方制剂（炔诺孕酮炔雌醚片）的薄层色谱法鉴别。炔诺孕酮炔雌醚片处方中含有炔诺孕酮和炔雌醚两种化学成分。片剂规格为 15mg，其中炔诺孕酮 12mg，炔雌醚 3 mg。《中国药典》2015 年版规定其薄层鉴别方法如下：

取本品 1 片，研细，加三氯甲烷 5ml，充分搅拌后，滤过，取滤液作为供试品溶液；另取炔诺孕酮与炔雌醚对照品，加三氯甲烷溶解，并稀释制成每 1ml 中约含炔诺孕酮与炔雌醚各 1mg 的溶液作为对照品溶液。照薄层色谱法（通则 0502）试验，吸取上述两种溶液各 30 μl，分别点于同一硅胶 G 薄层板上，以三氯甲烷-甲醇（9∶1）为展开剂，展开，晾干，喷以硫酸-无水乙醇（1∶1），在 105 ℃ 加热使显色。供试品溶液所显两个成分主斑点的位置和颜色应与对照品溶液相应的主斑点相同。

2. 高效液相色谱法鉴别药物的示例　高效液相色谱法鉴别的原理与薄层色谱法类似，都是观察待测药物组分与对照品是否在同一色谱系统中具有相同的保留时间或者迁移距离。高效液相色谱法鉴别一般与含量测定同时进行。例如，《中国药典》中青霉素的鉴别项规定“在含量测定项下记录的色谱图中，供试品溶液主峰的保留时间应与对照品溶液主峰的保留时间一致”。

二、药物的杂质检查

无论是合成制备药物原料的过程，还是对原料药加以加工并制成制剂的过程，都不可避免地会引入各种杂质，这些杂质可能对药效不产生影响，也可能降低或者增敏药效，还可能带来安全性隐患。无论是出于有效性还是安全性的考虑，都必须对杂质含量加以限制，以保证药品疗效的稳定可控。

在整个药品生产过程中引入的杂质可以分为两类：第一类是一般杂质；第二类是特殊杂质。一般杂质的引入因素很多，主要有如下几个方面：首先是自然界中广泛存在的一些不可避免的物质的引入；其次是制剂工艺中药用辅料的制备工艺中引入；此外还可能由于药品生产流程中的设备、包装材料污染引入。由于这些因素对所有药品共同存在，因此是大多数药品的杂质检验的例行项目。常见的一般杂质包括重金属离子、氯化物、硫酸根离子、铁离子、砷元素等。这其中，重金属离子和砷元素等自身就具有毒性，必须限量。其他一般杂质则可能与药物有效成分产生化学的或者物理学的相互作用，影响药物性质与形态，最终影响药效及安全，也必须限量。特殊杂质的引入，一般与药物化学结构密切相关，主要有两个来源。第一是药品合成时的副产物，第二是药品储存时发生降解或者其他反应生成的化学物质。这些化学物质一般具有与药物有效成分非常接近的化学结构，但是由于关键官能团发生变化，往往并不具备原药物的药效，甚至具有其他毒副作用，必须进行限量分析。

下面是常见的杂质分析方法介绍：

（一）重金属离子检查

《中国药典》2015 年版中重金属检查有两种方法，下面介绍第一法对铅离子的检查。

除另有规定外，取 25ml 纳氏比色管三支，甲管中加标准铅溶液一定量与乙酸盐缓冲液（pH 3.5）2ml 后，加水或各品种项下规定的溶剂稀释成 25ml，乙管中加供试品溶液 25ml，丙管中加入与乙管相同重量的供试品，加配制供试品溶液的溶剂适量使溶解，再加与甲管相同量的标准铅溶液与乙酸盐缓冲液（pH 3.5）2ml 后，用溶剂稀释成 25ml；若供试品溶液带颜色，可在甲管中滴加少量的稀焦糖溶液或其他无干扰的有色溶液，使之与乙管、丙管一致；再在甲、乙、丙三管中分别加硫代乙酰胺试液各 2ml，摇匀，放置 2min，同置白纸上，自上向下透视，当丙管中显出的颜色不浅于甲管时，乙管中显示的颜色与甲管比较，不得更深。如丙管中显出的颜色浅于甲管，应取样按第二法重新检查。

本法所采用的原理如下：硫代乙酰胺在酸性条件下生成乙酰胺和硫化氢，硫化氢与铅离子形成硫化铅沉淀，根据供试品（乙管）中沉淀的多少与标准铅溶液比较（甲管）来判别供试品中重金属铅是否超标。加入焦糖溶液调整颜色的目的是防止供试品中其他非重金属的成分颜色对观察造成影响。丙管是对照管，其对照原理是加样回收。所谓加样回收就是在一定的样品中添加已知量的对照品，如果最终测到的值是待测值与加样值的总和，则加样回收率是百分之百。在检查中，只需要定性的观察方法是否可行，因此只需判断丙管颜色深于甲管，表明方法可行，再进行甲乙管的比较分析。

（二）氯离子检查

氯离子检查原理是利用氯化银不溶于水，形成沉淀。如果在样品中加入硝酸银后，出现沉淀，并且这个沉淀不多于标准量的氯离子产生的沉淀，则表明药品中氯离子不超标。

《中国药典》2015 年版通则 0801 中对氯化物检查的方法规定如下：除另有规定外，取各品种项下规定量的供试品，加水溶解使成 25ml（溶液如显碱性，可滴加硝酸使呈中性），再加稀硝酸 10ml；溶液如不澄清，应滤过；置 50ml 纳氏比色管中，加水使成约 40ml，摇匀，即得供试品溶液。另取该品种项下规定量的标准氯化钠溶液，置 50ml 纳氏比色管中，加稀硝酸 10ml，加水成 40ml，摇匀，即得对照溶液。于供试品溶液与对照溶液中，分别加入硝酸银试液 1.0ml，用水稀释成 50ml，摇匀，在暗处放置 5min，同置黑色背景上，从比色管上方向下观察比较，即得。

三、药物的含量测定方法

（一）含量测定的意义和概况

在药品中目标有效成分的化学结构得以鉴定，杂质限量检查完成的基础之上，有效成分的含量测定成为药品质量控制最关键的一部分。含量测定所采取的方法多种多样，对于化学合成药物，由于其组分一般较为简单，往往仅仅有一种单一有效成分，在满足分析需求的情况下，可以采用滴定分析、光谱学分析、色谱-光谱联用分析的任意一种完成含量测定。但是对于中药及中成药，由于成分复杂，一般不采用滴定分析和单一的光谱学分析，而是由色谱-光谱学分析完成含量测定。常见的色谱-光谱联用系统包括高效液相色谱联用紫外吸收检测器、气相色谱联用氢焰检测器等。

（二）含量测定原理

在具体的含量测定方法上，无论是滴定分析、光谱学分析、色谱-光谱联用分析，都依赖于已知的纯品物质作为矫正，根据纯品物质的响应推算出待测样本中的有效成分的量。但是在具体操作上，又略有不同。对于光谱学分析和色谱-光谱联用分析，首先测定不同质量的纯品物质在检测系统下的响应（即读数），然后根据纯品的质量和响应值建立函数关系（药物分析中一般采用直线方程），然后测定待测样本中的有效成分的响应值，代入建立的直线方程即可求得待测组分的质量，并进一步转换为所需的含量。然而，对于滴定分析，是通过已知浓度的反应试剂与药物反应，测定完全反应时的反应试剂消耗体积，计算出反应试剂消耗的质量，根据化学反应计量关系，推算出药物有效成分的质量，并进一步转换为所需的含量。

（三）含量测定示例

滴定分析法定量的例子前面已有介绍，下面介绍一下利用紫外分光光度法进行定量分析的例子（硫酸阿托品的含量测定）：

该法原理是阿托品与溴甲酚绿反应生成脂溶性的在 420nm 处有最大吸收的产物，依据 420nm 处的吸收强度计算供试品中阿托品的含量。一般情况下，用标准品进行校正时，是需要采用标准曲线的。但是如果样品浓度与对照品浓度非常接近时，可以采用外标一点法，即根据对照品与样品中待测成分的响应比例推算待测成分在样品中的含量。具体操作如下：

取本品 20 片，精密称定，研细，精密称取适量（约相当于硫酸阿托品 2.5mg），置 50ml 量瓶中，加水振摇使硫酸阿托品溶解并稀释至刻度，滤过，取续滤液，作为供试品溶液；另取硫酸阿托品对照品约 25mg，精密称定，置 25ml 量瓶中，加水溶解并稀释至刻度，摇匀，精密量取 5ml，置 100ml 量瓶中，用水稀释至刻度，摇匀，作为对照品溶液。精密量取供试品溶液与对照品溶液各 2ml，分别置预先精密加入三氯甲烷 10ml 的分液漏斗中，各加溴甲酚绿溶液（取溴甲酚绿 50mg 与邻苯二甲酸氢钾 1.021g，加 0.2mol/L 氢氧化钠溶液 6.0ml 使溶解，再用水稀释至 100ml，摇匀，必要时滤过）2.0ml，振摇提取 2min 后，静置使分层，分取澄清的三氯甲烷液，照紫外-可见分光光度法（通则 0401），在 420nm 的波长处分别测定吸光度，计算，并将结果乘以 1.027，即得。

四、药品质量标准

通过鉴别、检查、含量测定等阶段各种技术的实施，可以实现对药品质量的全方位评价。但是，这种评价必须具有一定的参照，才能说明药品质量是否合格。设定的这种参照就是药品质量标准。例如，通过化学反应鉴别实验，必须观察到一定的现象才认为药品为真。在含量测定中，药物有效成分的含量必须达到一定的数值才能认为药品合格。那么对这些现象和含量进行的规定就是药品质量标准。

提出药品质量标准的主体可以是药品生产企业，可以是地方政府的立法或者职能部门，也可以是国家立法或者执法部门。根据提出主体的不同，药品质量标准具备的适用及效力范围也不同。对于大部分临床常用药品，在具有国家法律地位的药典中会对其质量标准做出规定。除了国家标准外，相关行业主管部门可以在与国家标准不冲突的前提下，根据行业管理和临床需求提出管理标准，称为部颁标准或局颁标准。对于部分使用具有地域性的药品，地方政府职能部门可以在地方标准中对其质量做出规定。而对于刚获得许可上市的新药，没有国家、行业、地方标准可以参照，企业必须制定出相应的药品质量标准对药品的安全性及有效性进行保障，这称之为企业标准或者企业内控标准。对于同一种药品既有企业标准，又有地方标准及国家标准的情况下，地方标准和企业标准均不得低于国家标准。因此，国家标准是药品的准入标准，从质控水准上讲，是药品必须达到的最低标准，而不是最高标准。同时，也应注意到，并非每一种药品都具有国家标准。大部分创新药物在一定时期内是由企业标准控制药品质量，但是所有上市药品的执行标准都必须得到食品药品监督管理总局的批准且进行备案。

五、体内药物分析

（一）体内药物分析与药物质量标准之间的关系

药品质量标准的内容，不包含任何药物体内过程。但是，标准制定的原则是在动物及人体试验指导下完成的。尤其是药品中有效成分的含量、制剂形式等，都需要通过体内试验进行确定。只有通过实际的动物试验及人体试验，才能最终确定药物的给药剂量，根据给药剂量才能确定药品中有效成分应有的含量及制剂规格。这些都需要药物分析学的介入。

（二）药物体内过程影响药物疗效，而体内药物分析是掌握药物体内过程的主要手段

按照现代药物理论，药物产生疗效，必须使得药物到达病变器官、组织、部位。药物进入体内后具体到达身体的部位受到给药形式的影响。例如，通过口服给药的药物通常会首先从肠道吸收，然后进入肝脏。肝脏是人体最重要的代谢器官，常常会对进入体内的药物进行结构改造后送入体循环，再通过体循环把药物输送到病变部位。由于肝脏对药物的结构改造，可能会使药物失活。真正起到疗效的是药物中通过肝脏后还残存的原形部分。而如果药物通过静脉注射给药，药物原形会直接进入体循环，进而到达病变部位，可以在进入体内的初始阶段躲避掉肝脏的代谢活动。进入体循环的药物的量与药物进入病变部位的量正向相关，也就与药物的疗效正向相关。药物在血液中的浓度则可反映出药物进入体循环的量。因此，通过测定药物在血液中的浓度就可以提示药物进入体循环量是否足够，也就提示药物产生药效的潜在性。如果通过血药浓度监测，发现某种药物血药浓度过低，不能产生预期的药效，则可以改变药物给药形式，从口服给药转变为静脉注射。

（三）药物疗效可能与药物代谢产物相关，代谢产物的分析需要体内药物分析

肝脏会对药物结构进行改造，通过生物催化生成新的产物。这些产物与药物原形结构相似，但是发生了部分官能团的改变，这些结构发生变化的产物我们称之为代谢产物。代谢产物在体内是否会对药效有干扰，或者产生毒性，也需要进行分析。药物转化为产物的速率，转化后的产物的活性及毒性如何，这也是药物分析学要解决的主要问题。

（四）体内药物分析与体外药物分析的区别

体内药物分析的结果指导药品质量标准的制定，但是体外药物分析直接给出药品质量控制的参数。两者都是利用各种方法对药物进行定性、定量分析，但是也具有一定的区别。

1. 体内分析基质复杂　体内分析时，药物载体往往是动物或者人体组织、体液等，里面除了药物本身之外，还有很多复杂组分，如蛋白、核酸、脂质等。尤其是脂质，由于其构成碳链长短不一，成环方式各异，使得其家族庞大。并且其物理化学性质往往与药物相似，给分析带来了极大的难度。

2. 滴定分析和单一的光谱学分析检测灵敏度不够　药物在体内发挥药效的浓度相对于常

规的滴定分析及单一的光谱学分析的能力来讲，都是极低的。

3. 其他 在体内药物分析时，往往伴随有药物代谢产物的分析，这些产物和原形化合物结构差别不是非常大，理化性质往往较为接近，光谱学性质接近。

上述三个方面的因素，决定了：①滴定分析所借助的显色化学反应无法区分原形药物与代谢产物；②光谱学分析容易受到复杂基质的干扰；③滴定分析和单一的光谱学分析的灵敏度不够。

为了解决上述问题，一般有两个方面的措施。①减轻基质干扰。为了减轻基质干扰，一般采用色谱法对基质和分析目标进行分离，获得分离的药物再进行光谱学检测。②采用更为灵敏的检测器。部分紫外吸收强烈的药物可以采用紫外吸收检测器；对于紫外吸收不强的药物，如果具有荧光发射性质的，可以选用荧光检测器；而目前在体内药物分析中，分析范围更广，灵敏度更高的是质谱检测器。色谱分离结合更灵敏的检测器就成为体内药物分析的主要方法。目前，高效液相色谱联用质谱法是体内药物分析的主流方法。

第三节 药物分析学案例分析

本节提供两个药典收载的药物标准供大家利用前面学习的知识进行分析。

一、阿司匹林原料药

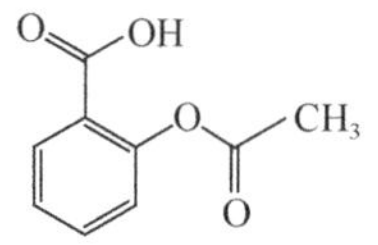

阿司匹林（aspirin）的结构式

本品为2-（乙酰氧基）苯甲酸。按干燥品计算，含$C_9H_8O_4$不得少于99.5%。

【性状】本品为白色结晶或结晶性粉末；无臭或微带乙酸臭；遇湿气即缓缓水解。本品在乙醇中易溶，在三氯甲烷或乙醚中溶解，在水或无水乙醚中微溶；在氢氧化钠溶液或碳酸钠溶液中溶解，但同时分解。

【鉴别】

（1）取本品约0.1g，加水10ml，煮沸，放冷，加三氯化铁试液1滴，即显紫堇色。

（2）取本品约0.5g，加碳酸钠试液10ml，煮沸2min后，放冷，加过量的稀硫酸，即析出白色沉淀，并发生醋酸的臭气。

（3）本品的红外光吸收图谱应与对照的图谱一致。

【检查】溶液的澄清度 取本品0.50g，加入加热至约45℃的碳酸钠试液10ml，溶解后，溶液应澄清。

游离水杨酸 临用新制。取本品约0.1g，精密称定，置10ml量瓶中，加1%冰醋酸的甲醇溶液适量，振摇使溶解，并稀释至刻度，摇匀，作为供试品溶液；取水杨酸对照品约10mg，精密称定，置100ml量瓶中，加1%冰醋酸的甲醇溶液适量使溶解并稀释至刻度，摇匀，精密量取5ml，置50ml量瓶中，用1%冰醋酸的甲醇溶液稀释至刻度，摇匀，作为对照品溶液。照高效液相色谱法（通则0512）试验。用十八烷基硅烷键合硅胶为填充剂；以乙腈-四氢呋喃-冰醋酸-水（20∶5∶5∶70）为流动相；检测波长为303nm。理论板数按水杨酸峰计算不低于5000，阿司匹林峰与水杨酸峰的分离度应符合要求。立即精密量取对照品溶液与供试品溶液各10μl，分别注入液相色谱仪，记录色谱图。供试品溶液色谱图中如有与水杨酸峰保留时间一致的色谱峰，按外标法以峰面积计算，不得过 0.1%。

易炭化物　取本品 0.5g，依法检查（通则 0842），与对照液（取比色用氯化钴液 0.25ml、比色用重铬酸钾液 0.25ml、比色用硫酸铜液 0.40ml，加水使成 5ml）比较，不得更深。

有关物质　取本品约 0.1g，置 10ml 量瓶中，加 1%冰醋酸的甲醇溶液适量，振摇使溶解并稀释至刻度，摇匀，作为供试品溶液；精密量取 1ml，置 200ml 量瓶中，用 1%冰醋酸的甲醇溶液稀释至刻度，摇匀，作为对照溶液；精密量取对照溶液 1ml，置 10ml 量瓶中，用 1%冰醋酸的甲醇溶液稀释至刻度，摇匀，作为灵敏度溶液。照高效液相色谱法（通则 0512）试验。用十八烷基硅烷键合硅胶为填充剂；以乙腈-四氢呋喃-冰醋酸-水（20∶5∶5∶70）为流动相 A，乙腈为流动相 B，按下表进行梯度洗脱；检测波长为 276 nm。阿司匹林峰的保留时间约为 8min，阿司匹林峰与水杨酸峰的分离度应符合要求。分别精密量取供试品溶液、对照溶液、灵敏度溶液与游离水杨酸检查项下的水杨酸对照品溶液各 10 μl，注入液相色谱仪，记录色谱图。供试品溶液色谱图中如有杂质峰，除水杨酸峰外，其他各杂质峰面积的和不得大于对照溶液主峰面积（0.5%）。供试品溶液色谱图中小于灵敏度溶液主峰面积的色谱峰忽略不计。

干燥失重　取本品，置五氧化二磷为干燥剂的干燥器中，在 60℃减压干燥至恒重，减失重量不得过 0.5%（通则 0831）。

炽灼残渣　不得过 0.1%（通则 0841）。

重金属　取本品 1.0g，加乙醇 23ml 溶解后，加乙酸盐缓冲液（pH3.5）2ml，依法检查（通则 0821 第一法），含重金属不得过百万分之十。

【含量测定】　取本品约 0.4 g，精密称定，加中性乙醇（对酚酞指示液显中性）20ml 溶解后，加酚酞指示液 3 滴，用氢氧化钠滴定液（0.1mol/L）滴定。每 1ml 氢氧化钠滴定液（0.1mol/L）相当于 18.02mg 的 $C_9H_8O_4$。

【类别】　解热镇痛、非甾体抗炎药，抗血小板聚集药。

【贮藏】　密封，在干燥处保存。

【制剂】　阿司匹林片、阿司匹林肠溶片、阿司匹林肠溶胶囊、阿司匹林泡腾片、阿司匹林栓。

二、阿司匹林片的质量分析

阿司匹林片（aspirin tablets），结构同阿司匹林原料药。

本品含阿司匹林（$C_9H_8O_4$）应为标示量的 95.0%～105.0%。

【性状】　本品为白色片。

【鉴别】

（1）取本品的细粉适量（约相当于阿司匹林 0.1g），加水 10ml，煮沸，放冷，加三氯化铁试液 1 滴，即显紫堇色。

（2）在含量测定项下记录的色谱图中，供试品溶液主峰的保留时间应与对照品溶液主峰的保留时间一致。

【检查】游离水杨酸　临用新制。取本品细粉适量（约相当于阿司匹林 0.5g），精密称定，置 100ml 量瓶中，用 1%冰醋酸的甲醇溶液振摇使阿司匹林溶解，并稀释至刻度，摇匀，用滤膜滤过，取续滤液作为供试品溶液；取水杨酸对照品约 15mg，精密称定，置 50ml 量瓶中，加 1%冰醋酸的甲醇溶液溶解并稀释至刻度，摇匀，精密量取 5ml，置 100ml 量瓶中，用 1%冰醋酸的甲醇溶液稀释至刻度，摇匀，作为对照品溶液。照阿司匹林游离水杨酸项下的方法测定。供试品溶液色谱图中如有与水杨酸峰保留时间一致的色谱峰，按外标法以峰面积计算，不得过阿司匹林标示量的 0.3%。

溶出度　取本品，照溶出度与释放度测定法（通则 0931 第一法），以盐酸溶液（稀盐酸 24

ml 加水至 1000ml，即得）500ml（50mg 规格）或 1000ml（0.1g、0.3 g、0.5g 规格）为溶出介质，转速为 100r/min，依法操作，经 30min 时，取溶液 10ml 滤过，取续滤液作为供试品溶液；另取阿司匹林对照品，精密称定，加 1%冰醋酸的甲醇溶液溶解并稀释制成每 1ml 中含 0.08 mg（50mg、0.1g 规格）、0.24mg（0.3 g 规格）或 0.4 mg（0.5g 规格）的溶液，作为阿司匹林对照品溶液；取水杨酸对照品，精密称定，加 1%冰醋酸的甲醇溶液溶解并稀释制成每 1ml 中含 0.01mg（50mg、0.1g 规格）、0.03mg（0.3 g 规格）或 0.05mg（0.5g 规格）的溶液，作为水杨酸对照品溶液。照含量测定项下的色谱条件，精密量取供试品溶液、阿司匹林对照品溶液与水杨酸对照品溶液各 10 μl，分别注入液相色谱仪，记录色谱图。按外标法以峰面积分别计算每片中阿司匹林与水杨酸含量，将水杨酸含量乘以 1.304 后，与阿司匹林含量相加即得每片溶出量。限度为标示量的 80%，应符合规定。

其他 应符合片剂项下有关的各项规定（通则 0101）。

【含量测定】 照高效液相色谱法（通则 0512）测定。

色谱条件与系统适用性试验 用十八烷基硅烷键合硅胶为填充剂；以乙腈-四氢呋喃-冰醋酸-水（20∶5∶5∶70）为流动相；检测波长为 276 nm。理论板数按阿司匹林峰计算不低于 3000，阿司匹林峰与水杨酸峰的分离度应符合要求。

测定法 取本品 20 片，精密称定，充分研细，精密称取细粉适量（约相当于阿司匹林 10mg），置 100ml 量瓶中，用 1%冰醋酸的甲醇溶液强烈振摇使阿司匹林溶解，并用 1%冰醋酸的甲醇溶液稀释至刻度，摇匀，滤膜滤过，取续滤液作为供试品溶液，精密量取 10 μl 注入液相色谱仪，记录色谱图；另取阿司匹林对照品，精密称定，加 1%冰醋酸的甲醇溶液振摇使溶解并定量稀释制成每 1ml 中约含 0.1mg 的溶液，同法测定。按外标法以峰面积计算，即得。

【类别】 同阿司匹林。

【规格】 50mg，0.1g，0.3g，0.5g。

【贮藏】 密封，在干燥处保存。

第四节 药物分析学研究新进展

一、药物分析学内涵的深化

药物分析学内涵的深化，主要是指在药物分析现阶段主要解决问题的方向上的理念与技术的进步。药品质量控制是药物分析要解决的最主要的问题，药品质量标准是药品质量控制的表现形式。因此，药品质量标准的进步就代表着药物分析学研究理念的进步。但是理念的进步必须通过实践来完成，新的理念往往要求与新的技术手段相适应。反之，新的技术革新则可以延伸研究和技术人员的视野，推动药物分析学研究理念的变化。所以，药物分析理念的进步和技术手段的革新总是相辅相成的。

（一）药物分析理念的进步

通过近年来的标准实施可以看到，药物分析理念的进步主要体现在两个方面。

1. 控制药物质量的指标的多元化 在过去的药品质量控制中，对于有效成分自身的关注是得以体现的，但是往往忽视了药品是以制剂形式存在。无论何种剂型，其终产品必然包含有效成分和药用辅料两部分。如果药用辅料不合格，一样会影响到药物的疗效及安全性。在迄今最新的 2015 年版《中国药典》中，已经把药用辅料独立成卷，体现了我国药品质量控制理念的进步。

2. 安全性越来越受到重视 在以往的药品质量标准中，更多地关注有效性，而忽略了安全性的关注。随着历年来各版药典的陆续发布，可以看出其中对安全性关注的力度在逐渐加强。这尤其是体现在中药的质量控制上，为了强化有毒组分的检出，之前不建议进入药典的昂贵精密仪器也在药典中得以收录。在体内药物分析方面，过去一直强调原形药物在体内的动态变化对药效的指导意义，现在却越来越关注代谢产物在体内的变化及其对药效和安全性的影响。由于代谢产物的结构一般在体外无法准确预估，其检测和分析需要更大的灵敏度，更精密的仪器，也就对技术手段提出了更高的要求。

（二）药物分析技术手段的进步

在技术手段上，药物分析内涵的深化也得到了深入体现。对于分析技术而言，所追求的是更快速、更灵敏、更精确。借助于现代装备工业、电子工业、计算机工业、化学工业的发展，各种精密分析仪器逐渐涌现。可以说，药物分析仪器的研发和生产能力也能体现一个国家工业水平的高低。近年来，随着我国药检机构装备水平的逐渐提高，依赖于高效液相色谱法、气相色谱法等色谱-光谱联用方法的药物分析方法在药典中逐渐增多，滴定分析的比例将逐渐减少。尤其在体内药物分析领域，质谱法的应用越来越广泛。和光谱法相比，质谱法可以完全选择性地让某一特定质量数的离子通过，其他杂质理论上不存在任何干扰，因此背景噪声小，客观上提高了灵敏度。为了进一步地地高质谱法的灵敏度，目前通常在质谱法之前联用高效液相色谱或者气相色谱，对待测组分进行预先的分离，使得待测组分以尽量纯的形式进入，使得响应程度大大提高，背景噪声更为减小。

二、药物分析学外沿的扩展

药物分析学外沿的扩展，是指除了从各个角度控制药品质量标准以外，药物分析学所承担的任务逐渐在增多。

（一）药代动力学研究

在前面的内容中，我们提到过，体内药物分析通过分析血药浓度提示药物给药形式的变化及给药频次的优化。事实上，在这一过程中，药物分析仅仅是手段，真正要找到中间的关系及药物在体内的运动轨迹，必须依赖于一门专门的学科，即药代动力学，其全称是药物代谢动力学。药物代谢，研究药物进入体内之后，原形药物经过体内代谢酶转化后代谢产物的结构，代谢产物生成的动力学机制等。药物代谢动力学，研究药物进入体内后在体循环及各脏器中的增加、衰减的动力学规律，研究药物在体内的分布。药物代谢和药物动力学研究，都离不开对血液和脏器中药物及其代谢产物的定性、定量分析，因此体内药物分析是药代动力学的重要技术基础。药代动力学研究，可以提示药物正确的给药形式和给药方案，间接改变药物质量标准。此外，药代动力学研究，还可以提示药物的潜在开发价值，淘汰不良药物，提示药物化学进行结构修饰的目标，直接参与新药研发流程等，因此，是药物分析学科重要的外沿扩展。

（二）药物代谢组学研究

无论是直接的药品质量控制研究，还是药代动力学研究，其分析目标都是药物自身，因此是药物分析重要的组成部分。近年来，随着分析仪器的进步和生物医药理念的变化，出现了一种新的技术手段，称为代谢组学。首先，代谢二字不再特指药物代谢产物，这其中的代谢二字是指的体内自发生成的内源性的小分子信号物，包括激素、神经递质、胆汁酸、胆固醇、脂肪酸、磷脂等。这些物质一般不是生物功能的实施者，但是在实施过程或者信号传导中起着重要的中介和调节作用。由于这些物质大部分是由体内的脂质、蛋白质、糖等代谢而生成，因此称之为内源性代谢物。随着各种分析方法的进步，分析技术逐渐从单一成分的分析过渡到多种成分的共同分析。尤其是高效液相色谱及超高效液相色谱、气相色谱等色谱学方法的诞生，使得多种组分可以得到一定程度的分析前分离，最终使得多组分的准确分析得以实现。这种同时定性、定量多种组分的方法被称之为组学。因此，同时定性定量分析多种内源性代谢物的方法就称之为代谢组学。现代药物开发，离不开对药物体内作用机制的研究。通过对体内多组分代谢组的分析，可以提示体内相关功能蛋白和基因的变化，为药物作用机制提供依据，最终推动新药研发的速度与效率。

（三）药物蛋白组学和药物基因组学

在第四届和第五届全国药物分析大会上，药物基因组学和药物蛋白组学正式列入药物分析学的研究范畴。根据代谢组学的定义我们知道，蛋白组学是对人体内多种甚至全部蛋白进行同时分析的技术，而基因组学则是对人体多种甚至所有基因进行同时分析的技术。在新的药物分析学的研究范围中，凡是和药物研发及药物作用机制相关的蛋白组学和基因组学研究，都属于药物蛋白组和药物基因组学。在这个领域，药物二字不再局限于药物本身，而是一切和药物相关的物质。而分析二字也不再局限于我们所认识的小分子药物分析技术和仪器。包括蛋白的质谱分析、DNA 测序技术、基因芯片技术等都应该成为分析的范畴，而在这些分析技术之后，对大量数据进行处理的技术也应该包含在分析的范畴。药物蛋白组学和药物基因组学是目前药物分析领域最为前沿的外沿扩展。

第五节　药物分析相关学科与职业发展

一、药物分析相关学科

（一）与分析化学间的关系

药物分析学的大部分分析技术来自于分析化学的支持。因此，分析化学是与药物分析学最为紧密的学科之一。在药学本科学生的课程设置中，分析化学是药物分析学开展之前必须学习的科目，是掌握药物分析的技术关键。包括药物分析种常用的滴定分析、光谱分析、色谱分析、质谱分析等技术全部来自于分析化学的研究成果。

（二）与药物化学间的关系

药物分析的重要内容之一是化学鉴别，而鉴别所用的反应则是以药物化学研究为基础。同时，药物分析对有关物质的检查，依赖于对药物合成过程的了解。

（三）与药剂学间的关系

药剂学提供的制剂工艺信息及药用辅料信息是制剂分析的重要基础，是样品处理方法建立及制剂杂质检查的重要依据。

（四）与药理学（药代动力学）的关系

药物分析尤其是体内药物分析是药代动力学研究的重要工具，参与了动力学参数测定，代谢产物鉴定，组织分布研究等的全过程。同时，药物分析也是药理学确定药物剂量的重要手段。

（五）药物分析与临床药学的关系

临床药学的主要内容之一，临床药物浓度检测的重要技术基础是体内药物分析。

（六）与其他学科的关系

除了化学和仪器分析的实验过程，药物分析的数据必须利用统计学的方法加以分析处理，才能得出客观科学的结论，因此统计学与药物分析的关系也非常密切。药物分析的发展离不开无机化学、有机化学、生物化学、分析化学等各化学基础学科的支撑。因此，具有很广泛的学科关联性。要学好药物分析，利用好药物分析，就必须加强各化学基础学科的学习，以及和其他药学专业课程的横向联系、融会贯通。

二、职业发展

药物分析技术与方法贯穿于药物研发、药物生产、临床药学的各个阶段。因此，一名合格的药物分析技术人员，其就业前景是非常广泛的。

（一）医院药学

在中国，临床药师在提高临床药物治疗的有效性与安全性方面的作用也逐渐开始受到重视。在临床药学中，有一个非常重要的任务就是临床药物监测。临床药物监测开展的主要工作内容就是在患者服用药物之后，检测患者体内的血药浓度是否达到预期值，为患者的药物治疗方案优化提供支持。此外，除了国家食品药品监督管理总局批准上市的药品之外，医院内部可以根据临床经验配制院内制剂。在省级药品监督管理机构的批准下，院内制剂可以调剂使用。院内制剂从经验方开发为标准制剂的过程，也需要药物分析进行严格的质量控制。

（二）药物研发与生产

药物研发是药物分析人员发挥技术优势的主战场。药物研发的第一关是原料药物的合成与筛选，在进行活性测试之前，第一步就要做合成产物的纯度分析。原料药物获得之后，要进行早期的药物代谢属性筛选，离不开对药物的生物稳定性和代谢产物结构分析，这也是药物分析需要开展的主要工作内容。在制剂研究阶段，制剂中有效成分的含量测定，辅料质量分析等也是药物分析必须完成的内容。最后必须由药物分析人员按照专业的法律法规要求建立药品质量标准。在药品的生产过程中，药物分析人员的责任更为重大。药品离开企业前必须进行检验，检验合格后方可上市。因此，制药工业界（药物研发和生产企业）应该是药物分析人员就业的主要方向。

（三）药事监管机构

国家和各级食品药品监督管理局及药检所负责药品质量标准的制定和监督。在这些药事监管机构，药物分析的原理和方法是最主要的工作思想和技术依托。对于药事监管机构，需要了解药品生产过程及药品临床使用规范，但是不直接参与这些过程。通过药物分析的方法，依照法律法规对药物质量进行分析，是实施药事管理的主要手段。药物分析技术人员，在掌握熟悉药事监管法规的基础上，是药品监管的最恰当的从业人群之一。

（四）其他相关领域

分析技术是药物分析人员赖以生存的基本手段。但是事实上，药物分析的基本原理和其他化学品分析非常相近。应用药物分析的方法，可以协助医疗事故鉴定、通过药物或者毒物分析提供案件证据等。同时药物分析的方法与环境毒素分析非常相似。合格的药物分析人员可以从事环境分析相关工作。此外，在食品工业领域，添加剂的检验、霉变产物的检验等也是药物分析技术人员可以胜任的。

本章小结

药物分析
- *分析目的
  - 验证药物真伪
  - 保证药物安全
  - 确保纯度,限定杂质
  - 药物剂量、给药形式确定
- 发展简史:观察分析　容量分析　光谱分析　色谱分析
- *主要内容
  - 药品质量控制(鉴别、检查、含量测定)
  - 体内药物分析(药代动力学、临床血药浓度监测)
- 典型案例:阿司匹林原料药及片剂
- 新进展
  - 内涵深化(指标多元化、安全性提升)
  - 外沿扩展(代谢组学、药物基因组学及蛋白组学分析)
- 相关学科 (分析化学、药物化学、药剂学、药理学、统计学)
- 职业发展 (医院药学、药物研发与生产、药事监管、法医分析)

*为重点知识点

思考题

1. 药物分析学的基本任务是什么?
2. 体外药物分析与体内药物分析的区别是什么?
3. 阿司匹林的合成中需要用到水杨酸,且终产品中存在着水杨酸残留,杂质检查是检查水杨酸限量是属于一般杂质还是有关物质?

第九章　中　药　学

学习目标

●掌握：中药的定义，中药资源、中药产地（道地性）、采集与储存、中药炮制目的与基本方法、中药的性能。

●熟悉：中药配伍、用药禁忌，中药现代化的主要内容。

●了解：中药、中药学的起源与发展，中药学研究方法，中药学相关学科与职业的关系。

第一节　中药学的概念及发展简史

一、中药及中药学的概念

（一）中药的概念与分类

中药是指在中医药理论指导下认识和使用的药用物质及其制剂，主要包含中药材、中药饮片、中成药等。广义的中药则是中国传统药物的总称，包括植物、动物的整体或其某一部分组织器官及动植物某些代谢产物、微生物发酵产物、矿物及其化学物质。

中药分类有多种方法，可按照来源、药用部位、药物功效等进行分类。按照来源分为植物药、动物药、矿物药三类；按照药用部位分为根和根茎类、茎木类、皮类、叶类、花类、果实及种子类、树脂类等类型；按照药物功效分为解表药、清热药、泻下药、祛风湿药、化湿药、利水渗湿药、温里药、理气药、消食药、止血药、活血化瘀药、化痰止咳平喘药、安神药、补虚药等 20 余类。前两种分类对药材采收加工具有指导意义；药物功效分类方法贴近临床，使用广泛。

（二）中药学的概念与任务

中药学是研究中药基本理论、应用知识和技能，以及各种中药的品种来源、药材鉴别、种植（或养殖）、采收、储存、加工炮制、制剂、性能、功效、应用、药理、化学成分等一切和中药有关知识的一门一级学科。

随着现代科学技术的飞速发展和人类文明的不断进步，如何给中药这一古老的学科注入新的内涵，赋予新的生命力，系统地解决中药的现代化问题，是中药学研究亟待解决的内容。因此，中药学的任务就是将传统中药的优势、特色与现代科学技术相结合，适应社会发展的需求，使用符合药材生产质量管理规范的中药材，建立现代中药的研究、开发和生产体系，促进中药现代化、国际化，创制高效、速效、长效、低毒、质量可控、制剂精良的现代创新型中药。

二、中药的发展简史

中药的发展大致可以分为四个阶段。

（一）起源阶段（先秦时期）

早在公元前 21 世纪，我们的祖先在长期的生产和生活实践中逐渐发现了药物，并形成了药物知识。最早发现和使用的是植物药，然后又使用了某些动物药，随着采矿和冶炼的出现，才掌握了矿物药的加工和应用知识。我们祖先对药物知识的发现和掌握经历了漫长的由零星、分散逐渐集中和提高的积累过程。进入奴隶社会，随着文字的创造和使用，药物知识也由口耳相传发展为文字记载。在数千年前的钟鼎文中，已有“藥”字出现。《诗经》中涉及的植物和动物共 300 多种，其中不少是后世本草著作中收载的药物。《山海经》、《周礼》等古书对药物也有一定的记载。

（二）形成和发展阶段（秦代—清代时期）

秦汉时期药学专著的出现，是本草学（中药学）形成的标志。由于药物中草类占大多数，所以记载药物的书籍称为“本草”。从秦、汉到清代，本草著作约有四百种之多，其中《神农本草经》、《唐本草》、《证类本草》、《图经本草》和《本草纲目》是各朝代的代表性药学专著。这些著作揭示了中药在我国各朝代的蓬勃发展，记录了中华民族发明和发展医药学的聪明智慧和卓越贡献，是祖国医药学的宝贵财富，并在国际上产生了重大影响。

北宋设立国家药局是我国乃至世界药学史上的重大事件。药局的产生促进了药材检验、成药生产的发展，带动了炮制、制剂技术的提高，并制定了制剂规范，《太平惠民和剂局方》即是该方面的重要文献。

（三）冲击与发展阶段（民国时期）

在西方科学文化的冲击下，这一时期出现了一股片面地全盘否定传统文化的思潮，对我国医药事业的发展产生了重大影响。也正是在这一时期，由于西方医学在中国的传播，为区分西方医学，我国传统医学被逐渐称为“中医学”，本草学亦被称为“中药学”。

中药学以其顽强的生命力，在继承和发扬方面均有新的发展。中药的现代研究在这一阶段拉开了序幕，利用现代动植物学和生药学的成果开始了中药基源确定研究，中药化学和实验药理研究也在这一时期开始发展。《中国药学大辞典》等中药学辞典类工具书和中医学校授课使用的中药学讲义的编撰，对当时中药的应用和推广产生了重要作用。

（四）发展与创新阶段（当代）

中华人民共和国成立以后，党和人民政府对中医药事业的高度重视，制定了以团结中西医和继承中医药学为核心的中医政策，并采取了一系列有力措施发展中医药事业。毛泽东曾在批示中指出：“中国医药学是一个伟大的宝库，应当努力发掘，加以提高。”习近平也强调“切实把中医药这一祖先留给我们的宝贵财富继承好、发展好、利用好”。

政府先后多次组织力量对中药资源进行了大规模调查和资料搜集，其成果反映在全国和各地中药志或药用植物志、动物志等著作中。在中药资源调查基础上，一些进口药材国产资源的开发利用也取得了显著成绩，如萝芙木、安息香、沉香等已在国内生产。中药资源保护、植物药异地引种和药用动物的驯化及中药的综合利用也颇见成效，如西洋参、天麻、鹿茸、熊胆和人参、钩藤等的开发与利用。

随着现代自然科学和医药学的迅速发展和中医药事业自身的发展，中药现代化研究取得了许多创新性的成就，中药鉴定、中药化学、中药炮制学、中药药理学、中药制剂学等分支学科不断分化并取得了很大发展。20 世纪 60～70 年代，屠呦呦的团队从《肘后备急方》等中医药古典文献中获取灵感，创新性地发现了青蒿素，开创了疟疾治疗新方法，全球数亿人因这种“中国神药”而受益。屠呦呦也因此获得 2015 年诺贝尔生理学或医学奖。

第二节 中药学主要内容

一、中药药用资源

（一）中药药物资源概况

我国使用天然药物历史悠久，古有神农尝百草之说；商代有伊尹用草药为汤液的记述；西周时期的《诗经》为我国现存最早记载具体药物的书籍，记载卷耳（今为祛风除湿药苍耳）、木瓜、芍药、蓷（今为活血调经药益母草）等药物达百种；战国时期成书的《山海经》记载药物 100 余种；秦汉时期的《神农本草经》为现存最早的中药学著作，全书分三卷，载药 365 种；唐代《新修本草》又名《唐本草》，为我国第一部官修本草，载药 844 种；宋代《证类本草》载药 1558 种；至明代李时珍《本草纲目》，采取了“析族区类，振纲分目”的科学分类，把药物分矿物药、植物药、动物药，载药 1892 种，经清代《本草纲目拾遗》增补，药物达到 2813 种。

《中药大辞典》（1977 年版）收载的药物达 5767 种，《新华本草纲目》（1988 年版）记载药物 6000 种。《中华人民共和国药典》作为我国药品质量保证的具有法律效力的药用法典，现行 2015 年版一部目录中共收载药材和饮片 618 个。

此外，广义的中药往往涵盖我国的民族药。中华人民共和国中医药法（草案）即指出“中医药是指包括汉族和少数民族医药在内的我国各民族医药的统称”。我国民族药资源广泛，现报道已使用的民族药品种达万余种，原国家卫生部先后颁布了藏、蒙、维等民族药的药材和成方制剂标准。

（二）中药资源保护

由于人们活动的扩大和盲目采挖开发，生态环境的破坏及药用动植物物种资源流失严重，不少名贵中药品种濒于灭绝，而一些名贵野生药材还无法实现人工培植，如野生重楼、红叶大蓟、猪苓、冬虫夏草等。种质资源是中药品种选育的物质基础，保护生物物种多样性，将是保证我国中药资源宝库永续利用的重要手段和环节。目前药用植物种质资源保护与遗传多样性研究广泛开展，以保护求发展，即就地保护与迁地保护相结合、天然更生与人工培育相结合，将是中药资源合理利用与保护的基本对策。

（三）中药资源创新

中药资源创新研究的热点在于生物技术的应用，也是 21 世纪中药及天然药物研究最富活力和前景的领域之一。运用 DNA 分子标记和重组 DNA 等生物技术，筛选和培育高产优质高抗灾性的中药新品种，实现中药种质资源强优组合与品种改良。目前该方面尚处于遗传学基础研究阶段中，难度较大，具有挑战性，但潜力巨大。研究主要集中于药用植物的转基因改良和细胞组织培养。

转基因改良药用植物的遗传特性研究主要集中在提高抗性、改善药用植物品质、生产次生代谢产物等方面。国外，紫草、长春花等的发根已能进行工业化生产；国内学者在利用发根土壤杆菌获得转基因植物和生产活性物质方面也取得了可喜的成绩，获得了甘草、萝芙木、绞股蓝、西洋参等植物的发根，并从中检测到了高含量的活性物质。

二、中药的产地、采集和储存

（一）中药的产地

中药大多来源于天然植物、动物、矿物、海洋生物及微生物，它们的分布、质量与自然环境密切相关。中药品种多样性和质量差异正是由不同的土质、水质、气候、光照、生物分布等因素造成，所谓“地产南北相殊，药力大小悬隔”，以及“南橘北枳”之说。为保证天然药材的质量及其临床疗效，自唐宋以来，人们逐渐形成了“道地药材”的概念。

道地药材是指历史悠久、品种优良、栽培（养殖）加工合理、产量大、疗效显著、具有明显地域特色，且质量优于其他产地的中药材。例如，四川的附子、川芎、川贝母，河南的怀地黄、怀牛膝、怀山药，广东的砂仁、广藿香，东北的人参、细辛、五味子，山东的阿胶等都是著名道地药材。道地药材的确定，与药材的产地、品种、质量等多种因素有关，而临床疗效则是其关键因素。

知识链接 9-1

道地药材中的“数字”

东三宝：人参、鹿茸、五味子。

四大怀药：怀牛膝、怀山药、怀菊花、怀地黄。

四大南药：砂仁、益智仁、巴戟天、槟榔。

浙八味：浙贝母、杭菊花、杭麦冬、白芍、白术、玄参、延胡索、温郁金。

十大广药：巴戟天、广地龙、高良姜、化橘红、金钱白花蛇、春砂仁、广佛手、广陈皮、沉香、广藿香。

（二）中药的采集

中药材所含有效成分是药物具有防病治病作用的物质基础，而有效成分的质和量因采收季节、时间和方法的不同而出现明显差异。中药材的采收通常以入药部位的成熟程度作为依据，在有效成分含量最多的时候进行。植物类药材入药部位不同，采收时间各有不同，见表 9-1。

表 9-1 植物类药材不同药用部位及一般采收时间举例

药用部位	一般采收时间	药材举例
叶	花蕾将开或正当花盛期	艾叶、枇杷叶、荷叶等
花	花正开放时；含苞欲放时采摘花蕾	菊花、洋金花、旋覆花等 金银花、丁香、辛夷等
果实，种子	果实成熟时或幼果 果实未完全成熟时	枸杞、山楂、青皮（幼果）等 茴香、豆蔻、牵牛子等
根，根茎	地上部分枯萎的休眠期，或春季发芽前	天麻、丹参、三七等
树皮，根皮	春夏之交、树皮易剥	黄柏、厚朴、杜仲等
全草	花前期或开花初期	紫苏、薄荷、益母草（地上部分） 车前草、蒲公英、紫花地丁（带根）等

注：有些特定的品种，如罗布麻在夏季开花前采摘，而霜桑叶须在霜后采收，番泻叶则须采嫩叶。槐花如已开放，其有效成分芦丁的含量将明显降低，不能符合入药要求。红花则应在花冠由黄转为橙红时采收，色泽鲜艳，微有香气，质量最好。

对于动物类中药，因种类的不同、入药部位的不同和其生活习性、活动规律不同而采收时间各异，以确保药效、容易获得和有利于保护资源为原则。例如，桑螵蛸以卵鞘入药，应在 2

月中旬采收，过时虫卵孵化变为成虫影响药效；鹿茸应在清明前后 45～50 天截取，过时则角化；金钱白花蛇应在夏、秋季节，捕捉孵出 1～3 周的幼蛇；小昆虫等则应在数量较多的活动期捕获等。

（三）中药的储存

中药材经采集之后，除少数鲜用者外，都应干燥处理或初步加工炮制后，妥善储存。中药材储存温度、湿度不当或放置时间过长或保存容器不合要求，均易导致变质。常见变质现象有虫蛀、霉变、变色、走油等。其中，霉变致药材失效，可能产生毒素，如黄曲霉毒素，对人体有极强肝毒性。

中药的储存应当以保证药材质量，防止变质为前提。一般药材应保存在清洁、干燥、通风的环境里，注意调节温度、湿度，避免药材挤压。有的含挥发性成分的药物，宜置于密闭的容器内保存，如冰片等。剧毒药品和名贵药材，应专人专管。

三、中药的炮制

中药炮制是根据中医药理论、药物自身性质和临床用药的需要，应用前或制成各种剂型前的必要的加工处理过程，包括对原药材进行一般修治整理和部分药材的特殊处理，古代称为炮炙、修治、修事等。我国第一部炮制专著《雷公炮炙论》，在南北朝问世，该书首先提出了应用辅料炙药，书中称制药为修事、修治、修合等，记述净选、粉碎、切制、干燥、水制、火制、加辅料制等法对后世中药炮制的发展，产生了深远影响。

（一）中药炮制的目的

中药的炮制，由于药材品种不同，有不同的炮制目的，但高效低毒，便于利用，是中药炮制的主要目的。其目的可概括为以下几点：

1. 降低或消除药物的毒性或副作用 如半夏、天南星等含强烈刺激性物质，经洗、漂或白矾等炮制后，可消除其刺激咽喉的副作用。

2. 缓和或改变药性 如麻黄主要含挥发油和生物碱两类成分，前者辛温解表，后者止咳平喘，麻黄蜜炙后挥发油含量降低 1/2，而生物碱含量不变，使其辛散作用降低，止咳平喘作用增强。

3. 增强疗效 如款冬花、枇杷叶经蜜炙后，因蜂蜜协同作用，可增强润肺止咳作用。

4. 改变或增强药物作用的部位和倾向 如黄柏为清下焦湿热药，酒炙后借酒力引药上行，清上焦之热，盐炙则引药下行，增强滋阴降火作用。

5. 易于粉碎，适应调剂、制剂需要 如龙骨、石决明炮制后可使质地酥松，易于粉碎，并有利于有效成分煎出。

6. 洁净药物，保证品质和用量准确 如种子类药物需去沙土、杂质，皮类药物去粗皮，根类药物去芦头。

7. 利于储藏，保存药效 如莱菔子等种子类药材经蒸、炒、燀等处理，消除种子发芽能力；杏仁、白芥子等含苷和水解酶的中药，须加热处理，杀酶保苷。

（二）中药炮制的方法

明代缪希雍在《炮制大法》中，曾把古代的炮炙方法归纳为十七法，为炮制的发展奠定了基础。现代的炮制方法在古代炮炙经验的基础上，有了很大的改进和发展，可分为以下五大类型：修制、水制、火制、水火共制、其他炮制方法，见表 9-2。

表 9-2　中药炮制方法分类

类型	方法		举例
修制	纯净处理	采用挑、拣、簸、刷等法除去药材中杂质	拣去合欢花中的枝叶，刷除枇杷叶背面的绒毛等
	粉碎处理	采用捣、碾、锉、磨等法使药物粉碎	龙骨、牡蛎砸碎便于煎煮，贝母捣粉便于吞服等
	切制处理	采用切、铡等法，把药材制成一定规格	天麻宜切薄片，白术宜切厚片，黄芪宜切斜片等
水制	洗、淋、漂、泡、浸、润等常见方法		紫河车漂去腥味，昆布、海藻去盐分等
	水飞：药材与水一起研磨，加水搅拌倾取混悬液，直至全部研细		水飞朱砂、炉甘石等，用于矿物类、贝甲类药材制粉
火制	炒	分清炒和辅料炒，药材入锅加热并不断翻动	土炒白术、麸炒枳壳、米炒斑蝥、砂炒穿山甲等
	炙	液体辅料拌炒药材	酒炙当归、蜜炙黄芪、盐炙杜仲、醋炙延胡索等
	煅	猛火直接或间接煅烧药材	煅牡蛎、煅龙骨等
	煨	药材湿纸或湿面粉包裹与大火中烘烤至包裹物焦黑	煨生姜、煨甘遂、煨肉豆蔻等
水火共制	蒸	利用水蒸气或隔水加热药材	蒸熟地、蒸大黄、蒸茯苓等
	煮	药材与清水或液体辅料加热	醋煮芫花、酒煮黄芩等
	淬	药材加热煅烧后快速投入冷水或液体辅料	醋淬鳖甲、黄连汁淬炉甘石等
	燀	药材投入沸水短暂潦过，迅速取出	燀杏仁、燀马齿苋等
其他炮制方法	复制	药材按规定程序反复炮制	复制半夏、复制天南星等
	发酵	适当温湿度、酶，发酵成曲	神曲、红曲等
	制霜	种子类药材压榨去油制成粉末或加工析出结晶	西瓜霜、巴豆霜等
	发芽	适当温湿度，使成熟的果实种子发芽	麦芽、谷芽等

四、中药的性能

中药的性能，又称药性，是指中药的特性和功能，是中药理论中的核心，也是中药理论指导下认识和使用中药的重要依据。中药性能主要包括四气、五味、归经、升降浮沉、毒性等。

（一）四气

四气是指药物具有的寒、热、温、凉 4 种不同药性，故又称为四性，反映药物影响人体寒热变化和阴阳盛衰的作用倾向，是中药重要性能之一，举例见表 9-3。

表 9-3　中药四气分类及药物举例

四气	性能	实例
温 热	能减轻或消除寒症的药物，称温热药，温热属阳	附子、干姜温中散寒，治腹中冷痛、四肢厥冷、脉沉无力等寒症
寒 凉	能减轻或消除热证的药物，称寒凉药，寒凉属阴	黄芩、板蓝根清热解毒，治发热口渴，咽喉肿痛之热证

四性的确定，是以中医八纲中的寒热辨证为基础，依据药物作用与机体所发生的反应概括出来的，主要与药物所治病症的寒热性质相对而言。而药物的温热寒凉可进一步区分，如大热、热、温、微温，大寒、寒、微寒、凉，其间存在程度上的差异。

（二）五味

《黄帝内经》指出“辛散、酸收、甘缓、苦坚、咸软”，由此可见，五味是指药物有辛、甘、酸、苦、咸五种不同的药味，代表药物不同的功效和应用，用以反映药物作用在补、泄、散、敛等方面的特性。而药物实际滋味不止五种，还有淡、涩味，但受五行学说影响，古人认为淡为甘的余味，附于甘后；涩是酸的变味，附于酸后，迄今依然称五味。五味作用特点见表 9-4。

表 9-4 中药五味的作用特点及药物举例

五味	作用特点	药物举例
辛	发散、行气、活血	麻黄、木香、川芎等
甘	补虚、和中、缓急止痛、调和药性	人参、甘草、大枣等
酸	收敛、固涩	五味子、乌梅等
苦	通泄、降泄、清泄、燥湿	大黄、栀子、黄芩等
咸	软坚散结、泻下	海藻、昆布、鳖甲等

（三）归经

所谓归经，是指药物对机体某一或某些部位（脏腑或经络）的选择性作用，用以表示药物作用部位、作用范围的一种性能，有“定位”特点，是中药性能的重要组成部分。

中药的归经是以中医藏相学说和经络学说为理论基础，以药物的治疗作用为依据加以概括的，即将药物的具体功效与脏腑经络的病证相结合，用以表达药物对某一或某些脏腑、经络病变所发挥的主要治疗作用。例如，安神药具有宁心安神功效，主治心神不宁之失眠、健忘，故主归心经；开窍药有开窍醒神功效，主治闭证神昏，因“心主神明”，故主归心经。掌握归经，对于指导临床准确选药，提高用药准确性具有重要意义。

（四）升降浮沉

用以表示药物作用趋向性，是说明药物作用性质的概念之一。升是上升，降是下降，浮是发散、向外，沉是收敛、向内。药物作用的升降浮沉趋向，是与疾病的病势趋向相对而言的。病势趋向向上（喘咳、呕吐）、向下（泄利、脱肛）、向外（盗汗、出血）、向内（表证不解、疹发不畅）等。能够改善和消除这些病势趋向，治疗这些病症的药物，便分别具有相对应的升降浮沉作用趋向。

药物的升降浮沉取决于药物本身的性味、质地及其加工炮制乃至配伍等诸多因素。药物的性味及其阴阳属性决定着药物的作用趋向。一般来说，大多具有辛甘之味和温热之性的药物，属性当阳，其作用趋向多升浮；大多药性寒凉、药味酸苦咸涩的药物，属性当阴，其作用趋向多沉降。炮制和配伍也能影响药物的升降浮沉，如酒炒升，姜汁炒则散，醋炒则收敛，盐水炒则下行。

（五）毒性

1. 毒性的概念 毒性是指药物对人体能否造成伤害的一种性能，用以反映中药的安全程度。中药之“毒”，主要有如下观点：其一，“毒”乃药物之总称；其二，“毒”指药物具有某种偏性，凡中药皆有偏性；其三，“毒”指药物峻烈的程度；其四，“毒”指药物对人体的毒副作用。

历代本草中常标明“小毒”“大毒”，以区别有毒药物的毒副作用的程度，并严格规定使用剂量、炮制方法、配伍禁忌等。例如，2015 年版《中国药典》：“附子，辛、甘，大热；有毒。归心、肾、脾经。回阳救逆，补火助阳，散寒止痛。先煎，久煎。孕妇慎用；不宜与半夏、瓜蒌、瓜蒌子、瓜蒌皮、天花粉、川贝母、浙贝母、平贝母、伊贝母、湖北贝母、白蔹、白及同用。”

2. 影响药物毒性的因素

（1）药物的品种：由于中药品种繁杂，混乱品种不少，其中有的有毒，有的无毒。例如，五加皮有南北之分，南五加皮属五加科植物而无毒，北五加皮属萝藦科植物而有毒。

（2）炮制：合理炮制，可消除或减弱许多中药的毒性。但有的药物若炮制不当，毒性反能增加，如雄黄有毒，火煅则生成剧毒的砒霜。

（3）配伍：合理的配伍，可以使某些有毒中药在整体上毒性降低或不显示毒性。例如，甘草与附子同用，可减缓附子的毒性。

（4）用量：药物毒性的大小是相对的，是否出现毒性反应，用量是关键。例如，毒性最大的砒霜及生草乌，若合理使用，在中毒量之下，也不一定导致中毒。

知识链接 9-2

话说“毒药”草乌

——从云南村民炖食草乌死亡说起

据报道：2015 年 9 月 8 日，云南宾川县金牛镇一村民邀约亲朋到家中煮食草乌炖猪脚，导致多名就餐者发生中毒，其中 6 人抢救无效死亡。

草乌、川乌属于常用中药。草乌为毛茛科植物北乌头的干燥块根，川乌是毛茛科植物乌头的干燥母根（其侧根的加工品又称“附子”）。我国民间有用乌头炖肉食的保健习惯，认为此法可治疗风湿疼痛，温阳补肾。不过，草乌、川乌均属辛热、大毒之品，食用不慎极易造成中毒甚至死亡的后果。草乌有毒与它含乌头碱有关，一般口服纯乌头碱 0.2mg 即可中毒，3～5mg 可致死。因乌头碱毒性大，内服风险高，故《中国药典》明确规定：川乌、草乌常用量为 1～3g。临床使用草乌，多选最小剂量开始试用，且草乌不宜与贝母、半夏、白及、白蔹、天花粉、瓜蒌同用，否则会加重草乌毒性。

五、中药的应用

中药的应用是在中医理论指导下的用药，是通过中医临床诊断、辨证后，综合运用药性理论知识，合理选用中药应用于临床，以调整阴阳、扶正祛邪，达到预防或治疗疾病的目的。使用中药不仅要掌握中药的功能，还要了解中药应用的一般原则，如中药的配伍、禁忌、剂量和用法等。

（一）中药的配伍

1. 七情配伍 指《神农本草经》中提及的“七情”，即单行及其余六种配伍关系的总称。主要探讨任意两味药物组合所产生的配伍关系。

（1）单行：指用单味药治病。病情较单纯，选用一味针对性较强的药物能获得疗效，例如，清金散单用黄芩治轻度的肺热咯血。

（2）相须：指性能功效相近的药物配合使用，可增强疗效。例如，苍术配白术，可增强化湿健肺之功；大黄配芒硝，能明显增强攻下逐热之效果等。

（3）相使：指性能功效相似的药物配合使用，以一药为主，另药为辅，辅药提高主药治疗功效的配伍关系。例如，茯苓与黄芪合用，能加强黄芪补气利水之功效。

（4）相畏：指一种药物的毒性或副作用能被另一种药物减轻或消除。例如，生半夏的毒性能被生姜减轻，谓生半夏畏生姜。

（5）相杀：一种药物能减轻或消除另一种药物的毒性或副作用。例如，生姜能减轻生半夏的毒性，谓生姜杀生半夏。相畏、相杀是同一种配伍关系的两种提法，只是角度不同而已，生半夏畏生姜也可称生姜杀生半夏。

（6）相恶：指一药能使另一种药物的某种或某几种原有功效削弱或消除，疗效降低的配合使用。例如，人参恶莱菔子，人参治疗元气虚脱或脾肺气虚时，莱菔子行气消积，减弱人参的补气作用。

（7）相反：指两药合用后，能增强原有毒副作用或产生新的毒性。例如，延胡索可增强马钱子的毒性效应。

2. 君臣佐使 所谓“君臣佐使”，就是从多元用药角度，体现各药物在方中的地位及配伍后的性效变化规律，是七情配伍的进一步发展。

（1）君药：对处方中的主证或主病起主要治疗作用的药物。它体现了处方的主攻方向，其药力居方中之首，是方剂组成中不可或缺的药物。

（2）臣药：意义有二，一是辅助君药加强治疗主证或主病的药物；二是针对兼证或兼病具有治疗作用的药物。

（3）佐药：意义有三，一为佐药，协助君、臣药加强治疗作用，或直接治疗次要兼证的药物；二为佐制药，即用以消除或减缓君、臣药的毒性或烈性的药物；三为反佐药，即根据病情需要，使用与君药药性相反而又能在治疗中起相成作用的药物。

（4）使药：意义有二，一是引经药，即方中诸药直达病所的药物；二是调和药，即调和诸药的作用，使其合力祛邪。

（二）用药禁忌

药物具有治疗作用和毒副作用两重性，利用前者、避免后者是临床选药组方的基本原则。避免毒副作用就是用药禁忌问题，包括配伍禁忌、妊娠用药禁忌和服药时饮食禁忌等。

1. 配伍禁忌 中药七情中“相反”“相恶”的配伍关系，均属用药禁忌。《神农本草经》指出：“勿用相恶、相反者”。但“相恶”“相反”所致后果不同。“相反为害，甚于相恶”，危害健康，甚至危及生命。因此，“相反”的药物原则上禁止配伍应用。金元以来，配伍禁忌被医家概括为“十八反”和“十九畏”。

2. 妊娠用药禁忌 妇女在妊娠期间，慎用和禁用某些损伤胎儿，甚至引起堕胎的药物称之为妊娠用药禁忌，如破血、破气之牛膝、川芎、红花等；剧毒药如水银、雄黄、马钱子、川乌等。

3. 饮食禁忌 服药期间一是忌食辛辣、油腻、腥膻、有刺激性的食物。根据病情的不同，饮食禁忌也有所区别；二是忌食对某种病症不利的食物。

（三）用药剂量

用药量，称为剂量，是指为达到一定的治疗目的，单味药使用的剂量。中药的剂量一般指每一味生药的成人一日量。用药剂量得当与否，是保证用药安全的重要因素之一。临床应依据药物的性质、临床应用的需要、患者的具体情况等因素，来确定药物的具体用量。使用时，多从药物性质、实际应用、患者情况等多方面加以考虑。

第三节 中药学案例分析

一、人参的药效物质基础研究

人参，别称黄参、地精、神草，为五加科植物人参 *Panax ginseng* C. A. Mey.的干燥根和根茎，产于中国东北、朝鲜、韩国、日本、俄罗斯东部，是名贵中药材。人参在我国具有悠久的药用历史，有“百草之王”的称号，是闻名遐迩的“东北三宝”之一，与琼珍灵芝、东阿阿胶一起被称为中药国宝。人参多于秋季采挖，洗净经晒干或烘干。栽培的俗称“园参”，播种在山林野生状态下自然生长的称“林下山参”。

人参性甘、微苦、微温，归脾、肺、心、肾经，能大补元气，复脉固脱，补脾益肺，生津养血，安神益智，用于体虚欲脱，肢冷脉微，脾虚食少，肺虚喘咳，津伤口渴，内热消渴，气血亏虚，久病虚羸，惊悸失眠，阳痿宫冷。临床主要用于大病或久病后气虚欲脱证的治疗，也可用于肺虚咳喘、气短无力；或脾虚乏力，食欲不振；或消渴伤津；气血不足、心神不安等的治疗。现代医学研究表明，人参能够保护心脏、促进造血功能、调节血糖血压、增强免疫力等。以人参为主要成分的药品，如参一胶囊、人参健脾丸等，已经投入市场并证实疗效甚好。

我国从 20 世纪 70 年代开始对人参的药效物质基础进行系统研究，研究发现人参药材含有多种化学成分，包括皂苷类、糖类、挥发性成分、有机酸类、蛋白质类、酶类、甾醇及其苷、多肽类、含氮化合物、木质素、黄酮类、维生素类，以及无机元素等成分。其中主要有效成分为人参皂苷和人参多糖。

人参含有多种人参皂苷（ginsenoside），如 Rg1、Rg2、Re、Rb1、R_0、Rf、RS1 等，其中人参三醇型皂苷（Rg 类）与二醇型皂苷（Rb 类）的含量比为 1：2。人参皂苷有类似强心苷的作用，能够增加心肌收缩力，升高血压，增加心肌供氧和提高心肌工作效率，对心气虚患者有效，故要用于“厥”“脱”证的抢救。人参皂苷还能增强消化、吸收功能，提高胃蛋白酶活性，保护胃肠细胞，改善脾虚症状。其中，人参皂苷 Rg1 能使中枢神经系统产生兴奋及抗疲劳作用，故人参多表现为对神经中枢的兴奋作用；Rgl 还具有延缓脑衰老等退行性疾病的作用。这些都证明了人参具有补脾益肺、大补元气的作用。

现代研究表明，多糖也具有较强的活性，对人参药用价值的发挥也起着不可或缺的作用。根据其单糖组成不同，人参多糖主要被分为中性糖和酸性果胶两大类。中性糖包括葡聚糖、阿拉伯半乳聚糖等。酸性果胶常为杂多糖，富含半乳糖醛酸。现代生物学和医学研究发现，人参多糖具有多样的生物活性，如抗肿瘤、免疫调节、抗氧化、降血糖、抗辐射等。

二、藿香正气液（水、软胶囊、滴丸）系列中成药产品的开发

藿香正气散记载于《太平惠民和剂局方》，其基本组成为藿香、紫苏、大腹皮、白芷、茯苓、半夏曲、白术、陈皮、厚朴（姜制）、桔梗、炙甘草，再加入大枣、生姜合煎至七分后服用，具有解表和中、理气化湿的功效。但传统汤剂、散剂为粗制剂，服用剂量大，储存、携带不甚方便，已不能满足广大患者高效、速效的用药需求。随着现代制剂技术的快速发展及市场和患者对剂型多样化的需要，在传统藿香正气散的处方和用法用量的基础上开发形成了一系列藿香正气制剂。目前较为常用的藿香正气制剂为：藿香正气口服液、藿香正气合剂、藿香正气水、藿香正气胶囊、藿香正气软胶囊、藿香正气丸、藿香正气滴丸、藿香正气颗粒、藿香正气片。

在制剂开发过程中，由于不同剂型的制备方法和要求的不同，故在对藿香正气各种制剂的系列中成药的开发过程中，在遵循原方的基础上，对处方组成、提取方法进行了调整。中药方剂配伍组成大都遵循君臣佐使的基本原则。藿香在传统藿香正气方中为君药，现代药理学研究表明广藿香油具有与藿香功效类似的药效学作用，故现在多种藿香正气制剂在制备过程选用广藿香油代替原方中的藿香药材入药。在药材用量上，藿香正气方中“藿香三两，为君药”，故现代藿香正气制剂中加入 0.8 ml 广藿香油，替代“藿香三两”。此外，传统藿香正气方中加入

甘草益气，大枣补中益气为引药，以助正气，以资全方“正不正之气”，藿香正气现代制剂中多采用甘草浸膏替代甘草药材。部分藿香正气制剂在更改剂型过程中选用半夏的其他炮制品代替半夏曲，既避免了沿用半夏曲可能对制剂造成质量可控性差的不足，同时也更契合现代制剂的思想，符合工业化大生产的要求。

藿香正气系列中成药剂型的开发为患者带来了方便，但仍存在许多问题需要进一步研究。例如，九种藿香正气系列中成药制剂的制备工艺中，同一药味在不同剂型中工艺参数相差较大，造成制剂质量的不统一。以白芷为例，白芷祛风解表，性温味辛，增强全方解表之力。现代研究表明其有效成分主要为香豆素类脂溶性成分，且白芷含少量挥发油，易溶于乙醇，故宜选用乙醇作为提取溶媒。而九种藿香正气制剂中白芷提取方法不完全相同，提取溶媒各异，工艺参数相差大，则提取液中有效成分也会存在一定差异。因此在保证制剂质量及有效性的基础上，需进一步优化工艺参数，获得科学合理的工艺路线。

在以后对藿香正气方系列中成药的进一步开发时，应根据不断发展的市场需要，利用现代科学的新理论、新技术、基础研究和临床实践的最新成果，利用先进的制剂技术和分析手段，对传统藿香正气制剂实施内在质量标准的提升或外延品种的再开发，以得到更加安全有效并适合市场需求的藿香正气系列中成药产品，拓展中药名优古方的适宜范围，使藿香正气方更好地服务临床、服务大众。藿香正气制剂的开发应充分利用互联网+，以信息、工艺与管理的计算机集成为特征，以科研单位和生产企业为依托，建立制剂技术创新平台，让传统中药进入智能、敏捷、绿色、数字化的先进制造新时代，实现高新技术在藿香正气制剂生产中的应用，并通过符合中医药特色的制剂质量控制模式，结合中药制剂开发“方—证—剂”对应思想，最终实现藿香正气制剂系列产品的“安全、有效、可控”。

第四节　中药学研究方法与新进展

一、中药学研究方法

中药学研究范围主要是应用本草学、动物学、植物学、化学（植物化学、天然药物化学、药物分析化学和生物化学）、药理学、中医学、临床医学、分子生物学和微生物学等学科的知识和方法来研究中药的来源、栽培（动物饲养）、采收、加工、鉴定、化学成分、品质评价、组织培养、药理药效、生物转化、资源开发利用等方面的内容。中药学研究的基本对象既可以是单一化学成分的药物，也可以是动物、植物、矿物的天然形式，甚至还可以是传统中药中的基本方剂（如麻黄汤）和常用药对（如黄芪配当归）。

中药学的研究方法首先要以中医药理论为基础，符合中医药特色，并以对药物作用的临床统计观察为依据，以规范后的中医理论模型为参照系，以单一化学成分，天然动物、植物、矿物，基本方剂及其浓缩剂为药物研究的基本单元。对他们的性味归经，对因、对证、对病的作用、量效关系等进行科学化的定性定量研究，建立与中医理论相适应的药物理论。

近年来，采用化学分析方法（包括色谱分析、光谱分析等）和药理实验方法对中药的分析研究已相当深入，此外还包括了中药资源调查、药材生产加工方法、生物转化方法、制备工艺改进、有效成分含量测定、复方制剂研究、产品质量标准等。现代先进技术方法运用到中药研究的典范主要是生物技术的应用。例如，植物细胞组织培养，培育市场缺乏品种，如对当归、板蓝根进行多倍体育种，获得了新品种，取得了较好的增产效果。

对中药的深入研究不是单一的研究方法就能实现的，应当进行系统的科学研究，有组织、有计划地分工协作，各有侧重，突出重点，合力攻关。同时还要注意与其他学科的协作研究，多学科交叉研究，相互补充，才能使中药学走上现代化道路，继续为中国和世界各国人民的健康事业做出贡献。

二、中药现代化

中药现代化，就是传统中药与现代科学技术相结合的过程，包括理论认识和实践手段两方面的现代化。中药现代化来源于传统中药的经验和临床，依靠现代先进科学技术手段，遵守严格的规范标准，研究出优质、高效、安全、稳定、质量可控、服用方便，并具有现代剂型的新一代创新中药，符合并达到国际主流市场标准，可在国际上广泛流通。其内涵是在继承发扬中医药传统特色与优势的基础上，充分利用现代科学技术成果，通过技术创新、知识创新不断丰富完善中医药学理论体系，提高中药产业技术水平，从而促进中医中药的发展，以适应时代发展和社会进步的需要。中药现代化在以下领域的成果突出表现了中药学取得的新进展：

（一）中药物质基础

中药物质基础是中药现代化研究和发展的基础，现代中药产品开发离不开中药物质基础的认识。中药物质基础是指中药及其复方中发挥作用的化学成分，它是阐明中药作用奥秘的关键，是中药质量控制的基础与核心，是中药材及其产品安全、有效和质量稳定、可控的保障。

1. 中药物质基础研究方法 传统的中药物质基础研究即为对中药化学成分进行提取、分离、结构鉴定、生物活性筛选、确定有效成分后阐明物质基础等研究过程。采用传统方法已阐明上千种单味中药的物质基础，如麻黄、黄连、人参、丹参等。但由于中药特别是复方化学成分的复杂性及存在成分相互影响、协同作用等特点，传统的研究方法不仅速度慢，且难以进行多成分配伍研究。近年来出现了很多中药物质基础研究的新思路、新方法，有效地促进了中药物质基础研究。

（1）以活性为导向的中药物质基础研究：由于传统中药物质基础研究常导致分离过程中活性成分或有效成分的丢失，同时，耗费大量的时间在无活性成分或非有效成分的分离与结构鉴定上。为了克服这些问题，近年来，逐渐引入以活性为导向的中药化学成分研究，即以生物活性跟踪进行中药成分的分离。该研究方法的实现，必须以快速、可靠的生物活性筛选方法为前提，同时，化学成分分离必须与活性筛选密切配合，才能取得较好的效果。

（2）基于组合化学或化学物质组学概念的中药药效物质基础研究：该研究思路将单味中药或中药方剂所含的复杂成分看作组合化学库或化学物质组，采用组合化学或化学物质组学的方法研究中药物质基础，即将中药进行适当分离后，采用现代仪器分析方法如 HPLC、LC-MS 等对各分离手段进行分析、标化，再对各部分进行活性筛选，确定活性部分。

（3）血清药物化学与血清药理学相结合的研究方法：该研究思路以传统的药物化学为基础，利用现代先进的分析技术，结合对含药血清的生物活性测定，来分析鉴定口服中药后血液中移行成分及其药效相关性，探讨中药的药效物质基础及其作用机制。现代分析技术尤其是 LC-MS 技术的发展，对于检测吸收入血成分的体内过程及微量、痕量成分非常便利；新的药物作用靶点包括酶、受体的不断发现，为血清药理研究提供了高通量的体外筛选模型。以含药血清作为研究对象，探讨中药作用的物质基础，很大程度上简化了中药及其方剂成分研究的复杂性，排除了中药中大量非有效成分对生物活性测定的影响。

（4）基于谱效关系或组效关系的中药物质基础研究：该研究思路以 NMR、HPLC、GC-MS、HPLC-MS 等现代先进的分析技术为手段，建立中药的一维、二维甚至多维指纹谱，或者利用代谢组学的方法研究中药复杂体系在体内的代谢过程；同时利用体内外多种药效指标，结合现代的代谢组学、蛋白质组学、基因组学技术进行药效学评价；采用智能化数据分析软件，进行谱效或组效相关性分析，来探讨中药复杂体系的物质基础和作用机制。

（5）基于亲和色谱和分子烙印技术的中药物质基础研究：亲和色谱和分子烙印技术是基于

分子特异性识别的色谱分离技术。随着一系列新的药物靶标，如酶、受体等，将这些对药物小分子具有特异性识别和结合能力的靶酶、受体、抗体甚至活性组织细胞膜等采用固定化技术与合适的固相支持物进行共价、非共价结合后用于活性分子的筛选，即亲和色谱技术；分子烙印技术是以特定的活性分子为模板，选择适当的功能单体如甲基丙烯酸等在交联剂的作用下制备而成的对模板分子类似物具有特异性保留能力的色谱分离技术，本质上也可以列为亲和色谱的一种。亲和色谱和分子烙印技术用于药物活性分子筛选具有特异性强、速度快、效率高的特点。结合在线质谱检测技术，用于中药复杂体系中特异性活性成分的初筛，可以实现中药活性成分的分离、高通量筛选、鉴定一体化。

（6）基于药物代谢的中药物质基础研究：中药治疗疾病的有效成分可以是中药中的原形成分，也可以是经肠内生菌的转化产物，或者是进入体内后的代谢产物。基于药物代谢的中药物质基础研究就是从整体上对中药在人体内的消化（生物转化）、吸收、代谢、分布、排泄等各个环节进行研究，探讨中药成分在体内的过程及其动态变化的规律，考察生物转化产物和（或）代谢产物的生物活性，探讨中药的药效物质基础，并根据入血成分的代谢特征探讨中药组分间的相互作用规律、中药复方的配伍机制等重大问题。目前已经建立了很多体外研究药物代谢的模型，如小肠灌流模型、人肠内细菌转化模型、肠 Caco-2 吸收模型、肝微粒体模型、MDCK 模型（改造犬肾上皮细胞单层模型）等，利用这些模型模拟中药在体内的药物代谢过程，对于探讨中药的药效物质基础有很大的帮助。

（7）基于计算机虚拟筛选技术的中药物质基础研究：计算机虚拟筛选是依靠计算机强大的编程建模功能、数据库构建和搜索功能，结合各种数学算法，构建中药成分库、中药药理作用库、中药功效库等，并利用和融合现代系统生物学的研究成果，关联相关的基因调控网络数据库、代谢网络数据库、细胞信号通路数据库、蛋白质三维结构数据库等，来研究中药药效物质基础、药性理论、作用机制等相关问题。

2. 中药物质基础研究的主要成就 迄今，中医药研究者就中药物质基础已进行了大量卓有成效的研究，也取得了比较多的成果，见表 9-5。其中单味中药研究以青蒿素的发现最具有代表性。而当归芦荟丸则是运用传统中药复方治疗现代疾病，并深入研究物质基础成功的范例。该复方原由 11 味中药组成，通过拆方研究和临床验证，最后定为青黛为该方治疗慢性粒细胞白血病的关键药物。进一步的化学、药理学研究结果证明青黛中所含靛玉红是该药物抗肿瘤的物质基础。

表 9-5 中药物质基础研究成果举例

中药名称	物质基础	功能
青蒿	青蒿素等倍半萜	截疟
麻黄	麻黄碱等生物碱	平喘
附子	去甲乌药碱、氯化甲基多巴胺等	回阳救逆、强心
川芎	川芎嗪	活血化瘀
黄芩	黄芩苷等黄酮	清热解毒
杏仁	杏仁苷	镇咳
元胡	延胡索乙素（四氢帕马丁）等生物碱	行气止痛

需要注意的是，中药药效的发挥具有多维、多元、多重、多层次的特点，根据临床用药目的的不同，其药效物质基础也有所差异。

（二）中药新制剂

中药产品现代化是中药现代化的表现形式，也是中药国际化的重要载体。除了传统的丸、散、膏、丹等特色中药制剂，颗粒、胶囊、滴丸、注射剂、粉针剂、口服液、软胶囊等新剂型的开发促进了中药产业化发展，方便了人们用药。

1. 颗粒剂 中药颗粒剂的研制，是传统中药饮片改革的一个方面，颗粒剂生产采用动态中温提取、药渣药液高速离心分离，药液喷雾干燥及一步制颗粒等技术，在全封闭条件下使有效成分提取完全、质量稳定、服用量小、服用方便等。如小柴胡颗粒、板蓝根颗粒、参苓白术颗粒等。

2. 滴丸剂 采用滴制法制成的丸剂。中药滴丸剂主要有两类：一是将油性成分分散在基质中，采用滴制法制备；另一类是将不溶于水，溶出速度慢、吸收不好的中药成分或有效部位，采用固体分散技术制备速效滴丸。由于滴丸载药量小，因而中药要制备滴丸必须精制，浓缩有效成分或有效部位，使得滴丸成分明确，质量易于控制。例如，复方丹参滴丸、藿香正气滴丸、穿心莲内酯滴丸等。

3. 缓、控释剂 缓释制剂是能使药物活性成分在体内缓慢地非恒速释放，每日用药次数与相应普通制剂比较至少减少一次或用药的间隔时间有所延长的制剂；控释制剂是药物活性成分按要求缓慢地恒速或接近恒速释放，且每日用药次数与普通制剂比较至少减少一次或用药的间隔时间有所延长的制剂。缓、控释剂最大的优势在于维持比较稳定的血药浓度，减少用药次数，符合现代用药需求。对于有效成分明确，以有效成分或有效部位入药，并且给药剂量不太大的中药，可制成缓、控释制剂。

4. 纳米中药 纳米技术对物质超微粒化的作用，纳米级粒子将使中药在人体内的传输更方便，可提高中药在体内的生物利用度，增强临床疗效。例如，普通牛黄有清热解毒、化痰开窍的作用，加工到纳米级水平后，理化性质和疗效均发生变化，不但产生靶向作用，还对癌症起特效作用。纳米中药的开发应用，可将不易被人体吸收的中药制成纳米粉，提高药物的生物利用度，把纳米药物做成膏药贴在患处，可通过皮肤直接吸收。纳米技术在中药加工方面的应用，能在保持中药原药成分的基础上，使药物有效成分充分析出，形成独具特色的纳米中药材料。

此外，中药气雾剂、靶向制剂、黏膜给药、涂膜剂、巴布膏剂等都是现代中药研发的重要剂型。

（三）中药质量标准现代化

中药质量标准是中药现代化的前提，中药现代化的落脚点在于中药和中药制剂，其核心是中药和中药制剂的质量标准的研究以传统的“四大鉴别”、分子生物学鉴别和指纹图谱等“定性”评价方法学体系为主，并逐步向着定量化方向发展。以 2015 年版《中国药典》为例，一部共收载中成药 1494 个品种，在质量控制方法上，其中运用特征指纹图谱 31 项、液相色谱含量测定 548 项、气相色谱含量测定 19 项。中成药系列品种质量标准的统一，以中药对照提取物为对照的质量控制方法，应用一测多评等分析思路及分析技术促进了中药质量标准现代化的发展。

一测多评是指以样品中某一典型组分为内标，在同一色谱条件下建立该组分与其他待测组分之间的相对校正因子（RCF）和相对保留时间，对色谱图中各成分峰面积通过相对校正因子计算各待测成分的含量。在 2010 年版《中国药典》中开始规定使用该法于黄连药材测定，继而在 2015 年版《中国药典》中丹参、灵芝、功劳木等品种采用该法进行质量控制。

制定中药材质量标准，首先必须以中医药理论为基础，充分考虑中医药的特点。仅用某一成分作为指标，来衡量药材的质量，不能体现其内在品质。因此，应建立药材的指纹图谱，并在建立单指标成分含量测定基础上，探讨多指标成分综合评价体系。

中药指纹图谱是指某种（或某产地）中药材经适当处理后，采用一定的分析手段得到的能够标示该中药材或中成药特性的某类或数类成分的色谱或光谱图。现应用于质量控制的主要有薄层色谱指纹图谱、气相色谱指纹图谱、液相色谱指纹图谱、其他类指纹图谱如红外光谱、毛细管电泳、核磁共振等，可对中药品种进行更有效的评价。

（四）中药管理

中药管理现代化是中药现代化的政策保障。由于中药种植、采集、加工炮制和使用的历史特点，不同地方有各自习惯，甚至处方名称都有差别。因此，有必要对中药原料种植、采收加工、成药制造、药品经营、中药应用等各环节进行现代化管理，才能促进中药事业发展，保障用药安全。其基本内容主要包括以下内容：

1. 中药材种植管理 通过制定了《中药材生产质量管理规范》（Good Agriculture Practice，GAP），对中药材生产进行严格管理，希望从源头上解决中药材质量问题。

2. 中药生产管理 通过制定《药品生产质量管理规范》（Good Manufacture Practice，GMP），对中药生产环节进行严格管理，以保证产品质量合格。

3. 中药经营管理 通过制定《药品经营质量管理规范》（Good Supply Practice，GSP）对中药材、中成药批发、零售环节进行严格管理，以保障运输、储藏、销售各环节中药的产品质量。

4. 药物研发管理 通过制定《药品非临床研究质量管理规范》（Good Laboratory Practice，GLP），《药品临床试验管理规范》（Good Clinical Practice，GCP），对药品临床前安全性评价及临床试验进行规范化管理，保证新药研发有序进行。

5. 药品使用管理 参照《药品管理法》及依据该法制定的特殊药品管理办法等文件内容执行。

三、中药国际化

近年来，中医药的卫生、经济、科技文化、生态资源作用不断彰显，中医药在国际上的影响日益扩大，作为维护健康的重要手段，中医药在“一带一路”沿线国家中发挥着重要作用，也成为在世界范围内传播中华优秀文化的载体，有效地促进了世界各国的人文交流与文明互鉴；中医药在防治常见病、多发病、重大疑难疾病、传染病及应对突发公共卫生事件等方面发挥了重要作用，多种形式的中医药对外医疗保健服务，向全世界展示了中医药在医药卫生和人类健康促进中的独特优势。以青蒿素为代表的一些中医药科技创新成果在国际医学界引起广泛关注，为中医药走向世界提供了科技支撑。

（一）中药国际化目的和意义

1. 服务人类健康 通过吸收和借鉴中医中药发展的成果和现代高新技术手段，促进传统中药技术进步和科技创新，提高中医药服务人类健康的能力和水平，使中药为代表的世界传统医药得到各国政府和民众的广泛认同和普遍使用，让中医药造福于全人类的卫生健康事业。

2. 发展民族产业 实现中药国际化，提高我国中药在国际市场上的竞争力，可大大提高我国中医药在国家天然医药产品市场的份额，推动中医药健康产业的增长与发展，实现从传统医药大国向传统医药强国的跨越。

3. 提高学术水平 中药学是我国原创的传统医药学体系，拥有数千年积累的众多传统医药文献资料、知识经验，中药国际化的过程中，可以在全球范围内吸纳人才、科技、智慧、咨询等资源用于中药的研究与实践，提高中药学术水平，促进中医药的发展。

4. 传播中华文化 中药国际化过程必然伴随中药专业人员及机构与各国中医药学者、同行、患者及其他相关人士之间的往来交流，以及高质量中医药人才的本土化，将在中药对国外传统医药界产生影响的同时，让世界各国人民通过中药、中医及其相关产品了解中华民族文化，有利于加深世界各国人民对我国的了解，增进我国人民同世界各国人民的友谊。

（二）中药国际化的面对挑战

中药国际化进程中面对的挑战包括：①符合中医药特点的现代中药研究方法和国际标准规

范尚待建立。中药的安全性、有效性及其评价标准和方法远比西药复杂，其质量控制、生产工艺、药理毒理、临床评价等标准不能完全效仿现代西药。②中药面临越来越多的法律障碍和贸易壁垒，进入国际医药主流市场进展缓慢。许多国家在立法认可和规范中医药时，对其准入设置各种技术壁垒，目前尚仅有地奥心血康胶囊在 2012 年作为第一个具有自主知识产权的治疗性植物药获准欧盟注册上市，大多数中药产品作为保健食品或食品添加剂等形式进入国际市场。③中药产品国际竞争力弱，中药国际化人才严重不足。中药产品科技含量低，中医药企业国际品牌产品缺乏，掌握中医药专业知识、精通所在国语言和政策法规的专门人才缺乏。

第五节 中药学相关学科与职业关系

一、中药学相关学科

（一）中医学

在我国现有的学科目录中，中医学和中药学是并列的，都属于一级学科。中医学是研究人体生理病理、疾病诊断与防治及养生康复的一门传统医学科学，至今已有数千年的历史。中医学属于在阴阳五行理论指导下，从动态整体角度研究人体生理、病理、药理及其与自然环境关系，寻求防治疾病最有效方法的学问。中药应用离不开中医的理论指导思想，中药的功效是与中医的辨证方法相应而生，每一种中医的辨证方法都有与其相应的中药功效群。

（二）药学

药学是连接健康科学和化学科学的医疗保健行业，它承担着确保药品的安全和有效使用的职责。药学主要研究药物的来源、炮制、性状、作用、分析、鉴定、调配、生产、保管和寻找（包括合成）新药等。作为两门学科，中药学与药学是相互指导、融会贯通，“两条腿”并行的。在药物分析、药物制剂等过程中，基本理论和基本方法均能有效运用于中药学和药学的实际学习、科研、生产应用中。

（三）医学

医学主要含现代医学和传统医学，是一门实用性很强的应用学科，现在的许多新技术、新材料和新药（包括基因重组生物因子等）推进了临床医学的发展。现代中药的研究要适应现代医学发展的需求，在预防治疗保健各个领域发挥作用；另一方面，应用现代医学的科学成果和手段，也将服务于现代中药的发展。

（四）化学

化学是药学的基础，药物的来源、炮制、性状、作用、分析、鉴定、调配、生产、保管和开发新药等，都离不开化学学科的支撑。其中，有机化学、无机化学、物理化学、生物化学、药物化学、中药化学等学科作为药学、中药学领域的化学衍生科目，在药物的研究、生产、开发过程中提供重要理论、实践基础。

（五）生物学

中医从整体论的角度出发，从望闻问切对神色、形态、症状、体征信息的收集、观察，进一步分析证候，证候就是一种生理、病理的过程与状态。天地人、精气神，宏观朝向人的健康。同时，器官、组织、细胞、基因、蛋白、组学，各种微观的研究也朝向人的健康，朝向疾病的防治。在中药现代研究开发中，生物学的方法运用到了中药的药理作用、作用机制、药物安全性和配伍规律的研究中。生物学的研究促使我们与化学、药学等研究结合，从整体上、系统上和信息水平上阐明中医理论，在信息水平上建立中药和中药材质量控制体系和药效评估评价平台。

二、中药学专业培养目标与从业前景

（一）中药学专业培养目标

系统地掌握中药学、中医学基础、药学的基础理论、基本知识和基本技能，具备良好的科学素养，以及相关中医学、药学的专业知识和能力；具备从事标准化中药研究开发、药材的品种鉴定及品质评价、中药的质量控制和生产管理、中药药理与安全性评价及临床合理用药等方面综合能力的中药学应用型专门人才。

（二）中药学专业人才必备职业能力

（1）掌握中医学基础、临床中药学、方剂学、药用植物学、有机化学、分析化学、中药化学、中药鉴定学、中药药剂学、中药炮制学、中药药理学、中药制剂分析等学科的基本理论和基本知识；熟悉临床常用药物的基本知识。

（2）掌握中药种植、中成药的制备、质量控制与分析、药效学和药物安全性评价等基本方法和技术。

（3）掌握中药药理与毒理学的基本理论与实验技能；掌握中药及天然药物化学成分的分析、提取、分离和结构鉴定的基本原理和技能。

（4）掌握炮制加工、中药制剂的基本知识和技能；熟悉药物制剂设备和工艺，了解车间设计基本要求。

（5）熟悉药事管理的法规、政策、知识产权保护和中药新药研发的技术要点，具备新药制剂设计、新药药理实验与评价的基本能力，掌握医药市场营销的基本知识。

（6）具有一定的科学研究和实际工作能力；具有创新意识和独立获取新知识的能力。

（三）中药学从业前景及就业岗位描述

改革开放以来，我国积累了巨大财富，加之人口老龄化等社会因素促使我国人民不断聚焦健康产业。中医药作为中国特色健康资源，在治疗疑难杂症、慢性病、老年病、调节亚健康状态、预防保健等方面的巨大优势受到广大群众的欢迎，“大健康”时代的到来，为中医药发展带来了无限机遇。近年来大中药健康产业已达万亿元规模，且规模还在不断发展壮大。中药行业在国家的大力扶持下，取得良好、快速的发展。同时，作为中华民族宝贵财富，中医药正越来越多地受到国际的接受与关注。2015 年 5 月，国务院发布了《中医药健康服务发展规划（2015-2020 年）》，规划提出：中医药将参与“一带一路”建设。“一带一路”沿线国家都有中医药或是传统医药的使用历史，具有一定的群众基础，近些年随着中医药货物贸易的不断发展及中医药服务贸易的兴起，中医药更是成为很多国家新的经济增长点。

随着国内外大中药健康产业的快速、持续发展，中药学专业就业选择更有余地。除了在各级医院担任中药师工作，在有关学校及中医临床科研机构从事教学、科研工作外，大部分毕业生将在中药企业从事科研、制剂、产品开发和销售工作。

对于医药企业工作大体分为研发系、生产系、营销系三类。①研发系：包括植化类、制剂类、质量研究类、注册批报类等相关工作。②生产系：包括工艺员（调整生产工艺）、车间主任（安排车间生产）、质检员（化验产品）。③营销系：产品专员（产品知识及应用推广）、市场专员（负责市场活动、战略策划和学术会议）、医药代表（药品销售）。部分就业岗位描述如下：

1. 中药药物制剂生产　按照操作规程进行制剂生产。从事中药制剂的生产及管理工作；新产品新技术成果转化的技术操作工作，药品半成品及成品质量分析、检验工作；车间生产设备的使用、保养、维护工作。

2. 中药药品质量检验　完成原料药、中间体、成品的质量检查。从事中药材、原辅料、半成品及成品的质量分析、检验工作。

3. 中药药品调剂　审查并调配处方，审核并发放药品。接收处方，按照“四查十对”的原则对处方进行审查，调配处方，审核、发放药品，退药处理等工作。

4. 药库管理　药品出入库管理，完成制定采购计划、资质审核，做好药品入库验收、上账及药品存放管理、出库管理工作。

5. 药品营销　了解药品及市场信息，从事市场调研、药品销售工作。

本章小结

- 中药学
  - 概述
    - *中药及中药学概念
    - 中药的发展简史
  - 主要内容
    - 中药药用资源:中药药物资源概况、中药资源保护、中药资源创新
    - *中药的产地、采集和储存:道地药材
    - *中药的炮制：炮制的目的、方法
    - *中药的性能：四气、五味、归经、升降沉浮、毒性
    - *中药的应用：配伍、用药禁忌、剂量
  - 案例分析
    - 人参的药效物质基础研究
    - 藿香正气液（水、软胶囊、滴丸）系列中成药产品的开发
  - 研究方法与新进展
    - 中药现代化
    - 中药国际化

*为重点知识点

思 考 题

1. 简述中药、中药学的概念，历代本草代表作及中药发展情况。
2. 分析中药性能理论，举例说明中药五味的概念与食物滋味的区别和联系。
3. 谈谈自己对中药毒性的认识。
4. 分析中药炮制的目的和方法。
5. 谈谈自己对中药现代化和中药国际化发展的认识和思考。
6. 结合药理学、药剂学、药物分析学、药物化学等学科谈谈你对中药学研究方法的认识。

第十章 临床药学

学习目标

●掌握：临床药学的定义；合理用药的概念及影响因素。
●熟悉：临床药学在合理用药中的作用；临床试验目的及内容。
●了解：临床药学进展；临床药学相关学科及职业发展。

第一节 临床药学概念

一、临床药学概论

（一）临床药学的基本概念

临床药学（clinical pharmacy）是药学与医学的结合，直接面向患者，以患者为中心，研究与实践临床药物治疗，提高药品治疗水平的综合性学科。其特点是药学与医学的紧密结合及强烈的临床实践性。

（二）临床药学的定位

临床药学是随着医药科学的发展而兴起和发展的，医疗机构担负患者卫生保健（health care）的任务，将由医师、药师和护士所组成的医疗队伍完成，形成医师负责医疗保健（medical care）、药师负责药疗保健（pharmaceutical care）及护士负责护理保健（nursing care）的新的专业分工，形成医、药、护治疗团队。

（三）我国开展临床药学的必要性与重要性

临床药学在医院药学中占有核心地位，尽管它的兴起和发展只有短短的几十年时间，但是它在临床药物治疗中的地位却日益提高。

1. 促进临床患者合理用药 临床正确的用药不仅基于正确诊断疾病，对药品的充分认识同样重要。当前，减少药害，保证用药安全有效越来越引起人们的重视；节约医药资源，合理使用药品也逐渐引起人们的关注。临床药学正是关注于患者临床的合理用药，提高药物治疗的安全性及有效性。

2. 顺应医疗改革的要求 目前医药分业和经济独立核算促进医院药学必须向以临床药学为重心的趋势转移。为提高医院的综合实力和医疗服务质量，发展临床药学已成为医院整体建设的重要方面。

3. 拓宽药师的职业范围 以往的医院药师的主要工作为：药品的供应、分发及调配等。随着药房发药逐步自动化，往日药师的工作和任务已逐渐被药房技术员所替代，药师参与临床药物治疗的人数和时间更多，范围更广。医院药师在医疗卫生事业中和患者心目中的地位逐步提高，作用更明显，特别是与患者药物治疗有关的所有业务方面将更趋重要。临床药师的职业观念发生了根本的改变，认为药学服务的对象是人而不是药品，将过去整天和药物打交道、以药物为中心的服务模式，转变为直接和患者打交道、以患者为中心的工作模式，继而扩展了药师的职能，拓宽了实践工作范围。

二、临床药学的发展简史

（一）美国临床药学的发展

1. 被动服务时期 早在19世纪50年代，医院药师就开始参与临床药学工作。1952年美国药学会的道德准则中规定：“药学的主要任务是服务，即向公众提供安全的制剂和药品，药师不与患者讨论药物的治疗作用、处方成分，如有患者询问，应请其与医生联系”。

2. 药学服务的过渡时期 20世纪50年代，新药不断发现和上市，制药业、公共药房的竞争造成市场上新药品种剧增，数千种药品进入市场，其中许多药品主要成分相同。

1952年美国17家公司生产了45种口服青霉素制剂。为了治疗的有效和规范医院用药，医院建立处方集制度，允许药师按通用名而不是商品名配发药品，医院药师开始注重发展专业职责。

1964年Francke在调查美国医院药房之后，发表“医院药学服务指南（The Audit of Pharmaceutical Service in Hospital），提出医院药师可以完成的事情，即临床药学”。

1966年，“临床药学”和“药物使用控制”的概念在加利福尼亚大学医学中心明确提出，它包括卫星药房、单位剂量发药系统、药物情报中心和患者药历。随着美国卫生保健制度的改革，特别是医疗补助方案和医疗照顾方案的出台，进一步推动了医院药学的发展。1969年，美国药学会的职业道德准则改为“药师应把患者的健康和安全作为首要任务，应向每个患者充分提供自己的专业才能。”

3. 临床药学服务时期 药学服务的不断推进，临床药学的工作实践范围逐渐扩大，药师参与对患者的具体治疗工作，并且更注重于直接面对患者进行服务，以保证药学服务的质量，并且临床药师的目光开始转向医院以外患者的药物治疗，涉及在健康中心开展合理用药工作。

20世纪80年代，药学工作进入临床药学服务时代。由于各国对控制卫生费用增长的普遍要求，在医院药房，提高药物治疗的效果成本比变得更加关键。美国药学界陆续召开了几次重要会议，试图寻找未来的药学专业方向。

1987年，Hepler在“药学正经历着第三次浪潮”的报告中提出：在未来的20年中，药师应该在整个卫生保健体系中表明自己在药物使用控制方面的能力，特别应该表明由于药师的参与可以减少整个服务费用，如缩短住院期和减少其他昂贵的服务等。

1990年Hepler和Strand正式为药学服务定义，并被药学界人士广泛地接受，“药学服务是提供负责的药物治疗，目的在于实现改善患者生活质量的既定结果”。

目前，美国以患者为中心的临床药学工作模式已经确立，进一步扩展了药师的职能，拓宽了实践工作范围。美国的临床药师队伍伴随临床药学的发展逐渐产生和壮大，地位日渐巩固，成为医疗机构不可缺少的专业技术人员之一，具有法定的职称。

（二）美国Pharm.D.教育

在1948年美国药学院校联合会（American Association of Colleges of Pharmacy，AACP）开始提出以合理用药为核心的临床药学体制和设立临床药师岗位的建议。1957年，美国密歇根大学药学院Donald Francke教授建议，医院药师需要实行6年制Pharm.D.（Doctor of pharmacy）临床药学专业教育课程，并强调了生物医学的教学内容，临床药学专业就此设立。

1990年，美国的Hepler和Strand两位专家提出了药学服务的新模式——药学监护（pharmaceutical care，PC），其核心就是倡导以患者为中心的药学服务模式代替以药物为中心的传统医院药学工作模式，Pharm.D.专业教育成为实践以患者为中心的药学服务新模式的必然选择。美国药学教育委员会通过了 Pharm.D.专业教育实施程序认证标准指南，规定从 2000 年 6 月 1 日起，全面实施 Pharm.D.教育。美国所有药学院都要在 2004 年前将传统的 4 年制药学教育改为 6 年制的 Pharm.D.学位教育，并在 2005 年后停止传统的药学教育。至此，6 年制的 Pharm.D.教育成为美国药学教育的主流。Pharm.D.成为美国执业药师的准入学位要求。

（三）我国临床药学的发展

1. 临床药学与我国古代辨证论治的思想殊途同归 明代医家陈嘉谟曰："医家一只眼，药家两只眼，病家全无眼。"所言医家关注的是病情，而药家却既需要通晓"药"，又应熟悉"症"，唯有此途径，才能为"无眼"之病家进行安全有效的药物治疗。

古代医家使用中药治病，以中医基本理论为指导，讲究辨证施治，同病异治，异病同治。古往今来，中医中药是相辅相成的，目前，临床药学的理论与方法也逐步引入中医药领域，中药临床药学处于起步阶段，并在不断发展中赋予新的内涵。

2. 我国临床药学工作内容的发展 我国临床药学的发展历程分为三个阶段。

（1）第一阶段：1981 年我国颁布的《医院药剂工作条例》规定，临床药师要积极创造条件开展临床药学研究，结合临床，协助医生制定合理给药方案，力求达到提高疗效、降低毒副反应的目标，确保用药安全有效。

（2）第二阶段：1989 年我国颁布的《医院药剂管理办法》规定，临床药师要积极开展临床药学研究，结合临床制定个体化给药方案，开展药剂学、药物化学、生物利用度研究，监测药品在体内的作用及药品不良反应。

（3）第三阶段：2002 年我国颁布的《医院药事管理暂行规定》指出：临床药学工作要以患者为中心，以临床药学为基础，以促进临床科学、合理用药为核心，逐步建立临床药学制度。

3. 我国临床药学教育 1983 年，中国药学会在黄山召开了全国首届临床药学学术研讨会。在 20 世纪 80 年代，原华西医科大学、原上海医科大学、原北京医科大学、中国药科大学等医药院校举办了多届临床药学学习班，积极地推动了我国医院临床药学工作的开展。1989 年，原华西医科大学药学院（现为四川大学华西药学院）开始探索 5 年制临床药学本科教育。2004 年，四川大学华西药学院开始了临床药学专业的硕士与博士学位研究生教育。针对我国临床药学工作开展严重缺乏临床药师的问题，原卫生部于 2006 年在 19 个基地开始了临床药师培训试点工作。2006 年 7 月，全国高等医药教材建设研究会与原卫生部教材办公室成立了全国高等学校临床药学专业（方向）教材评审委员会，并启动了临床药学专业的教材建设。2007 年教育部恢复将 5 年制临床药学专业作为在少数高校试点的目录外专业。2012 年教育部重新将临床药学专业列入普通高校本科专业目录，我国临床药学教育获得了应有的地位。因此，21 世纪初可以被认为是我国临床药学学科确立和临床药师职业产生的时期。

药学教育在中、美都形成了较大的规模，都有较为成熟的教育模式，而美国的临床药学教育为经认证的 6 年制药学博士教育，其学位为针对药师职位特设的 Pharm.D，Pharm.D 教育实质上就是临床药学教育，是美国多数药学院药学教育的主体，甚至是唯一教育类型。课程设置标准化程度高，主要课程系统性强，选修课程多，注重实践教学和学科融合。美国的药学教育在很大程度是围绕其职业资格考试进行的，只有经美国药学教育认证委员会（ACPE）认证的药学院授予的 Pharm.D 学位才可以申请报考药师资格。我国目前的药学教育为多数为 5 年制理学本科，在教育部新增专业中列为少数高校试点的目录外专业，中国少数学校也开设有 6 年制药学教育，为本硕连读，但以药物研究开发为主而不是临床药学，授予理学硕士学位，目前没有对应的 Pharm.D 的学位，本科阶段的学位为比较通用的理学学士，在国内的临床药学教育中除了本科层次外，还包括硕士（Master）和博士（Ph.D）学历教育，一般也是通用的属于科学学位的理学。国内的药学教育偏重于化学类课程占主导、药物研究的临床前过程为主要内容的理科教育为主，所以课程设置方面需进一步优化与调整，以满足实际工作需要。在各类医疗卫生机构，不合理用药的情况更是普遍存在，因此，加强药学教育，满足社会需求是药学教育重要的历史使命。而美国药学教育无疑对我国药学教育具有很好的参考价值。

第二节　临床药学的主要研究内容

一、临床药学的主要研究内容

临床药学的研究内容包括临床药动学、临床药效学、药物相互作用、药物利用度评价、药物不良反应监测、新制剂的开发与评价、药学服务及药品信息等。

（一）临床药动学

临床药动学是在药动学的基础上，利用简单的计算公式和方法研究药物及其制剂在患者体内的吸收、分布、代谢和排泄的量变规律，是研究血药浓度随时间变化规律的一门学科。它不仅对提高药物治疗的有效性和安全性具有十分重要的作用，而且对指导新药设计、改进剂型及优选给药方案、减少不良反应等方面具有重要意义。

（二）临床药效学

临床药效学研究用于新药的研究，研究对象为使用药物的患者。它与临床药动学一起，成为现代药物治疗学的理论基础；为选药提供依据，从而更好地为临床制定给药方案服务，避免和减少药疗事故和药源性疾病的发生，科学地对新药进行临床评价，为临床合理用药和优选药品提供科学依据。

（三）药物相互作用

两种以上的药物同时并用或先后应用时，药物的作用和效应因此发生变化，称之为药物相互作用。药物相互作用可使药物作用增强或减弱，作用时间延长或缩短，后果表现为有益的治疗作用或有害的不良反应。随着临床合并用药的增加，研究药物相互作用具有现实意义。

（四）药物利用评价

药物利用评价就是对全社会的药品市场、供给、处方及使用进行研究，重点研究药品引起的医疗、社会和经济后果及各种药物和非药物因素对药物利用的影响。目的就是用药合理化，包括从医疗方面评价防病治疗的效果及从社会、经济等方面评价其合理性以获得最大的社会、经济效益。

（五）药物不良反应报告和监测

药物不良反应可由多种原因引起，最常见的原因是药物的药理作用、剂量、剂型及相互作用。新药开发时的临床研究受到研究病例的限制，因此，难以发现一些新的药品不良反应。临床用药时，进行不良反应的监测可以发现某些药物临床研究时未能预测的、严重的、新的药品不良反应，提高用药水平。

（六）新制剂的开发与评价

医院按照相关政策、法规进行医院制剂的开发，还可以对新药进行临床评价，证明其安全性及有效性。

（七）药学服务

临床药师在实施药学服务实践中，对患者承担更多的药物治疗责任，从参与合理用药走向处理与药物治疗有关的问题。进一步结合临床直接接触患者的药物治疗，更好地为患者服务。

（八）药品信息

收集各类药品的不良反应，合理用药、药物相互作用等信息，以便及时提供给临床医师，使用药更加合理化，此外，还应包括新药推介等方面的信息。

二、临床药学的具体任务

临床药学的具体任务是运用现代医学与药学的科学知识，围绕合理用药这一核心问题，不断提高临床药物治疗水平。根据目前国内外工作开展和发展趋势，具体任务如下：

（一）参与合理用药

药师深入临床，参与药物治疗——这是临床药学最基本的，也是最重要的工作。临床药师深入临床第一线，参与查房、会诊、抢救、病案讨论会等，发挥自己的专业特长，帮助选择治疗药物，指导合理用药；向临床推荐和介绍新药及药物信息，及时解答医护人员提出的有关药物治疗、相互作用、配伍禁忌及药物不良反应等方面的问题，提供咨询服务；对患者进行服药指导，建立药历，对药物治疗的全过程进行监护和处理。

（二）进行治疗药物监测

治疗药物监测（therapeutic drug monitoring，TDM）是在药动学原理的指导下，应用现代的分析技术，测定患者用药后的血液或其他体液中药物浓度变化，从而进行药物疗效评价或制定个体化给药方案，以提高药物的疗效和减少不良反应的发生。在我国医院管理中规定 TDM 是药物治疗工作的重要内容之一。

目前一些大医院都配备了专门的仪器设备、实验室和技术人员来承担此项任务。利用现代的分析测试手段，对一些重点药物和重点患者进行血药浓度测定，并根据测定结果，运用药动学理论调整用药剂量或给药间隔，设计个体给药方案，做到合理用药。

（三）开展药学信息服务

开展药学信息咨询对临床药学和药学服务有很大的促进作用，目的是满足药物治疗的多方面需求。医院根据自己的实际情况，配备相应的人员和工具，如图书、杂志等学术资料，计算机及软件、磁盘、数据库光盘等。利用计算机网络功能更可以提高药学信息服务水平。可结合临床实际，编辑医院用药基本目录，定期编辑出版《药讯》等形式的资料，供临床用药参考和交流；还可以收集整理有关药物治疗方面的信息资料，并对文献资料进行选择、分类、整理、汇编和储存，建立专用的药学信息资料检索系统。

（四）进行药物不良反应监测

药物不良反应监测是临床药学的常规工作，应有专人负责，并建立报告制度。一旦发现药物不良反应，应按规定及时收集和登记填报药物不良反应报告表，同时对所发现的药物不良反应进行因果关系分析，对不良反应的性质、类型和等级，作出客观的评价，确定药物并将登记的不良反应情况，定期上报给上一级药物不良反应监测中心。

（五）开展处方分析工作

处方分析也是临床药学的常规任务之一。该项工作不需专门的仪器设备项回顾性研究。简便易行，大小医院均可开展，通常是通过处方调查和分析药物情况，了解药品的动态消耗规律；评价药物使用的合理性，并发现和查找存在的问题，为今后的合理用药提供依据。

（六）开展药物利用研究

药物利用评价是从经济学的角度出发，结合临床疗效，对药品的合理使用进行评价，对卫生咨询、药品使用的社会经济效益进行综合评估。可针对某一类药物，或具有某些特性的药物，或某一疾病的药物治疗方案进行对照和评估，探讨其使用的合理性。

（七）结合临床开展相关科学研究

在实施医院药学服务的过程中，可开展与药物有关的各种科研工作。例如，可开展临床药动学和药效学研究，寻找药物在患者体内的代谢规律和处置状况，寻找体内血药浓度和药物疗效之间的关系，为患者的合理用药提供科学依据；可开展生物利用度研究，对临床所应用的各种剂型进行生物等效性评价，提出合理的给药方案；可根据临床药物治疗中多种药物合并应用的情况，开展药物相互作用研究，进而对各种联合用药的方案做出科学评价；可探讨临床药物配伍的可能性，特别是注射液的混合使用，避免不合理的配伍变化，保证药物使用的安全有效。

三、医 院 药 学

（一）医院药学的概念

医院药学（hospital pharmacy）是指研究医院的药品供应、药事管理和临床用药的一门学科，是与临床相接触的药学工作，也是以药剂学为中心展开的药学技术工作，以临床医师和患者为服务对象，以药品供应和指导、参与临床安全有效的药物治疗为职责，以治疗效果为质量标准，在医院特定环境下的药学工作。

（二）医疗机构药学部门的基本组织结构

根据医院的任务、规模和功能的不同，分为一级、二级和三级医院。一级医院是初级卫生保健机构，二级医院是多个社区的地区性医疗机构，三级医院是跨地区、市或面向全国的医院。在通常情况下，三级医院设置药学部；二级医院设置药学科；其他医疗机构设置药房。根据工作内容，一般三级医院药学部的机构设置如图 10-1 所示。

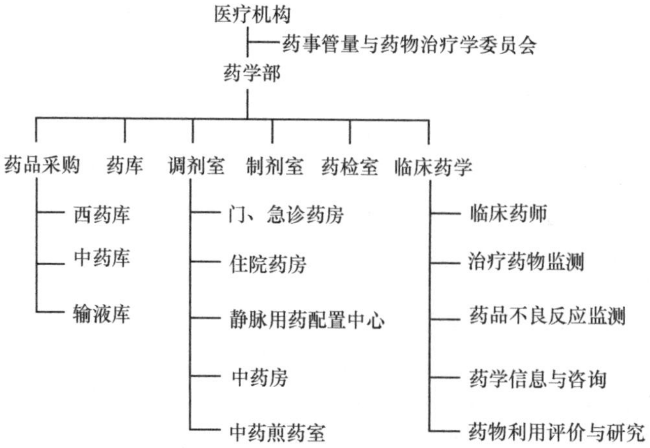

图 10-1　三级医院药学部机构设置

（三）医院药学的任务

现代医院药学的任务，主要是研究并实施在医院特定环境下的药学工作，如何更好地为临床医疗和病员服务。随着医院药学科学技术的发展，新药、新设备、新技术在医院中的广泛应用，医院药学的任务除药物管理、调剂、制剂和药检等工作外，还要研制新剂型，提高药剂质量，向医生、护士提供药物信息，协助医生用药和监测药物疗效及不良反应等新业务；还要进行医院药学的科研、教学等。

1. 药事管理 根据国家及各级政府卫生行政部门有关医院药学管理的法规，制定本院药事管理的规章制度，规范药事行为，对医院药学科各室、各环节进行科学管理，使医院药学工作达到制度化、规范化、标准化，确保药学工作质量。

2. 药品的采购 《药品管理法》第三十四条规定：医疗机构必须从具有药品生产、经营资格的企业购进药品，必须建立并执行进货检查验收制度，验明药品合格证明和其他标识；不符合规定要求的，不得购进和使用。

3. 药物检验 为了确保药品质量，防止不合格药品用于患者，保证用药安全、合理、有效。药检工作极为重要，一般由药学科的药检室承担。专业药检人员检查，不仅对自制制剂要严格把关，而且对购进药品质量可疑者也应进行检验、检查，从原料、配制、保管、验收、发放、请领、使用等各个环节，实施全面质量管理，层层把关，保证以优质的药物供给临床和患者。

4. 调剂工作 是医院药学的重要工作之一。根据医师处方或科室请领单，按照配方程序，及时、准确地调配和分发药剂，调配处方必须严格按照处方调配操作规程，仔细审查处方，认真操作，严格监督检查，耐心讲解药物用法、用量和注意事项。严格按照规定管理毒、麻和精神药品，并监督临床使用。

《药品管理法》第二十八条规定：医疗机构的药剂人员调配处方，必须经过核对，对处方所列药品不得擅自更改或者代用。对有配伍禁忌或者超剂量的处方，应当拒绝调配；必要时，经处方医师更正或者重新签字，方可调配。《处方管理办法》进一步明确了药师对处方的审核权。同时对从事处方审核、核对和发药的药师资质有了明确规定。

5. 制剂工作 医院制剂是医院药学不可或缺的重要组成部分，它不仅是医院临床的需要，而且是医药科研的重要基地。因此，需要选派理论基础好且熟悉操作技术的药师担任。制剂室的建筑设施应符合规定要求，要有基本的制药设备和药检设备，还要有完善的技术操作规程和监督检查制度，并有计划地生产普通制剂、无菌制剂和中药制剂。

《药品管理法》第二十三、第二十四、第二十五条对医疗机构配制制剂作了明确规定：无《医疗机构制剂许可证》的，不得配制制剂；医疗机构配制制剂，必须具有能够保证制剂质量的设施，管理制度、检验仪器和卫生条件；医疗机构配制的制剂，不得在市场销售。

6. 临床药学工作 一般由药学科的临床药学室来承担。其主要任务有以下几项：协助临床遴选药物，制定药物治疗方案，监护患者用药情况，随时提出改进措施，指导安全、合理用药，提高药物治疗水平；协助临床医师作好新药的试用，观察及疗效评价，记录整理药物治疗的各种资料；提出改进和淘汰药物的品种；负责药物不良反应的监测、登记、报告工作；检查、监督临床用药情况和药品质量；建立临床药学实验室，监测血药浓度，研究药物在体内的分布、代谢、排泄及相互作用等过程，为临床合理用药提供科学依据；接受临床医师用药咨询。

7. 药学信息及科学研究 当今是信息的时代，药学科一般应设信息室，负责收集国内外药物信息资料，收集药品生产、供应、使用，以及疗效、毒副反应、配伍禁忌、用法、用量等信息资料，向临床各科介绍并推荐新药。

密切结合临床开展科研和技术革新是提高药剂质量、满足临床需要的重要途径；选择那些能提高药剂质量、提高药物功效的研究课题，做好药学研究、改革剂型、开发新制剂，医院药学大有可为，同时也为药学人员开辟了新的用武之地。医院药学研究的范畴还有药学管理研究、临床教学研究、药效学研究、药动学研究、生物利用度研究、血药浓度研究、药物不良反应的监测和药物评价等。

第三节 合理用药与药学服务案例

一、合理用药的概念

目前公认的合理用药应当包括安全、有效、经济和适当这四个基本要素。绝对合理的用药是难以达到的，合理用药只是相对的。

1987 年，世界卫生组织（World Health Organization，WHO）提出合理用药的基本要求是：①处方的药应为适宜的药物；②适宜的时间，以公众能支付的价格保证药物供应；③正确地调剂处方；④以准确的剂量、正确的用法和用药时间服用药物；⑤确保药物质量安全有效。对具体的药物治疗活动，评价用药是否合理的指标包括：①人均用药品种；②注射药物次数；③基本药物使用率；④通用名使用率；⑤医师与患者接触的次数；⑥临床药师与患者接触的次数等。

二、临床合理用药的基本要素

因病情和病原的多变性，以及国家、地区、人群的不同，某一种疾病应该应用哪种或哪些药品，有不同的选择，但总的原则为：安全性、有效性、经济性及适当性的四个要素。

（一）安全性

安全性是临床合理用药的首要前提。医师及药师在用药时必须权衡利弊，要尽量给予患者有利的药品，从而使患者承受最小的风险，获得最大的治疗效果；同时应积极教育患者，宣传安全用药，让患者正确了解药品都有两重性，即治疗作用和不良反应，药品治疗是具有一定风险的。

（二）有效性

有效性是临床合理用药的首要目标。医师与药师应针对患者病症，尽量选用经过高质量随机对照试验验证和流行病学监测随访证实有效的药品，强调以最小的治疗风险而获得尽可能大的治疗效益。

（三）经济性

经济性是合理用药的基本要求。临床医疗中应追求以尽可能低的成本换取尽可能大的治疗效益，降低社保和患者的支出。但经济性不能理解为价格最低的药品，还应注意治疗的总费用，包括因不良反应造成的健康损失、消耗的成本等。

三、不合理用药

药物具有两重性，既有防治疾病作用，同时也会产生不良反应。在我国，据有关部门统计，药物不良反应在住院患者中的发生率约为 20%。不合理用药则是指药物误用、滥用、用药过量或不足等，其中以选药不当、过度用药最突出。据国外研究显示：美国每年有超过 7000 人因不合理用药导致死亡，英国内科住院者约有 11%因发生药物不良事件，使得住院时间平均延长 8.5 天。药品的不合理应用会造成医疗资源的大量浪费，也会给患者的治疗造成延误，加重了药品不良反应的发生，甚至危及到患者生命。根据 WHO 报告，全球死亡人数中有近 1/7 的患者是死于不合理用药。

（一）引起不合理用药的因素

1. 医师因素 临床医师不合理用药的原因主要包括：医学水平不高，诊断或疾病判断错误，用药不对症，单凭经验盲目用药，轻症用重药，忽视特殊患者用药禁忌；缺乏药物治疗学知识，有的医师对药物知识掌握得不全面，合并用药使用含有相同活性成分的药品；知识信息更新不及时；责任心不强或医德医风不正；临床用药监控不力。

2. 药师因素 药师因素包括：审查处方不严，调剂配发错误；用药指导不力；协作和交流不够等因素。

3. 患者因素 患者不依从性是临床合理用药的主要障碍之一。医务工作者要尽最大努力避免人为因素造成的多种不合理用药，以降低不合理用药导致的不良后果。

4. 药物供应系统因素 供应商的虚假宣传和不当促销活动；另外，还存在低价药品短缺或供应过期药物。

5. 社会资源分配因素 医疗人力及物质资源分配不均导致的用药不足或用药过度。

（二）不合理用药案例

具体来讲，导致不合理用药的情况常见于以下几个方面：药品适应证及不良反应认识不充分；抗生素滥用；给药剂量、用法不正确；不良医药广告的宣传；不可靠的供应商供应过期药物或假药。

1. 药品适应证及不良反应认识不充分

具体案例：反应停是沙利度胺（酞咪哌啶酮，thalidomide）的俗称，于 1957 年在联邦德国、英国等国家上市使用。因该药具有良好的镇静、安眠作用，且服后也没有其他安眠药那样的“宿醉”不良反应，被广泛应用于早孕反应。

1960～1961 年联邦德国爆发了短肢畸胎（phocomelus），主要表现为肢体的长骨缺损，而相当正常的或退化的手和脚长在（或靠近）躯干，像海豹的阔鳍一般，因此也叫“海豹肢”。1959 年以前的 10 年中，多数联邦德国诊所没见过这样的病例，1959～1961 年 3 年间在联邦德国发现这样的病例分别为 17、126 和 477 例。1961 年 11 月德国儿科医生 Lenz 教授对多起婴儿四肢不健全事件进行了全面深入的调查，最终结论是四肢不健全的婴儿与母亲在妊娠期间服用反应停有关。1961 年 11 月 16 日，英国的著名医学杂志《The Lancet》发表了一封澳大利亚妇产科医生 William McBride 的来信，信中报告每 5 位服用反应停的孕妇就会有 1 位产下四肢不健全的婴儿。迫于 Lenz 教授等提出的妇女在妊娠初期服用反应停是短肢畸形产生的原因，以及新闻媒体对此事件作了连续追踪报道，联邦德国制药公司只得下令立即停止销售并回收全部该产品。直到各国禁售反应停 9 个月之后，短肢畸胎的流行方得以中止。

2. 临床药学应对措施

（1）新药临床研究的重要性：反应停事件发生后，一些学者进行了动物实验研究，结果表明反应停有明显的致畸作用，而且这种作用有明显的种属特异性。最初一些学者应用大鼠做试验，未见有致畸作用，但在小鼠某些品系，于妊娠 8～16 天给药能导致典型肢体畸形。Bignami 报道大鼠在妊娠第 12 天时对反应停敏感。Leck 报道反应停诱发的猴子畸形综合征与人类相似。

因此，在新药的研究与申报项目中，必须包含动物致畸实验在内的各项安全性指标。同时应当明确，包括毒性实验和致畸实验在内的各项动物实验的结果，只能作为评价新药安全性的参考指标之一，并不能完全类推于人。

（2）不良反应报告制度的建立：反应停造成的惨剧成为药物不良反应（adverse drug reactions，ADR）的典型案例，揭示出当时各国对药品安全监管存在的缺陷。为避免类似药害惨剧再次发生，美国国会在 1962 年 10 月通过了《Kefauver-Harris 修正案》，将处方药品广告管理的权限从联邦贸易委员会移交给 FDA，并要求制药商必须在标签上说明药品副作用。通过药品标签和广告的审批，FDA 进一步加强对制药商的控制。《Kefauver-Harris 修正案》修改了新药提出申请 60 天内 FDA 未提出反对，药品便可以自行上市的规定；确定了新药上市审批的必要程序；并第一次要求制造商在新药上市前必须向 FDA 提供临床试验证明的安全性和有效性双重信息；要求制药公司必须保留所有药品的不良反应记录；FDA 有权将已上市的但被认为缺乏安全性或者缺乏有效性的药品从市场上取缔。《Kefauver-Harris 修正案》的通过成为全球药品监管史上的重要一页，FDA 由此也逐渐成为世界食品药品检验最权威的机构。

我国 ADR 监测报告工作开始于 20 世纪 80 年代，2001 年修订的《中华人民共和国药品管理法》第七十一条明确规定国家实行 ADR 报告制度，在法律上进一步明确了 ADR 报告和监测工作。随着 2004 年 3 月《药品不良反应报告和监测管理办法》的正式颁布实施，我国 ADR 监测体系的基本框架已构建完成，ADR 监测体系在保护公众用药安全方面发挥着越来越重要的作用。

（3）重视特殊人群的用药安全问题：反应停事件对妊娠期用药安全性的研究起到了极大的促进作用。目前药物种类日益增多，大多数药物都有可能顺利穿透胎盘屏障而最终进入胚胎循环，因而，应严格禁止妊娠早期（前 3 个月）妇女使用对胎儿发育有影响的各类药物，包括中药和中成药。

（4）关注药物作用的两面性：目前经过大量谨慎而客观的临床试验研究，科学家们逐渐发现，反应停对结核、红斑狼疮、艾滋病导致的卡波济肉瘤、骨髓移植时发生的移植物抗宿主病及多发性骨髓瘤等多种疾病都有一定的疗效。

反应停的“卷土重来”，标志着科学的进步和制药业的发展走向成熟。临床在应用一种药品的同时，应该充分权衡其带来的风险与效益。

（三）抗菌药物滥用

抗菌药物是人类在医药领域取得的伟大成就之一，它对人类健康水平的提高和生命安全的保障起到了极其重要的作用。但是，目前我国抗生素不合理使用、滥用的问题日益严重，对人们身体健康构成极大危害，并且我国已成为世界上细菌耐药最严重的国家之一。

1. 具体案例

（1）不合理使用导致严重不良反应的发生：对于氨基糖苷类抗菌药物来说，不但导致肾毒性还能引起耳毒性，其耳毒性包括前庭功能障碍和耳蜗听神经损伤。前庭功能障碍表现为头昏、视力减退、眼球震颤、眩晕、恶心、呕吐和共济失调；耳蜗听神经损伤表现为耳鸣、听力减退和永久性耳聋。目前，我国因为滥用、错用抗生素成为儿童后天致聋的主因，30 万儿童因不合理使用抗生素导致耳聋，占聋哑儿童总数的 30%～40%。

（2）非理性使用抗生素：由于不合理使用和滥用抗生素，一些有效的抗菌药物不断减效甚至失效，给人类健康和生命安全造成极大威胁。

美国伊利诺伊大学的科学家发现，土壤和农田地下水中的细菌从来自猪的肠道菌那里获得了耐受四环素的耐药基因。耐药基因长期存在于土壤和水生细菌中，而且可能传播到那些毒性很强的细菌身上。如果人饮用这样的水，毒性很强的耐药细菌也会传播给人。而人类排泄的废物污染环境和食物链，自然环境中的细菌接触到各种各样的大量抗生素，由此产生了耐药性，导致抗生素的耐药基得以蔓延：细菌耐药性扩散的链条由此形成。

我们吃的粮食、蔬菜、肉类、乳品乃至医院的空气中，都因为抗生素的滥用，充满了抗生素和耐药菌。这些耐药菌通过饮食、呼吸进入了我们的身体。人类本身成了一个耐药菌库。一旦发生细菌感染，即使从来没有使用过抗生素药物的人，同样可能面临抗生素治疗束手无策的局面。

（3）新药比老药好，贵药比便宜药好：由于我国医疗保健系统的不完善，为了保持良好的医患关系，医生更易迎合患者使用抗生素，而不是解释为什么要减少抗生素的使用；另外，不恰当的药品推销及受经济利益的驱使医生开出不合理的抗生素处方。

2. 临床药学应对措施

（1）加强抗生素使用管理：临床药师可以根据检验科提供的全院细菌分布情况及药敏率，结合临床用药情况分析细菌耐药因素，提出合理用药建议，对细菌普遍产生耐药的抗生素，提出暂停使用的建议，随时推荐耐药率低的抗菌药物。通过临床药师的正确指导，确保抗菌药物的合理使用，从而降低医院感染发生率。

（2）推广基本药物政策：基本药物的概念是 WHO 于 1977 年提出的，其英文名称为 Essential Medicine。WHO 将基本药物定义为：能优先满足人们卫生保健需求的药物，是按照一定的遴选原则，经过认真筛选确定的、数量有限的药物。

我国对基本药物的遴选原则是："临床必需、安全有效、价格合理、应用方便、中西药并重"。基本药物政策在合理使用药物等方面发挥了重要作用。

知识链接 10-1

国家基本药物政策

自 20 世纪 90 年代以来，我国医药行业朝着快速、高投入、不断更新换代的方向发展。特别是随着新药、仿制不断涌现，在充分满足人们防病、治病需求的同时，也增加了其经济负担，并导致药害问题日益严重。为此，如何有效降低药品费用支出，保障民众合理用药已成为一个亟待解决的问题。早在 1979 年，我国就已开始实行基本药物政策。

根据我国基本药物遴选原则遴选出的基本药物，是在同类药物中进行疗效、不良反应、价格、质量、稳定性、应用方便性和可获得性方面综合比较后选出的佳、最有代表性的药品，在经济条件 许可的情况下治疗某种病症的首选药物。基本药物政策推行的成功与否，与合理用药水平能否提高之间存在紧密联系。一方面，基本药物政策的推行，对临床合理用药具有极大的指导意义；另一方面，合理用药的广泛开展又能促进基本药物政策的进一步推广。

（四）给药剂量不正确

1. 具体案例 目前中药的常用剂量伸缩幅度都较大。乌头、砒石、雄黄等中药为剧毒中药，易过量中毒。例如，附子，其中主要毒性成分及有效成分皆为其中酯类生物碱，因此，该类成分属于治疗面很窄的药物；剂量成为药效与毒性转化的关键因素；这种特性非常类似于化学药中的地高辛。据统计，国内因服用乌头类药物而引起中毒者 700 余例，中毒主要原因是用量过大。历代医家对附子的应用剂量从 3～500g 不等。

2. 临床药学应对措施

（1）治疗药物监测的重要性：发达国家的医院早在三十几年前就相继建立了 TDM 研究室，TDM 研究室的工作人员直接参与临床，及时解释和处理用药方面出现的种种问题，帮助医生制定个体化的治疗方案，保证了医院药物治疗的安全性及有效性。随着临床药理和先进技术的发展，目前 TDM 工作已渗入各个临床学科。

我国在 20 世纪 80 年代初，有条件的单位已先后开展了该项工作，TDM 监测的药物品种逐年增多，工作范围逐渐扩大。国内已形成一批初具规模，形式各异的 TDM 实验室。目前 TDM 的有无已成为评选甲级医院的重要指标之一。

目前，进行 TDM 的药物皆为化学药物，如化学药地高辛的临床使用，多作为临床重点监测的药物。在地高辛的 TDM 中，采用血清标本，在达到稳态取血的目的；根据血药浓度的变化，随时调整药物剂量。通过严格的 TDM，地高辛的毒性反应可控制在 4%以下。

中药 TDM 尚处于探索阶段。随着中药在临床上的广泛使用，中药不良反应的报道也日益增多，如何发挥中药的临床治疗作用而避免其不良反应是亟待解决的一个重要问题。在这些不良反应中，有部分是因为药物使用不当产生的，因此，有必要对中药体内的作用规律进行深入研究，中药 TDM 的开展也有其必要性。

（2）重视中药安全性问题：目前有许多对中医药认识的误区，认为中药是安全无毒的。但是除了上文所提到的剧毒中药外，中药其实都存在作用的两面性，即治疗作用和毒副作用，也就是中医所说的“偏性”。古代医者早已有“是药三分毒”的说法，这是对中药的一种比较科学和客观的表述。有文献报道，人参长期服用或剂量过大，会出现中枢兴奋、眩晕、体温上升等副反应。因此，对不同“症”的治疗，有“中医治病的巧处在量上”的说法，即是中药在临床使用中，应根据“症”及“效”，合理选择剂量的大小。

（五）用药方法不正确

1. 具体案例 某患儿感冒发热，医生开具了两盒药，一盒“娃娃宁泡腾片”，药师标签标明“口服”；另一盒“柴黄颗粒”，药师标签标明“冲服”。家长从标明“口服”的“娃娃宁泡腾片”盒子里拿出一粒直径约 6mm 的药丸，塞进患儿口腔。患儿随即出现窒息的现象，最终抢救无效死亡。

泡腾片的正确用法是：先取半杯凉开水或温开水，将一次用量的药片投入其中，待气泡完全消失后，即药物全部溶化，摇匀后服下。如果直接将其放入口中，这类药片在化解时需要大量水，而且同时会产生大量二氧化碳。如果孩子在服用时，药片进入喉咙，会将周围的水分都吸收过来，再产生二氧化碳，很容易导致儿童窒息。

2. 临床药学应对措施 临床药师应当承担起提供用药咨询和用药指导的工作：介绍科学的用药方法，指导患者正确用药，解释不良反应，提供药品标签等，为广大患者提供全面的用药咨询和服务；通过药师实施的用药指导及对药品质量的有效监督，很大程度上减少药源性疾病的发生，保证了患者经济利益和用药安全。

（六）给药方案不合理

1. 具体案例 维生素 B_2 在十二指肠主动吸收，胃排空速率增大时，大量药物同时到达吸收部位，吸收达到饱和，因而只有部分药物吸收。若饭后服用，胃空速率会减慢，维生素 B_2 连续、缓慢通过十二指肠吸收部位，药物的吸收增多。

2. 临床药学应对措施 由临床药师记录药历，基本内容应包括：

（1）患者的基本情况。

（2）病史，既往病史、现病史及诊断。

（3）检查指标及结果包括生命指标，尤其是与药物代谢有关的指标。

（4）治疗药物的品种、规格、剂量、给药途径、时间间隔、方法及起止时间、执行者。

（5）TDM 结果。

（6）疗效。

（7）药师对患者、护理的教育与指导。

（8）治疗方案评估、分析、疑问、问题（相互作用、配伍禁忌、对酶的影响、用药错误、依从性、饮食等），以及干预与被临床采纳与否的结果。

（9）临床药师对药物治疗方案的理解与感想。

（七）医师书写药品名称时笔误

在临床中，很多药名仅有一字之差。这些药品看似“差之毫厘”，实则“谬以千里”，其作用及用途大相径庭，给临床带来一定的隐患。

1. 具体案例 临床诊断为脑动脉硬化患者，医师将“桂利嗪”错写成麻醉性镇痛药“布桂嗪”等。

2. 临床药学应对措施　药师调剂处方时必须做到“四查十对”：查处方，对科别、姓名、年龄；查药品，对药名、剂型、规格、数量；查配伍禁忌，对药品性状、用法用量；查用药合理性，对临床诊断；向患者交付药品时，进行用药指导。

药师和临床药师发现问题应立即与开具处方的医师联系解决。对书写缺项者可要求其补写；对有配伍禁忌或者超剂量处方，应当拒绝调配；必要时经处方医师更正或者重新签字，方可调剂配发。

药学技术人员对处方所列药品不能擅自更改或使用代用品。药师有权监督医师的合理用药，发现处方或医嘱所列药品无治疗意义，或可能对患者造成损害，有权提出质疑或拒绝调配；对违反规定，滥用药物或药物滥用者应及时报告。

（八）不可靠的供应商供应过期药物或假药

药品作为治病救人的特殊商品，与使用者的生命息息相关。使用过期药物或假药，轻者会贻误治疗，重者会危及患者的生命安全。

1. 具体案例　2016年2月19日，国家食品药品监督总局发布通告，要求所有经营、使用单位立即停止销售、使用海南益尔药业有限公司生产的氟哌噻吨美利曲辛片。这是源于2015年底国家食品药品监督管理总局组织飞行检查时，发现该公司生产的盐酸氟哌噻吨及其制剂氟哌噻吨美利曲辛片存在质量隐患，其药品生产过程中也发现严重缺陷。检查出的问题包括：其原料药存在原料造假、溶解度不符合质量标准、有选择地使用数据等。然而，部分批次盐酸美利曲辛已用于制剂的生产。海南益尔药业生产的3批盐酸氟哌噻吨不符合质量标准，初步鉴定为淀粉类产品。事发后，海南益尔药业的《药品GMP证书》已被海南省食品药品监督管理局收回。

2. 临床药学应对措施

（1）严格把关购进药品质量：为了确保药品质量，防止不合格药品用于患者，保证用药安全、合理、有效。医院专业药检人员不仅对自制制剂要严格把关，而且对购进药品质量可疑者也应进行检验、检查，从原料、配制、保管、验收、发放、请领、使用等各个环节，实施全面质量管理，层层把关，保证以优质的药物供给临床和患者。

（2）加强药品上市后监测：药品上市后监测制度是确保用药安全、有效的制度，是药品监督管理体系的重要组成部分。临床药师的工作也包括对已上市药品进行再评价工作。采用多种方法进行药物不良反应的监测，以建立对新药不良反应的及早认识。

第四节　临床药学新进展

一、个体化给药方案设计发展趋势

药物体内过程表现的个体差异，使临床以相同给药方法获得不一致的血药浓度水平，产生不一致的治疗效果；重要的原因之一是遗传差异性。为此在充分研究遗传因素与药物体内过程相关性的基础上根据基因分型结果预测某些药物在特定个体的体内过程，以此为依据进行个体化给药方案制订，这应该是个体化给药方案制定的重要发展方向。

近年来大量研究表明肝微粒体细胞色素P450酶遗传多态性是决定个体和种族药物氧化代谢的重要物质基础。例如，CYP2C19参与多种临床常用药物（如地西泮、奥美拉唑等）的氧化代谢过程，因此，CYP2C19基因一旦发生变异，这些药物的体内代谢将会发生变化。所以，通过对个体CYP2C19基因进行基因分型，预测其药物体内代谢过程，并以此作为制定临床给药的依据，对于提高药物治疗水平，保证用药的有效性和安全性具有十分重要的意义。

药物效应的差异与基因变异的关系不是提出药物基因组学的概念以后才认识到的。一些临床经常发生的现象引起人们的思考，如两个患者的一般状况相同，诊断相同，同一药物治疗的血药浓度相同，但疗效却相差甚远。用传统的药动学、药效学等原理无法解释，这时应考虑到与药物作用靶点（如受体等）是否发生变异，是什么水平的变异，因此药物基因组学在临床合理用药中具有良好的应用前景。

二、TDM 发展趋势

（一）现代治疗药物监测的发展与展望

1927 年 Wuth 就在临床检验工作中，建立了为精神病患者测定血清内溴化物浓度的试验，但治疗药物监测的兴起还是伴随着近代分析技术等的迅猛发展而发展起来的。发达国家的医院早在三十几年前就相继建立了 TDM 研究室，TDM 研究室的工作人员直接参与临床，及时解释和处理用药方面出现的种种问题，帮助医生制定个体化的治疗方案，保证了医院药物治疗的安全性及有效性。随着临床药理和先进技术的发展，目前 TDM 工作已渗入各个临床学科；并为临床医师的合理用药和避免药物的毒副作用提供了科学依据，并在实践中取得了明显的效果。

（二）现代治疗药物监测的展望

从理论的角度：在以往的 TDM 中，多以单一化合物为监测目标，而目前 TDM 的监测逐渐要向多药物、多环节、多因素的定性、定量参数结合的有机的系统监测模式转变。药动-药效学结合模型将在 TDM 中得以应用，治疗药物监测将由单一化合物逐渐转变为治疗方案综合因素考虑的系统治疗药物监测。

从技术的角度：化合物定性定量分析技术将很大程度上转向液质联用技术，免疫分析技术作为必要补充仍会发挥较大的检测作用；药物基因检测有助于临床药物的使用选择和剂量调整；功能蛋白作为药物效应的直接或间接靶标，其功能确定和表达质量会使个体化治疗趋于完整和完善。

（三）中药治疗药物监测的发展与展望

目前被认为有临床意义的监测的药物皆为化学药物，中药 TDM 尚处于探索阶段。随着中药在临床上的广泛使用，中药不良反应的报道也日益增多，因此，有必要对中药体内的作用规律进行深入研究，中药 TDM 的开展也有其必要性。

辨证论治的治疗原则是中医用药的精髓，中药 TDM 实行过程中，既应该借鉴现代药学的研究方法，又应充分考虑中药药效产生的多环节、多途径、多层次、多靶点特性，建立有中医药特色“药、症、效”统一的 TDM 体系。国内学者也提出了许多创新理论，并将一些新方法引入其中：“证治药动学”是我国学者黄熙所提出的。“证治药动学”将“证机体”、方剂理论与药动学相结合，即为“复方效应成分药动学”和“辨证药动学”两部分。“复方效应成分药动学”针对方剂的药物配伍，能影响各药物在体内化学成分，继而对疗效和毒副反应产生影响；例如，川芎配伍芍药前后，血清中阿魏酸的吸收、分布和排泄存在差异，说明各成分间存在药动学差异，继而对药效发挥产生影响。“辨证药动学”则主要关于不同“症”的患者体内的药动学参数具有差异。例如，任平等提出“脾主药动学”的假说，试图用“脾主运化”和“脾失健运”来说明药动学的生理与病理机制。Wang X 等通过建立 PK-PD 模型研究复方中丹参主要活性成分对 CYP3A 酶的影响，为复方 PK-PD 研究奠定基础。易延逵提出建立指纹药物动力学系统，从整体上探索药物在体内的变化情况，发现药物在体内吸收、分布、代谢、排泄的变化规律。另外，岳鹏飞等提出基于多组分、多维向量归一的中药复方“总量”药动学评价模式。

三、药学服务发展趋势

（一）药房业务技术工作模式的转变

现代的医院药房工作，除常规调剂，收验方、配方、检查、发药外，赋予药房工作更高层次的要求。随着医药科学的发展，传统医、药、护的分工模式已开始转变为医药结合型，药师除日常调配工作外，要参与临床工作。药房工作也应由传统保证供应转变为技术知识服务，药师与医师、护师共同为患者的药物治疗负责。对在药房工作的药学人员业务技术要求也提高了。对处方的调配、发药不但应熟悉药物的一般用法、用量；还应掌握主要药物在体内吸收、分布、排泄等动态过程；了解各类药物的特点、合理应用及药物安全性等。

（二）发药模式的改变

从封闭式窗口发药，改为柜台式或大窗口发药。我国医院药房一直是采用小窗口发药，无形中把患者与药师的距离拉远了。现在国外多为大窗口或敞开式柜台发药模式，药师直接对患者提供药学服务，有利于融洽药师与患者的关系。

（三）开展药物信息咨询服务

药师除在发药时应向患者交代药品的用法外，还应进行较为系统有关药品知识的咨询解答与用药教育。咨询对象除患者及其家属外，还应为医师和护士提供有关药物信息的咨询服务。咨询方法除面对面咨询交谈外，还可进行信函、电话、提供咨询。

第五节　临床药学相关学科与职业关系

一、临床药学相关学科及其关系

临床药学是研究安全、有效、经济、简便、适当地使用药品的一门学科，是现代药学、临床医学及社会科学相结合的产物。它运用临床药理学与临床药剂学等学科的理论和成果，结合患者的具体情况，通过设计、生产的制剂实现用药个体化，提高用药水平。

（一）临床药学与传统药学和临床医学之间的关系

临床药学是从药学学科发展而来的新学科，其基础是药学相关学科。对药品的深刻认识是通过药学相关学科的研究来完成的，如果没有系统的药学理论，就没有临床药学。传统药学学科揭示的药物分子结构、药物理化性质、药物剂型、药品质量控制方法、药物作用机制、构-动关系、构-效关系、量-效关系、药物相互作用、药物体内动态变化规律等药学理论知识，成为构建合格临床药师的基础，也成为临床药师参与合理用药、设计个体化给药方案所必需的知识。在医疗团队与各类专业人员合作中，这些知识成为临床药师的优势，有利于在学科交流中实现学科互补，为其他专业人员提供更多更有价值的药物应用信息，提高团队的药物治疗水平，更好地为患者服务。

临床药学是药学与临床医学相互沟通与交流的纽带和桥梁，它促使药学在学科发展中，更多地思考药物临床应用问题，更多地利用临床研究结果改善和提高药物治疗水平，在药物应用环节，倡导临床药师主动地为患者服务、为患者用药承担责任。

（二）临床药学与临床药理学之间的关系

临床药理学主要研究新药的疗效、体内转运与转化规律、毒副作用的性质，药物的相互作用及其机制，并根据结果制定合理的给药方案，指导临床合理用药，最后作出科学的评价。临床药理学是药理学研究的综合阶段，它的主要目的是评价新药。

临床药学与临床药理学都属于新兴边缘学科。它们的关系密不可分；它们之间相互渗透，又存在差异。两者有共同的内容及特点，但又有各自的侧重点。临床药理学是临床药学的基础；临床药学则是应用学科，以提高用药水平为主要目的，其对象是患者，其核心是合理用药。

（三）临床药学与社会科学的关系

临床药学与社会科学之间的密切关系。法学、伦理学及心理学成为临床药学知识体系中的重要组成，为临床药学学科解决执业活动中的法律、伦理及道德问题提供了基本的思路与方法。在临床药学实践中，临床药师不仅需要专业知识和专业技能，还应当具备法律、伦理及心理学等方面的知识。道德素质、法律素质、专业素质和交流沟通能力，共同构建了高素质的临床药师。

二、临床药学相关职业

（一）医疗机构中临床药学相关职业

医疗机构中临床药学的职业发展主要是临床药师。临床药师是以系统临床药学专业知识为基础，熟悉药物性能与作用，了解疾病治疗要求和特点，参与用药方案设计、实施与评价的临床专业技术人员。临床药师是药学工作的新职业。培养临床药师是临床药学教育的主要目的。

1. 医疗机构中临床药师的职责 我国原卫生部与国家中医药管理局颁发的《医疗机构药事管理暂行规定》中指出，医疗机构中临床药师的主要职责是：

（1）深入临床了解药物应用情况，对药物临床应用提出改进意见。

（2）参与查房和会诊，参加危重患者的救治和病案讨论，对药物治疗提出建议。

（3）进行治疗药物监测，设计个体化给药方案。

（4）协助并指导护士做好药品请领、保管和正确使用工作。

（5）协助临床医师做好新药上市后临床观察，收集、整理、分析、反馈药物安全信息。

（6）提供有关药物咨询服务，宣传合理用药知识。

（7）结合临床用药，开展药物评价和药物利用研究。

2. 医疗机构内临床药学涉及的工作内容 根据《医疗机构药事管理暂行规定》中所列临床药师职责与临床药师工作，我国医疗机构中临床药师的一般工作内容主要有：

（1）参与临床合理用药：参与建立疾病的药物治疗标准，应用标准参与临床用药，在药物治疗过程中，以治疗效果、经济付出及体内药物浓度等信息为依据，进行治疗方案的评价与修正。

（2）参与处方药指南的制定和实施：通过收集文献，以及与临床医师、护理人员及患者的交流，汇编处方药指南，并提供新药的观察数据以供增补；根据循证药学基本原理，进行药物治疗证据的研究、收集、评价和利用；根据处方药指南实施药学监护。

（3）进行药物不良反应产事件监控：参与临床药物治疗活动，监控药物误用、滥用和由此产生的不良反应情况，针对不良反应、差错事件寻找可能原因，尽量减少不良反应（药物不合理应用的）发生率，及时上报已发生的不良反应。

（4）提供公众健康保健服务：包括提供一定基础的紧急救护，如为患者提供急救辅助处理、中毒控制和处理常识；促进公众的健康意识、疾病防治意识，为公众提供疾病预防和治疗服务。

（5）提供药物信息和药学教育：为公众和专业人士提供药物信息，根据普及性或专业性要求分别提供相关资料；就健康相关的药学问题选择适当方式进行宣传教育。

（二）社会药房中临床药学相关职业

社会药房是公共卫生体系不可缺少的组成部分，在社区保健事业中承担重要使命。随着医疗卫生体制改革的不断深入，最大药品使用群体不是在医院，而是在社区，相当一部分患者在药店购药，且比例呈增大的趋势。局限于医院内部的临床药学实践不能满足公众的要求。据统计，我国城市居民中44%的人已经开始进行自我药疗和自我保健。但是我国国民总体文化程度较低，能全面读懂药品说明书的人不多，加之目前药品说明书不尽规范，成为不合理用药和药物不良反应上升的原因之一。因此，在社会零售药房开展药学监护是临床药学实践的必然趋势，是广大药品消费者安全、合理用药的根本保证。从某种意义上说，它的重要性与医院的临床药学实践相比是基本相同的，甚至更为重要。临床药学服务不应仅仅局限于医院内，还要服务于缓解期、预防期、保健期和从药店购药的医院外用药人群。

开展社区的临床药学服务，参与患者的用药过程，可随时发现与药物不良反应有关的病例和信息，尤其是非处方药（OTC）的不良反应，并及时做好药物不良反应监测上报工作，形成药物不良反应监测网络的网底，促进合理用药，保障用药者的生命健康。通过临床药师的工作，在减少消费者盲目用药危险性的同时，可以采用药物流行病学的方法调查研究OTC药在社区中的使用现状和流行趋势，积极参与上市药品的质量与疗效的追踪监察，为OTC药的增补与淘汰提供可靠依据。对药物进行评价，可以改进用药模式，提高药物治疗质量，减少不必要的费用，增进学科间交流，增强医师对所提供治疗的结果和费用的关心。

本 章 小 结

- 临床药学
  - 临床药学概念
    - *临床药学定位、定义
    - 开展临床药学的重要性及必要性
    - 临床药学发展简史
  - 临床药学主要研究内容
    - 临床药学的研发内容及具体任务
    - 医院药学的任务
  - 合理用药与药学服务案例
    - *合理用药概念
    - 临床合理用药的基本要素
    - *不合理用药的因素
  - 临床药学新进展
    - 个体化给药方案设计发展趋势
    - TDM发展趋势
    - 药学服务发趋势
  - 临床药学相关学科与职业关系
    - 临床药学相关学科及其关系
    - 临床药学相关职业

*为重点知识点

思 考 题

1. 临床药学的基本概念是什么？
2. 合理用药的概念及影响因素有哪些？

案 例 题

1. 1959 年，西德各地出生过手脚异常的畸形婴儿。伦兹博士对此进行了调查，于 1961 年发表了“畸形的原因是催眠剂反应停”，使人们大为震惊。反应停（又名沙利度胺）是妊娠的母亲为治疗阻止女性怀孕早期的呕吐服用的一种药物，它就是造成畸形婴儿的原因。然而该药物于 1998 年又被 FDA 批准用于麻风病患者的麻风性结节性红斑。

自古以来，人们认为砒霜（三氧化二砷）有剧毒；然而，我国学者张亭栋教授却发现三氧化二砷是药剂中治疗白血病的有效成分，其对急性早幼粒细胞白血病（APL） 患者效果最好。

请从以上两个案例谈谈临床合理用药中，疗效与不良反应的关系。

2. 明代医家陈嘉谟曰：“医家一只眼，药家两只眼，病家全无眼。”所言医家关注的是病情，而药家却既需要通晓“药”，又应熟悉“症”，唯有此途径，才能为“无眼”之病家进行安全有效的药物治疗。

目前，我国医院药师分为药剂师、中药药剂师和临床药师。请分别论述其在临床合理用药中发挥的作用。

第十一章　药事管理学

学习目标

●掌握：药事管理学的概念及其重要性，药事管理学科的定义、性质，药事管理学课程的研究内容。

●熟悉：我国药事管理学科的发展沿革；药事管理的相关学科；互联网+背景下的药品信息管理、电子商务和国民健康保障。

●了解：世界各国药事管理理论与实践的发展历程；药事管理学的相关案例讨论；药事管理专业的职业发展。

第一节　药事管理学的概念及发展简史

一、药事及药事管理

（一）药事

通常药学事业可简称为“药事”。“药事”一词早已存在并在药学文献中广泛使用。我国古代史书《册府元龟》中记载北齐门下省，统尚药局，有典御 2 人，侍御师 2 人，尚药监 4 人，总御药之事。北周设有“主药”6 人，主管药物事宜。由此可见，早在南北朝时期（420～589 年），医药管理已有明确的分工，设有专职人员负责掌管药事工作。随着社会的发展，“药事”一词的含义也在变化。现代“药事”的含义包括了与药品的研制、生产、流通、使用、价格、广告、信息、监督等活动有关的所有事项。根据国家药物政策内容，药事还包括：保证和控制药品质量，公平分配药品，合理用药，基本药物目录等有关的事项。

（二）药事管理

药事管理是指对药学事业的综合管理，是运用管理科学的基本原理和研究方法对药学事业各部分的活动进行研究，总结其管理活动规律，并用以指导药学事业健康发展的社会活动。药事管理有宏观与微观之分。宏观的药事管理是指国家对药学事业、药品质量的监督和管理。微观的药事管理系指药事各部门内部的管理，包括人员管理、财务管理、物资设备管理、药品质量管理、技术管理、药学信息管理、药学服务管理等工作。

（三）药事管理的重要性

药事管理的重要性表现在以下方面。

1. 实现人人享有卫生保健，必须加强药事管理　1977 年世界卫生大会提出了“使全世界各国人民在 2000 年达到人人享有卫生保健（health for all by the year 2000）”的目标。另一方面，世界各国都面临一个严重问题——医疗费用急剧增长，卫生经费所占 GNP 的百分比急剧上升。享有卫生保健的公平性问题，以及医疗费用上升的问题都涉及药品生产、供应、使用的政策、管理等诸多药事管理的问题。WHO 及各国政府所采取的药事管理措施，对人人享有卫生保健起到了重要的推动作用。

2. 加强药事管理，保证人们用药安全有效 药品是人们用以防病治病、康复保健的特殊商品，它既是商品又不同于一般的商品。药品的真伪和质量的优劣，一般消费者难以辨识。药品可以防治疾病，但又有不同程度的毒副反应。药品易被不法分子作为牟取暴利的工具，对广大人民群众生命安全造成严重威胁。这就决定了各国政府必然采用行政的、法律的手段，对药品研究开发、生产、销售、广告、价格和使用加以严格管理。

3. 加强药事管理，增强本国医药经济在全球的竞争力 制药工业促进了医学发展，还担负了新药研制的重担，其重大社会效益、高额经济效益和持续快速发展，使其成为各国经济领域的重要组成。制药工业和药品市场具有自身的特点。药品研究开发、生产、经营应以社会效益为最高原则，坚持质量第一，必须处理好社会效益与经济效益、质量与数量的关系。

经济全球化中药业的竞争十分激烈，企业与企业之间的竞争逐渐成为国与国之间卫生保健及药事管理的竞争；药品质量与新药的竞争也逐渐转移为质量管理的竞争、新药的质量和药学服务的竞争、药业道德秩序的竞争。21世纪赋予药事管理更重要的历史重任。

二、药事管理学科发展简介

（一）药事管理学科的法定地位

公元前18世纪，古巴比伦汉谟拉比王朝用其楔形文字颁布的法令中，有两条惩罚医药使人致死致残的条文。公元前11世纪，中国西周王朝建立了六宫体制，属天官管的医师为“众医之长……掌众医之政令，聚毒药以供药事”。13世纪，欧洲西西里王国的腓特烈二世颁布的一系列卫生法令中规定，药事管理从医药管理中分离出来。1407年，热那亚市颁布的《药师法》，是最早的法定药师职业标准。1683年，布鲁市颁布法律，禁止医生为自己的患者配药。1546年，德国出现了西方国家的第一部法典。1617年，伦敦药师协会成立，标志欧洲药学职业建立，药事管理范畴扩展。

1910年，美国将商业药学列入基本科目。1916年，美国将药学院系教师和药师考试分为6个领域。此建议被采纳，首次在药学界明确了商业与法律药学的学术地位，以后该学科发展为药事管理学科。

1924年，原苏联全国药学教育代表明确提出：“药事组织学是药学科学的重要组成部分，是高中等药学教育的必修专业课。”

上述事件是药事管理学科产生的标志，反映了药事管理学科在药学教育中的法定地位。

在我国，药事管理学是从属药学科学的一个分支，该学科在药学科学中所处的地位日趋重要和突出，主要表现在以下3个方面：

（1）教育部颁布的药学专业业务培养要求对学生应获得的知识与能力提出了6个方面的要求，其中之一是要求学生获得“药事管理和药事法规的基本知识”。

（2）药学专业主要课程有16门，专业课6门，药事管理学为其中之一。

（3）国家人事部、国家食品药品监督管理总局实施执业药师资格制度，药事管理与法规被列为三门必考科目之一。国家对药品生产、经营企业和医疗机构药学部门具有高级技术职称的专业人员进行执业药师资格认定时，药事管理与法规被列为惟一需要考核的内容。

国家教育行政管理部门、药品监督管理部门、人事行政管理部门把药事管理学的知识和技能作为培养合格药学人才及从事药学实践工作的必备知识与技能，充分体现了该学科在药学科学中的地位和重要性。

（二）美国药事管理学科的发展及影响

美国药事管理学科一直处于世界各国中的领先地位，对各国药学界影响较大。近百年该学科在美国的发展具有代表性。

1. 商业与法律药学为主的阶段（20世纪初至30年代）　美国药事管理学的发展源于对零售药店药师的教育需要。1916年美国药学教员协会（即现在的美国药学院协会，AACP）划分了6个分会，即物理与化学、药剂学与配制、植物学与生药学、生理学与药理学、微生物与免疫学、商业与法律药学（commercial and legal pharmacy），第一次确立了商业药学的官方地位，这阶段的教学主要以零售药房为中心，教授零售药房的经营知识。为了使学科的名称更具学术性，经过多年的酝酿，在1928年8月21日的分部年会上，商业与法律药学分会正式更名为药学经济学（pharmaceutical economics）分部，该名称的更改标志着药事管理学学科的开端。

2. 药事管理学科阶段（20世纪30～50年代）　20世纪30年代，很多从事商业药学教育的教授认为，药师是从事药学服务的专业人员，过分强调药学的经济方面的因素对于药学的发展是有负面作用的。1938年，联邦食品、药品和化妆品法（Federal Food Drug Cosmetic Act，FDCA）的颁布，使药品法规的教育在药学教育中变得越来越重要，1948年在AACP的年会上第一次提出了"药事管理"（pharmacy administration）一词，参加年会的专家认为以管理为中心的药事管理学比以商业为中心的商业药学或药学经济学更能反映学科的实际。1950年，经美国药学院协会同意，药学经济学分会更名为药事管理学分会并规定药事管理学的课程有：药房实践的经济学原理、药品市场、会计学、药房管理、药事法学，在1952年AACP年会上，与会者认为：药事管理就是申请、管理和运作零售药店的方式，其知识包括经济学、会计学、药品市场、药房管理和药事法学。

3. 社会与管理科学阶段（20世纪60年代至现在）　20世纪60年代，随着临床药学的兴起，药师单纯配药的社会角色发生了变化，由面向药品转而面向患者、药师要对患者和药品消费者负责。药学专业人员越来越重视研究药学实践环境与药物治疗合理性之间的关系，在20世纪60年代中期，美国各药学院校兴起了一股社会学课程的热潮，开设课程有社会和管理科学、卫生保健管理、药学实践中的社会经济。1985年，美国教授Manasse和Rucker定义药事管理学为药学科学的一个分支学科，它的研究和教育集中于应用社会、行为、管理和法律科学，去研究药学实践中完成专业服务的环境的性质与影响。到20世纪90年代，社会学、心理学、市场学和管理学共同构成了药事管理学的主题基础。1993年，AACP药事管理学分会正式更名为"社会和管理药学"（Social and Administrative Pharmacy）分会。据美国AACP统计，目前，在美国药学院校中有35%的课程与社会和管理药学有关，药事管理学的院系名称有药事管理学、行为药学、社会行为药学、社会药学及社会和管理药学，开设课程类别有交流沟通、社会和行为学、经济和市场学、管理学、法学和伦理学等5类课程。

（三）前苏联的药事组织学

从20世纪20年代至1990年前苏联解体期间，其作为药学分支学科的药事组织学（Pharmacy Organization）教学研究主要方面是药事的公共行政管理，是国家对药事的行政管理活动。

东欧国家在20世纪90年代前，药学教育中普遍开设药事组织学，内容与苏联的相同。20世纪90年代后，该学科更名为社会药学和药事组织（Social Pharmacy and Pharmacy Organization），增加了社会药学方面的内容。

（四）日本和欧洲国家的社会药学

1. 日本的社会药学　在1982年国家教育委员会制定的《药学教育有关标准及实施办法》中，药学学科领域被划分为7个分支学科，药事管理学科课程分散在各分支学科中。日本官方文件中的应用药学实际就是药事管理学，在日本药学界称为社会药学，并办有社会药学杂志。但从高等药学院系开设的课程来看，几乎没有社会药学课程，而是药事管理学科课程。

2. 欧洲各国的社会药学　20世纪80年代前，开设的药事管理学科课程主要是药品法课，强调从药房实习中获得管理和经营药房的能力。80年代后期欧洲药学界兴起社会药学热潮。

欧洲各国药学教育开设的社会药学课程，主要有药品法和药学伦理，卫生保健政策和组织、药物利用、药物经济学、药品市场、交流学、药房管理、药物信息等。社会药学所开设课程和药事管理学科的课程基本一致。

（五）中国的药事管理学科的发展

我国高等药学教育建立药事管理学科体系，大体经历了两个阶段。

第一个阶段：20世纪30～60年代，主要是间断性引进英美和原苏联课程。新中国成立初期，我国对药品的管理主要是通过调整政策、下达命令进行约束，如50年代的查禁烟毒，60年代查禁滥用麻黄碱、安钠咖等案件。

第二阶段：20世纪80年代至现在，从我国药事管理实际出发，借鉴国外经验，建立了适应我国药业在全球化发展需求的药事管理学科体系。

改革开放的80年代，我国加强了对药品的监督管理，1985年7月1日，我国实施了《中华人民共和国药品管理法》。

表11-1反映了我国高等药学教育中有关药事管理学科发展的重要事项。

表11-1　中国高等药学教育药事管理学科大事记

时间	单位	事项
1930～1949年	原齐鲁大学	开设《药房管理》课程
	华西协和大学	《药物管理与药学伦理》课程
1954～1963年	国家高等教育部	药学专业指导性教学计划开设《药事组织》
1955年	第二军医大学	开设《药材供应管理学》，成立药材供应学教学组
1982年	中国药科大学、沈阳药科大学	建立医药企业管理专业
	第二军医大学	招收药物情报方向硕士研究生
1985年	华西医科大学	药学各专业开设《药事管理学》课程 成立药事管理教研室
1987年	国家教育委员会	决定把《药事管理学》列为药学专业必修课
1988年	卫生部、华西医科大学药学院、上海市卫生局	共同编写教学参考书《药事管理学》由人民卫生出版社出版发行
1990年	国务院学位委员会药学学科评议组	同意华西医科大学药学院在药剂专业中招收药事管理方向硕士研究生
1991年	华西医科大学药学院	招收药事管理方向硕士研究生
1993年	卫生部、人民卫生出版社	编写统编教材《药事管理学》(第一版)
1994年	国家医药管理局	在成都召开首届药事管理学科发展研讨会，23所院校到会，成立全国医药院校药事管理学科协作组
1995年	原国家人事部、国家医药管理局	决定把《药事管理与法规》列为执业药师资格考试的科目
2000年	沈阳药科大学	招收药事管理方向博士生
2004年	国家教育部	批准中国药科大学建立药事管理专业（本科）
2006年	人民卫生出版社	为药事管理、市场营销专业编写的《医药市场营销学》《医院药事管理》《药物经济学》《药物信息应用》《国际医药贸易》《医药消费者行为学》六种教材出版发行
2008年	中国药科大学	“药事法规”被评为国家级精品课程

第二节　药事管理学主要内容

一、药事管理学科课程体系

药事管理学的定义、性质

1. 定义　目前，国内教科书或科研文献中对药事管理学尚无公认的统一定义。

药事管理学科创始人四川大学的吴蓬教授的定义为“药事管理学是药学科学的分支学科，是一个知识领域，是应用性很强的边缘学科。它的基础理论与研究内容与药学的其他分支学科药剂学、药物化学、药理学和临床药学不同，具有社会科学的性质。它应用社会学、经济学、管理学、法学和行为科学的原理和方法，研究药学事业中的生产、分配、人、机构、信息研究、社会、经济、法律和伦理、历史和文化等内外环境因素，以及管理因素对药学事业的影响作用探索药学事业科学管理的客观规律，促进药学事业的发展。”

西安交通大学的杨世民教授的定义为“药事管理学是药学科学与社会科学相互交叉、相互渗透而形成的以药学、法学、管理学、社会学、经济学为主要基础的药学类边缘学科，是运用社会科学的原理和方法研究现代药学事业各部门活动及其管理的基本规律和一般方法的科学。”

由以上定义可以看出，一般认为药事管理学是药学的分支学科或边缘学科，尽管定义不尽相同，但都承认药事管理学的核心是研究药学事业各环节活动的规律和解决实践问题。定义的差别主要是由于对药事管理的性质和药事活动的视角不同造成的，另外对药事管理学的研究对象、范围及研究对象与研究范围的关系问题尚存异议。

综合以上观点，本书认为，药事管理学是药学与社会科学相互交叉、渗透而形成的以药学、法学、管理学、社会学、经济学为主要基础的药学类边缘学科，是应用社会科学的理论和方法研究药事各部门活动及其管理的规律和方法的科学。

2. 性质

（1）药事管理学是一门交叉学科：药事管理学是涵盖了药学、管理学、经济学、法学、政治科学、社会学、心理学、商业管理等的交叉学科。药事管理的研究对象是药学，根据对药学实践活动研究对象的不同，应用不同的学科理论。如前所述，药事管理学的埋论基础是管理学，又由于管理的落脚点是药事活动，因此药事管理学的相关学科中，首要的是药学，这里所说的药学是传统意义上自然科学属性的药学。此外，无论从药物经济学的角度还是从医药产业健康发展的角度，药事管理活动都离不开经济学。药事管理学所涉及的另一门重要学科是法学，特别是与药品管理有关的法律和与医药经济活动有关的法律。另外，还有社会学、心理学、教育学等相关学科。

（2）药事管理学是药学的一个分支学科：药学有广义和狭义之分，广义的药学如同医学一样，既包括自然科学又包括社会科学，药事管理学即属于社会药学范畴。药事管理学是社会科学、管理学、经济学等学科理论在药学实践活动中的应用。药事管理学是药学科学与药学实践的重要组成部分，该学科运用社会科学的原理和方法研究现代药学事业各部门活动及其管理，探讨药学事业科学管理的规律，促进药学事业的发展，因而是药学科学的一个分支学科。

（3）药事管理学具有社会科学的性质：药事管理学主要探讨与药事有关的人们的行为和社会现象的系统知识，研究对象是药事活动中管理组织、管理对象的活动、行为规范及他们之间的相互关系。因此，药事管理学具有社会科学的性质。

二、药事管理学科的研究内容

药事管理学是研究药学事业的活动和管理问题，该学科和其他药学学科一起，为社会提供安全、有效、稳定、经济的药品，提供药物的信息和药学服务，从而保障人体用药安全、维护人民身体健康和用药的合法权益。随着药学科学和药学实践的发展，药事管理学的研究内容也在不断完善。根据教学、科研和实践情况，药事管理学科的研究内容主要有以下九个方面。

（一）国家药物政策

国家药物政策（national drug policy，NDP）是国家卫生政策的组成部分，是由政府制定的有关药品研制、生产、流通、使用和监督管理的总体纲领。其目标是保证药品的安全性、有效性、经济性、合理性等。国家药物政策有一系列政策目标和政策措施构成，包括药品研制政策、生产供应政策、使用政策和经济政策等内容。

药品管理制度则是为实现某一特定政策目标而建立的一组药品管理规则或规则体系，包括药品研制管理制度、生产供应管理制度、使用管理制度及经济管理制度等。这些规则中的一些内容上升为法律法规的成为药事管理法律法规，一些尚未上升为法律法规，则以指导性文件的形式存在。

因此，国家药物政策是一种宏观性的纲领，对各项药品管理制度的制定和实施及药事管理立法具有普遍的导向作用。药品管理制度和药事管理法律法规，既是这一纲领性政策的细化措施，更是国家药物政策的具体体现形式，也是《药事管理学》或《药事管理与法规》课程所要阐述的最主要的内容。

（二）药品研发管理

新药是指未曾在中国境内外上市销售的药品，已上市药品改变剂型、改变给药途径，亦按照新药管理。国家鼓励研究和创制新药，保护公民、法人和其他组织研究、开发新药的合法权益；国家对药品研究及药品注册实行审批注册许可制度，目的是监管药品研究过程，保证药品的质量，确保人体用药安全有效，质量可控。改革开放以来，我国十分重视对药品注册管理，制定了一系列法规，2007 年 7 月原国家食品药品监督管理局颁布了新的《药品注册管理办法》，该办法符合 WTO 的原则，在药品注册上与国际接轨，同时改革行政审批制度，贯彻了公开、公正、公平、效率的原则。

1. 药物临床前研究 在药品研发环节，为提高药物非临床研究质量，我国在 1999 年颁布了《药物非临床研究质量管理规范》（Good Laboratory Practice，GLP），并随后启动了对药物非临床研究机构的 GLP 检查（2007 年 4 月起改为 GLP 认证）。药物临床前研究是指实验室阶段的研究。研究新药，必须向国家食品药品监督管理总局如实申报研究方法、质量指标、动物等药物试验结果或毒理试验结果，涉及药物安全性评价的临床前实验机构必须符合国家规定的《药物非临床研究质量管理规范》。

药物临床前研究需要进行毒理试验与致突变、致畸致癌试验，涉及许多微生物、细胞和动物试验，这些实验极易受到环境与操作者的影响，为了保证实验资料的真实性、完整性和可靠性，各国政府均制定了 GLP，以规范非临床研究机构的试验。GLP 通过对药品研究的设备、设施、研究条件、人员资格与职责、操作规程的严格控制来保证药品安全性评价数据的真实性与可靠性。

2. 药物临床研究 药品临床研究是指药物用于人体的试验研究。临床试验分为 4 期。Ⅰ期临床是研究药物在人体的初步药效及人体安全性，用药对象是健康人；Ⅱ期临床是研究药物在人体内的安全性与有效性及治疗剂量；Ⅲ期临床进一步扩大试验，患者人数增加，同时要求在多个医院进行试验；Ⅳ期临床为药物上市后，继续进行上市后监测，考察药物治疗和不良反应。

我国于1999年颁布《药品临床试验质量管理规范》（Good Clinical Practice，GCP），并从2004年3月1日起对药物临床试验机构实施GCP资格认定。药物临床研究的管理，除了要保证研究资料的科学可靠以外，还要保护受试者的权益并保障其人身安全。GCP是对临床试验全过程，包括试验方案设计、组织、实施、监察、稽查、记录、分析总结报告进行监督管理的法规性文件。

（三）药品经营质量管理

药品经营质量管理规范（Good Supply Practice，GSP）是药品经营企业在药品的购进、储运和销售等环节实行质量管理，建立包括组织结构、职责制度、过程管理和设施设备等方面的质量体系，并使之有效运行，确保销售药品的安全、有效。我国现行《药品经营质量管理规范》于2013年6月1日施行，其中管理内容吸收了供应链管理的观念；增加了计算机信息化管理，仓储温、湿度自动监测和药品冷链管理等管理要求；引入了质量风险管理、体系内审和设备验证等新的管理理念和方法。

药品经营企业全面实施GSP，加强药品经营过程的质量管理，服务理念由追求客户满意度上升到为顾客创造价值，也有利于促进和推动药品经营企业间的兼并、联合和重组，使之朝着规范化、集约化方向发展。

（四）药品生产质量管理

药品生产管理的目的和任务是保证药品生产企业按照国家规定的生产条件和药品质量标准生产合格药品，并在此过程中优化资源配置，以最小的投入获得尽可能大的产出，提高经济效益和社会效益。

药品生产企业对药品的生产管理主要包括以下内容：①厂区规划；②生产计划管理；③生产过程管理（包括劳动组织、药品制备工艺和质量管理）；④药品质量管理；⑤产品设计管理；⑥库存与采购管理等。

国家对药品生产的管理主要是体现在对药品生产企业的开办条件和药品生产的要求。以我国为例：

1. 开办药品生产企业的审批程序　开办药品生产企业，须经企业所在地省、自治区、直辖市人民政府食品药品监督管理部门批准并发给《药品生产许可证》，凭《药品生产许可证》到工商行政管理部门办理登记注册。无《药品生产许可证》的不得生产药品。《药品生产许可证》应当标明有效期和生产范围，到期重新审查发证。

2. 药品企业的开办条件

（1）具有依法经过资格认证的药学技术人员、工程技术人员及相应的技术工人。

（2）具有与其药品生产相适应的厂房、设施和卫生环境。

（3）具有能对生产药品进行质量管理和质量检验的机构、人员及必要的仪器设备。

（4）具有保证药品质量的规章制度。

3. 中药饮片炮制规定　中药饮片炮制必须按国家标准，国家标准没有的按省级食品药品监督管理部门制定的炮制规范。

4. 原料、辅料和直接接触药品的包装材料必须符合药用要求

5. 药品生产要求

（1）除中药饮片的炮制外，药品必须按照国家药品标准和国务院药品监督管理部门批准的生产工艺进行生产。

（2）生产记录必须完整准确。

（3）药品生产企业改变影响药品质量的生产工艺的，必须报原批准部门审核批准。

（4）中药饮片必须按国家药品标准炮制；国家药品标准没有规定的，必须按照省、自治区、直辖市人民政府监督管理部门制定的炮制规范炮制。省、自治区、直辖市人民政府监督管理部门制定的炮制规范应当报国务院药品监督管理部门备案。

药品生产企业对生产过程实施全面质量管理，按照《药品生产质量管理规范》（Good Manufacturing Practice，GMP）组织生产。在此基础上，以市场为导向，以提高经济效益和社会效益为目的，选择生产不同种类的药品。国家从宏观政策上对药品生产进行支持和引导，国务院药品监督管理部门对药品生产依法进行监督检查。

（五）药品价格与广告的管理

1997年《中共中央国务院关于卫生改革与发展的决定》根据中国国情强调指出：要加强对药品价格与广告的管理。在2001年《药品管理法》修订中将药品价格与广告纳入法制的管理范围内。

1. 药品价格的管理 长期以来我国药品一直属于国家计划商品，甚至作为一种福利品救灾物资使用。药品的价格全部由国家定价，必要时，国家可以采取财政补贴方法生产急需的和基本的药品，因此药品价格一般与其商品价值不符。1990年以后，国家放开了一部分药品的价格，摸索按价值规律、市场规律来调节药品价格的方法。由于药品是非常特殊的商品，即使在发达国家，政府认为必要时也可以采取定价、比较定价、参考定价、利润控制、强制削价等手段对药品价格进行管制。

我国目前药品价格有两种体系。一种是政府定价或政府指导价，一种是市场调节价。政府定价是指由价格主管部门制定最高零售价格。各药品零售单位在不突破政府最高零售价的前提下销售药品。政府指导价是指由价格主管部门规定基准价及其浮动的范围。实行政府定价的药品包括列入《国家基本医疗保险药品目录》的药品及《国家基本医疗保险药品目录》以外具有垄断性生产、经营的药品（包括国家计划生产供应的精神、麻醉、预防免疫、计划生育等药品）。未列入上述政府定价范围的药品价格由生产经营企业和零售单位自主定价。定价药品的利润应根据国家的经济政策和价格政策来确定。中国药品实行优质优价，鼓励创新和技术进步，对专利药品、新药及名优药品，在价格上与普通药品拉开差价。

市场调节价是按照市场供应关系和价值规律来确定药品价格，但国家仍需对其进行管理和引导，同时国家法律规定要按照公平、合理和诚实信用、质价相符的原则确定这类药品的价格，禁止暴力和价格欺诈行为。从1996年起14年来，全国统一药品降价有24次，但都未彻底解决药品价格问题。今后，我国应该进一步落实党的十八大及新医改精神，尽快推进政事分开、管办分开、医药分开、营利性和非营利性分开，在政府的主导下，切实做好药品价格管理。

2. 药品广告的管理 药品广告发布前，其发布内容由药监部门审核批准，并发给药品广告批准文号方可发布：发布后如有违法行为，由工商行政管理部门进行处理。按《广告法》和《药品管理法》规定，药品广告内容必须真实，以药品说明书为准，不得夸大其词，不得含有虚假内容；不得含有不科学的表示功效的断言或保证；不得利用国家机关、医药科研单位、学术机构或者专家、学者、医师、患者的名义和形象作证明；非药品不得宣传为有药品功效。《药品管理法》规定，处方药不得在大众媒介发布广告或以其他方式进行以公众为对象的广告宣传，只能在批准的医药专业刊物上向医药专业人员宣传介绍药品。

（六）药品使用管理

药品使用管理的核心问题是向患者提供优质服务，保证合理用药，提高医疗质量。研究的内容涉及药房的工作任务、组织机构、药师的职责及其能力，药师与医护人员、患者的关系及信息沟通与交流，药品的分级管理、经济管理、信息管理及临床药学、药学服务的管理。随着临床药学、药学服务工作的普及与深入开展，如何运用社会和行为科学的原理和方法，研究在使用药品的过程中，药师、医护人员和患者的心理与行为，研究沟通技术，推动药师和医生、护士的交流，药师和患者的互动，提高用药的依从性是今后药品使用管理的一项重点内容。

（七）药学技术人员管理

药学技术人员是指具有药学专业知识，取得药学专业技术职称并从事药学工作的技术人员，是药品的研制、生产、流通、使用过程中保证药品质量，保障公众用药安全、有效的重要力量。国家自 1994 年 3 月起实行执业药师资格制度以加强对药学技术人员的职业准入控制。

在药学实践中，在药品生产、流通、使用、科研、教学等不同岗位上有不同类型的药学技术人员。根据其岗位不同，进行教学、科研、工程等相应技术职称的评定。

本部分简要介绍职称评定的药师和职业准入的执业药师。

药师（pharmacist） 是国家正式医药大专院校药学专业毕业，在医疗机构中的药学岗位为主从业的，以及在其他药学机构或岗位工作，并经过国家有关部门考试考核合格后评定的药学专业技术人员。在药学职称评定时将其分为初级职称——药师、中级职称——主管药师、高级职称——副主任药师和主任药师。

作为医疗机构为主从业的职业群体，药师的共同职责一般可概括为：负责西药的处方调剂、制剂，指导临床合理用药；运用中医药学的基础理论和先进技术，研究、开发中药制剂，掌握中药鉴别、性能和加工炮制技术，负责中药的调剂；负责药品的检验和药检仪器的调试、保养；负责检查临床科室的药品使用、管理情况，发现问题，及时解决，协助临床搞好合理用药；严格执行各项规章制度及技术操作常规，杜绝事故、差错；运用国内外先进技术，参与药学科研和开展新业务、新技术，总结经验，撰写学术论文；参与教学，指导进修、实习人员的工作等。

执业药师（licensed pharmacist）是指经全国统一考试合格，取得《专业药师资格证书》并经注册登记，在药品生产、经营、使用单位中执业的药学技术人员。2012 年 1 月 20 日，国务院《国家药品安全“十二五”规划》（以下简称《规划》）正式发布，这是我国第一个关于药品安全的独立规划。《规划》在第四项“保障措施”第五条中明确提出完善执业药师制度。自 2012 年开始，新开办的零售药店必须配备执业药师；到“十二五”规划末，所有零售药店法人或主要管理者必须具备执业药师资格，所有零售药店和医院药房营业时有执业药师指导合理用药，逾期达不到要求的，取消售药资格。

（八）特殊管理的药品

特殊管理的药品，指除普通药品以外，分别规定有特殊管理办法的医疗用诊断或治疗药品，包括麻醉品、精神药品、医疗用毒性药品及放射性药品等四大类。国家对特殊药品实行特殊监管，分别制定了《麻醉药品管理办法》《精神药品管理办法》《医疗用毒性药品管理办法》和《放射性药品管理办法》，以充分发挥特殊管理的药品防病治病的积极作用，同时严防因管理不善或使用不当而造成的危害。其中医疗机构是特殊管理的药品采购、使用量最多的单位，加强对特殊药品的管理，关键是要控制医疗机构对特殊管理药品的使用、管理，医疗机构药房必须严格贯彻、执行国务院和原卫生部的法规、条例，加强特殊药品使用、管理工作。

（九）医药知识产权保护

在知识经济和经济全球化的大潮中，知识产权已成为许多国家发展和参与国际竞争的重要手段，成为关系国家核心竞争能力培育和国民经济长远发展的关键。作为关乎国计民生的药品，其知识产权当然重要。药品知识产权保护是指对一切与医药行业有关的发明创造和智力劳动成果的财产权的保护。

我国的医药知识产权保护形式多样，主要包括专利保护、商标保护、商业秘密保护和行政保护等。专利保护的对象为依法取得专利权的新医药产品，包括生产工艺、配方、生产方法、新剂型、制药装备、医疗器具及新颖的药品包装、药品造型等。商标保护的对象主要是已注册或已经依法取得认定的医药品商标、原产地名称和计算机网络域名等。根据《反不正当竞争法》规定，商业秘密是指不为公众所熟悉、能为权利人带来经济利益、具有实用性并经权利人采取保密措施的技术信息和经营信息，如中药复方制剂的秘方，制药企业的商业情报等。同时我国还有中药品种保护、药品数据保护等药品行政保护。

目前我国已基本形成了以《专利法》《商标法》等为主的法律保护和以《中药品种保护条例》《药品行政保护条例》等为主的行政保护有机结合，互为补充的完善的医药知识产权保护体系。

第三节　药事管理案例分析

案例一：上海华联制药厂劣药事件

【案例简介】

2007 年 7、8 月份，国家药品不良反应监测中心分别接到上海、广西、北京、安徽、河北、河南等省、区、市的报告，反映部分医院在使用上海医药（集团）有限公司华联制药厂部分批号的鞘内注射用甲氨蝶呤和阿糖胞苷后，一些白血病患者出现行走困难等神经损害症状。原国家食品药品监督管理局和卫生部联合发出通知，暂停生产、销售和使用华联制药厂部分批号的甲氨蝶呤和阿糖胞苷。9 月 5 日，原卫生部和国家食品药品监督管理局再次发出通知，暂停生产、销售和使用该厂所有批号的甲氨蝶呤和阿糖胞苷。经过原卫生部、国家食品药品监督管理局和上海市政府相关部门的联合调查，查明上海医药（集团）有限公司华联制药厂在生产过程中，现场操作人员将硫酸长春新碱尾液混于注射用甲氨蝶呤及盐酸阿糖胞苷等批号药品中，导致了多个批次的药品被硫酸长春新碱污染，造成重大的药品生产质量责任事故。

【案例分析】

华联制药厂是具有 GMP 资格的药品生产企业，但是在药品生产过程中却不贯彻执行 GMP 的具体规定，违规生产，导致生产的药品变为劣药，引起用药人的重大生命健康损失。华联制药厂有关责任人在前期的联合调查组调查期间和后期公安机关侦察中，还有组织地隐瞒违规生产的事实。犯罪情节严重。

上海市食品药品监督管理局依照《中华人民共和国药品管理法》《中华人民共和国药品管理法实施条例》规定，依法吊销该厂所持有的《药品生产许可证》，没收违法所得，并给予《药品管理法》规定的最高处罚。药厂相关责任人也被依法追究其刑事责任。

案例二：刺五加注射液污染事件

【案例简介】

2008 年 10 月 5 日，云南省红河州第四人民医院使用黑龙江省完达山药业股份有限公司（下称完达山药业公司）刺五加注射液后发生严重不良事件。经查，这是一起由药品污染引起的严重不良事件。

完达山药业公司生产的刺五加注射液部分药品在流通环节被雨水浸泡，使药品受到细菌污染，后被更换包装标签并销售。2008 年 7 月 1 日，昆明特大暴雨造成库存的刺五加注射液被雨水浸泡。完达山药业公司云南销售人员张某从完达山药业公司调来包装标签，更换后销售；中国药品生物制品检定所、云南省食品药品检验所在被雨水浸泡药品的部分样品中检出多种细菌。此外，完达山药业公司包装标签管理存在严重缺陷，管理人员质量意识淡薄，包装标签管理不严，提供包装标签说明书给销售人员在厂外重新贴签包装。

2008 年 10 月 6 日，国家食品药品监督管理局接到云南省食品药品监督管理局报告，云南省红河州 6 名患者使用了标示为黑龙江省完达山药业公司生产的两批刺五加注射液（批号：

2007122721、2007121511，规格：100ml/瓶）出现严重不良反应，其中有3例死亡。

【案例分析】

完达山药业公司的行为严重违反《药品管理法》的规定，刺五加注射液事件是一起由药品污染引起的严重不良事件，依法应按假药论处。

依据《药品管理法》的规定，对完达山药业公司刺五加不良事件的处理如下：

（1）按照《药品召回管理办法》的有关规定，食品药品监督管理局责令并监督药品生产企业召回2007121511和2007122721两个批次的100ml刺五加注射液，查封、扣押以上两个批次药品的库存成品和留样。

（2）由黑龙江省食品药品监管局责令完达山药业公司全面停产，收回药品GMP证书，对该企业违法违规行为依法处罚，直至吊销《药品生产许可证》。

（3）由黑龙江省食品药品监督管理局依法处理企业直接责任人，在十年内不得从事药品生产、经营活动。建议该企业主管部门追究企业管理者的管理责任。

（4）完达山药业公司销售人员张某等人的行为涉嫌违法犯罪，应追究其刑事责任。

案例三：互联网销售假药案

【案例简介】

2006年，林某在互联网上违法开设了“中国国防肿瘤医院”网站。2007年5月该网站被关闭后，林某又利用其他地区互联网接口，再次开设了一个与以上网页内容基本相同的网站。利用上述网站，林某以伪造的“河北省国防医院”和“国防肿瘤医院”名义，大肆宣传两种抗肿瘤药品的用法、用量和疗效，并留下联系地址和传真、电话。同时林某先后承包位于石家庄市区的“河北省国防建医院”和某部队门诊部的“肿瘤科”，以合法的医疗机构作掩护，雇佣专人在“肿瘤科”内向全国各地电话联系购药的患者提供“用药咨询”，进一步诱骗患者。待患者将购药款汇至他们指定的银行账号后，再利用特快专递为患者邮寄药品；少数外地患者直接到林某承包的“肿瘤科”上门购药。

2008年3月，根据群众举报的线索和长期密切的跟踪，河北省食品药品监管部门与当地公安分局对涉嫌销售假药的门诊部进行了查处，当场抓获正在进行非法药品交易的违法人员1名，现场查获利用特快专递邮售假药的票据100余张及部分药品。据初步统计，从2006年7月27日至2008年3月4日，林某已向全国26个省市的448名患者邮售总金额高达89万余元的假药。

【案例分析】

违法利用互联网网站宣传、销售药品，已成为很多违法分子销售假劣药品的手段之一。这种挂靠合法医疗机构内的专科门诊从事药品交易，利用网站伪造知名医院名义，以邮寄等方式销售药品的行为，往往具有很强的欺骗性和隐蔽性。违法网站关了又开，在监管中也很难查处。近两年国家食品药品监督管理总局在“互联网购药安全警示公告”中曝光的违法网站，多数是这种情形。对这类通过互联网等方式违法宣传和销售药品的行为，一方面需要药品监督管理部门、公安部门、邮政部门和信息产业部门协作监管，另一方面也需要通过加大宣传等措施，使消费者对网上药品信息有足够的判别力。

案例四：药品标签警示不足致伤案

【案例简介】

2000年8月，美国佛蒙特州吉他手戴安娜·莱文因严重头痛合并恶心、脱水症状到社区卫生诊所求治，医生为其注射惠氏公司药物“非那根”时，并未采取药品标签建议的肌内注射，而是采取了静脉注射，理由是静脉注射对改善她严重的偏头痛效果较佳。由于医生注射不当造成部分药剂注入动脉，导致莱文右手和右前臂坏死被迫截肢。在对这起医疗事故起诉诊所获得医疗事故赔偿金后，莱文在佛蒙特州法院控告惠氏，认为药厂应该修订FDA批准的标签，标明该药严禁推注。

惠氏抗辩认为，药品标签经过 FDA 批准，符合联邦法律的相关规定，应当使它在类似事件的诉讼中免责，而且未经 FDA 批准，公司无法修改药物标签。但州法院法官认为，惠氏未在药物标签中给出足够警告，对发生如此严重的后果负有不可推卸的责任，判决惠氏赔偿莱文精神损失费、实际治疗费，以及原告丧失可能成为职业音乐人的损失费合计 600 多万美元。惠氏首次上诉失败，佛蒙特州最高法院支持原判。惠氏随后又向美国联邦最高法院提出上诉。

2009 年 3 月 4 日，美国最高法院最终以 6∶3 的投票比例，裁定惠氏公司应遵从佛蒙特州陪审团的裁决。支持这一裁定的法官认为，惠氏公司完全可以单方面、更清楚地向公众警示“非那根”的用药风险。

【案例分析】

这一起法律纠纷主要来自标签或说明书缺陷，以及标签和说明书外用药的风险。美国最高法院的裁定表明，企业作为产品的第一责任人，应对因标签或说明书缺陷产生的风险承担责任。我国《药品说明书和标签管理规定》对企业在说明书上标示药品不良反应信息方面也有相似规定：“药品生产企业未根据药品上市后的安全性、有效性情况及时修改说明书或者未将药品不良反应在说明书中充分说明的，由此引起的不良后果由该生产企业承担”。另一方面，由于标签或说明书的一些固有限制或缺陷，在临床上标签和说明书外用药是常见的，但由此产生的法律责任由谁承担，在各个国家都还没有明确的规定。在这一案件中，根据美国法院的裁决，除诊治机构和医生承担责任外，药厂也负有未在标签上明确标示“严禁推注”的责任。这一发生在个人利益至上的美国的判决虽然在我国未必会有相同结果，但也足以警示我国药品生产企业、医疗机构在药品生产、使用过程中要慎重衡量各方面风险和利益关系。

第四节　互联网+药品与健康管理

一、互联网+药品与健康管理概述

（一）互联网+

“互联网+”是信息化和工业化的高层次的深度结合，将互联网作为当前信息化发展的核心特征提取出来，并实现与工业、商业、金融、教育、医疗等服务行业的全面融合。“互联网+”是知识社会创新 2.0 推动下的互联网形态演进及其催生的经济社会发展新形态，是互联网思维的进一步实践成果。

“互联网+”并不是简单的“互联网+各个传统行业”相加，而是利用信息通信技术及互联网平台，让互联网与传统行业进行深度融合，创造新的发展生态。它代表一种新的社会形态，即充分发挥互联网在社会资源配置中的优化和集成作用，将互联网的创新成果深度融合于经济、社会各域之中，提升全社会的创新力和生产力，形成更广泛的以互联网为基础设施和实现工具的经济发展新形态。

近几年来，“互联网+”已经改造影响了多个行业，当前大众耳熟能详的电子商务、互联网金融（ITFIN）、在线旅游、在线影视、在线教育等行业都是“互联网+传统行业”的成功典范。

（二）互联网+药品

互联网+药品，是将传统的医疗机构、药品生产企业和经营企业与互联网平台对接，在互联网上为消费者提供客观、专业的药品价格和质量等信息，使得人们在线可以求医问药。消费者只要通过电脑网络或智能手机等移动网络，就能快速找到自己所需药品的销售药店，同时可以比对价格，查询并向网上执业药师咨询药品的疗效、适用证、用法用量、禁忌证等相关信息。

（三）互联网+健康管理

健康管理是对个人及人群的健康危险因素进行全面管理的过程。互联网+健康管理则是运用信息和医疗技术，在健康保健和医疗的基础上建立的一套完善、周密的服务程序，使人们随时随地都能监测和管理自身健康。以预防保健为主的健康新思维使得大众对健康服务的需求与日俱增，然而，由于我国健康管理师缺口很大，90%以上的人群根本无法享受到正规的健康管理服务，这就需要从互联网借力。目前，市场上出现了许多移动端健康管理 APP，可以实现疾病监测管理、预约挂号、诊前导医、诊后回访、咨询问诊等功能。互联网+健康管理，本质上就是人类运用信息时代的各种技术，对疾病由消极防御（治疗为主），转变为积极防御（管理为主）。

互联网+药品与健康管理有望从根本上改善现实中存在看病难、看病贵等医疗生态。具体来讲，互联网将优化传统的诊疗模式，为患者提供一条龙的健康管理服务。在传统的医患模式中，患者普遍存在事前缺乏预防，事中体验差，事后无服务的现象。而通过互联网医疗，患者有望从移动医疗数据端监测自身健康数据，做好事前防范；在诊疗服务中，依靠移动医疗实现网上挂号、询诊、购买、支付，节约时间和经济成本，提升事中体验；并依靠互联网在事后与医生沟通。

二、互联网药品信息服务管理

为加强药品监督管理，规范互联网药品信息服务活动，保证互联网药品信息的真实、准确，根据《药品管理法》《互联网信息服务管理办法》，国家食品药品监督管理局于 2004 年 7 月 8 日发布《互联网药品信息服务管理办法》。

（一）互联网药品信息服务

1. 互联网药品信息服务的定义　互联网药品信息服务，是指通过互联网向上网用户提供药品（含医疗器械）信息的服务活动。

2. 互联网药品信息服务的分类　互联网药品信息服务分为经营性和非经营性两类。经营性互联网药品信息服务是指通过互联网向上网用户有偿提供药品信息等服务的活动。

非经营性互联网药品信息服务是指通过互联网向上网用户无偿提供公开的、共享性药品信息等服务的活动。

3. 管理机构　国家食品药品监督管理总局对全国提供互联网药品信息服务的网站实施监督管理。

省级药品监督管理部门对本行政区域内提供互联网药品信息服务活动的网站实施监督管理。

（二）互联网药品信息服务要求

1. 互联网站登载药品信息规定　提供互联网药品信息服务网站所登载的药品信息必须科学、准确，必须符合国家的法律、法规和国家有关药品、医疗器械管理的相关规定。

提供互联网药品信息服务的网站不得发布麻醉药品、精神药品、医疗用毒性药品、放射性药品、戒毒药品和医疗机构制剂的产品信息。

2. 网站发布药品广告的规定　提供互联网药品信息服务的网站发布的药品（含医疗器械）广告，必须经过药品监督管理部门审查批准，并注明广告审查批准文号。

（三）《互联网药品信息服务资格证书》

拟提供互联网药品信息服务的网站，应当在向国务院信息产业主管部门或者省级电信管理机构申请办理经营许可证或者办理备案手续之前，按照属地监督管理的原则，向该网站主办单位所在地省级药品监督管理部门提出申请，经审核同意后取得提供互联网药品信息服务的资格。

各省级药品监督管理部门对本辖区内申请提供互联网药品信息服务的互联网站进行审核，符合条件的核发《互联网药品信息服务资格证书》。

《互联网药品信息服务资格证书》的格式由国家食品药品监督管理总局统一制定。提供互联网药品信息服务的网站，应当在其网站主页显著位置标注《互联网药品信息服务资格证书》的证书编号。

《互联网药品信息服务资格证书》有效期为 5 年。有效期届满，需要继续提供互联网药品信息服务的，持证单位应当在有效期届满前 6 个月内，向原发证机关申请换发《互联网药品信息服务资格证书》。

（四）开办互联网药品信息服务的条件

1. 开办条件 申请提供互联网药品信息服务，除应当符合《互联网信息服务管理办法》规定的要求外，还应当具备下列条件：

（1）互联网药品信息服务的提供者应当为依法设立的企事业单位或者其他组织。

（2）具有与开展互联网药品信息服务活动相适应的专业人员、设施及相关制度。

（3）有两名以上熟悉药品、医疗器械管理法律、法规和药品、医疗器械专业知识，或者依法经资格认定的药学、医疗器械技术人员。

提供互联网药品信息服务的申请应当以一个网站为基本单元。

2. 申请开办应提交的材料 申请提供互联网药品信息服务，应当填写国家食品药品监督管理局统一制发的《互联网药品信息服务申请表》，向网站主办单位所在地省级药品监督管理部门提出申请，同时提交以下材料：

（1）企业营业执照复印件。

（2）网站域名注册的相关证书或者证明文件。从事互联网药品信息服务网站的中文名称，除与主办单位名称相同的以外，不得以"中国"、"中华"、"全国"等冠名；除取得药品招标代理机构资格证书的单位开办的互联网站外，其他提供互联网药品信息服务的网站名称中不得出现"电子商务"、"药品招商"、"药品招标"等内容。

（3）网站栏目设置说明（申请经营性互联网药品信息服务的网站需提供收费栏目及收费方式的说明）。

（4）网站对历史发布信息进行备份和查阅的相关管理制度及执行情况说明。

（5）药品监督管理部门在线浏览网站上所有栏目、内容的方法及操作说明。

（6）药品及医疗器械相关专业技术人员学历证明或者其专业技术资格证书复印件、网站负责人身份证复印件及简历。

（7）健全的网络与信息安全保障措施，包括网站安全保障措施、信息安全保密管理制度、用户信息安全管理制度。

（8）保证药品信息来源合法、真实、安全的管理措施、情况说明及相关证明。

省级药品监督管理部门应对提供互联网药品信息服务的网站进行监督检查，并将检查情况向社会公告。

三、互联网药品交易服务管理

随着电子商务的不断成熟，中国互联网药品交易发展迅速。为加强药品监督管理，规范互联网药品购销行为，保证人们用药安全，国家食品药品监督管理总局制定了《互联网药品交易服务审批暂行规定》(以下简称《规定》)，于 2005 年 12 月 1 日公布并正式实施。《规定》共 37 条，主要内容包括：互联网药品交易服务的定义、类别和审批部门；各类别企业应具备条件；申报审批程序；法律责任。

（一）互联网药品交易服务的定义和分类

互联网药品交易服务，是指通过互联网提供药品（包括医疗器械、直接接触药品的包装材料和容器）交易服务的电子商务活动。也可以理解为现在所说的“药品电商”。

互联网药品交易服务分为三类：第一类是为药品生产企业、药品经营企业和医疗机构之间的互联网药品交易提供的服务；第二类是药品生产企业、药品批发企业通过自身网站与本企业成员之外的其他企业进行的互联网药品交易；第三类是向个人消费者提供的互联网药品交易服务。本企业成员，是指企业集团成员或者提供互联网药品交易服务的药品生产企业、药品批发企业对其拥有全部股权或者控股权的企业法人。

（二）《互联网药品交易服务资格证书》

1.《互联网药品交易服务资格证书》 互联网药品交易服务机构的验收标准由国家食品药品监督管理总局统一制定。互联网药品交易服务机构资格证书由国家食品药品监督管理总局统一印制，有效期五年。

2. 审批部门 国家食品药品监督管理总局对第一类服务的企业进行审批。省、自治区、直辖市（食品）药品监督管理部门对本行政区域内第二类和第三类服务的企业进行审批。

3. 各类型互联网药品交易服务企业基本条件 不论从事哪种类型药品电子商务活动的企业都应当具备的条件有：①已获得从事互联网药品信息服务的资格；②拥有与开展业务相适应的场所、设施、设备，并具备自我管理和维护的能力；③具有健全的网络与交易安全保障措施及完整的管理制度；④具有完整保存交易记录的能力、设施和设备；⑤具备网上查询、生成订单、电子合同、网上支付等交易服务功能；⑥具有保证上网交易资料和信息的合法性、真实性的完善的管理制度、设备与技术措施。

4. 不同类型互联网药品交易服务企业的具体要求

（1）为药品生产企业、药品经营企业和医疗机构之间的互联网药品交易提供服务的企业，应是依法设立的企业法人。具有相应的计算机专业技术人员。具有药学或者相关专业本科学历，熟悉药品、医疗器械相关法规的专职专业人员组成的审核部门负责网上交易的审查工作。

（2）向个人消费者提供互联网药品交易服务的机构应当是依法设立的药品连锁零售企业。具有与上网交易的品种相适应的药品配送系统；具有执业药师负责网上实时咨询，并有保存完整咨询内容的设施、设备及相关管理制度。

（三）申报与审批

（1）从事互联网药品交易服务的企业必须经过审查验收，取得《互联网药品交易服务机构资格证书》。验收标准和资格证书由 CFDA 统一制定。资格证书有效期 5 年。

（2）为药品生产企业、药品经营企业与医疗机构之间互联网药品交易提供服务的企业，由 CFDA 审批；其他两类由省级药品监督管理部门审批。

（四）互联网药品交易行为管理规定

（1）从事为药品生产企业、经营企业与医疗机构之间的互联网药品交易提供服务的企业，不得参与药品生产、经营；不得与行政机关、医疗机构、药品生产、经营企业之间存在隶属关系和其他经济利益关系。

（2）通过自身网站与本企业成员之外的其他企业进行互联网药品交易的药品生产企业、药品批发企业，只能交易本企业生产，或本企业经营的药品，不得利用自身网站提供其他互联网药品交易服务。

（3）向个人消费者提供互联网药品交易服务的企业，只能在网上销售本企业经营的非处方药，不得向其他企业或者医疗机构销售药品。

（4）参与互联网药品交易的医疗机构只能购买药品，不得上网销售药品。

（5）提供互联网药品服务的企业其变更、歇业、停业、换证、收回《资格证书》应按《办法》规定办理。

（6）各级药监部门及所管理的单位及医疗单位开办的网站不得从事任何类型、形式的互联网药品交易服务活动。

（7）网站名称不得以“中国”、“中华”、“全国”等冠名（但申请网站名与单位名相同的除外）。

（8）互联网药品交易达成后，产品配送应符合有关法规规定。零售药店网上售药应有完整的配送记录；记录保存至产品有效期满1年后，不得少于3年。

（五）法律责任

（1）未取得资格证书擅自从事药品电子商务的责令限期改正，给予警告。

（2）有下列情况的限期改正，给予警告；情节严重的，撤销药品电子商务资格，注销资格证书。

1）网站主页未标明资格证书编号。

2）超标准的范围提供服务的，变更未经审批的。

3）为药品招标服务的企业与行政机关、医疗机关和药品生产、经营企业之间有隶属、产权关系或其他经济利益关系。

（3）为药品招标服务的企业直接参与药品交易的，按《药品管理法》第七十七条处理，并撤销资格、注销资格证书。

（4）药品电子商务活动中涉及违反《药品管理法》的按《药品管理法》相关规定处罚。凡是撤销其资格，注销证书并且情节严重的，移送信息产业主管部门依法处理。

第五节　药事管理学相关学科与职业发展

一、药事管理学相关学科

（一）药事法学

药事法学是指研究调整药品、医疗器械研制、生产、经营、使用和监督管理活动中产生的社会关系的法律规范的现象及规律的学科。其作为研究现代法学和药学管理活动基本规律和一般方法的科学，在吸收借鉴传统药物管理经验与实践的基础上，同药学和管理科学相结合，使法学内容更加丰富和完善，从而使药学管理逐步纳入科学化、规范化、法制化管理的范畴。药事法学以新修订颁布的《药品管理法》和《药品管理法实施条例》为研究主线，以国家食品药品监督管理总局发布的《麻醉药品和精神药品管理条例》《医疗用毒性药品管理办法》《放射性药品管理办法》《血液制品管理条例》《中药品种保护条例》和《医疗器械监督管理条例》等各类行政规章为依据。主要调整的是政府通过行政权力对药事活动进行组织、管理过程中与相对各方所产生的社会关系，重点为药事行政权力的授予、行使、监督，表现为管理与服从、领导与从属等非平等主体之间的关系。

药事法学的学科体系是指现行全部药事法律规范按照一定标准分类形成的体系化的有机联系的统一整体。按照调整范围的不同，可以将药事法律规范分为以下各个部分：

1. 药品法　是所有涉及药品本身的法律规范的总和。主要包括有关药品的概念、分类、药品注册、药品审评与评价、药品不良反应监测与报告、药品标准，药品检验制度、假药劣药、药品分类管理、国家基本药物、特殊管理的药品、药品标识、药品价格管理和药品广告管理等相关规范。

2. 药事组织及药事行为法　是所有关于药品研制、生产、经营、使用、监督管理的法律规范的总和。主要包括药事行政管理组织（我国一般指药品监督管理机构）及其行政行为的规范，药品研究开发组织、药物临床前研究（包括 GLP）、药物临床试验（包括 GCP），药品生产企业的开办与审批、药品生产相关规范（包括 GMP、GAP），药品经营企业的开办与审批、药品经营相关规范（GSP），药品进口备案、口岸检验制度，药品使用制度、医疗机构药事管理制度、医疗机构配制制剂等相关规范。

3. 药师法　是所有有关药学专业技术人员的法律规范的总和。主要包括药师的定义、类别、职责规范，执业药师的概念、性质、权利、职责、执业药师资格的获得、执业药师的注册与继续教育制度等相关规范。

在药事管理学的研究范畴内，药事法规部分的内容占据重要地位。就药事法学和药事管理学的关系而言，可以说药事法学横跨药事管理学和行政法学两个学科，是行政法学理论在药事管理学中的应用和体现，是部门行政法学的分支学科，是药事管理学科体系的不可分割的重要组成部分。

（二）药物流行病学

药物流行病学是运用流行病学的原理与方法研究人群中药物的利用及其效应的应用科学。人群中药物利用情况和药物效应分布；研究的最终目标是给医疗单位、预防保健部门、药政管理部门及社会大众提供有关人群中药物利用及药品安全性、有效性的信息，为合理用药提出有利的意见和建议，从而使药品的开发、生产、经营、管理及使用更趋于合理。药物流行病学使得药物不良反应（adverse drug reaction，ADR）监测在深度和广度上获得发展和提高。

（三）药物经济学

药物经济学是经济学原理与方法在药品领域内的具体运用，通过领域经济评价的理论与方法的基础上，结合医药领域的特殊性而发展的新兴学科，研究如何以有限的药物资源实现最大的健康效果改善的科学。广义的药物经济学（pharmaceutical economics）主要研究药品供需方的经济行为，供需双方相互作用下的药品市场定价，以及药品领域的各种干预政策措施等。狭义的药物经济学（pharmacoeconomics）是一门将经济学基本原理、方法和分析技术运用于临床药物治疗过程，并以药物流行病学的人群观为指导方法和分析技术运用于临床药物治疗过程。其主要任务是测量、对比分析和评价不同药物治疗方案，药物治疗方案与其他治疗方案（如手术治疗、理疗等），以及不同卫生服务项目所产生的相对社会经济效果，为临床合理用药和疾病防治决策提供科学依据。

（四）医院药学

医院药学是以临床医师和患者为服务对象，以供应药物和指导、参与临床安全、合理、有效的药物治疗为职责；以治疗效果为质量标准，在医院特定环境下的药学科学工作。它包括药事管理，药品的调剂、调配、制剂、临床药学、药物研究、药品检验与质控、药物信息、药学的科研与教学、药学人才的培养和药学人员的职业道德建设等。

（五）社会医学与卫生事业管理

社会医学与卫生事业管理是医学和社会科学、管理科学之间的一个交叉学科群，包括社会医学、卫生事业管理学、卫生经济学、医疗保险学、公共卫生政策、卫生法学、医院管理、医学伦理学等主要学科及其分支学科。社会医学与卫生事业管理以生物、心理、社会医学模式为基础，以社会、社区及其卫生机构、人员为主要研究对象，将社会科学、管理科学的理论和方法应用于临床医学、预防医学和卫生事业管理学领域，力图揭示社会、文化、经济等因素对群体健康的影响；采取社会措施来防治疾病；促进卫生事业的发展与改革，提高卫生事业的效率和效益。其最终目的在于提高人民的健康水平和生活质量，促进社会经济的发展。

其中，社会医学主要涵盖四个方面的内容：第一，是健康状况评价，阐述医学模式的转变和现代医学模式下的健康概念，健康概念测量的方法，提出"社会医学诊断"概念。第二，是健康影响因素分析，阐明社会制度、社会经济、社会文化、社会心理因素、家庭与健康的关系，提出"社会病因学"概念；第三，是针对人群健康状况及其影响因素，提出利用健康教育和健康促进、社区卫生服务、卫生法和卫生政策、卫生管理和监督等促进健康的社会卫生策略，提出"社会卫生学"概念；第四，是将以上理论运用到具体的人群当中，如妇女、儿童、老年人、残疾人的特殊社会医学问题及其对策，或者是运用到不同的地域，如城市和农村。

卫生事业管理的主要理论包括卫生工作方针、初级卫生保健理论、大卫生观、区域卫生规划、医疗保健制度、三级网及卫生体系、卫生资源配置、公平和效益理论等。主要技能有卫生服务研究的技能和方法，包括健康问卷调查、医疗需要量、卫生服务利用、卫生服务评价，以及卫生规划和制定卫生政策和理论研究等。

二、药事管理专业的职业发展和能力要求

（一）药事管理专业的职业发展

药事管理专业方向是培养具有药学、管理学、经济学等方面的知识和能力，能在各类医药工商企业、药品监督管理及相关机构从事药事与企业管理、分析、策划及教学、科研等方面工作的高级应用型人才。未来主要从事药品监督管理、卫生行政管理、药品价格管理、医疗保险、医药卫生监察、医药经济调控等部门和药品生产经营企业、医药科研院所、医疗卫生机构等单位从事卫生和药政活动的监督管理、医药资源调查研究、医药市场行为和特征分析、策划及经营的高级药事管理工作，具体岗位集中在医药企业招商经理、项目经理、法律顾问、注册专员、药剂师、中药师、营销经理、车间主任等。

（二）药事管理专业的能力要求

药事管理专业通过讲授药事法规和管理学、法学、经济学的基本知识，使学生了解药事活动的基本规律，掌握我国药品管理的法律法规，具备药品研制、生产、流通、使用等环节管理和监督的能力，培养学生运用药事管理的理论和知识指导实践，分析解决实际工作中的问题的能力。专业的主要课程设置包括：临床医学概论、基础医学概论、药事管理学、经济学、管理学、药学概论，会计学、财务管理、药事企业管理、中医方药学、中药商品学、中药药剂学、中药炮制与加工、药理学、中药药理学、运筹学、国际贸易、人力资源管理、企业发展战略与企业文化等。

要求学生通过上述课程的学习与实践具备以下基本能力：①具有坚实的医药学理论知识基础，熟悉药学基础理论、基本知识和基本操作技能；②掌握经济学、管理学和药事管理与卫生行政管理的基础理论、基本知识和分析方法；③掌握国内外药事管理的法律法规和相关行业的法规，熟悉医药商品销售等相关工作；④掌握现代管理理念和方法及经济法、行政法等知识，

具备在国家药事相关管理部门任职和在药品生产、研发企业和事业单位从事管理工作的能力；⑤熟练运用药学、管理学、药事法规等知识从事医药领域内的组织管理、审批事项申报、认证事务及法律纠纷等工作。

本章小结

- 药事管理学
  - 基本概念
    - *药事
    - *药事管理
  - 学科主要内容
    - *药事各环节的监督管理
    - *药品价格、广告、知识产权管理
    - *药学技术人员管理
  - 互联网+药品
    - *互联网+药品与健康管理
    - 互联网药品消息服务管理
    - 互联网药品交易服务管理
  - 相关学科及其职业发展
    - 相关学科
    - 职业发展和能力要求

*为重点知识点

思考题

1. 如何理解药事管理学在药学专业中的学科地位？
2. 浅谈药事管理学科对我国医药卫生事业发展的影响。
3. 谈谈药学类专业学生学习药事管理学的现实意义有哪些？
4. 试述药事管理学科的主要研究领域包括哪些方面？请利用网络资源检索近年来我国药事管理学科的研究热点并进行归纳总结。

第十二章　药品流通与市场营销

学习目标

●掌握：药品市场与药品流通、药品流通渠道和药品市场营销的概念，药品市场的影响因素和药品流通监督管理相关规范。

●熟悉：药品流通的主要渠道，药品市场营销策略和营销中的职业道德。

●了解：药品流通领域相关职业发展概况。

第一节　药品流通

一、药品市场与药品流通

（一）药品市场

1. 药品市场的定义　药品市场（pharmaceutical market）是指个人和组织对药品现实和潜在的购买者的集合，即对药品的需求构成了药品市场。药品市场有人口、购买力和购买欲望三个要素。药品市场按药品产品的形态分为实体药品市场和医疗服务市场；按购买者的性质和购买目的分为消费者市场和经营者市场；按营销区域分为国际市场、全国市场和地区市场；按流通环节分为批发市场和零售市场；按药品产品的供求态势分为买方市场和卖方市场。

在整个药品市场中，社会公众代表消费的一方，医药企业代表生产供给的一方，消费者用自己的货币收入向医药经销企业购买各种药品以满足治疗疾病的需要，经销企业则向消费者出售他们所需的药品以收回投资取得利润，这样便形成了以货币为媒介的药品供求联系。

2. 药品市场的组成　市场是由某一商品或服务的潜在顾客的聚集需求组成。聚集需求是指所有对某一产品的潜在顾客各种要求的聚集，如品种、数量、价格、信息服务等。药品市场组成具有其特殊性：第一，由于药品是人们用以防治疾病、计划生育、康复保健的特殊商品，可以说整个人类都是药品的潜在顾客。第二，药品市场的顾客不仅有直接消费药品的患者，而且还有决定患者用药的医师，这和其他消费品有很大不同。第三，除少数药品为计划生育药外，绝大多数情况下，疾病本身及疾病的发病率也决定着药品市场。

3. 影响药品市场的因素

（1）顾客方面：所有居民都是药品市场的潜在顾客，顾客性别、年龄、收入、文化程度、民族、宗教、职业等均会对药品市场产生明显的影响。此外，顾客行为心理因素，所处国内和国外、不同地区、城市和农村、地形、气象、城市规模等地理因素，也会对药品市场产生影响。

（2）医师方面：医师对处方药市场有决定性影响，因为处方药的销售不以患者（顾客）的选择为意志，而是由医师决定的。因此，可以说是医师制造了处方药市场。医师处方行为分析调查显示，年龄也是影响处方行为的值得注意的因素，特别在对待新药使用上，年轻医生更为积极。另外，一些年长的患者一般喜欢找年龄大的医师。而且患者、药师、杂志、广告、药品样品、同行团体等因素也会影响医师处方行为从而影响药品市场。

（3）政府方面：各国政府制定的卫生保健计划，对药品市场有直接和间接的影响。国家的医疗保障制度、保险公司或社会医疗保健机构决定哪些药品可以报销，这也直接或间接地影响着药品市场。

（4）疾病发生率：各种疾病发生率的高低是影响药品市场的重要因素。药品市场的影响因素很复杂，充分利用政府、学会、信息服务机构提供的基本资料，结合某类疾病的实际，进行有针对性的分析，对了解药品市场具有重要意义。

（二）药品流通

1. 药品流通的概念　商品流通是以货币为媒介的商品交换，是商品经济条件下社会再生产过程的一个环节。药品流通（pharmaceutical distribution）是药品从生产者转移到患者的活动、体系和过程。药品流通的概念不同于药品买卖、药品市场营销，包括了药品流、货币流、药品所有权流和药品信息流，属宏观经济范畴。

2. 药品流通的特点　与其他商品流通相比，药品流通具有其自身特点，归纳起来有以下几点。

（1）要求严格，必须保证药品质量。在药品流通过程中药品质量的最低要求是禁止假劣药品流通，始终保持药品质量符合国家药品标准，始终保持药品包装、标识物（标签、说明书）符合法定要求。

（2）药品品种、规格、批次很多。这对流通过程中药品的分类储存、准确无误并及时分发都带来更大的难度。

（3）对人员和销售机构的要求高。药品与其他消费品不同，专业技术性很强。从采购到分发都必须有执业药师参与管理、指导，有的关键环节将直接负责进行。处方药还必须根据执业医师处方调配销售。在流通全过程所提供的药学服务，只有合格的药师才能完成。

（4）药品定价和价格控制难度大。生产经营企业期望获得高利润，患者期望质高价廉，而且诸多社会因素致使药品价格不能完全由市场竞争来调节。

（5）药品广告宣传内容要求高，虚假、误导的药品广告将产生影响人们生命健康的严重后果。

3. 药品流通的渠道　药品流通渠道（pharmaceutical distribution channels）又称为药品销售渠道，是指药品从生产者转移到消费者手中所经过的途径。在商品生产条件下，药品生产企业生产的药品，不是为了自己消费，而是为了满足医疗和保健市场的需要。只有通过流通过程，通过市场，才能实现价值，保证药品生产企业再生产过程顺利进行。

二、药品流通的主要渠道

药品市场是药品交易的实践场所，商品交易的场所是实质性商品交易活动的地方，使商品交易成为可能。药品流通渠道是沟通生产者和消费者需要的必不可少的纽带，是由一系列销售机构所组成。这些销售机构通过分工协作，完成各自任务，最终在满足消费者需要的同时各得其所。药品流通渠道主要包括药品批发企业（商）和药品零售机构（零售药房和医院药房等）。

（一）药品批发企业

1. 药品批发企业的定义　批发商（wholesaler）又称批发企业，一般是指用自己的资金从生产者购买商品，并将这些商品销售给零售商及其他批发商的企业。批发商经营的特点是成批购进和成批出售，它们并不直接服务于最终消费者。药品批发企业是药品流通渠道中不可缺少的机构，在沟通药品生产与销售的过程中，发挥了重要作用。无论是处方药或非处方药，大部分或绝大部分都经由批发企业转售给医院药房或社会药房，促使药品流动、所有权和管理权转移、信息和资金流动，使药品市场具体化，完成药品营销功能，实现药品为人们健康服务的目的。

2. 药品批发企业的作用

（1）降低药品销售中交易次数：药品销售时若由生产企业直接售给零售商，其交易次数大大高于通过批发企业再售给零售商的交易次数。因为每一次交易都有费用及一系列活动，通过药品批发企业销售药品可减少交易次数，从而减少差错发生率，也可减少费用和人力物力的投入，产生良好的经济效益。

（2）发挥集中与分散功能：药品批发企业在沟通产销的过程中，从各生产企业调集药品，又按照需要的品种、数量分散给药房，起着调节供求的蓄水池作用。它们为药品生产企业服务，大批量购进药品，减少生产企业的库存。同时也为社会药房、医疗机构药房服务，使它们能就近、及时买到药品，并减少了药房库存费用。药房从邻近的药品批发商处购买药品，使提高库存周转率得以保证。

知识链接 12-1

药品批发企业的新功能

近年来，随着经济管理模式和协作意识的逐渐增强，一些药品批发企业采用计算机信息管理系统，与购货的药房建立信息网络，提供自动化订货服务，使药房节约了很多费用。另外，药品批发企业还为药房提供多种服务，改善药房的经营条件和方式，促进药房发展。药品批发企业与药房之间，已不是以前那种传统的买卖关系，而越来越明显地以服务促销售，药品批发企业新的功能作用日益明显。

（二）药品零售机构

1. 药品零售机构的定义 药品零售企业（drug retailer）是指将购进的药品直接销售给消费者的药品经营企业。零售商和批发商都是商品流通渠道的中间商，批发商是流通领域的起点或中间环节，零售商是流通环节的终端，其销售对象是最终消费者。广义的药品零售机构，包括药品零售企业，又称零售药房（retail pharmacy）或称社会药房（community pharmacy），以及医疗机构药房（institutional pharmacy），含医院药房（hospital pharmacy）、诊所药房及各种保健组织的药房。各国将药品零售机构一般统称为药房（pharmacy），但在药事法中的定义不完全相同。相同的是均必须按法定程序，经法定部门审定必须具备的基本条件，准予注册取得许可证，然后才能开始经营活动。至于申报程序、必备的基本条件、审批机构、许可证名称等，各国大同小异。不相同的是药房经营的基本业务，有的国家主要是人用药品，如我国。有些国家除人用药品外，还包括医用器具、兽用药品、保健用器、化妆品等，如美国、日本等。社会药房和医疗机构药房不同之处是，前者为企业性质，要承担投资风险。后者是医疗机构的组成部分，不具法人资格，不承担投资风险。如不特别说明，药品流通中的药品零售机构主要指零售药房。

零售药房直接向患者提供其所需之药品和保健服务，发挥了中间商扩散商品的功能。它与批发公司集中的功能衔接，将成批的多品种药品拆零，供应给附近的患者，使患者可以很方便地买到所需的各种药品，保证了医疗卫生事业社会目标的实现。另一方面，零售药房销售药品的同时，还为患者提供各种药学服务，这与食品、化妆品、服装等其他消费品零售有很大的不同。从药房的橱窗布置、宣传物内容到答复患者购药询问、指导选购药品等服务活动来看，不仅专业技术性很强，而且对患者防病治病有很重要的作用。因此零售药房与一般消费品零售商不相同，是医疗保健系统的重要组成部分，具有重要的社会地位。

知识链接 12-2

零售药房的药学服务

近年来，随着我国大众健康管理意识的逐渐增强，药品零售行业面临新的机遇与挑战，药学服务需求增大将成为药品零售产业发展的驱动力。对于不严重不需要看医生的疾病，患者会直接来到药房，请药师为他们提供非处方药的选择建议和用药指导，形成“小病找药师，小病去药店”的现象。药品安全关乎患者的生命安全，增强百姓安全用药、合理用药的意识，形成良好的药品使用习惯和消费观念，将成为零售药房的药学服务重心。专业的药学服务不仅为患者提供治疗药品，还包括对患者的药物使用决策和合理使用提供服务，它贯穿于整个用药的全过程，是保障公众健康、改善患者生活和生存质量的必然要求。

2. 零售药房的类型

（1）零售药房和零售连锁企业：依法取得《药品经营许可证》的单一门店的药品零售经营企业，称零售药店，又称独立的零售药店。这类药店在我国药品零售业中占的比例很大，其中有的是企业法人，有的是二级法人。依法设置的药品零售连锁企业是指经营同类药品，使用同一商号的若干门店，在同一总部的管理下，采取统一采购配送、统一质量标准、采购同销售分离、实行规模化管理的组织形式。药品零售连锁企业由总部、配送中心和若干门店构成。总部是连锁企业经营管理的核心；配送中心是连锁企业的物流机构，只准向该企业连锁范围内的门店进行配送，不得对该企业外部进行批发，零售；门店按总部的制度、规范要求，承担日常药品零售业务，门店不得自行采购药品。药品零售连锁企业应是企业法人，总店和各个门店必须依法分别取得《药品经营许可证》。

（2）经营处方药、甲类非处方药的零售药店和经营乙类非处方药的零售药店：经营处方药、甲类非处方药的零售药店，必须配备执业药师或其他依法经资格认定的药学技术人员。经营乙类非处方药的零售药店，可以不配备执业药师，但应配备经县级或市级药品监督管理局组织考核的业务人员。另有 3 类经营乙类非处方药的销售点：一是在没有零售药房的交通不便的边远地区城乡集贸市场，经法定程序批准由当地零售药房在这种集贸市场设置的乙类非处方药销售点。第二类是药品零售连锁企业在其他商业企业、宾馆、机场等服务场所，设置的销售乙类非处方药柜台。第三类是普通商业企业经法定程序批准，设置的销售乙类非处方药的专柜。这些乙类非处方药销售点都必须配备经当地县、市级药品监督机构培训合格、持证上岗的业务人员。

（3）经营中药饮片的零售药店：是指以调配中医处方为主的中药零售药店，亦称中药铺。这类药店应配备执业中药师和经依法认定资格的中药技术人员。

（4）定点零售药店：是指经统筹地区劳动保障行政部门审查，并经社会保险经办机构确定的，为城镇职工基本医疗保险参保人员提供处方外配服务的零售药店。处方外配是指参保人员持定点医疗机构处方，在定点零售药店购药的行为。定点零售药店必须配备执业药师或依法经资格认定的药学技术人员，具备及时供应基本医疗保险用药和 24h 提供服务的能力。

3. 零售药房的特点　零售药房与医院药房相比，具有以下特点。

（1）数量众多、分布很广：我国的药品零售经营企业有 11.5 万家，美国能调配处方的社会药房 5 万多家，日本的药局及各类持许可证可销售药品的店共 10 万家左右。欧洲各国社会药房数与人口比例，一般是每 3000～5000 人口有一家社会药房。各国的医院药房数相对要少得多。社会药房出于经营目的，选址时很注意潜在市场，加之超市里的药房和非处方药销售柜台，城乡到处都有药房、药铺、售药柜，使药品成为人们防治疾病最容易得到的物品。

（2）具有企业性质：零售药房从事流通活动，给社会提供药品同时为盈利而进行自主经营。由于药品是特殊商品，零售药房虽然必须将社会效益放在第一位，但其也承担相应投资风险，这和医疗机构药房不同。

（3）经营多种商品：零售药房与医院药房经营的商品相比，除处方药、非处方药外，还销售保健用品。我国药品管理法规定，药品经营企业分为专营企业和兼营企业。专营药品经营企业以销售药品为主，兼营少量卫生保健用品；兼营药品经营企业，药品销售占很小比例。美国的社会药房普遍销售多种小商品，包括洗涤用品、化妆品、文具纸张、糖果、香烟、家庭用品、玩具、胶片、杂志书刊、小食品等。据统计在连锁药房里，这些非药品的小商品占总销售额的65%左右。

第二节　药品流通监督管理

一、药品流通监督管理概况

（一）药品流通监督管理的概念

药品流通监督管理（control of pharmaceutical distribution）又称药品流通的外部控制，是指政府有关部门根据国家药事法规、标准、制度，对药品流通中的药品质量、药学服务质量、药品销售机构的质量保证体系，进行监督管理活动的总称。

国家对药品监督管理的法律法规、制度、标准，许多都源于对药品交易管理。随着制药工业飞速发展，各国先后都曾面临过药品流通秩序混乱的问题。各国政府通过制定修订法律、法规、加强行业管理，以及政府行政干预等多种办法加强药品流通过程的监督管理。目前医药工业发达国家，药品流通秩序已建立，基本上进入有序竞争状态。

（二）药品流通监督管理的主要内容

1. 严格经营药品的准入控制　准入控制是指批发或零售药品必须经政府有关部门审批，政府按规定审批的法定程序设置批发或零售药品机构的最低条件，并发给准予批发或零售药品的法定证照的规定。我国、日本、英国等许多国家的药品管理法（或药品法、药事法）中，都明确规定了开办药品批发企业、零售药房实行许可证制度。

2. 实施执业人员有效管理　目前已有许多国家颁布了《药师法》或《药房法》。药师法中所规定的执业药师主要是社会药房药师和医院药房药师。这两类药房必须配备依法注册取得执照的执业药师，否则就不能开设药房，或不能调配、销售处方药。数百年药学实践历史证明，执业药师的实践，是药品从研制至使用的长链中确保药品质量、安全、有效的最后一环。实施药师法的国家，执业药师主要在社会药房和医院药房工作。

3. 推行药品流通质量管理规范　受推行 GMP 的影响，一些国家由行业协会出面制定并实施药品流通质量管理规范。英国皇家药学会于 1979 年制定发布了“Guide to Good Dispensing Practice”，简称 GDP。该规范对欧洲及原英属国家药品流通质量管理产生了较大的影响。日本医药批发业联合会于 1976 年制定发布了“Good Supply Practice”，简称 GSP，成为规范药品批发企业质量管理的基本准则。国际药学联合会（FIP）也于 20 世纪 90 年代初制定了“Good Pharmacy Practice”，简称 GPP。1993 年国际药学联合会在东京会议上向各国政府与药学团体，特别是社会药房、医院药房推荐实行 GPP，以保障用药安全，提高药学水平，提供优质服务。

4. 实行处方药与非处方药分类管理　20 世纪 50 年代初，美国针对药品销售中分类混乱的状况，制定法律明确由 FDA 统一发布处方药与非处方药目录，在药品分发销售中实行分类管理。之后许多国家采用这一制度，对控制药品分发销售，保证药品和药学服务质量起到很好的效果。

5. 加强药品广告管理　20 世纪后叶，随着广告业的飞速发展，出现了“跟着广告开方和服药”的现象，夸大药效、任意扩大适应证、包治百病、无毒副作用等误导民众的广告比比皆是。各国政府先后通过制定法律法规，加强对药品广告监督管理，对药品广告的形式、内容、用语、范围、真实准确等，作出明确规定，对药品广告的审批程序及违法广告处罚也作了规定。

6. 重视药品标识物管理　药品标识物是指药品包装上的标签和说明书等。世界各国的药事法规中均明确规定了药品标签上必须注明的项目，否则将按违标药处理。

7. 药品价格控制　在比较成熟的药品市场中，药品价格在市场竞争中形成并较为稳定，创新药物的价格昂贵，仿制药品价格稳中有降。控制药品价格上涨的办法，日本、欧洲国家实行医疗保障报销药品由有关部门定价，主要是处方药。美国的医疗保险报销药品很少，医疗照顾项目不报销药品，这在一定程度上限制了药品价格的快速上涨。

二、药品流通监督管理办法

药品流通企业作为联系药品生产企业和医疗单位之间的桥梁，是传递药品的重要领域。药品流通企业要对药品流通过程中的采购、验收、存储和销售等进行管理和负责。这些过程都需要严格、科学的管理规范。我国政府有关部门在加快药品流通体制改革的同时，制定和发布了一系列法律法规，以加强对药品流通秩序的管理。主要包括药品经营质量管理规范、药品流通监督管理办法、处方药与非处方药分类管理办法、药品广告及价格管理办法等。

（一）《药品经营质量管理规范》

药品经营质量管理规范对应的英文是 Good Supply Practice，缩写是 GSP，即良好的供应规范。

1. GSP 的基本精神和特点　GSP 的基本精神是药品经营企业应在药品的购进、储运、销售等环节实行质量管理，建立包括组织结构、职责制度、过程管理和设施设备等方面的质量体系，并使之有效运行。药品经营过程的质量管理，是药品生产质量管理的延伸，是控制、保证已形成的药品质量的保持，也是药品使用质量管理的前提和保证。药品经营过程质量管理的目的是控制和保证药品的安全性、有效性、稳定性不变化、药品不变质；控制和保证假药、劣药及一切不合格不合法的药品不进入流通领域，不到使用者手中；做到按质、按量、按期、按品种、以合理的价格满足医疗保健的需求。

GSP 是药品经营企业质量管理的基本准则，适用范围是中华人民共和国境内经营药品的专营或者兼营企业。GSP 的特点是条款仅明确了要求的目标，各经营企业应结合实际制定各种标准化文件，才能贯彻实施。而且，条款是有时效性的，需定期或不定期进行修改。GSP 实施细则适用范围与 GSP 相同，是对 GSP 部分条款的具体说明。

2. GSP 对药品经营过程的质量控制

（1）进货：采购药品在选择药品品种和供货单位时必须把质量放在选择药品和供货单位条件的首位，制定能够确保购进的药品符合质量要求的进货程序。首营企业和首营品种应制定审批制度和试销制度。

（2）验收与检验：验收依据为法定标准和合同规定的质量条款。验收包括药品外观性状检查、药品内外包装及标识检查。要逐批抽查，抽取样品要具代表性。特殊管理的药品，实行双人验收。

（3）储存与养护：药品应首先按属性进行“六分开”分类储存保管，即药品与非药品分开；处方药与非处方药分开；特殊管理药品与一般药品分开；有储存温度要求的与常温储存的药品分开；性质相互影响、易串味的药品与其他药品分开；外用药与其他方法服用的药品分开。另外按特殊管理要求进行“七专放”，即麻醉药品、精神药品、毒性药品、危险品、不合格品、退货药品、有冷藏或阴冷处藏的药品等 7 种专库（区）储存。对库存商品应进行循环质量检查，周期一般为一季度一次。应做好库房温、湿度监测管理，每日上、下午各一次对库房温、湿度进行记录。

（4）出库与运输：药品出库要贯彻“先产先出”“近期先出”和按批号发货的原则。实行出库验发制度，质量和包装不合格的均不准发货。药品运输时应做好发运时核对交接手续，防止错发；搬运、装卸按外包装标志操作。运输工具选用应符合自然属性要求，采取保温或冷藏措施。

（5）销售与售后服务：批发企业的发货应做好销售记录。零售药品必须做到分类陈列，保证药品不受污染。销售人员必须穿戴工作服、帽，做好个人卫生；介绍药品不得虚假夸大和误导用户；发药时应进行查对，正确介绍用法、用量、注意事项。销售应开具合法票据，做到票、账、货相符，并应注意收集用户意见，满足用户要求，不断改进服务质量。

（6）质量档案和信息记录：药品批发企业必须建立有真实、完整的药品购销记录，GSP 规定应做的记录项目主要包括进货验收记录、检验记录、不合格药品报废、销毁记录、养护检查记录、药品质量跟踪记录、直调药品记录、对药品质量查询、投诉、抽查及处理的记录和退货记录。

（二）《药品流通监督管理办法》

为加强我国药品流通监督管理、整顿药品流通秩序，国家食品药品监督管理总局制定发布了《药品流通监督管理办法》，对药品生产企业销售的监督管理、药品经营的监督管理、药品采购的监督管理、药品销售人员的监督管理及罚则分别作出明确规定。

1. 药品经营许可证制度 《药品流通监督管理办法》规定，每一家药品批发企业、药品零售企业、药品零售连锁总店及各个连锁门店，必须分别取得《药品经营许可证》。批发企业不得零售药品，药品零售机构不得从事批发药品。不得出租、出借、转让、买卖《药品经营许可证》，不得伪造、变造《药品经营许可证》，不得以提供虚假证明、文件资料等欺骗手段骗取《药品经营许可证》。严禁无《药品经营许可证》的单位或个人从事药品经营活动。

2. 药品流通监督相关规定 对药品经营范围，《药品流通监督管理办法》规定，药品生产企业只能销售本企业生产的药品。药品批发企业不得从事药品零售业务，药品零售企业不得从事批发业务。中药材专业市场禁止销售中药材以外的药品；城乡集贸市场禁止销售中药材以外的其他药品。

药品采购与销售中，药品生产企业、药品经营企业不得与无《药品生产许可证》、《药品经营许可证》、《医疗机构执业许可证》（以下简称“三证”）的单位或个人有购销活动；不得在非法药品市场、集贸市场采购或销售除中药材以外的药品；禁止向无“三证”单位以偿还债务、贷款方式为其提供药品。

明令禁止销售假药、劣药，药品生产、经营企业、医疗机构在药品购销活动中发现假劣药，不得自行做销售或退换货处理，必须及时报告药监部门。药品生产企业不得将处方药销售给非处方药经营企业。进口药品的国内销售代理商必须向国家药品监督管理总局备案。经销进口药品必须按照进口药品管理办法的规定，出具加盖经销企业公章的进口药品注册证和口岸药检所的药品检验报告书的复印件。此外，《药品流通监督管理办法》对违反药品流通监督管理规定各种违法行为的处罚作出明确规定，使整顿药品流通秩序有法可依。

（三）《处方药与非处方药分类管理办法》

处方药与非处方药分类管理是有效控制药品分发、销售质量，保证公众用药安全的药品管理办法。我国处方药与非处方药分类管理办法的具体内容主要有以下几个方面。

1. 处方药与非处方药的遴选 由国家食品药品监督管理总局负责非处方药目录的遴选、审批、发布和调整工作。国家食品药品监督管理总局组织医学、药学专家，按照“安全有效、慎重从严、结合国情、中西药并重”的指导思想，以及“应用安全、疗效确切、质量稳定、使用方便”的原则遴选、审评非处方药目录。

2. 生产和批发管理　处方药和非处方药的生产管理基本上没有区别。无论处方药还是非处方药均须依法注册，取得生产批准文号，均应由具有《药品生产许可证》《GMP 证书》的合法药品生产企业进行生产。处方药和非处方药批发经营也基本上没有区别，批发经营企业必须具有《药品经营许可证》。

3. 包装和标识物　处方药与非处方药的包装、说明书上，应有相应的警告语或忠告语。处方药为凭医师处方销售、购买和使用。非处方药为请仔细阅读药品使用说明书并按药品说明书使用或在药师指导下购买和使用。

非处方药的包装必须印有国家指定的非处方药专有标识。非处方药专有标识图案为椭圆形背景下的 OTC 三个英文字母，其颜色分为红和绿两种，红色专有标识用于甲类非处方药，绿色专有标识用于乙类非处方药。非处方药的标签说明书必须经 SFDA 批准，用语应当科学、易懂，便于指导消费者购买、使用。

4. 零售管理　销售处方药与甲类非处方药的零售药房必须具有《药品经营许可证》并配备执业药师或其他依法经资格认定的药学技术人员。处方药与非处方药应分柜摆放，处方药不得采用开架自选销售方式。处方药必须凭执业医师（含执业助理医师）处方才能调配、销售。乙类非处方药可以在零售药房销售，也可以在经地级市药品监督管理局批准的普通商业企业零售。

5. 广告管理　处方药可以在国务院卫生行政部门和国务院药品监督管理部门共同指定的医学、药学专业刊物上介绍，但不得在大众传播媒介发布广告或者以其他方式进行以公众为对象的广告宣传。非处方药可以在大众传播媒介，也可以在专业性医药报刊进行广告宣传。

（四）药品价格管理

为了规范价格行为，发挥价格合理配置资源的作用，稳定市场价格总体水平，保护消费者和经营者的合法权益，促进社会主义经济健康发展，国家价格主管部门依据《中华人民共和国价格法》和《价格违法行为行政处罚规定》等法律、法规，对药品价格进行监督检查，并对违法行为实施行政处罚。

1. 药品价格管理的基本原则　适应建立社会主义市场经济体制的要求，促进药品市场竞争，降低医药费用，让患者享受到质量优良价格合理的药品。药品价格实行政府定价、政府指导价和市场调节价。实行政府定价的和政府指导价的药品，仅限于列入国家基本医疗保险药品目录的药品，具有垄断经营的特殊药品（包括麻醉药品、一类精神药品、计划生育药品、计划免疫药品），预防用药和必要的儿科用药。政府定价以外的其他药品实行市场调节价，由经营者自主定价。

2. 政府定价药品的价格管理　政府定价药品，由价格主管部门制定最高零售价格。药品零售单位（含医疗机构）在不突破政府制定的最高零售价格的前提下，制定实际销售价格。不同企业生产的政府定价的药品，在其生产有效性、安全性明显优于其他企业生产的同品种，或者治疗周期和治疗费用明显低于其他企业生产的同品种时，可以申请实行单独定价。

3. 市场调节价药品的价格管理　实行市场调节价药品，由生产企业根据生产经营成本和市场供求制定零售价。药品批发、零售企业、医疗机构要在不超过制定的零售价格的前提下，制定药品实际销售价格。

4. 药品市场价格的监督和检查　药品经营者要遵循公平、合法和诚实信用的原则制定药品价格，不得虚列成本、虚定价格，不得低价倾销药品。药品经营者必须如实开具药品购销发票，禁止开具虚假发票。

药品销售实行明码标价。市场调节价药品要逐步实施由药品生产企业在药品零售外包装上印刷零售价格的办法。医疗机构在与患者结算费用时，有义务向患者提供药品使用品种、数量、价格等情况的查询服务。

实行药品价格监测报告制度。价格主管部门确定的部分药品生产经营的重点单位（包括医疗机构），要按期向价格主管部门提供药品生产经营成本、实际购销价格和购销数量等资料。招标采购药品，须由招标单位在规定时间内，将中标价格报当地价格主管部门备案。

（五）禁止商业贿赂行为

国家工商行政管理局发布的《关于禁止商业贿赂行为的暂行规定》明确了经营者不得违反《反不正当竞争法》，采用商业贿赂手段销售或者购买商品。

1. 商业贿赂的概念 商业贿赂是指经营者为销售或者购买商品而采用财物或者其他手段贿赂对方单位或者个人的行为。上述财物是指现金和实物，包括经营者为销售或者购买商品，假借促销费、宣传费、赞助费、科研费、劳务费、咨询费、佣金等名义，或者以报销各种费用等方式，给付对方单位或者个人的财物。所称其他手段，是指提供国内外各种名义的旅游、考察等给付财物以外的其他利益的手段。

2. 禁止商业贿赂的规定 任何单位或者个人在销售或者购买商品时不得收受或者索取贿赂。暗中给予对方单位或者个人回扣的，以行贿论处；对方单位或者个人在收受回扣的，以受贿论处。经营者违反规定以行贿手段销售或者购买商品的，由工商行政管理机关依照《反不正当竞争法》的规定，根据情节予以处罚；构成犯罪的，移交司法机关依法追究刑事责任。有关单位或者个人购买或者销售商品时收受贿赂的，由工商行政管理机关按照前款的规定处罚；构成犯罪的，移交司法机关依法追究刑事责任。

知识链接 12-3

《反不正当竞争法》

为保障社会主义市场经济健康发展，鼓励和保护公平竞争，制止不正当竞争行为，保护经营者和消费者的合法权益，我国于1993年制定并施行本法。本法所称的不正当竞争，是指经营者违反规定，损害其他经营者的合法权益，扰乱社会经济秩序的行为。该法要求经营者在市场交易中，应当遵循自愿、平等、公平、诚实信用的原则，遵守公认的商业道德。各级人民政府应当采取措施，制止不正当竞争行为，为公平竞争创造良好的环境和条件。县级以上人民政府工商行政管理部门对不正当竞争行为进行监督检查，国家鼓励、支持和保护一切组织和个人对不正当竞争行为进行社会监督。

第三节 药品市场营销

一、药品市场调研与预测

（一）药品市场营销

1. 药品市场营销的含义 药品市场营销（pharmaceutical marketing）是药品销售的具体过程。从其本质来看，药品市场营销就是药品服务具体化过程。任何与药品销售相关的医疗活动、服务或想法，都包括在药品市场营销范围之内，药品市场营销与药品销售相比，具有更为广泛的含义。在市场经济不发达时期，药品市场营销就是药品销售，在市场经济发达时期，销售只是药品市场营销的一部分。确定药品市场的是患者，参与药品市场营销的人员、机构很多，除药品生产企业、批发企业外，还有政府机构、医院药房、社会药房、保险公司，有药师、医师、患者、患者家属等。

2. 药品市场营销的作用 药品市场营销与制药工业一样，对医疗保健事业作出了重大贡献。药品市场营销的作用主要表现在以下方面。

（1）满足医疗保健的要求：在适当的时机、适当的场合、以适当的品种和数量、以合理的价格、准确的信息进行药品营销，满足了人们医疗保健所需的药品和药学服务。

（2）药品市场营销增加了药品价值：药品的价值和患者的利益可以通过药品营销活动得以实现。因此药品销售不是简单的用钱买药的交易，而是通过药品营销增加了药品的价值。

3. 药品市场营销的过程 医药企业通过对市场营销机会的研究和分析，选择目标市场，制定适当的市场营销组合和营销预算，执行和控制营销计划以适应外部环境变化的要求，最终实现企业的目标。医药企业药品营销的过程包括市场营销分析、目标市场选择、市场营销组合制定以及市场营销计划执行和控制四个步骤。

（1）医药市场营销分析：是企业开展市场营销活动的重要基础工作，是企业营销活动最基本的前提和出发点。医药市场营销分析主要包括市场营销环境分析和消费者购买行为分析，具体可以通过市场营销调研和预测等途径来实现。医药企业开展营销调研的主要原因就是为了确定市场机会。进行医药市场营销分析，目的是要找出医药企业的市场营销机会和可能存在的环境威胁。市场营销机会就是市场上未满足的需要，是对企业营销活动富有吸引力的领域，在该领域内企业将拥有竞争优势。医药企业营销管理人员对于已发现的市场机会，要结合企业的经营目标和实际资源情况进行分析评估，找出企业可以利用的营销机会，同时分析无法避免的威胁因素，制定规避措施。

（2）目标市场选择：医药企业为了实现市场营销战略，必须选择它所从事经营活动的市场，即目标市场。在分析市场机会的基础上，企业需要选择正确的目标市场。顾客是一个庞大、复杂的群体，消费心理、购买习惯、收入水平、所处地理环境和文化环境等都存在很大的差别，因而不同消费者和用户对同一类产品的需求和购买行为具有一定的差异性。任何一个医药企业都无法满足整体市场的全部需求，因此企业需要根据某一类产品的不同需求，将顾客细分为若干群体，然后结合特定的市场环境和企业自身的资源条件，选择某些特定群体作为自己的目标市场；并根据企业现有产品的市场地位和顾客对产品属性的重视程度，对产品进行正确的市场定位。

知识链接 12-4

感冒治疗药物的目标市场定位

国内市场上的感冒治疗药物基本上都是市场定位做得比较成功的药品，每一种抗感冒药都有它自己独特的市场定位，比如“康泰克”定位于解决鼻塞、流涕、打喷嚏，“白加黑”定位于解决白天嗜睡症状，“念慈庵”蜜炼川贝枇杷膏定位于解决咳嗽症状。因此，中美上海施贵宝制药有限公司的抗感冒药“百服宁”在上市时为了避免竞争，在充分调研的基础上准确地将产品定位于重点解决发热症状这一目标市场，并在此基础上按照年龄又进行了进一步的市场细分，很好地突出了产品的作用特点。

（3）市场营销组合制定：医药企业在进行市场营销分析、选择好目标市场之后，下一步就是要制定出最优的营销策略，以便达到企业的预期目标。企业经营成功与否很大程度上取决于能否对市场营销因素进行正确选择和运用。

市场营销组合是指企业可以控制的、用来影响市场需求的各种市场营销因素和手段的综合运用与最佳组合。影响市场需求的因素很多，现在使用最普遍的市场营销组合包括以下四个方面。

医药产品策略：开发适合市场需求的药品，选择正确的药品品牌策略和包装策略，合理设置企业的产品组合结构，并根据医药产品的产品生命周期所处的不同阶段设计相应的营销策略。

医药价格策略：充分考虑影响医药产品定价的主要因素，采用正确的定价方法合理制定药品价格，并能够对竞争企业药品价格的变动及时作出反应。

医药渠道策略：设计适合企业药品销售的分销渠道模式，选择合适的渠道成员，并明确划分双方的权利和义务，对药品经销商进行管理。

医药促销策略：对广告、人员推销、公共关系和营业推广等促销工具进行合理选择、搭配和编排使用，保证在既定的促销费用预算水平内达到最好的促销效果。

4. 市场营销计划执行和控制 实施医药市场营销活动主要包括执行市场营销计划和实施市场营销控制。首先，应当设置与企业营销目标相适应的营销组织，并对所需的人、财、物等资源进行调配，保证企业的营销计划能够顺利实施。但在执行市场营销计划的过程中，难免会遇到各种意外情况，所以必须不断地对市场营销活动进行监督和评估，控制其发展方向，并提出行动计划的建议，改进市场营销管理效果。

（二）市场调研与预测

1. 医药市场信息（medical and pharmaceutical market information） 是指在一定时间和条件下，与医药市场营销活动相关的各种消息、情报和数据资料的总称。医药市场信息为医药企业的营销管理人员制定、执行和改进营销计划提供依据，最终为医药企业整体的管理和决策服务。

医药市场信息系统主要由医药企业内部报告系统、医药市场营销情报系统、医药市场营销研究系统和医药市场营销分析系统四个子系统构成。医药企业内部报告系统是最基本的子系统，信息来自企业内部的生产、销售、财务部门，通常是定期提供信息，用于日常营销活动的计划、管理和控制。医药市场营销情报系统用以获得外部营销环境发展信息，为管理人员提供正在发生的信息。医药市场营销研究系统是综合运用多种方法研究企业营销活动中的某些特定问题。医药市场营销分析系统是通过对复杂现象的统计分析建立数学模型，帮助市场营销管理人员分析复杂的市场营销问题，做出最恰当的营销决策。

2. 医药市场调研 是指以科学的方法系统的设计、收集、分析和报告与医药企业所面临的具体营销情况相关的数据和信息，为医药企业制定市场营销战略提供参考依据。医药市场调研具有专业性要求高、被调查群体特殊、调查地点集中、政策限制性强等特征。

3. 医药市场预测 是在市场调研的基础上，运用科学的方法对医药市场需求和医药企业内部需求以及影响市场需求变化的诸因素进行分析研究，对未来的发展趋势作出的判断和推测。医药市场预测是建立在医药是场调查的基础上，医药市场调查的对象是医药市场过去和现在已经发生和存在的现象和事件，医药市场预测是依据调查掌握的情况了解和认识医药市场的未来，掌握未来发展趋势，其对象是尚未形成的医药市场经济现象。

医药市场预测的内容包括市场需求预测、商品供应预测和市场占有率预测。医药市场预测有利于企业正确制定与实施营销战略，有利于企业正确的市场定位，有利于企业实行正确的医药产品策略，有利于企业实行正确的产品定价策略，有利于企业正确选择营销渠道，有利于企业有效开展促销活动。

4. 世界与国内知名医药企业 目前中国有 6000 多家的医药企业，还有很多的外国知名医药企业看准中国这块市场，完全相同的产品不计其数，还有类似的产品等等，如何在众多的竞争对手中脱颖而出，识别竞争者与各医药企业业务范围尤为重要。同一目标市场中，各个企业所占有的市场份额不同，这也决定了他们在竞争者中所处的地位不同。

从品牌、年销售额、国际影响等方面来说，欧美跨国制药企业的国际知名度最高，根据 2015

年 7 月份的市场资本，位于瑞士的诺华公司以 2473.6 亿美元的市值夺得榜首，紧随其后的也是来自瑞士的罗氏公司，全球最大的十大制药公司榜单中有 6 家美国公司，分别是雅培、礼来、艾伯维、百时美施贵宝、默克和辉瑞。另外 2 家挤进前 10 的分别是英国的葛兰素史克和法国的赛诺菲。

近年来中国医药企业发展迅速，但与欧美等发达国家相比，我国医药产业的发展仍存在规模化程度低、创新能力不足等问题。从全球市场占有率来看，中国生物医药追赶欧美的道路仍然很长，美国、欧盟企业的生物医药国际市场份额占有率超过 95%，包括中国在内的其他国家只占 5%不到。在世界排名 100 位的医药企业中，没有一家中国企业。国内统计数据显示，2015 年中国医药行业企业集团十强分别为中国医药集团总公司、华润医药控股、上海医药集团、四川科伦实业集团、天津市医药集团、中国远大集团、华北制药集团、石药集团、上海复星医药（集团）股份、江苏恒瑞医药股份。

二、药品市场营销策略

（一）药品的促销策略

现代的市场营销不仅要求企业能够生产出适销对路的药品，而且要善于通过促销活动与目标顾客的沟通，树立企业及产品在市场的形象，及时有效地把药品的信息传递给目标消费者，引发消费者的购买兴趣和欲望，刺激其需求，扩大产品的销售。

1. 医药促销　是指医药企业通过人员推销和非人员方式将医药产品或所提供的服务以及医院企业的信息与潜在顾客进行信息沟通，引发并刺激对医药企业、产品或所提供的服务产生兴趣、好感与信任，进而做出购买决策的一系列活动的总称。其本质是医药企业和潜在顾客沟通信息、赢得信任、激发需求、促进购买。

2. 医药人员推销　又称直接推销，是指医药企业派出营销代表直接与中间商、现实或潜在顾客进行面对面接触、洽谈，通过双方的信息沟通和交流，促进商品和服务的销售，并且通过信息的反馈来发现和满足顾客需求的促销方式。人员推销在促销领域发挥重要的作用，优点是双向交流信息，针对性强，有助于营销人员及时掌握顾客的需要，随时调整自己的推销方案，在竞争顾客偏好、建立顾客购买信心和促成当面迅速成交等方面效果显著。缺点是推销费用高，推销范围有限，优秀的营销人员不易寻找等。

3. 医药广告策略　广告是企业按照一定的预算方式，支付一定数额的费用，通过不同的媒体对产品进行广泛宣传的一种促销方式。医药广告中最常用的四大媒体是报刊、杂志、电视、广播，它们各有优缺点（表 12-1）。医药企业想要获得良好的广告效果必须综合考虑药品的特征、媒体的特征和费用、目标消费者的特性和市场的竞争情况等因素。要想产品从普通品牌成为名牌，首先产品质量要过硬，疗效确切、安全、方便。其次，在符合药品商品名命名原则的前提下，取一个好的名字。再次，要求包装精美，感官漂亮。

表 12-1　四大广告媒体的比较

类型	报刊	杂志	电视	广播
优点	迅速及时，成本较低，传播面广，影响力大，时效性强，制作简单，灵活度高。	针对性强、持续时间长、易于保存、表现力较强、印刷精美	表现力强、形象直观生动、娱乐性强、宣传效果好、传播广泛	信息传播迅速及时、传播面广、费用较低、听众多、不受时空控制
缺点	表现能力差、持续时间短、要求读者有一定的文化、不易保存、感染力差	定期发行、灵活性差、信息传递不及时、覆盖面小、成本较高	时间短、费用高、选择性差、目标不具体	表现力差、时间短、不易记忆

4. 医药公共关系推广策略 公共关系是一种隐性的促销方式，它是以长期目标为主的间接促销手段。具有可信度高、传播能力强、成本较低等特点。医药企业进行公共关系活动的主要方式有编写新闻、散发宣传材料、举行社会捐助活动和建立企业独特的形象识别系统等。建立良好的医药公共关系，有利于树立医药企业形象，开拓医药产品销路，创造良好的营销环境。

5. 医药企业营业推广策略 医药企业营业推广（sales promotion）也称销售促进，是一种适宜于短期推销的促销方法，是企业为激发消费者购买和促进经销商的效率而采取的那些不同于人员推销、广告和公共关系的销售活动，诸如陈列、展出与展览、表演和许多非常规的、非经常性的销售尝试。具有针对性强、销售效果明显，规定性和非经营性及短期性等特点。针对最终消费者的营业推广方式包括赠送样品、折价券和消费卡、特价销售、现场发布会或现场交易会 、药品示范和陈列、发放奖品等。针对中间商的医药营业推广包括批发折价、推广津贴、销售竞争、交易会或博览会等。针对医院的营业推广包括折扣、为医院、科室和医生个人在科学研究方面提供赞助、公司礼品或纪念品等。

（二）药品市场营销管理策略

药品市场营销管理是通过营销调研，计划、执行、控制管理目标市场的需要水平、时机和构成以实现企业目标。营销管理的实质就是需求管理。医药营销管理除了刺激和扩大需求，同时还包括调整、减缩和抵制需求等。

1. 扭转性营销 主要针对负需求。医药企业的任务是分析目标市场群体不喜欢此产品的原因，然后通过重新设计产品，降低价格、积极促销来改变目标市场的信念和态度，以转换他们的需求，使其成为本企业的现实顾客。

2. 刺激性营销 在无需求的情况下实行。对无需求的市场，医药企业的任务是刺激需求，通过有效的促销手段，设法把医药产品利益同消费者的自然需求联系起来，使无需求的消费者产生需求。

3. 开发性营销 与潜在需求相联系。面对潜在需求，医药企业主要是实现需求，开发新产品，发掘老产品的功效，满足这些需要。

4. 恢复性营销 对于下降需求，医药企业主要是恢复需求，通过了解顾客需求下降的原因，改变产品的特色，采用有效的沟通方式或寻求新的目标市场，以扭换需求下降的格局。

5. 协调性营销 出现不规则需求时，医药企业通过灵活的定价，促销及其他激励因素设法调节需求与供给的矛盾，使两者达到协调同步。

6. 维持性营销 饱和需求情况下，医药企业主要策略是改进产品质量，保持合理售价，稳定推销人员，严格控制质量和成本等。饱和需求是企业最满意、最理想的一种需求状态。

7. 限制性营销 需求过度时，医药企业应实行限制性营销，即通过减少促销及宣传，提高价格等方式使需求减少，现实的目的不是破坏需求，只是暂时降低需求水平。

8. 抵制性营销 针对有害需求而实施，医药企业通过抵制性营销措施来限制这类需求，以保障人名健康为己任，把社会利益放在首位。

三、药品市场营销道德

营销道德是用来判定市场营销活动正确与否的道德标准，即判断企业营销活动是否符合消费者及社会的利益，能否给广大消费者及社会带来最大幸福。市场营销道德是市场经济的伴生物，企业的营销行为是否合乎营销道德，是客观经济规律及法规以外制约企业行为的另一要素。

遵循营销道德的营销行为可使营销人员、企业和顾客利益保持一致，从而有利于企业的经济效益和社会效益。违背营销道德的营销行为，使企业的利益与顾客的利益相悖，虽使企业一时受益，但不利于企业的长远发展，更有损社会公众的利益。因此，使营销行为沿着营销道德的轨道进行，对企业和社会双方都大有裨益。在市场经济条件下，现代企业在开展营销活动中必须讲求营销道德，实施诚信营销，提高企业的美誉度，使企业在消费者心目中树立起良好的形象，实现企业的可持续发展。

（一）营销调研中的道德问题

对于调研人员来讲，要保证调研工作质量，如问卷设计要科学规范，访问次数不要偷工减料。调研人员要经过严格培训，收集的资料要真实可靠。要为客户保守业务秘密，要尊重受访者的尊严和隐私权，并对其身份进行保密，未经许可不能随意公布受访者提供的资料。对委托调研一方来说，要依约支付调研费，要公正全面地发表调研成果，不能断章取义等。

（二）产品策略中的道德问题

第一，不能存心欺骗消费者，将假冒伪劣商品充当优质商品出售给消费者。第二，不能操纵消费者的需要，过分刺激消费者的欲望，并刺激社会成本的增加。第三，产品的包装及标签必须提供真实的商品信息。第四，产品在生产过程中不能给员工带来身心的伤害，给社会造成环境污染和危及居民的正常生活。第五，产品在使用过程中不能给消费者带来人身和财产安全方面的危害，产品废弃物不能对环境造成污染。

（三）价格策略中的道德问题

不能存在欺诈性定价，如故意抬高标价，然后声称酬宾大减价或对无货的商品故意定低价，以造成廉价的错觉，行高价之实或低价引进门，然后漫天要价。不能制定掠夺性价格，即把产品的销售价格定得远远高于生产成本。不能实行垄断性价格，有些同类产品的生产商或销售商为了阻止产品价格的下降而实行价格共谋，要求此类产品必须按协议价格销售，严重损害消费者的利益，扰乱了正常的市场经济秩序。

（四）分销策略中的道德问题

生产商与经销商不履行双方签订的合同，生产商不按时供货、不如数供货给经销商，经销商不按期付款给生产商，或生产商与经销商相互推诿产品售后服务的责任等，都属于分销策略中的道德问题。另外医药企业也存在零售商为了自身利益不顾合约规定销售其他企业的产品，或生产者利用自己的垄断地位损害中间商的利益等不道德问题。

（五）促销策略中的道德问题

医药企业为了各自的生存和发展，过分注重和强调吸引消费者的眼球，促销中产品包装上的宣传言过其实或言不符实，或过度包装、加大成本，造成资源浪费。在广告宣传方面播放欺骗性广告推销产品，为了诱惑消费者购买自己产品而制作夸大其词或含糊其辞、模棱两可、隐瞒缺陷的广告，使消费者做出错误的购买决策，或为了搞垮竞争对手以提高自己产品或企业的身份而播放攻击竞争者的广告。在人员促销中诱惑消费者购买不需要的产品或不想买的产品，推销伪劣产品和滞销产品，或在交易中贿赂送礼等。在销售促进中有意安排“托儿”，制造产品紧俏的假象，诱使不明真相的消费者上当或搞有奖销售、炒作概念，利用人们对新科技产品的依赖和追求心理，故意将开发的新产品冠上科技新概念的头衔，以蒙骗消费者，促进产品销售。

（六）市场竞争中的道德问题

现代医药企业之间的竞争越来越激烈，随着市场竞争的加剧，许多企业为了谋求竞争优势，以不道德的方式获得竞争对手的知识产权和商业秘密。如近年来出现了多起商标抢注案例，有的抢注并非为了生产、销售产品，而是为了投机、获利。有的企业以合作、洽谈、考察为幌子，乘机获取对手的商业秘密。有的在对手企业安插侦察员和商业间谍，有的贿赂、收买对方工作人员，有的利用高新技术窃取对手商业秘密等。有的企业开展价格大战或有奖销售战，有的是相互攻击诽谤，制造谣言，诋毁竞争对手企业形象和产品形象。

四、医药国际市场营销与市场营销新进展

（一）医药国际市场营销

医药国际市场营销，是指医药企业的跨国市场营销，即医药企业从国际市场需求出发，开发合适的产品、选择合适的渠道、制定合适的价格和进行合适的促销，以满足国际用户的需要和在国际市场上取得创汇效益。国际市场营销是国际性的经济活动，受国际关系和东道国环境的影响很大。国际市场营销与国内市场营销又是密切联系的，两者之间的基本原理相同。医药国际市场营销具有结构复杂、竞争激烈、交易阻碍多（语言阻碍、法律阻碍、地理阻碍）和营销风险大（信用风险、商业风险、汇率风险、价格风险、运输风险、政治风险）等特点。

（二）医药市场营销新进展

1. 关系营销 以系统论为基本指导思想，将企业置身于社会经济大环境中考察企业的市场营销活动 认为企业营销乃是一个与消费者、竞争者、供应商分销商、政府机构和社会组织发生互动作用的过程。

关系营销与传统的交易营销不同，关系营销以关系为导向，它把市场营销看作是一种连续性的、长期的、稳定的、互利的伙伴关系，并通过建立、发展、保持这种良好的关系获得长远利益作为一种新型营销理念。传统营销关注如何生产，如何获得顾客和吸引潜在顾客，把关注点仅局限于目标市场，并且不注重顾客服务、承诺和联系。关系营销注重研究顾客的需求和欲望，研究顾客愿意付出的成本，考虑顾客方便，加强与顾客的沟通和交流，全面实施市场定位战略，充分树立大顾客和大市场概念，形成基本稳定的客户群体。

2. 绿色营销 也称生态营销或环境营销，它是指企业在营销活动中，谋求顾客利益、社会利益和企业利益的协调。绿色营销强调企业在营销活动中充分体现环境意识和社会意识，重产品的设计、生产、制造、废弃物的处理方式。绿色营销的核心是按照环保与生态原则来选择和确定营销组合的策略，是建立在绿色技术、绿色市场和绿色经济基础上的、对人类的生态关注给予回应的一种经济方式。

实施绿色营销，有利于提高企业形象，增强产品的竞争能力，促进企业的可持续发展，并能引发商机。医药企业获得“绿色标志”，除了说明生产、使用和处置过程符合环保要求外，同样也标志着包装上的绿色环保，即包装减少了对资源的消耗，包装的废弃物可以成为新的原料被再利用等。

3. 联盟营销 是企业在分析其影响环境的前提下，为达到降低企业营销风险、共同拥有市场、资源共享等目的，而与其他企业采取的联合开拓市场、联合开发新产品、联合使用商标及品牌等一系列利益共享的营销行为。企业实施联盟营销的可提升企业竞争力，帮助企业开拓新市场，降低企业经营风险和扩大企业经销规模。联盟营销也存在的一定的风险及问题，如文化差异导致联盟失败，联盟控制权问题，营销联盟伙伴之间的矛盾与竞争，企业核心竞争优势维持等。

4. 网络营销 是通过互联网络、电脑通信和数字交换式媒体的作用来实现组织营销目标的一种新型营销模式。互联网的广泛应用、消费者需求的变化和商业竞争日益激烈化促使了网络营销的产生。

网络营销是一种以消费者为导向，强调个性化的营销模式。网络营销过程的起点是消费者的需求，实施网络营销企业应该做到“4 忘掉，4 考虑”：忘掉制定产品策略，考虑研究消费者

的需求和欲望，卖消费者想购买的产品；忘掉定价策略，考虑消费者为满足其需求所愿付出的成本；忘掉渠道策略，着重考虑怎样让消费者方便地购买到商品；忘掉促销策略，着重考虑如何与消费者加强交流和沟通。与传统营销不同，网络营销是一种“软营销”，最终实现的是消费者需求的满足和企业利润最大化。

5. DTC 与 DFC 营销 DTC（direct to consumer）是指直接面对消费者的营销模式，它包括任何以终端消费为目标而进行的企业传播活动。对医药市场而言，终端消费者可能是患者本人、患者的朋友或亲属，也可能是医疗服务人员或公众。美国是目前全球药品 DTC 营销发展最为成熟的国家。在我国，由于处方药禁止在大众媒体上宣传，在 DTC 营销模式中，DTC 广告是影响 OTC（非处方药）市场销量的重要因素之一。OTC 药品可直接面对消费者进行广告宣传，可以进行品牌宣传、培育品牌忠诚度，从而极大地刺激消费者对 OTC 药品的购买量。此外，消费者教育活动的普及增强了人们的自我保健意识，提高了消费者对轻微病症进行自我诊治的能力。同时，消费者对药品及其价格的高度关注必将引发 OTC 药品市场的价格竞争。

DFC（direct from consumer）是与 DTC 相对应的市场研究方法，是指企业直接向药品的最终用户收集信息的营销模式，企业通过 DFC 方式，了解患者偏好、需求、反应等心理和生理信息，及时得到患者的反馈和建议，利于企业更好地进行市场定位，与患者建立更长久的关系。医药产品 DTC 与 DFC 营销的特殊之处在于药品不能简单等同一般商品，它关系国民生命安全，因此营销方式受到国家政策、法律更有力的控制，也使许多针对最终消费者的营销行为受到限制。

知识链接 12-5

拜耳公司智慧的市场营销

在发明阿司匹林之后的 100 多年里，拜耳通过一次次的市场营销把这款药品的潜力发挥到极致。1899 年阿司匹林的发明专利申请被通过并开始生产，拜耳决定将解热镇痛药作为自己医药部门的研发重点，一是为化学品乙酰水杨酸取了个商标名“阿司匹林（aspirin）”，二是为其生产过程在很多国家注册了专利权。1916 年秋，美国各地报纸上出现了阿司匹林的广告，一盒阿司匹林的照片上方写着一行大字：“拜耳阿司匹林片。”下面写道：“每一盒每一片真阿司匹林上的‘拜耳十字’保护你不受一切伪造品和代替品的蒙混。”拜耳努力使消费者将“拜耳”与“阿司匹林”联系起来，让他们一有头痛脑热第一反应就是自己需要阿司匹林，拜耳的阿司匹林。另外，在当时只要是医生能够认可一种药物，药物便能够畅销。所以，拜耳选择向学术界和医学界而非大众营销。最初几年拜耳只是在医学杂志上登广告，以及向医院和医科教授寄送免费的阿司匹林样品，用这样的方法逐步在医疗专业人员中建立阿司匹林的影响力。

服用小剂量阿司匹林可预防心血管疾病，这为阿司匹林迎来商业需求上的第二个高峰打下了基础。当其效应在学术上被证实，昂贵的临床试验也由政府机构完成之后，拜耳用自己最擅长的营销将这种药品的影响力极尽可能地扩大。随着时间推移，药物专利控制变得越来越难。但是拜耳发现，哪怕在剂型上有所创新也是有效的。1971 年，拜耳阿司匹林加维生素 C 的泡腾片问世。1993 年，拜耳阿司匹林肠溶片上市，解决了胃部不适的副作用问题。2003 年拜耳无需饮水的阿司匹林颗粒剂产品面世。综上所述，阿司匹林的应用中一直都有科技发展与市场营销两种推动力，拜耳公司智慧的市场营销极大地扩展了阿司匹林的销售范围。

第四节　药品流通领域相关学科及其职业发展

一、相关学科

中国的医药市场环境和药品流通正在逐步走向规范化，市场营销的“科学”成分也会越来越重，而基于科学决策的药品流通与市场营销将会越来越得到医药企业的广泛认同，一个好的市场营销在医药企业发展中将会起到越来越大甚至起死回生的作用。

医药市场营销专业是培养适应社会主义市场经济发展需要，掌握药学、管理学、经济学和现代市场营销学相关学科基本理论和技能，懂得市场经济、市场营销技术和管理，又熟悉国家经贸政策和法令、企业管理知识和市场营销实务的实践应用型人才。需要的学科知识有化学基础、药学基础（药物化学、药物分析学、药理学、药剂学、药事管理学）、医学概论、药品流通理论、市场营销学、营销策划、物流管理、国际贸易、电子商务与网络营销、财务管理学、消费行为学等。通过上述课程的学习与实践，学生应获得以下基本能力：①掌握医学基本理论知识、药品制备与质量控制的相关知识，熟悉制剂制备基本操作、药品质量检测及临床合理用药规范；②掌握药事管理的基本知识，熟悉药事法规及经济法原理；③掌握药品市场营销学和管理学的基本理论和实践技能，具备市场调查和研究消费行为的能力，能够胜任医药营销工作；④具备熟练应用计算机的能力，能进行医药网络管理。

二、职业发展

医药市场营销专业毕业生应具有创新精神和实践能力，熟悉国内外医药市场运作的特点及有关方针政策和法规，具有一定的社会活动能力、市场调查研究能力、决策能力和应变能力，能够胜任医疗器械及药品流通企业的购销工作。具体就业岗位集中在医药生产企业、医药公司、连锁大药房、药店和卫生行政管理部门等。主要工作岗位有：①医药企业药品生产、市场营销、质量控制工作；②医药公司医疗器械与药品的市场营销工作；③连锁大药房、药店药品的营销与管理工作；④卫生行政部门药品的检验、监督工作。

随着近年来医药市场的蓬勃发展，医药营销人才队伍也在不断壮大，在医药企业市场营销中发挥着越来越重要的作用，然而在这个庞大的队伍中从业人员的素质和能力良莠不齐。特别是与国际大型医药企业相比，我国医药企业面临的问题不仅在于研发水平落后，还在于缺乏有效的营销手段和营销人才。医药代表（medical representative）又称医药营销代表、医药促销代表，是医药市场营销专业的主流就业岗位，隶属于药品生产或经营公司，以正确使用和普及药品为目的，代表公司同医疗人员接触，提供有关药品的质量、有效性、安全性等信息服务并负责信息收集、信息传递等工作的业务人员。医药促销代表的定位为医师用药的指导专家，药品临床表现信息的收集者和药品推广的主力军。医药促销代表的基本职能为在负责区域内科学推广公司产品，确保在实现营销目标的同时，建立公司产品在医生心目中的定位。

知识链接 12-6

我国医药市场营销人员现状

目前我国从事医药市场营销的人员可分为三类：一是经验型。这类营销人员既没有医药学教育背景，又缺乏市场营销学知识，营销手段简单、重复，效率低下；二是医药型。这类营销人员毕业于医学或药学专业，医药学知识丰富，具备较强的学术推广能力，但营销能力有所欠缺。三是营销型。这类营销人员具备营销专业知识，但缺乏医药学知识，无法领会医药营销的重点和特点，且难以胜任学术推广工作。因此，面对国际国内的竞争和企业对医药营销人才的实际需求，医药营销人才培养应紧随社会需求，加强因材施教，促进学生个性发展，适应社会的多样化需求，未来的医药营销人才应是集医药学和医药营销知识为一体的复合型人才。

本章小结

- 药品流通与市场营销
  - 药品流通
    - *药品市场与药品流通
    - *药品流通的主要渠道：药品批发企业、药品零售机构
  - 药品流通监督管理
    - 药品流通监督管理概况
    - *药品流通监督管理办法
  - 药品市场营销
    - 药品市场调研与预测
    - *药品市场营销策略
    - *药品市场营销道德
    - 医药国际市场营销与市场营销新进展
  - 药品流通领域相关学科及其职业发展
    - 相关学科
    - 职业发展

*为重点知识点

思考题

1. 影响药品市场的因素有哪些？
2. 药品销售渠道有哪几种类型，各具有什么作用和特点？
3. 药品流通质量管理规范有哪些？
4. 药品促销的方式有哪些，各有何优缺点？

第十三章　药学专业学生职业规划与能力要求

学习目标

●掌握：不同职业岗位对药学专业人才的素养与能力要求，素养与能力培养方式与途径。
●熟悉：药学专业人才的职业发展方向。
●了解：药学专业学生就业现状。

第一节　药学专业人才的职业发展

一、药学专业人才的职业发展方向

以新医药为核心的医药产业，是中国战略性新兴产业之一，也是重要的民生工程，而身体健康更是全面建成小康社会的重要内容。2013 年 10 月份国务院印发的《关于促进健康服务业发展的若干意见》中明确了大健康产业是一种具有巨大潜力的新兴产业，医疗服务、医药保健产品、营养保健产品、医疗保健器械、休闲保健服务、健康咨询管理等多个与人类健康紧密相关的生产和服务领域是大健康产业的主要部分。我国的健康服务业刚刚起步，随着我国居民收入水平不断提高，消费结构升级步伐不断加快，人们对生活质量的要求日益提高，以及人口老龄化带来的健康服务需求增长，大健康产业将面临广阔的前景。大健康产业 2016 年产值为 3 万亿元，预计 2020 年将达到 8 万亿元。

（一）药师与执业药师

药师与执业药师，通常也称为药剂师。药师主要是指受过高等药学专业教育或在医疗预防机构、药事机构或制药企业中，长期从事药物调剂、制备、检定和生产等工作，并经行业主管部门及人事部门审查合格的高级药学人员。一般而言，在医疗卫生系统，药师是一种专业技术职称称谓，该职称系列包括药师、主管药师、副主任药师、主任药师，相当于初级、中级、副高、正高。上、下级药师之间在业务技术上有指导关系。因此药师资格考试是医疗卫生系统和人事部门组织的职称考试。

执业药师：指经国家人力资源和社会保障部和国家食品药品监督管理总局组织的全国执业药师资格考试，取得《执业药师资格证书》并经注册登记取得《执业药师注册证》，在药品生产、经营、使用单位中执业的药学技术人员。其英文译为：Licensed Pharmacist。全国执业药师资格考试是从事药学执业工作的资格准入性考试。实行全国统一大纲、统一命题、统一组织的考试制度。根据 1999 年颁布的《执业药师资格制度暂行规定》，对参加考试人员的资质要求包括专业、学历、专业工作年限等都做出了明确规定；考试科目包括：药剂学、药理学、药物化学、药物分析学、药物治疗学、临床药理学、药学综合知识与技能及药事管理与法规等。全部考试合格即可获得由各省、自治区、直辖市人事部门颁发人事部统一印制的、人事部与国家药品监督管理总局用印的中华人民共和国《执业药师资格证书》。该证书在全国范围内有效。执业药师资格实行注册制度，取得《执业药师资格证书》的人员需要向所在省（区、市）食品药品监督管理局申请注册并取得《执业药师注册证》才能按规定执业，有效期三年，不能跨越省级行政区执业，并有继续教育要求。在今后，随着经济社会的不断发展和人们生活水平的提高，在医药卫生体制改革的大背景下，将进一步强化执业药师制度实施，并对执业药师分级定标、岗位服务标准、多点执业的条件与标准提出要求，执业药师将会发挥越来越大的作用。

药师与执业药师的工作涵盖药品生产、经营、使用等各环节中，根据《国家药品安全“十二五”规划》的要求，自 2012 年开始，新开办的零售药店必须配备执业药师；到“十二五”末，所有零售药店法人代表或主要管理者必须具备执业药师资格，所有零售药店和医院药房营业时有执业药师指导合理用药，逾期达不到要求的，取消售药资格。

根据我国经济和社会发展的远景目标，我国第六次人口普查统计为 13.4 亿，未来人口高峰将达到 14 亿，如果按照美国每 1500 人配备一名药师，我国需要执业药师 93.9 万名，若目标定在 5000 人一名执业药师，也需要 28 万。目前有医药经营批发和零售企业 13 万家，医院药房 30 万家，每家配一名执业药师，需要 50 万执业药师；每家配两名，需要 100 万名执业药师。我国现有执业药师不足 30 万名，因此，我国执业药师的缺口是十分突出的。

药学专业学生毕业后可到医院药房、社会药店或各级卫生医疗机构从事药师工作。

（二）制药技术人才

2010 年中国已是世界第五大医药市场，2015 年我国药品市场规模已突破 1.5 万亿元人民币，全球药物市场 2015 年已突破 1 万亿美元，到 2020 年我国药品市场规模将达到 2.5 万亿元人民币，将跃升为全球第二大药品市场。数据显示，我国有 7000 多家制药企业，是世界上数量最多的国家，中国药企的制剂生产能力全球第一，原料药生产能力全球第二。伴随医药市场的快速发展，社会将需要大量高素质的药学专业人才。

药学专业学生毕业后可到制药公司和药品研究开发公司从事各类药物研究、开发、生产和质量控制与检测等方面的工作。

（三）药品经营与管理

药品作为一种商品，药品从生产企业到消费者需要经历流通环节的经营活动。药学专业人才可以在各类医药生产企业、医药营销企业、医药外贸企业及医药管理等从事医药商品的购销、调储、检测、养护及质量控制等方面的工作。

（四）药品监管

药品及医疗器械属于特殊商品，药品及医疗器械等医药产品的监督管理现归属于国家食品药品监督管理总局负责，省级、地（市）级和县级四级食品药品监督局负责辖区内的药品监督管理工作，对药品研制、生产、流通、使用等环节进行行政监督和技术监督。县级以上的食品药品监督局皆为行政单位，这些单位的人员招聘是按照公务员或事业单位编制专业技术人员的要求进行招考。

药学专业人才可以通过公务员或事业单位编制人员招聘考试进入各级政府药品监督管理机构从事药品新药研究申报、生产、经营及使用等的监督管理。

（五）创新研究

随着世界财富的增长和人口的老龄化，人们对健康的重视程度和支付能力会不断提高，而已有药物还远远不能满足社会的需求，现在已知的大约 7000 种罕见病只有 350 个批准的治疗药物，即使癌症、糖尿病、阿尔茨海默病等现代大众疾病也仍然缺乏有效的治疗手段。随着国家支持新药创制的政策持续增强，我国新药研发在世界范围内参与竞争的各方面条件日臻成熟，将有越来越多的医药企业开展创新药物研究，而新药研发是人类最复杂的智力活动之一，因此，创新药物研究需要大量高素质的药学专业技术人才。

药学专业人才可以到高校、科研院所从事医药及药物的研究开发工作。

二、药学专业学生就业现状

随着我国医药工业的发展，人们对健康服务意识的增强，社会对药学专业人才有着巨大的需求，我国药学事业近几年的发展非常迅猛，许多药品都得到了国际市场的认可，也与外国企业建立了合作关系，这表明药学专业有很广阔的发展前景。虽然社会对药学人才有着巨大的需求，但作为药学专业学生毕业后就业因学校不同、学生个人素质和专业能力的差异，学生也存在着明显的就业差异，这主要是医药企业各岗位对药学专业人才的能力要求不同。例如,从事药品研究、开发的岗位，对药学专业能力的要求非常高，相应对学历等各方面的要求也会比较高，因为药学本科毕业后经过继续深造学习获得药学硕士、博士学位的药学人才其专业能力更强，更能胜任药品的研究、开发工作；从事药品生产和质量控制等工作，对相关专业知识的要求依然是很严格的，但对学历的要求没有从事研究、开发工作那么高；比较之下，从事药品销售工作，对专业知识的要求要低一些，而更侧重市场营销能力、社会交往能力。

（一）制药企业

药学专业人才到制药企业工作是目前药学专业学生的主要就业途径，占各学校毕业人数的30%～60%，我国制药企业有7000多家，对药学人才的需求巨大，特别是随着制药企业技术和设备的更新发展，对制药企业员工的素质和专业能力要求的提高，需要大量的药学专业人才到制药企业从事药品的研究开发、生产管理、质量保证和营销等工作。药学专业人才在制药企业的工作岗位因学校不同也存在着明显的差异，国内著名药学院校的药学毕业生因其比普通药学院校毕业学生具有更强的专业能力和综合素质在制药企业从事药品研发、质量保证、生产管理，也有部分学生从事药品营销；普通药学院校毕业学生在制药企业主要从事药品质量保证、生产管理与药品营销，也有部分学生从事药品研究开发；专业能力相对较弱的毕业学生在制药企业主要从事药品销售、生产管理和药品质量保证。

（二）医院药房

随着我国对执业药师制度的重视，医院药房对药学人才的需求逐渐增加，但这需要一个时间过程，由于公立医院属于事业单位，工作稳定、收入相对比较高，所以到公立医院药房工作是许多药学毕业学生的追求，但以前我国对医院的执业药师没有强制性规定，各医院对药学人才的需求不大，而且进入公立医院药房工作需经过当地人事局组织的公开招考，因此，学生到公立医院药房就业的比例不高，占各学校毕业人数的20%～40%。学生到医院药房就业比例因学校不同同样存在不同，有医学专业的综合性大学或中医药大学的药学专业毕业学生到医院药房就业的比例要远高于其他院校药学专业毕业学生，特别是临床药学专业或者临床中药学专业学生毕业主要岗位就是医院药房。大中城市的医院条件比较好，工作稳定、收入好是学生的首选，但作为本科学生要进入这些公立医院药房工作机会较小，目前乡镇医院药房由于以前没有学生愿意去工作，现在应该是希望到医院药房工作的药学本科专业学生的主要就业方向，而且随着国家正在大力建设推广的社区卫生服务医院也将是药学本科专业学生就业的主要方向。

（三）社会零售药店

社会零售药店作为我国卫生保障系统重要组成部分，虽然社会零售药店面临城市社区卫生服务机构和乡镇卫生院等基层医疗机构的激烈竞争，社会零售药店面临市场份额被压缩、经营成本不断提升等压力，但《中共中央国务院关于深化医药卫生体制改革的意见》提出的“建立健全覆盖城乡居民的基本医疗卫生制度，为群众提供安全、有效、方便、价廉的医疗卫生服务”

的长远目标，客观上刺激了医药市场的扩容，让老百姓的医药购买力得到提高，全国目前近38万家社会零售药店每年仍会吸纳大量药学专业人才就业。到社会零售药店就业并不是毕业学生就业的热门方向，占各学校毕业人数的20%～30%，因为与作为事业单位的公立医院药房、规模较大的制药企业相比，社会零售药店目前还主要是规模较小的私营药品经营门店，对学生的吸引力不大，只有少数民营连锁药店对学生具有一定的就业吸引。但社会零售药店因规模小、投资额不大等优势，是药学专业学生创业的可行途径之一。

（四）医药商业公司

医药商业公司是专门从事医药商品经营活动的商业公司，属于医药行业的流通环节，主要负责药品在市场上的流通，它将制药企业、医疗器械企业等生产出来的医药商品，包括药品、医疗器械、化学试剂、玻璃仪器等，通过购进、销售、调拨、储运等经营活动，供应给医疗单位、消费者，完成医药商品从生产领域向消费领域的转移。

药学专业学生毕业后可到这些医药商业公司从事药品的采购、销售、信息管理及质量管理等工作。

（五）公务员

药学专业毕业学生，可以报考和药学相关专业的职位，如各级食品药品监督管理局、卫生局及进出口检验检疫局等，还可以报考对专业没有限制的乡镇公务员。具体哪些部门、哪类职位适合药学专业学生报考，学生可根据当年各地人事局发布的公务人员招聘考试要求选择报考。公务员目前是绝大多数学生的最理想就业目标，竞争激烈程度超过其他职业，特别是一些地级以上城市政府部门的公务员往往出现一个职位几百名考生竞考的情况，因此，通过考试进入公务员的学生极少，只占学生就业比例5%～10%。

（六）学校、科研院所

药学专业人才的培养具有层次性，具有综合性大学、普通院校，也有职业卫生学校，这些学校也开设有与药学专业紧密相关的专业，需要相应的药学专业人才到这些学校从事培养人才的工作。同时我国还有数量较多的与药物研究开发相关的科研院所，同样需要药学专业人才从事相关的药物研究、开发工作。药学专业毕业学生可到这些学校、科研院所从事教学、研究工作，因为这些学校、科研院所工作比较稳定、薪酬较好，竞争也非常激烈，特别是随着每年大量药学硕士、博士毕业学生加入竞争，本科学生现在到这些单位工作的机会越来越小，只占学生就业比例5%～10%。

（七）考研深造

药学专业学生为了提高自身从事药物研究、开发所需要的专业知识与综合能力，部分学生选择报考研究生或出国深造，不同学校学生考研比例变动幅度比较大，重点院校学生考研比例较高，选择出国深造的比例相应也较高，一般院校学生想通过考研提升自身的能力和学历，比例也比较高，但出国深造的比例较小。各学校毕业学生考研或出国深造比例一般在10%～40%。

（八）创业及其他

医药行业因投资大，受《药品管理法》、《药品生产质量管理规范》等政策及法规限制，学生毕业后利用所学的专业知识自主创业较难，因此，药学专业毕业创业成功的极少，能成功创业的不足1%。

药学专业毕业学生选择到药学相关的行业如保健行业、食品行业等就业的学生也不少，这部分学生约占就业比例10%～20%。

第二节　药学专业学生职业发展规划

一、职业岗位对药学人才的素养与能力要求

（一）专业能力要求

1. 药物研究开发　医药领域中的药品研发人才一直缺乏，薪酬居高不下。随着世界知名制药企业如辉瑞、礼来、诺华及诺和诺德等在中国建立研发中心及研发外包公司的增多，高端研发人员的需求会越来越多，尤其缺少能说会写的具有药学专业知识的外语人才。中国目前具有独立知识产权的药品极少，申报的新药90%以上都是仿制药，而研究开发仿制药必须查阅大量国外文献资料，除此以外，动手能力还必须达到药品研发岗位对药学人才的要求。因此，要想成为药品研发人员不仅在专业能力方面具备扎实的数学、化学、生命科学和基础医学等药学专业基础知识和实验技能，还要掌握药剂学、药物化学、药物分析和药理学、天然药物化学及仪器分析等药学专业理论知识与能力；能跟踪把握药品研发领域的新技术、新产品、新工艺并能将其应用于具体研发实践中，能够把握药品市场的最新变化，了解临床用药的规律与特点，深刻领会国家药政法规；还要在管理素质方面能够不断提出和确立药品研发的目标，不断判断哪些是药品研发所需的资源（信息、技术、人才、设备等），能够有效地配置、使用、组织和管理内部及外部研发相关技术资源。作为本科毕业学生能够从事药物研发工作极少，但还是有少部分优秀的学生毕业后到国内一些制药企业的药品研发部门从事新药研发工作，对于毕业后期期望从事这项工作的学生，应客观地分析自己是否有这方面的潜质，如对于外语基础较好的学生可发挥其外语优势，同时加强其综合素质和专业知识能力的培养，毕业后可选择到一些制药企业的药品研发部门或者专门开展药品研发的公司求职，从事药品研究、开发。

2. 生产管理及质量控制　制药企业从事生产管理及质量控制的工作比较稳定，薪酬相对较平稳，人员流动性较研发和营销略小，因此对药学专业毕业学生的需求增加不是很明显。

药品质量是否合格决定于药品生产全过程，因此企业能否自觉执行 GMP 制度，严格按科学合理的药品设计来生产药品，如果企业员工不能正确理解操作规程要求，不能发现操作过程中的失误或潜在风险，药品质量就无法得到保障。同时，药品检验作为确保药品质量的“最后一道屏障”，这就要求检验人员有较高业务素质及工作能力，不会将不合格的药品检验成合格产品，也不会将合格产品检验成不合格产品。因此，只有具备高素质的药学专业人才负责药品的生产管理及质量控制，才能保证制药企业生产制备的药品是合格的。

毕业后欲到制药企业从事药品生产管理和质量保证，或者到食品药品监督管理机构从事药品监管、质量保证的学生应具备药品质量控制与检测分析的专业知识与能力，药品生产的全过程及各工序控制点的质量要求，熟悉药典、药品质量标准及《药品管理法》、《药品生产质量管理规范》等法律法规，以及应具有良好的组织协调、人员交流沟通能力。

3. 药品营销　随着国家药品招标、医保、医改等政策变化，药品的营销推广已经不仅仅是靠销售人员的营销手段完成，以往那种单凭好的销售政策就能做好市场的时代将逐渐远去，取而代之的是药品销售人员发挥药品专业知识加强与医生、患者的交流与指导，才能更好地营销药品。同时，随着医药行业科技的进步，未来新产品的周期性将会越来越短，对营销队伍的要求会越来越高，具有一定的专业知识，又有市场营销技能的复合型人才会逐渐受到用人单位的青睐，这样的人才应该具有一定的药理学、药物学、药品生产工艺及产品特点等专业知识，以便更好地宣传产品，取得用户的广泛信任。所以，医药行业对从事医药营销人才必须是医药专业知识和营销技能双方面的行家，不仅要有娴熟的营销技能，还要具备扎实的专业知识、敏锐

的业界信息、良好的团队协作等知识与能力。

从事药品营销是一项压力非常大的工作，多数学生不愿意从事药品营销，但由于药品营销收入会比工作相对稳定的药品生产与质量保证岗位高，而且工作自由，因此，仍有相当高比例的药学专业毕业学生还是愿意从事药品营销工作。对于性格开朗，具有较强语言表达能力、沟通能力、应变能力、吃苦耐劳和抗挫折能力的学生，在学习掌握一定的医药专业知识后从事药品营销工作应该是一个比较好的就业方向。

4. 其他　药学专业毕业学生也有不少学生毕业之后进入了金融行业、咨询行业、审计行业、快速消费品、食品行业等，如到证券公司从事药物行业投资分析、药品信息收集调研等工作，以及可以开展药品电子商务及药品信息收集调研等工作。这些工作都要求学生具有更宽广的专业视野和知识，计算软件的操作应用及分析处理能力。这些职业岗位待遇薪酬一般比较高，对人员的能力要求也特别高，本科学生毕业后一般只有极少数在这些行业从事辅助参与工作。

（二）人文素养要求

1. 思想道德　思想是行动的先导，坚持把思想道德培养贯穿于药学专业人才培养的全过程，不仅要大力倡导爱国、敬业、诚信、友善的道德风尚，更要把药品安全关系到人民群众生命健康、关系社会经济的可持续发展及关系中华民族未来的意识融入到思想中，牢固树立“一切为了人民群众的健康”，把保护人民群众的生命安全和健康作为药学工作者今后工作的出发点和落脚点，坚持药品生产经营企业应把药品质量安全放在第一位，提高人民群众的安全防范意识，在医药行业倡导形成“关注安全、关爱生命、珍视健康”的良好氛围。

2. 职业素养　是个人在社会活动中需要遵守的行为规范，个体行为的总合构成了自身的职业素养。作为高素质药学人才需具备的职业素养包括职业信念、职业行为习惯和职业知识视野等。

（1）职业信念：“职业信念”是职业素养的核心。良好的职业信念应该是由爱岗、敬业、忠诚、奉献、正面、乐观、用心、开放及合作等这些品质，良好的职业道德、正面积极的职业心态和正确的职业价值观意识，是一个成功职业人必须具备的核心素养。

（2）职业行为习惯：所谓职业行为习惯是工作行为和习惯的总称，“好的职业行为习惯使人受益终身”。在职场中，养成良好的职业行为习惯无疑是做好工作的前提条件，好的行为习惯能够决定员工是否以高效率、高质量地完成工作，或者是否能出色、完美地达到预期目标。如在制药企业从事药品生产，按照GMP规定每批产品生产结束后均应做好清洁卫生，刚进入车间从事生产可能不适应，但只要坚持形成良好的职业习惯后每天下班之前，所有员工都会做好整个生产流水线的清洁工作，无需班组长安排，大家都有自己明确的分工、明确的区域，也正是因为有这样的行为习惯，第二天上班时才能给自我一个良好的工作环境。因此，拥有良好的职业行为习惯，并践行到实际工作中，工作将会充满乐趣。

（3）职业知识视野：俗话说“三百六十行，行行出状元”，没有过硬的专业知识，没有精湛的职业技能，就无法把一件事情做好，就更不可能成为“状元”了。做好一个职业不仅要具备本行业所需具备的专业知识和能力，还应有专业的知识视野，必须坚持不懈地关注行业的发展动态及未来的趋势走向，这样才能把握公司未来的行业发展，也让自己永远不会被行业的发展抛弃。

（三）健康的心理素质

心理素质是人的身体、心理和社会素质之一，心理素质是指一个人的心理承受能力，心理素质的健康与否影响了每一个人的一生，对于现今社会的大学生来说更尤为重要。心理素质低的人一旦遇到挫折就会很容易想不开而做出傻事，所以提高心理素质对一个人的心理成长很有必要。大学生正是处于学习知识、开阔眼界、心理成长的阶段，但是不少大学生也面临着学业压力、人际交往困难、就业压力、感情受挫等各种问题，导致心理发展方向不正确，对人生有着消极的态度。虽然心理素质与天生有着一定的联系，但是靠后天的锻炼，还是可以提高心理素质的，培养锻炼学生具有健康的心理素质，在将来的就业和生活中，才能以健康的心理素质去面对困难适应社会，面对挫折不会气馁，成功的机会就更大。

（四）和谐的人际关系

用人单位在招聘毕业学生时最看重的是学生的综合素质，其中大学生的人际交往能力则成为用人单位关注的重点，因为和谐的人际关系不仅是高校素质教育的重要内容之一，更是大学生健康成长成才的关键。人际交往能力是人们成功完成信息和情感交流所必需的个性心理特征，大学生掌握了构建和谐人际关系的方法，在学校与同学和朋友建立良好的人际关系能有效地促进学习活动的顺利完成，在和谐肯定的人际关系中，每个人都能感觉自己对他人的价值和他人对自己的意义，这对于培养每个人的心理健康是很重要的；在将来进入社会后不仅有助于和谐社会的实现，因为良好的人际关系有助于形成人的道德情感，在相容、相近、相亲相爱的人际关系中最易于形成集体主义、利他主义，以及善良、热情等高尚的情感；在走上工作岗位后，良好的人际关系也有助于工作中建立良好的沟通协调能力，达到上传下达，左右协调从而做到事半功倍，提高公司各部门与员工的合作性水平及执行力，因为一个企业的成功 30%靠战略，60%靠企业各级员工的执行力，只有 10%的其他因素，高效的执行力有利于公司的发展和进步。

二、职业发展规划

很多学生的梦想是毕业后能有一个稳定、待遇高、条件好、自由的工作，但找工作不仅要看专业能力，还要根据学生个人不同的情况来选择，热门职业未必就适合自己。如何规划自己未来的职业，首先应该考虑到自身的能力、特长、性格特点、兴趣、爱好及劣势；其次尽可能结合自己的专业知识与能力选择兴趣爱好相近的职位。不要因为药品研发行业待遇高就以此为就业对象，衡量一下自己各方面的能力是否达到这个岗位的要求，再对这个职业所具体从事的工作做一个初步的了解，看看自己的性格是否合适。因此，学生在进校后应该根据自己的性格特点结合各职业要求规划好自己未来的职业，并以规划的职业方向通过大学四年的学习达到该职业对药学专业人才的素质和能力要求。

学生未来职业发展的方向主要有制药企业、医药药房、社会药店、考研出国深造、公务员、学校、科研院所及创业等，就业单位根据其性质又可分为事业单位、外企、国企、民营企业等，不同性质的单位对药学人才能力要求及个性性格要求也不一样，学生可根据这些单位的要求，结合个性特点及能力规划自己未来的职业发展方向。

（一）世界知名医药企业

目前国内有辉瑞、默沙东、礼来、阿斯利康、罗氏等数十家世界知名制药企业，这些外企薪酬高、福利好、工作环境好、文化氛围好、管理制度规范，注重员工发展，给予员工诸多培训学习，强调员工个性和创造性，有利于培养能力等，众多毕业学生都向往能到这些外企工作，但这些外企竞争激烈，工作压力大，工作业绩考核严格，神经随时紧绷，工作量大，且对外语也有很高的要求，未来个人发展上升空间不大。

适合学生：个人敢于面对挑战、激烈的工作竞争环境，渴望高薪高酬工作的学生；期望通过到外企工作学习先进的管理经验和技术、建立自己的人脉网络，然后到国内制药企业工作或自己创业的学生可以规划将来到外企工作。

因外企对学历和能力要求高，只有少数优秀的本科学生能有机会到这些外企工作，因此，规划到外企发展的学生在学校注重加强个人素养培养和专业能力的学习，提高自身的综合素质。

（二）国有医药企业

国内有中国医药集团总公司、太极集团有限公司、上海医药（集团）有限公司、哈药集团有限公司等几百家大型制药企业。这些大些制药企业绝大多数是上市公司，具有稳定的收入，良好的福利保障，工作相对稳定，薪酬虽然没有外企高，但竞争工作压力也相对较低等优势，也是学生就业的主要方向之一。

适合学生：期望有一个稳定的工作、对待遇要求不太高的学生；适应职称评审基本上论资排辈，想要出人头地一般需要多年的奋斗。

虽然进入国企相对比较难，但每年有较高比例的本科学生到国企工作，因此，规划到国企发展的学生在学校应加强专业能力学习，更要注重个人综合素质的培养。

（三）民营医药企业

国内民营医药企业数量大，民营企业工作往往需要一职多能，能够发挥自己的能力，发展空间较大，也能够在工作中很快学到实用的知识，有助于培养提高自己的综合能力，升职、积累经验相对更快，薪酬更多的是根据工作性质及自己的业绩，自由性大，想跳槽也容易。但多数民营企业福利待遇不完善，企业人文环境参差不齐，竞争相对激烈，工作不稳定大。

适合学生：民营企业进入门槛较低，对学生的专业知识、能力和个人素质要求不是太高，每年进入民营医药企业工作的本科学生比例是最高的。

学生在学校注重培养自己综合能力，适应民营企业对员工的一职多能要求。

（四）公务员

公务员或事业单位编制专业技术人员因每年招录的数量非常少，且随着报考人数众多，竞争非常激烈，也提高了报考的限制条件，很多招考岗位只具备本科学历的学生已经很难获得被招录的机会。同时，公务员考试往往不是很强调专业，但在不限专业的部门考试中，法律、计算机、中文、管理与经济等部分专业优势非常明显强于药学专业。

适合学生：个人综合素质要求较高，学历要求相应较高，专业知识与能力要求不是太高，每年能通过招考成为公务员的比例极低。

（五）考研、出国深造

规划在本科毕业后希望继续学习，以获得硕士学位、甚至博士学位的学生，可规划从事药物研究、开发，因为通过继续学习能获得从事药物研究开发所需具备的知识与能力可规划到学校、科研院所等事业编制单位工作，因为随着学历提高，专业知识与能力的增加，达到这些事业单位对高素质专业技术人才的要求，同时高学历在举行的招考中具有竞争优势；也可规划到世界或国内知名医药企业工作，因为这些单位竞争同样激烈，但随着学历的提高，专业知识与能力的增加，比本科学历具有明显的竞争优势。

第三节　药学专业学生素养与能力培养方式和途径

一、人文素养的培养

（一）通识教育课程的学习

通识教育已经成为高等教育重要的组成部分，是所有大学生都应该接受的非专业性教育。

通识教育课程是高校内不分专业的基础性知识平台，不针对某一特定的社会职业岗位，不是为学生将来的职业活动奠定基础，其关注的是大学生基础性知识与能力的培养，是“非专业”和“非职业”的。通识教育课程涵盖了《思想道德修养与法律基础》、《中国近现代史纲要》《马克思主义基本原理概论》《毛泽东思想和中国特色社会主义理论体系概论》《形势与政策》《军训与军事理论》《体育》《大学外语》《大学计算机基础》及《大学生职业发展与就业指导》等，这些课程学生往往认为是纯粹的思想教育课程，从而产生逆反的厌学心理，相反这些通识教育课程的内容是多方面的，主要是让学生尽可能多地与各类知识接触，教授给学生综合知识，开阔学生的胸襟，让学生成为有综合眼光的人，提升学生从知识的整合性视角处理和分析问题的能力，可以从各个不同的角度来认识自身及职业发展，从而更好地完成自身的社会化。

通识教育课程的学习还有助于培养学生热爱祖国、拥护党的领导，不断提高思想觉悟，逐步树立科学的世界观和人生价值观，逐步树立为人民服务的思想意识，服务人民健康事业的职业道德，将自己个人的理想和追求与时代的发展和人民的需要结合起来。

（二）学生社团活动

学生进入大学学习后，大学生活不再像高中生活一样单调枯燥，多彩的大学生活包括各种社团活动，各学校的社团活动日益蓬勃，功能日渐彰显，已成为构建校园文化的主力，学生通过参与社团活动，有助于培养学生更加积极向上的人生态度，如学生参加“青年志愿者协会”等公益组织的活动，通过走入社区、乡村、孤儿院、敬老院等地为他人服务，为社会无私奉献，经受社会实践的锻炼，可以使学生树立起无私奉献的价值观和世界观，树立起艰苦奋斗的精神和为人民服务的思想；社团活动培养学生的集体意识与责任意识，大学生参与社团活动有利于形成向心力、凝聚力，在社团内形成团结互助、平等友爱、共同前进的人际关系，潜移默化地使大学生的集体主义观念得以增强，社团的荣辱与共与每位成员休戚相关，人人希望社团发展壮大，人人都关心社团的各项事物，逐步培育了每个成员的责任意识；社团活动有助于让大学生中蕴含着巨大的创新潜能得以发挥，学生结合自己所学专业及自身的兴趣爱好，加入相应的科研类社团组织，与具有发明创造潜质的人相聚在一起，共同进行研究创造，让社团组织成为学生自身开发潜质，展示自我的平台。同时，社团活动有助于提高学生的素质，陶冶学生的情操，大学校园里，思想理论类、文学艺术类、体育健身类社团的大量涌现，使更多青年学生的理论水平、思想觉悟、文学艺术修养、身体素质等将会有较大提高。通过引导学生参加文学艺术类、音乐舞蹈类、演讲类及体育健身类等社团活动，不仅让学生学到了知识，锻炼了才能，掌握了本领，还在不知不觉、潜移默化中，使大学生的素质得到了提高，增强了大学生自身的修养，陶冶了情操，提高了觉悟；社团活动有助于培养学生的人际交往能力，大学生的人际交往中，除同宿舍、同班级外，人际交往比较密切的就是社团里的同伴们，在共同的爱好、共同的特长、共同的策划、研究与拼搏中，共同享受着成功的乐趣、失败的痛楚。同伴间有着共同的喜怒哀乐痛，共同的酸甜苦辣咸，因此，所结下的友谊也最为真挚。社团活动有时要与社会各种各样的人打交道，使青年学生的交际能力也得到培养锻炼。

（三）竞赛活动

各学校为促进学生专业实践能力和综合素质的培养，均设置有多种形式、内容的竞赛活动，促进大学生创新能力培养。这些竞赛活动主要以学科竞赛为依托，学科竞赛是在紧密结合专业知识的基础上，以竞赛的方法激发学生理论联系实际，促进实践教学，增强学生学习兴趣，而且通过引导学生完成竞赛任务来发现问题、解决问题以培养学生综合能力。

如全国大学生“挑战杯”赛，各学校均通过不同的方式鼓励支持学生参与竞赛，各学校也组织相应的竞赛选拔活动。被誉为“药学挑战杯”的“全国大学生药苑论坛”是由中国药科大学于2008年发起创立的药学类大学生创新论坛，主题定为“大学生创新创业成果交流”，每年举办一次，迄今已成功举办八届，已发展成为国内药学院校本科学生开展创新创业成果交流展示的品牌论坛。中国药科大学发起设置的“全国医药院校药学/中药学专业大学生实验技能竞赛”同样也是为了加强药学/中药学实验教学，激发学生对实验的兴趣，培养学生综合素质和创新能力、塑造学生学术道德和科研品格。

学生要参加“全国大学生挑战杯赛”“全国大学生药苑论坛”或者“全国医药院校药学/中药学专业大学生实验技能竞赛”必须要有相应的创新研究成果或者非常强的实验动手操作能力，这就要求学生必须开展科学研究，培养学生的专业知识与创新能力；各学校可以通过竞赛选拔获得优胜者才能有机会参赛，在竞赛过程中部分学生可能被淘汰，因此，学科竞赛需要参赛学生具备良好的心理素质和精神面貌，以培养学生能正确面对挫折、承受失败的健康心理素质；这些学科竞赛比赛周期较长，一般短则几周，长则数月，而且参赛场数多，难度和强度系数随着时间的推移会逐渐增大，这就要求参赛者具有坚持不懈的毅力和百折不挠的精神，长时间面临困难的勇气和决心，有超强的忍耐力和抗压能力；多数竞赛活动往往是团队成员组成，即使是单个学生竞赛，参赛学生向其他同学、老师讨教参赛的好策略，甚至形成参赛学生自己的“军师团”，有助于参赛者建立稳定的人际脉络网，培养学生的团队协作意识和精神。

（四）社会实践

大学生社会实践是在校大学生利用课余时间、寒暑假期，步入社会进行社会接触，提高个人能力，触发创作灵感，完成课题研究，发挥自己的聪明才智以求和社会有更大的接触，对社会做出贡献的活动。

鼓励支持学生参加社会实践以培养学生适应社会的能力，大学生在假期、周末、课余时间，放下课本，参加社团实践，广泛接触社会，与各种人交往，学到许多在课堂上难以学到的东西，使自己更了解社会、融入社会，克服“书生气十足”、看问题天真幼稚的作风，使自己思想意识接近社会现实，培养大学生适应社会的能力与素质。

二、药学基础知识与基本实验技能的培养

（一）药学相关基础知识的培养

目前各高校在药学本科教学的课程设置上由于其各自发展方向，以及传统优势并不完全一致，专业培养方案的课程设置具有一定差异性，但药学是以化学、生命科学和基础医学等学科为基础的应用学科，《高等学校药学本科专业规范》也明确规定了药学主干学科为药学、化学、生命科学、基础医学等，因此，药学专业课程设置又具有一定程度的统一性。学生通过学习《无机化学》、《分析化学》、《有机化学》、《生物化学》、《微生物及免疫学》、《物理化学》、《人体解剖及生理学》和《临床医学概论》等药学相关学科基础知识，为药学专业核心课程学习奠定基础，同时满足现今药学专业毕业生就业流向的多元化需求所需具备的知识。

（二）基本实验技能的培养

实验过程是一个学习、培养及探索的过程，通过实验，能有效地训练学生的实验技能，培养观察能力、实践能力、创新精神和创新能力。

1. 实验操作视频　视频是一种重要的媒体元素，具有丰富的信息内涵和动态演示效果，实验操作视频是通过视频技术按照实验操作步骤真实地再现学生或老师完整地操作整个实验过程及实验中出现的现象、结果等。实验操作视频可以带给学生大量信息，如实验操作的要点、仪器设备的使用操作及实际生产车间的情况等，学生通过反复观看实验操作视频，既可以让学生对整个实验过程有充分的了解，也对学生在实验过程中的操作进行统一和纠正，使学生对整个实验的流程在脑海中有了很深刻的记忆，比看书本上枯燥乏味的流程图更容易理解和记忆。

如学生通过观看电子天平、分光光度计及旋转蒸发仪等各种常用仪器设备的操作视频，既能更好地理解这些设备的原理，又能熟练掌握操作使用；如通过观看栓剂的制备实验操作视频可以让同学清楚看到将熔融的可可豆酯搅拌到什么样稠度方可倒入栓模；还可以通过将复杂仪器设备制成动画加深理解，如将压片机的装卸制成动画，学生可清楚地记住装卸的顺序。

2. 虚拟仿真实验操作 虚拟仿真实验是针对部分高成本和高消耗、实验条件难以实现、所需的投入和运行费用巨大等真实实验难以实现的实验操作，建设虚拟实验项目加强学生操作技能训练；各学校均在开展建设虚拟仿真实习、实训系统，促进学生生产操作实训训练，实现培养学生实践创新能力的目标。

通过虚实结合实验，对一些操作难度较大、仅凭老师做示范学生不易掌握操作方法的实验，虚拟实验操作起到了很好的直观性、反复性训练的作用。例如，生理学实验中的减压神经放电（神经的分离和分辨是难点）、膈神经放电记录（找出膈神经是难点）、大脑皮质放电记录（其中的开颅手术不易操作和掌握）等实验都是电生理实验中的重点和难点，学生通过生理学虚拟实验项目的反复操作训练，极大地提高学生在真实实验中的实验操作能力的培养，既能节约实验动物又能使学生很好地掌握所需的实验操作技能。

大型分析仪器由于设备台套数、运行费用等限制了学生的操作使用，通过建设的大型分析仪器虚拟仿真操作软件采用计算机虚拟仿真技术开发的具备机制模型，以真实实验数据库作为支撑，仿真操作过程与真实仪器操作过程极其相似，仿真结果与真实系统结果非常接近，能够满足学生日常操作实训、常规考核及技能大赛等各种需求，学生通过虚拟仿真操作训练，培养学生对大型分析仪器的结构、原理等有更深入的认知理解，提高操作仪器设备的能力。

3. 课程实验 通过实验操作视频、虚拟仿真实验操作可以培养学生的基本实验技能，但视频或虚拟仿真实验操作不能代替真实实验，课程实验是根据每门课程知识组织开展的教学实验。针对每一门实验课程的基本实验技能、操作规范要求，建立相应实验室操作和仪器使用的SOP，集中讲授和示范，然后让学生练习，以培养规范的实验操作技能和技巧，如天平、容量仪器的使用等，最后通过考核，培养学生学习掌握基本实验操作技能。

三、专业知识与能力的培养

（一）专业知识的培养

药学专业的培养目标不同学校定位可能有一定差异，但掌握药学理论与方法应该是高素质药学专业人才必备的基本要求之一，只有掌握药学主要学科的理论和知识，才能更好地培养学生掌握药学实验方法和能力，让学生具备药物设计、研究开发、生产管理、质量控制与检测分析、合理使用等能力。药学专业知识的培养主要通过学习掌握药学专业的药理学、药物化学、药物分析、药剂学、天然药物化学、生药学、药事管理学及中药学等主要专业核心课程的理论知识，以及这些核心课程所要求的专业能力。

药学核心课程的学习掌握对药学专业知识与能力培养的重要性在前述各章节中已有深入的阐述，因此，通过学习掌握药剂学、药物化学、药物分析学、药理学、天然药物化学及仪器分析等药学主干学科的理论知识，具备药物制剂生产制备、药品质量检测分析、质量控制、药效学和药物安全性评价等知识。

（二）专业实践能力的培养

专业实践能力是指药学专业领域要求学生必须具备的专业技术与能力，通过专业能力的培养和训练，使学生具有从事药学专业相关工作必备的专业技术和能力，为学生就业和职业持续发展奠定坚实的基础。

各学校均按照药学专业培养目标建立了药学专业实践能力体系，以西南大学药学专业建立的“课程实验→专业综合实验→开放实验”培养体系为例，阐述如何培养学生的专业实践能力。

1. 课程实验　是巩固课堂教学的基本理论知识，将理论知识进一步升华，做到理论与实践相结合，重点培养学生的操作技能和动手能力。

2. 专业综合实验　是以具体的产品如阿司匹林片剂、红霉素、冻干重组人表皮生长因子等为载体的制备，按照原料药的化学合成、药效作用、片剂的制备及其质量检测等药品生产过程的工艺流程及单元操作过程，以学生综合运用药学多学科知识和多种实验原理为主要特征的综合实验，其目的在于培养学生的药品制备综合职业能力。专业综合实验不同学校的开设方式不一样，各学校开展专业综合实验，可结合药品种类的选取、时间的安排和实验环节的设计，使其符合各学校的教学条件和学生的实际水平。西南大学开设的专业综合实验是学生主要在2个月内完成，第一个月主要由学生查询资料，设计试验方案，第二个月集中在校内实习实训车间开展原料药物的合成、药效试验、剂型的设计制备及其质量评价等实验操作，最后学生以制备的制剂产品和实验记录作为考核的方式之一，考核的另一个内容是学生进行试验方案、试验结果等汇报，全由学生自主完成，指导教师全程督导，最后以药品研究开发报告形式答辩考核，旨在学生基本技能和综合实验技能训练并重，重点注重专业实验能力的培养，以此培养学生的团队合作能力，强化学生的实验设计能力和多学科知识的综合运用能力。

3. 开放实验　是学生自己带着问题到中心开放实验室开展实验操作，达到学生分析问题、解决问题能力的初步训练。

四、创新能力的培养

各学校为加强本科学生的创新能力，均通过多种方式、途径培养学生的创新能力，以西南大学药学专业建立的“实验中心创新实验项目→国家级创新创业训练计划→教师科研项目→毕业论文”等培养体系为例，阐述如何渐进培养学生的创新精神和创新能力。

（一）创新实践项目

在学生掌握了一定的基础知识、专业知识和专业实践经验后，从二年级开始学生通过申请国家级药学实验教学示范中心设置的创新实验项目培养学生开展创新实验研究，培养学生的科研能力。

国家级大学生创新项目或创业训练计划是学校根据《教育部财政部关于“十二五”期间实施“高等学校本科教学质量与教学改革工程”的意见》和《教育部关于批准实施“十二五”期间“高等学校本科教学质量与教学改革工程”2012年建设项目的通知》决定实施开展的国家级大学生创新项目或创业训练计划。学生通过申报国家级大学生创新项目或创业训练计划，培养学生通过查询资料，开展立项可行性论证、试验方案的设计、项目申报书的撰写、项目汇报PPT的制作、现场答辩，项目获得立项批准后开展实验操作、试验结果的归纳分析，科研论文的撰写发表及结题报告的撰写准备等工作，培养学生的创新实践能力，为学生今后开展创新研究或新药研究开发奠定坚实的基础。

（二）参与教师的科研项目

本科学生虽然可以通过申报学院、学校及国家级大学生创新项目或创业训练计划培养其创新实践能力，但各学校资助的各级创新实验项目毕竟数量有限，难以满足大部分学生的创新实验需求，可以通过参加教师的科研项目弥补创新实验项目不能全覆盖的局限性，培养学生的创新实践能力。

（三）毕业论文

本科毕业论文（设计）属必修课，是培养大学生的创新能力、实践能力和创业精神的重要实践环节，也是学生运用已学知识、理论和技能研究和解决问题的一次综合训练，旨在培养学生开展科学研究、强化社会意识、提高综合实践能力与素质。

（四）参与竞赛活动

通过支持、鼓励学生参与各级大学生挑战杯赛、全国大学生药苑论坛、全国大学生实验技能大赛等激发学生的竞争意识与能力。

五、就业能力的培养

（一）社会实践

社会实践是课堂教育的延伸和升华，是培养大学生运用理论知识、分析问题、解决问题能力的重要过程，在加强大学生基础理论教育、专业知识教育的同时，着重培养和锻炼大学生在社会实践中运用和发展知识的意识和能力。通过寒暑假期间社会实践活动，使学生逐步认识社会、了解社会、体验社会，丰富学生的社会经验，让学生了解药学相关专业等行业现状，将自己所学的专业知识和社会实践融合起来，做到理论与实践相结合，为今后就业打下坚实的基础。

（二）认知与实训

认知与实训是本科教学计划中非常重要的实践性教学环节，各学校制定有不同的认知与实训内容，以实现不同的培养目标。如《GMP 认知与实训》，让学生掌握 GMP 的各种原则和具体的要求在制药企业的实际应用，熟悉 GMP 的概念、实质、实施 GMP 的目的、意义、掌握 GMP 实施的特点、GMP 的实施过程等，增强学生药物制剂的生产制备、质量检测的了解，增强感性意识，《GMP 认知与实训》也是培养学生学习兴趣的过程，培养学生观察问题、分析问题、解决问题的实践能力，达到培养学生应用能力的培养目标的重要教学过程；又如《药房认知》作为药学专业学生理论与实践、课堂与临床之间的桥梁，通过药房认知，使学生的理论知识得到巩固，由抽象到具体，由生疏到熟悉，同时药房认知也是培养学生语言表达能力、药房服务、工作态度的过程，通过药房认知学生能准确表达自己的思想、观点、意见、建议，以求所表达的信息使顾客能理解、明白、接受，激发并提高学生主动参与的意识，倡导优良的沟通表达意识。

（三）专业实习

专业实习是药学专业人才培养中一个极其重要的实践性教学环节，是药理学、药剂学、药物分析、药物化学、药事管理学等课程课堂教学内容的延伸和扩展，通过专业实习使学生了解药品工业化生产和药房管理等具体运作及其相关药学知识，增加学生感性认识，借以巩固和充实所学专业基础理论和实践技能，丰富有关药品的生产、检验、流通、使用、研究与开发等领域的基本理论、基本知识和基本技能，培养学生从事新药研究与开发、药物评价、药品生产管理、药品质量保证和合理用药指导等专业能力，培养学生适应社会和药学工作环境的能力，具有良好的团队协作、和谐的人际交往素养，综合培养和训练学生理论联系实际，独立观察、分析、解决问题的能力，增强社会适应能力。

六、创业能力的培养

（一）大学生创业意识的培养

创业是指创造新的职业，创办新的企业，大学生创业就是改变就业观念，利用所学的知识，才能和技术以自筹资金、技术入股、寻求合作等方式创立新的就业岗位。我国高等教育已经从精英教育发展转变为高等教育大众化，近几年，每年高校毕业生达700多万人，面对毕业生供给超过社会需求，就业形势不容乐观，“大学生失业”已经不再是一个空虚的概念，大学生就业已成为学生、家长、社会关注的焦点和热点。因此大学生创业不仅可以自己就业，还可为他人创造就业机会，提供就业岗位，由被动求职到主动创业，把知识的拥有者变为创造价值贡献的创业者。

大学生创业需要在校期间有意识地加强自身素质与能力的培养，树立立志创业的理想和志向，并和实际学习目标结合起来，在学习过程中不怕困难和挫折，出色地完成学业；同时，应积极参加各种实践活动，在确立目的、制定计划、选择方法、执行决定和开始行动的整个实践活动中，实现意志目的，锻炼意志品质。在此基础上，还应加强意志的自我锻炼，注意培养提高自我认识、自我监督、自我学习的能力。此外，培养健全的体魄，积极参加体育活动，也是锻炼坚强意志品质的重要途径。

（二）创业能力培养

1. 制定创业规划　要创业，首先要制定切实可行的创业规划，制定了创业规划，就有了为之学习、奋斗的目标与方向，激励自己努力学习、实践，才能将创业的想法转化为实际，顺利地进行创业。如何制定创业规划？可以根据自身专业特长对创业方向、创业形式、创业目标等进行合理的总体规划；明确创业是以所学的专业知识为基础，还是以其他专业或者非专业知识为基础；明确是在校读书期间开始创业，还是待毕业后开始创业；明确是依靠家庭的力量独立创业，还是依靠同学共同创业等。

大学生在制定创业规划时要在充分了解市场需求的前提下，从自身实际出发，选择最适合自身发展的创业项目，确立最符合自身能力的创业目标，不能好高骛远，在创业初期可以选择规模小、投资少的项目积累经验和资金，一步一个脚印，踏踏实实地将企业做大做强。

2. 创业知识的学习　成功创业者应具备多方面的综合能力、包括创新能力、市场开拓能力、组织管理能力、经营能力、决策能力、社会活动能力等。创业能力培养，除了具备深厚的专业知识外，还必须具备全面、合理的知识结构与智能结构。在智力因素方面，在学校通过主动学习、实践了解和增加创业技巧、创业法律等知识，以及经营管理、市场营销策划、公共关系、保险等知识，为学生今后开展知识经济创业奠定基础；在非智力因素方面，培养学生善于抓住机遇能力、勇于抗挫折能力、人际交往沟通能力、团队协作能力、艰苦创业能力。这些能力不是天生的，必须通过科学的途径才能培养出来，因此，学生在学校要着手对创业所应具备的熟练专业知识、较好的交际能力、丰富的管理经验等创业知识与能力的积累、培养进行合理而详尽的规划，既注重知识的获取，又注重自身能力的培养，尤其是创业能力的培养。

学生在学校可以通过辅修专业与课程的学习，积累创业所需的相应知识。随着今后高校创业教育的普及，大学生将拥有更优质的创业学习条件与实践机会，大学生要充分利用好高校提供的便利条件，如校园公开课、创业讲座、创业大赛等，有计划地对创业所需的管理、金融、税务等相关知识进行学习，切实了解企业的经济运行过程，有利于提高自身的创业能力，增强创业的信心。

3. 树立正确的创业心态　大学生创业与所有创业者一样同样面临着创业的风险与巨大压力，大学生既要克服“创业难”的恐惧心理，通过增强自身的创业知识与能力来增强创业成功的信心；大学生创业者也要培养自身良好的心理素质，面对创业可能遇到的挫折与困难，甚至失败的风险。创业者既要认识到创业的过程必定是曲折的，也要以积极的心态和长远的眼光去面对挫折，保持清醒的头脑、实事求是的态度和积极奋进的意志，克服困难与挫折，在创业过程中，努力做到“胜不骄，败不馁”，通过树立良好的创业心态来增强创业成功的概率。

4. 积极参加创业实践 大学生应该积极融入到高校所营造的校园内活跃的创业氛围中，积极参与到各种创业园区的建设活动中，积极投身于高校举办的各种形式的创新创业大赛中，培养自身的创业意识与才能。大学生应该根据创业规划把握住在校期间和寒暑假期间宝贵的学习、实践机会，努力提升自身的专业文化水平，积极参加社会实践，以增强自身的交往能力、实践能力、管理能力等，提升自身整体的综合实力，着力将自己打造成创业型人才。

大学生还应根据自身的创业规划，利用假期到相应的公司应聘开展专业知识、专业技能的实习实践，以及创业经营性的实习实践，通过到公司的实践，参与公司专业生产经营的全过程，从原材料的购进到成品出售，以及核算、预算、经营管理等，通过这些活动，让学生将专业知识应用于专业生产的同时，领略到市场经营的风险，学会预测市场变化，掌握市场信息，为今后成为市场竞争的强者奠定坚实的基础。

5. 了解利用国家创业政策 鼓励自谋职业和自主创业，是党和国家的一项重要政策，各级政府对大学生自主创业均出台了许多优惠政策，为大学生创业提供广阔的舞台，许多地方政府现在都为毕业生的自主创业提供了良好的政策环境，如对有创业需求的毕业生提供小额贷款、担保、贴息补息，设立中小企业担保基金，对毕业生创办中小企业等自主创业提供贷款信用担保，设立“高等毕业生创业资金”，支持高校毕业生自主创业，对自主创业和从事个体经营的，除国家限制的行业外，由工商行政管理部门登记注册之日起免交登记类、管理类和证明类的各项行政事业性收费等等，各级政府都通过各种方式在为毕业生自主创业提供宽松的政策环境。

本章小结

药学专业学生职工生职业规划与能力要求
- 学生职业发展
  - *职业发现方向
  - 就业现状
- 学生职业规划
  - 职业岗位的素养与能力要求
  - *职业发现规划
- 学生素养与能力培养方式与途径
  - *人文素养的培养
  - *知识与技能的培养
  - *专业知识与能力的培养
  - *就业能力培养
- 创新创业能力培养
  - *创新能力培养
  - 创业能力培养

*为重点知识点

思考题

1. 不同职业岗位对药学人才的素养与能力要求是什么？
2. 怎样规划自己的职业发展？
3. 结合自己的职业规划通过哪些途径与方式培养自己的素养与能力？

参考文献

毕开顺. 2010. 药学导论. 北京：中国医药科技出版社
毕开顺. 2015. 药学导论. 第3版. 北京：人民卫生出版社
蔡少青. 2011. 生药学. 第6版. 北京：人民卫生出版社
陈凯先，蒋华良，罗小民，等. 2004. 后基因组时代的药物发现：趋势和实践. 中国天然药物，2（5）：257-260.
崔福德. 2011. 药剂学. 第7版. 北京：中国医药科技出版社
冯国忠. 2015. 医药市场营销学. 第3版. 北京：中国医药科技出版社
傅书勇，孙淑军. 2012. 医药渠道与促销管理. 北京：清华大学出版社
郭宗德. 2014. 新药发现与研究实例简析. 药学学报，49（7）：1084
郭宗儒. 2010. 药物化学总论. 第3版. 北京：科学出版社
国家药典委员会. 2015.《中国药典》2015年版. 北京：中国医药科技出版社
国家药典委员会. 2015. 中华人民共和国药典. 四部. 北京：中国医药科技出版社
国家药典委员会. 2015. 中华人民共和国药典2015年版. 北京：中国医药科技出版社
杭太俊. 2011. 药物分析. 第7版. 北京：人民卫生出版社
胡雪峰，吴晓明. 2015. 我国药品流通行业的基本现状与发展建议. 医药导报，34（1）：126-130
黄蓉生. 2007. 大学生就业指导. 北京：人民出版社
蒋学华. 2007. 临床药学导论. 北京：人民卫生出版社
教育部高等学校药学类专业教学指导委员会. 2016. 高等学校药学本科专业国家质量标准.
可用于对接的小分子数据库ZINC http：//zinc.docking.org/
刘红宁. 2009. 药事管理学. 北京：高等教育出版社
刘建平. 2011. 生物药剂学与药物动力学. 第4版. 北京：人民卫生出版社
刘蜀宝，李晓阳，朱照静. 2009. 临床药学. 北京：北京大学医学出版社
孟锐. 2006. 药事管理概论. 北京：中国医药科技出版社
孟锐. 2009. 药事管理学. 第2版. 北京：科学出版社
彭师奇. 2006. 药物化学原理. 北京：北京大学医学出版社
乔园园，郭盛. 2005. 分子模拟软件MOE及其在药物发现中的应用示例. 计算机与应用化学，22（2）：157-160
人用药品注册技术要求国际协调会.药物研究指南. http：//www.ich.org/products/guideline.html.
邵瑞琪. 2007. 药事管理学. 北京：人民卫生出版社
生物大分子结构数据库PDB http：//www.rcsb.org/pdb/home/home.do
田少雷，邵庆翔. 2010. 药物临床试验与GCP实用指南. 北京：北京大学医学出版社
王建. 2011. 临床中药学. 第7版. 北京：人民卫生出版社
王沥. 2012. 诺贝尔奖中的科学：生理学或医学奖卷. 北京：科学出版社
吴春福. 2010. 药学导论. 北京：人民卫生出版社
吴春福. 2012. 药学概论. 第3版. 北京：中国医药科技出版社
吴春福. 2015. 药学概论. 第4版. 北京：中国医药科技出版社
吴立军. 2011. 天然药物化学. 第6版. 北京：人民卫生出版社
吴永佩，颜青. 2008. 医院药学与药学人才定位的探讨. 中国药房，19（22）：1687-1689
杨宝峰. 2013. 药理学. 第8版. 北京：人民卫生出版社
杨世林，热娜·卡斯木. 2011. 天然药物化学（案例版）. 北京：科学出版社
杨世民，余蓉. 2009. 药学概论. 北京：中国医药科技出版社

杨世民. 2009. 药学概论. 北京：科学出版社
杨世民. 2011. 药事管理学. 第5版. 北京：人民卫生出版社
姚静. 2011. 药用辅料应用指南. 北京：中国医药科技出版社
张德志. 2011. 药物概论. 第2版. 北京：中国医药科技出版社
张志荣. 2013. 药剂学. 第2版. 北京：高等教育出版社
张紫洞. 1981. 阅读材料——Drug Design（药物设计）. 中国药学杂志，(6).
Daan JA. Crommelin, Robert D. Sindelar, Bernd Meibohm. 2013. Pharmaceutical Biotechnology: Fundamentals and Applications. Third Edition，Springer
Perlovich G L. 2013. Thermodynamic approaches to the challenges of solubility in drug discovery and development. Molecular pharmaceutics，11（1）：1-11.
Wei Wang，Manmohan Singh. 2013. Biological Drug Products：Development and Strategies. Wiely